U0623311

建构扎根理论

——质性分析实践指南

（原书第2版）

Constructing Grounded Theory:
A Practical Guide through Qualitative Analysis 2ed

［英］凯西·卡麦兹（Kathy Charmaz） 著

边国英 译

重庆大学出版社

Constructing Grounded Theory 2nd Edition, by Kathy Charmaz.
English language edition published by SAGE Publications of London, Thousand Oaks, New Delhi and Singapore, 2014.

建构扎根理论——质性分析实践指南(原书第 2 版)。原书英文版由 SAGE 出版公司于 2014 年出版,版权属于 SAGE 出版公司。

本书简体中文版专有出版权由 SAGE 出版公司授予重庆大学出版社,未经出版者书面许可,不得以任何形式复制。

版贸核渝字(2024)第 133 号

图书在版编目(CIP)数据

建构扎根理论:质性分析实践指南:原书第 2 版 / (英)凯西·卡麦兹(Kathy Charmaz)著;边国英译
. -- 重庆:重庆大学出版社,2023.1(2025.11 重印)
(万卷方法)
书名原文:Constructing Grounded Theory:A Practical Guide through Qualitative Analysis 2ed
ISBN 978-7-5689-3258-5

Ⅰ.①建… Ⅱ.①凯… ②边… Ⅲ.①社会科学—研究方法 Ⅳ.①C3

中国版本图书馆 CIP 数据核字(2022)第 086067 号

建构扎根理论——质性分析实践指南(原书第 2 版)
JIANGOU ZHAGEN LILUN——ZHIXING FENXI SHIJIAN ZHINAN
(YUANSHU DIERBAN)
[英]凯西·卡麦兹 著
边国英 译

策划编辑:林佳木
责任编辑:李桂英 版式设计:林佳木
责任校对:刘志刚 责任印制:张 策
*
重庆大学出版社出版发行
社址:重庆市沙坪坝区大学城西路 21 号
邮编:401331
电话:(023)88617190 88617185(中小学)
传真:(023)88617186 88617166
网址:http://www.cqup.com.cn
邮箱:fxk@cqup.com.cn(营销中心)
全国新华书店经销
重庆升光电力印务有限公司印刷
*
开本:787mm×1092mm 1/16 印张:28 字数:539千
2023 年 1 月第 1 版 2025 年 11 月第 2 次印刷
ISBN 978-7-5689-3258-5 定价:128.00 元

作译者简介

　　凯西·卡麦兹是索诺马州立大学的社会学教授,教师写作训练项目的负责人。在教师写作训练项目负责人的岗位上,她领导着一个针对教师的研讨项目,帮助教师完成他们的研究和学术写作。她已经撰写、合著和合编了 14 本书,其中《好日子·坏日子:慢性病中的自我与时间》一书获得了太平洋社会学联合会和符号互动论研究协会的大奖。《建构扎根理论》第一版获得了来自美国教育研究联合会的评论家推荐奖,被翻译成中文、日语、韩语、波兰语及葡萄牙语,还有两种外文版本正在翻译中。与高级编辑阿黛尔·克拉克(Adele Clarke)合编的四卷本著作《扎根理论和情景分析》在 2014 年作为 SAGE 出版公司社会研究系列丛书中的一部出版。另外一套和高级编辑安东尼·布赖恩特(Antony Bryant)合编的《扎根理论 SAGE 手册》出版于 2007 年。卡麦兹教授是合著图书《进行质性研究的五种方式:现象学心理学、扎根理论、话语分析、叙事研究以及直觉探究》《发展中的扎根理论:第二代》的作者之一。她的研究还涉及慢性病体验、受难的社会心理学,并发表了相关学术作品。近来她致力于符号互动论社会心理学的研究,以及方法论的研究。卡麦兹教授在全球范围内做过关于扎根理论、质性研究、医学社会学和符号互动论的讲座和工作坊。

　　边国英,女,1978 年出生,籍贯山西。本科与硕士就读于北京师范大学哲学系,博士就读于北京大学教育学院高等教育学专业。目前在审计署审计干部培训中心(审计宣传中心)工作。

第一版序言

本书将带你经历扎根理论的基本过程,一起完成建构扎根理论的旅程。通过本书的指导,你将扩大视野,加快研究步伐,并敏锐地发现这条路上的障碍和机会。我们会分享整个旅程的经验,但冒险是你自己必须经历的。我会不断厘清扎根理论的策略,提供框架、实例和建议。虽然一些作者已经提供了可以依照的方法论地图,但我还是会提出问题,并概括出一些策略,指出可以选择的路径。如果在研究旅程的每个阶段能够对自己的工作进行反思,那么你会更加明确下一步的行动。你的出发点、你的研究过程、你所接触过的人、你所看到的和听到的以及你学习和思考的方式,都会影响你最终的理论形成。简而言之,这项工作最终是一种建构——你自己的建构。

方法论的写作会带来不可预知的结果。在最近的符号互动论问题中,霍华德·贝克尔(Howard Becker,2003)讲述了为什么民族志学者欧文·戈夫曼(Erving Goffman)会避而不谈他所使用的方法。贝克尔告诉我们,正如戈夫曼所说,任何方法论的建议都会被歪曲,研究者们常常会抱怨他给他们带来了混乱。方法论的建议会带来误解和建设性的批评。然而,我和戈夫曼不同,我喜欢引入方法论的争论,并邀请你加入其中。也许这会增加方法论的误解,但是这也可能同时让方法论更清晰,并得到进一步发展。只要不是复述,那么任何方法进入公共讨论都不可避免地会引起解释、重构和误解。读者和研究者的视角、目的及实践会影响他们对一种方法的理解。过去,研究者经常误解扎根理论方法。有不少质性研究者在其发表的作品中把扎根理论当作其方法论,而实际上他们的作品与扎根理论鲜有相同之处,这也进一步加剧了这种混乱。很多研究者只是把扎根理论作为使其质性研究合法化的方法论原则,而并没有真正用它来指导研究。

我在本书中展示了我对扎根理论的解释,以及方法论指导、建议和视角。自从扎根理论的创始人巴尼·格拉泽(Barney Glaser)和安塞尔姆·斯特劳斯(Anselm Strauss)在1967年提出关于扎根理论的经典陈述以来,这种方法已经经历了许多发展与变化。每一个人都在改变他在某些问题上的立场,并增加其他的立场。我的扎根理论会回到20世纪的经典陈述,并用这个世纪的方法论棱镜重新检验它们。研究者既可以【xv】用扎根理论方法来处理定量数据,也可以用来处理质性数据;然而,我在这里要说的是,在质性研究中研究者几乎无一例外地采纳了扎根理论的方法。在本书中,我把所处理的资料作为"数据(data)"而不是资料或陈述,因为质性研究本身在科学探究中就有其一席之地。

在本书中,我要实现以下目的:1)以过去40年方法论的发展为基础,为建构扎根理论研究提供一套指导方法;2)纠正关于扎根理论的一些共识性错误;3)介绍这种方法的不同版本,以及这些版本中立场的变化;4)对指导方法进行充分的解释,使初学者可以一步步追随那些有经验的研究者进行研究;5)给初学者和经验老到的研究者开展扎根理论研究项目带来灵感。与格拉泽和斯特劳斯的经典扎根理论一样,我也强调,数据必须具有稳固的基础,同时,还要重视数据的分析过程。我在本书的很多地方都使用了已发表的数据和摘录,如果你想了解这些摘录的数据是怎样契合各自的叙述的,可以很容易找到原始资源。

希望我对扎根理论方法的建构有助于你建构新的扎根理论。这些方法提供了一套有价值的工具,能够对研究工作形成分析性把握,以及在更广的逻辑意义上形成关于研究的理论。那些已经进入理论建构过程的研究者会发现第5章和第6章特别有趣。不过,我也意识到,有时我们的研究对象和读者在理论建构上并不总是很清晰,但是提供有用的分析框架会很重要,扎根理论方法能够使你的分析更加犀利。大量证据表明,这些方法能够让描述和故事更加具有说服力。不管是民族志的故事、生物学的描述,还是访谈的质性研究、扎根理论的方法,都能帮助你的作品变得更加富有洞见,更加尖锐深刻。

我在涉足扎根理论之前,有过一段很长的学习研究历程。我的观点来自两个不同的源头:20世纪60年代对方法论的早期浸染,以及激发了我想象力的创新性博士项目。和那个时代的许多研究生一样,托马斯·库恩(Thomas Kuhn)的《科学革命的结构》(*The Structure of Scientific Revolutions*)对我产生了持久的影响,不过,那些挑战传统科学的客观性、推理方式及真理观念的理论物理学家,也对我产生了同样持久的影响。

作为加州大学旧金山分校社会学第一批博士学位的获得者之一,我有幸在丰富的研究生研讨课中追随巴尼·格拉泽学习扎根理论。在课堂上,每个学生都有机会在自由讨论中分析自己的资料。这些研讨课总会被兴奋与热情点燃。当巴尼引导我们离开对材料的描述,在分析框架中对材料进行概念化时,他总是那么才华横溢。我非常感恩能有机会跟随他学习。安塞尔姆·斯特劳斯是我博士论文的主席,他从我们会面的第一天开始直到 1996 年去世,始终关注着我的研究。他和巴尼有同一个使命,那就是培养新一代学者,使其成为有创见的扎根理论研究者。常常是我早晨交给安塞尔姆一份稿件——通常只是一个片段,他会在傍晚就给我打电话就稿件进行讨论。虽然安塞尔姆可能不同意本书的某些观点,但我还是希望本书的大部分内容能让他感兴趣,能够让他发出我们熟悉的咯咯的笑声,这是他的很多学生所珍视的。 【xvi】

在写作这本书前,我已经做了很长时间的准备。我的扎根理论之旅开始于巴尼·格拉泽和安塞尔姆·斯特劳斯,他们对我的影响不仅渗透在我的作品中,也渗透在我的意识中。此外,我也曾追随弗莱德·戴维斯(Fred Davis)、弗吉尼亚·奥利森(Virginia Olesen)以及里奥纳多·沙茨曼(Leonard Schatzman)进行过关于数据收集质量的博士研究,做过访问学者,因此,我在作品中也必然会包含某些当时所学的课程内容,尽管未必那么明显。从那时起,我就确定了本书的理念。有很多人要求我讲述自己的扎根理论,虽然要求各不相同,但这有效地扩大了我的视野。虽然下面的这些人并没有直接参与这个项目,但是他们早些时候所提的要求帮助我进一步明确了自己的立场,形成了我对扎根理论的理解。我感谢 Paul Atkinson、Alan Bryman、Amarda Coffey、Tom Cooke、Robert Emerson、Sara Delamont、Norm Denzin、Uta Gerhardt、Jaber Gubrium、James Holstein、Yvonna Lincoln、John Lofland、Lyn Lofland 和 Jonathan A. Smith。

如果没有 SAGE 出版公司编辑 Patrick Brindle、丛书编辑 David Silverman 的支持和鼓励,本书也不会不断成熟。感谢 David Silverman 邀请我加入该丛书,感谢他对此书的信任。特别感谢 Patrick Brindle,他努力使这一切成为可能。感谢 Patrick Brindle、Antony Bryant、Adele Clarke、Virginia Oleasen 和 David Silverman,他们非常仔细地阅读了本书稿件,并做了精彩点评。Jane Hood、Devon Lanin 和 Kristine Snyder 每人都对本书的章节进行了阅读,并进行了有益的评论。我和索诺马州立大学的教师写作计划(Faculty Writing Program at Sonoma State University)的成员多次讨论过本书的章节,这些讨论让我受益匪浅。Anita Catlin、Dolly Freidel、Jeanette Koshar、Melinda Milligan、Myrna Goodman 和 Craig Winston 为本书提出了合理审慎的问题。除参与讨论之外,Julia Allen、Noel Bryne、Diana Grant、Mary Halavais、Kim Hester、Williams Matt、James Michelle、Jolly Scott、Miller Tom Rosen、Richard Senghas 和 Thaine Stearns 也在写作的不同阶段为本书作了富有洞见的评论。在写作早期,Kath Melia 和我关于扎根理论的讨论使我一直很受激励。

在技术层面上,Leslie Hartman 积极灵活地处理了不少烦琐的事务性问题,SAGE 出版公司的 Claire Reeve 和 Vanessa Harwood 向我提出了一些细节性问题。如果没有时间去思考和写作,那么没有哪本书能成功付印。2004 年春季索诺马州立大学的假期加速了我的写作进程。在本书中,我从自己过去扎根理论的作品中筛选和编辑、摘引了一些内容,这些作品是由 SAGE 出版公司出版的,非常感谢他们同意我再次使用这些内容。

第二版序言

2007 年，太平洋社会科学联合会会议上举行了一次关于《建构扎根理论》第一版的"作者与评论家见面会"，正是那次会议播下了本书第二版的种子。在那次见面会上，小组专题发言人 Adele Clarke、Jane Hood、Lyn Lofland、Virginia Olesen，以及 Christopher Schmitt 不约而同地提出，这本书在修订中要引入更多领域的案例。我提到打算邀请一些优秀研究者对其研究过程进行反思，这想法得到了他们的积极赞赏，并建议我增加更多来自不同学科和专业领域已发表的案例。这样，第二版就包括了来自不同扎根理论研究者的摘录、解释和反思，既有早已发表的，也包括了新近发表的。不管是初入门的作者还是已经获过奖的作者，他们都告诉我，研究过程中有哪些关键节点，以及他们是如何使用扎根理论技巧的。非常感谢 Catherine Conlon、James Dean、Jason Eastman、Elaine Keane、Jennifer Lois、Kris Macomber、Richard McGrath、Anne Roschelle，以及 Christopher Schmitt，他们慷慨地分享了他们的观点，展示了他们的研究过程；非常感谢国际学者 Linda Åhlström、Stephanie Bethmann 和 Deborah Niermann、César Cisneros-Puebla、Joanna Crossman、Annika Hedman、Elaine Keane、Krzysztof Konecki、Kiyoko Sueda 和 Hisako Kakai、Massimiliano Tarozzi、Robert Thornberg，他们也对使用扎根理论的经验进行了评论。

虽然 2007 年好几位专题发言人都建议我加入更多类型的案例，但是本书第一版的两位评论者更倾向于从一个单一案例来思考不同的问题。某种意义上，第二版的读者会经历一个研究项目的完整过程，从最早期的数据分析开始一直到论文完成。在这个过程中，我会展现很多成熟的例子，应用到大量的扎根理论策略。这些例子都来自我在一个关于心理学质性研究方法项目中所进行的扎根理论分析，这个项目的合作者还有 Fred Wertz、Linda McMullen、Ruthellen Josselson、Rosemarie Anderson，以及 Emalinda McSpadden，我们从一本会议文集开始，最后形成了多人合著的《进行质性研究的五种方式：现象学心理学、扎根理论、话语分析、叙事研究以及直觉探究》（Wertz, Charmaz, McMullen, Josselson,

Anderson,& McSpadden,2011)。我们每个人都从各自的路径去分析数据,然后比较这些方法,目的是展示和比较每一路径的方法论走向,而不是用各种不同的路径来做一个全面研究。

【xviii】　　在这一版《建构扎根理论》中我增加了四个章节,并在整本书中补充了更详细的解释。因为扎根理论研究者最常使用的收集数据的方法就是访谈,所以这个版本专门增加了两个访谈章节。我首先讨论了关于访谈的一般认识,接着重点关注了扎根理论研究中的访谈方法。关于编码和报告撰写的章节,我补充了比第一版更详细的内容。符号互动论曾是很多扎根理论研究者观察现实的棱镜,也是将所观察到的现实进一步理论化的工具。但这是一个被误解的视角。为进一步澄清问题,我专辟一章来讨论符号互动论,以助于启发思路,回答关于视角的问题。不管符号互动论是否能点燃想象力,你都可以通过本书推动你理论建构的过程。

　　但是正如我在第一版中所指出的,并不是每个人都试图建构理论。许多研究人员的目标只是对数据进行有说服力的解释,而不需要深入研究并构建理论。扎根理论也能够帮助这部分读者快速实现目标。扎根理论策略能够为专业人士写论文、政策、评论和报告提供强有力的帮助。他们会得益于扎根理论编码和备忘录等策略。因此,这部分读者对第9、10 章可能就不那么感兴趣了。

　　与第一版一致,本书扎根理论的观点代表了我的建构主义路径。我的观点根源在于扎根理论的最初版本,包括它的创始人,巴尼·格拉泽和安塞尔姆·斯特劳斯。我感谢巴尼·格拉泽,他形成了这一方法,并与一代又一代的研究人员分享了这一方法。他的天才使扎根理论成为一种系统方法,并对质性研究实践产生了深远影响。今天,一些扎根理论研究者并没有意识到安塞尔姆·斯特劳斯留给这一方法的遗产,尽管他们在大量引用《扎根理论的发现》这本书的内容,实际上这本书与斯特劳斯的传统以及他后来的著作紧密相连。除了那些可见的学术遗产,斯特劳斯的重要性也存在于他学生的思想和作品中,回荡在本书的字里行间。

　　在过去的七年,我有幸与很多作者就各种有关扎根理论的丛书、章节和文章进行了合作。每个作者都给我们共同的项目带来了独特的经验和见识。感谢 Linda Liska Belgrave、Antony Bryant、Adele Clarke、Karen Henwood、Lisa Perhamus、Robert Thornberg 和 Alison Tweed，感谢他们的卓越贡献和同僚情谊。特别要感谢 Tony Bryant 和 Adele Clarke，我和他们合作了好几个项目，有大有小。他们都是敏锐的观察者和扎根理论场景的解释者。他们睿智的陪伴和卓越的组织能力使我们的项目过程充满了愉悦。

感谢所有邀请我参与与扎根理论相关的工作的人，编写教材、授课、开设工作坊、做讲座等。每次邀请都激励我以新的方式来看这一方法。与世界各地来自不同行业和专业领域的博士研究生、教师、研究人员一起工作是件令人愉快的事情。三位质性方法理论家给了我大量机会去展示我的扎根理论方法。感谢诺曼·邓金（Norm Denzinz）在过去 40 年里对我工作的支持，并邀请我做关于扎根理论的工作坊；感谢雷·梅伊塔（Ray Maietta）将我关于扎根理论的课程和出版物放到"研究论坛"夏季年会的系列作品中；感谢贾尼斯·莫尔斯（Janice Morse）对我的方法的关注，并邀请我分享它。诺曼、雷和贾尼斯通过多种方式，以其非同寻常的视野在世界范围内拓展了这一方法，并跨越了学科的边界。诺曼和贾尼斯的国际会议和期刊为世界各地的学者提供了愿景与平台。雷在研究论坛的教学和学习方法对于培养参与者的技能和理解发挥了显著的作用。我一直都非常感谢研究论坛的开放注册模式，它让范围广泛的新技术以及经验丰富的学者参加到夏季集训营中来，将很多不同的参加者汇集在一起，这种不可思议的会面总是能够激发我思考的火花。【xix】

从《建构扎根理论》的第一版出版以来，关于扎根理论方法，我对不同的听众、针对不同的目标讲了很多，也写了很多。感谢众多百科全书、手册和方法集的编辑：Len Bickman、Pertti Alasuutari 和 Julia Brannen；Harris Cooper 和 Paul Camic；Adele Clarke；Norm Denzin 和 Michael Giardina；Norm Denzin 和 Yvonna Lincoln；Uwe Flick；Jaber Gubrium 和 James Holstein Amir Marvasti，以及 Karyn McKinney；Sharlene Hesse-Biber 和 Patricia Leavy；Stephen Lapan、MaryLynn Quartaroli 和 Frances Riemer；Janice Morse；Gǜnter Mey 和 Katja Mruck；Antony Puddephatt、William Shaffir 和 Steven Kleinknecht；Olivia Saracho；Graham Scambler 和 Sasha Scambler；David Silverman；Jonathan Smith；Andrew Thompson 和 David Harper；Carla Willig 和 Wendy Stainton-Rogers；Paul Vogt 和 Malcolm Williams。我也感谢 Vivian Martin 和 Astrid Gynnild 邀请我为巴尼·格拉泽纪念文集写作，我写了一篇文章，介

绍了他早年博士阶段学习扎根理论方法的经历，而不是仅仅为他的方法做注释。我也感谢那些邀请我访问和写稿的人，尽管由于时间关系我没能接受全部邀请。

本书的第一版已经有了五个译本，中国、日本、韩国、波兰、葡萄牙，还有两个国家的译本正在翻译过程中。所有的译者及其出版商共同努力向读者奉献了这本书，我非常感谢他们。感谢 Jai Seaman 对稿件的反复阅读，感谢 Linda Belgrave、Antony Bryant、Adele Clarke、Lyn Lofland、Gil Mulsof、Antony Puddephatt、David Silverman 和 Sandy Sulzer 对各章节提出的有益评论。索诺马州立大学教师写作训练项目的成员们阅读了其中的两章。感谢 Sandy Ayala、Rebecca Bryant、Diana Grant、Matt James、Sheila Katz、Lauren Morimoto、Don Romesberg、Tom Rosin、Richard Senghas 和 Bob Switky 的评论。感谢 SAGE 出版公司的 Patrick Brindle 对这个项目的热情以及对我的理解。SAGE 出版公司的 Anna Horvai 让我得知政策许可的消息；Jolie Nazor 转置了几个数据必需的软件文件；Erica Lind-strom—Dake 发现了校样的许多错误；Ian Antcliff 管理着本书的生产过程。Patrick Brindle 和 Jai Seaman 授权我使用以前在 SAGE 出版公司出版的部分内容，省却了我大量的琐碎劳动。

现在让我们通过扎根理论走向我们的探险吧！

感　谢

作者和出版商感谢以下组织者、出版者和个人,感谢他们授权使用他们的相关
资料:

Alan Bryman

Alison Tweed

Anne Roschelle

Annicka Hedman

Catherine Conlon, and Virpi Timonen of Trinity College Dublin, Tom Scharf and
Gemma Carney of National University of Ireland Galway, all of the Changing Generations
Research Project team

César A. Cisneros Puebla

Christopher Schmitt

David Silverman

Elaine Keane

Hisako Kakai and Kiyoko Sueda

Jason T. Eastman

Jen Lois

Joanna Crossman

Kris Macomber

Krzysztof Konecki

Linda Ahlstrom

Linda Belgrave

Lisa M. Perhamus

Massimiliano Tarozzi

Richard McGrath

Robert Thornberg

Stephanie Bethmann and Debora Niermann

Left Coast Press

Taylor and Francis for excerpts from Kathy Charmaz (2008) Views from the margins: Voices, silences, and suffering. *Qualitative Research in Psychology*, 5(1): 7-18.

【xxi】 以及:

Kathy Charmaz (2009) Stories, silences, and self: Dilemmas in disclosing chronic illness. In D. E. Brashers and D. J. Goldstein (Eds): *Communicating to manage health and illness*.

Wiley for excerpts from Michelle Wolkomir (2001) Wrestling with the angels of meaning: The revisionist ideological work of gay and ex-gay Christian men. *Symbolic Interaction*, 24(4), 407-424.

以及:

Anne R. Roschelle and Peter Kaufman (2004) Fitting in and fighting back: Stigma management strategies among homeless kids. *Symbolic Interaction*, 27(1), 23-46.

The Guilford Press for excerpts from Frederick J. Wertz, Kathy Charmaz, Linda M. McMullen, Ruthellen Josselson, Rosemarie Anderson, and Emalinda McSpadden. (2011) *Five Ways of Doing Qualitative Analysis: Phenomenological Psychology, Grounded Theory, Discourse Analysis, Narrative Research, and Intuitive Inquiry*.

NYU Press for excerpts from James Joseph Dean (2014) *Straights: Heterosexuality in post-closeted culture*.

Stanford University Press for excerpts from Susan Leigh Star (1989) *Regions of the Mind: Brain research and the quest for scientific certainty*.

BrownWalker Press for Kathy Charmaz (2011) Lessons for a lifetime: Learning grounded theory from Barney Glaser. In V. Martin and A. Gynnild (Eds): *Grounded theory: Philosophy, method, and the work of Barney Glaser*.

Rutgers University Press for excerpts from Kathy Charmaz (1991) *Good days, bad days: The self in chronic illness and time*.

目　录

建构扎根理论——质性分析实践指南(原书第 2 版)

图和主题框目录

第 1 章

扎根理论的邀请

本书是我们对扎根理论的第二次进军。我们的旅程将带你沿着熟悉的路径前进,并探索新的路线。我们会停下来做更长的逗留,也会经常暂停以便获得更深刻的见解。旅行者在旅程开始之前就做很多准备了。同样,我们在扎根理论冒险开始之前,也要了解一下扎根理论需要什么样的知识,以及在旅途中可能会遇到什么。我们会谈到扎根理论所涵盖的领域,以及我们希望穿越的领域。就像旅行者在远行前要规划旅程一样,我们也会回顾一下 20 世纪扎根理论的历史,并展望一下扎根理论在 21 世纪不断发展的潜能。在动身前,我们会制作一份方法说明以及本书的地图。

【1】

在本书中,我邀请你加入我的第二次穿越质性研究的扎根理论之旅。你可能会问,这次旅程能带给我们什么收获呢?我从哪里开始?如何前进?前面会有什么困难?本书将从数据收集开始,接下来通过质性数据分析踏上一段漫长的征程。在这条道路上,会有很多向导,可以让你更为容易地穿越分析与写作的路途。在整个旅程中,我们会让你的数据紧密联系现实世界,与此同时,我们还会提升你的分析水平,使你的观点具有更高的理论意义。

什么是扎根理论方法呢?简单地说,<u>扎根理论方法是一套系统而又灵活的方法,能够指导你收集和分析质性数据,并根据数据本身来建构理论。研究者将据此建构"扎根"于他们数据的理论。扎根理论从归纳性数据开始,并使用在数据和分析之间往复迭进的策略,连续比较,让你和你的数据及生成的分析进行互动,并发生关联。</u>

扎根理论方法会引导你提前停下来分析你的研究发现。这些早期"驻足"有什么作用呢?早期的分析工作可以让你加快研究进程,而且,可以让你的研究过程和作品更加激动人心。如果你的目的是完成这次旅程,本书将指导你通过扎根理

【2】

论过程走向理论建构。即使你像许多研究者一样,并不打算把扎根理论作为研究的主要方法,使用这一方法也仍然会增加你作品的分析性,并加快研究速度。

如何从收集数据走向分析数据呢?下面你会看到一个"患有致命疾病意味着什么"的研究案例。57 岁的凯特琳·麦卡锡①最近被医生诊断患有第四期转移性乳腺癌。三年前,凯特琳的内科医生认为她得了纤维肌痛,因为他们的治疗曾帮助她缓解了严重的肌肉痉挛。在她开始觉得胸部剧烈疼痛之后,她看了另一个内科医生,他让她拍了 X 光片,但没有发现胸部有什么异常。凯特琳在和纤维肌痛内科医生电话闲聊时,偶然提到她正在使用步行器。医生告诉她,纤维肌痛不适合使用步行器,他说:"我认为你得的是骨癌。"还有六周凯特琳就完成所有获得家庭医生资格所需的临床实践了,而此时她却突然得到这样一个诊断。她崭新的职业规划和预期的长命百岁突然崩溃了。就像有些致命疾病患者那样,凯特琳谈道,她在感到悲伤和痛苦的同时,也获得了洞见和满足。她是这么说的:

> 虽然我希望自己长寿,活到 105 岁,但是现在好像只能活到 60 岁了?——也许,也许吧。但是我不再把以前的生活当作理所当然的了。过去变得浓缩而珍贵,没有什么比它更重要。当我看到落日,觉得它真是美极了,我不再认为一切都是理所当然了。当然,它也改变了我作为医生的工作。我一直认为我是一个很好的倾听者。我一直以为我很善解人意,是一个很好的倾听者,我总是能捕捉和理解那些最重要的事情,但现在,作为一名治疗师,我和人们的联系变得更密切了,我的倾听甚至也更敏锐了,因为我不知道还有多少时间可以去倾听人们的声音,或者和他人建立密切联系,所以,一切都变了。但并不都是负面的。大量的变化是非常积极的。比如,我在想,我有很多深爱的朋友,从"现在"开始我还有多少时间和他们在一起。我说"下周见",是因为文化教我们这么说,但他们(她的朋友)学到的是活在当下,基本上我现在更像是活在当下。所以,从这个意义上说,时间真的慢下来了。

在这一点上,我的研究助理采用了凯特琳早期的说法,并结合了凯特琳上面的反思。

> 访谈者:也就是说,此刻你更关注眼前的事情。
>
> 凯特琳回答说:我更多是活在当下。我会制订一些未来计划,因为我们的文化就是这样,如果可以的话。你知道,这是不言而喻的。而且,对我来说,随着时间的流逝,我自己一直在变得柔和,因为我是在一种严酷的环境中长大的。所以对我来说,坚强的外壳和内心的柔和一直是自我疗愈的一部分。但

---

① 研究中的所有名字都已做了匿名处理。

自从我被确诊以来,当病人说他们累了,觉得不舒服的时候,我越来越能很快做到,更开放地接受这个事实——他们累了、他们感觉不舒服,因为现在我自己就有这种体验。我想,我意识到我多么不想变得尖刻,但对我来说,尽管我认为我自己很柔和了,但我还是会有更尖刻的时候。因此它改变了一切,一切。而且这只是所有糟糕的事情的一部分。

现在,请想一想,我们该怎样研究凯特琳的反思。她的故事描述了事情发展的过程,她的回答讲出了某些意义。但那是什么呢?在你看来,这种情境和陈述有什么意义?如果你跟凯特琳交谈,你会进一步谈些什么?凯特琳给我们讲述的内容,你会与其他患有严重疾病的人进行比较吗?你会和身体健康的人进行比较吗?你想知道如何进行质性研究,如何做扎实的分析吗?

<u>扎根理论会指导你,给你关注的焦点和灵活的策略。这种方法会提供研究工具。扎根理论策略将助你起步、深入其中,最后完成项目。</u>研究过程会带来惊喜和灵感的火花,并磨砺你的分析能力。扎根理论方法使你能够通过早期分析性写作,以新的方式看待你的数据,探索你对数据的想法。扎根理论方法可以指引、管理和简化你的数据收集,并形成最初的数据分析。

扎根理论方法提供的是一套一般性原则、方针、策略和启发式工具,而不是公式化的处方(参见 Atkinson,Coffey,& Delamont,2003)。因此,数据构成了理论的基础,我们对这些数据的分析形成了我们所构建的概念。扎根理论研究者从项目一开始就收集数据,形成理论分析。我们试图了解我们所研究的环境真正发生了什么,我们的研究对象的生活是什么样子的。我们研究他们如何解释他们的表述和行动,并试图对它们进行分析性理解。

任何构成数据的素材——研究场景、访谈表述、文本,以及这些组合——我们都要以开放的心态去面对,这样我们才能真正了解所研究的世界和人。扎根理论让我们在收集数据的同时,参与到我们所听、所看和所感的世界中。作为扎根理论研究者,我们要从数据开始。通过观察、互动以及围绕主题或环境所收集的资料,我们建构了这些数据。我们研究经验事件、体验,捕捉我们的直觉和潜在的分析思路。大多数质性方法允许研究者以任何他们所设计的方式不断跟进有趣的数据。扎根理论方法的另一个优势是,它包含了明确的指导原则,告诉我们应该如何继续。

凯特琳·麦卡锡认识到她的未来被压缩了,这一认识改变了她对自己以及存在的态度。她的反思可以作为分析的起点,并为我们进一步收集数据带来启发。在随后的访谈中,我们会继续探寻其他患有致命疾病的人的境况和观点,了解他们的生活可能发生的改变。我们对他们的处境、讲述的故事、观点以及行动之间的异【4】

同能够做怎样的比较呢?通过对所收集的数据进行思考,我们会提出一些问题,并且其指引获得进一步数据。

　　作为扎根理论研究者,我们研究早期数据,通过质性编码开始区分、归类和综合这些数据。编码意味着我们把标签贴在数据的不同部分,分别描述每个部分的不同特征。编码会对数据进行筛选,进行分类,并给了我们分析的抓手,使我们能够去与其他部分的数据进行比较。扎根理论研究者非常强调研究现场所发生的事情。

　　我在对凯特琳的反思进行编码时,几个初始编码提供了很有启发的线索:"面对压缩的未来""感受到洞察力增强了""珍惜现在""加深人际连接""重新看世界""找到回报""转移意义框架""活在当下""柔化自我"和"活一天是一天",这些也出现在许多之前的访谈中。此外,我们需要对凯特琳的处境进行分析和编码,"痛苦体验升级""接受迟来的诊断"和"向朋友们学习",都来自上面摘录的几段资料。在对凯特琳的完整访谈和观察中,有更多可以进行编码和分析的材料。这些编码以及关于这些编码的想法都在后续数据收集中指向所要探究的领域。我们会把凯特琳提及的事件、经验和所访谈的下一个人、再下一个人、下下一个人的访谈进行比较。

　　通过进行大量的比较,以及对这些比较进行编码,我们开始形成了对数据的分析性把握。我们要做初步的分析笔记(即备忘录),记录我们的编码、比较,以及所产生的任何关于我们数据的想法。通过研究数据,比较它们,写备忘录,我们把最适合和最能解释这些数据的想法定义为尝试性分析类属(tentative analytic category)。当一些问题不可避免地出现,类属间的空隙(gap)暴露出来时,我们要提到那些能回答这些问题、填满这些缝隙的数据。我们可以到凯特琳和其他研究对象那里去获得更多信息,增强我们的分析类属。在研究过程中,我们不仅要使类属结合起来解释所收集的数据,还要使类属变得更加理论化,因为我们要进行的是完整的分析。

　　我们的分析类属及在这些类属间所建立的关系,为分析被研究经验提供了概念工具。这样,我们直接提升了这些数据的抽象水平,接下来,要收集更多的数据来检验和完善这些生成性分析类属。当我们形成了一个"扎根理论",或在对研究经验形成抽象的理论性理解时,我们的研究工作达到了顶点。我们的研究旅程在我们开始收集数据时就开始了,进行比较分析,形成自己的类属,都在推进着研究进程。简而言之,扎根理论方法使质性探究的操作过程不再神秘,也会使你的研究速度变得更快,与此同时还会进一步激发你的研究热情。

扎根理论的出现

历史背景

扎根理论的历史和发展是与社会科学调查中更大的潮流交织在一起的,特别是美国 20 世纪 60 年代早期社会学领域定性和定量研究的较量,在那个时代,美国经济学和政治学仍然占据着主导地位。在 20 世纪的最初几十年,美国社会学家,特别是芝加哥大学的社会学家,开始在生活史和案例研究中建立了经验主义基础。[①] 像乔治·赫伯特·米德(George Herbert Mead,1932,1934)、约翰·杜威(John Dewey,1919 / 1948,1925 / 1958,1929 / 1960)、W. I. 托马斯和多罗西·斯韦恩·托马斯(W. I. Thomas,Dorothy Swayne Thomas,1928)以及托马斯和弗洛里安·兹纳涅茨基(W. I. Thomas,Florian Znaniecki,1918—1920 / 1958)等人的杰作激发了众多研究生的灵感。在安塞尔姆·斯特劳斯就读于芝加哥大学期间(1939—1945),由质性方法研究生为核心的人员正在致力于田野研究和民族志研究。

在美国,20 世纪 40 年代,社会学中的质性归纳探究法已经从生活史和案例研究转移到了参与式观察。不过这种方法还没有被以可理解的方式进行理论化、阐释或编码。正如珍妮弗·普拉特(Jennifer Platt,1996)指出的那样,支持者们也没有谈到田野调查方法。然而,保罗·洛克(1979)提到,新手常常通过老师指导和实际进行田野调查相结合的方式来学习田野研究方法。研究者在田野调查中以及在调查后实际做了什么仍然是不透明的。早期的方法论文本很少重视数据收集、田野调查的作用和关系,更多强调的是质性分析策略(例如,见 Adams & Preiss,1960;Junker,1960;Kahn & Cannell,1957)。

进入扎根理论领域。在 1967 年出版的《扎根理论的发现:质性研究策略》(*The Discovery of Grounded Theory*,1967)中,社会学家巴尼·格拉泽和安塞尔姆·斯特劳斯重新在分析方法中关注了质性调查。从他们一起成功地合作研究医院中的死亡过程(见 Glaser & Strauss,1965,1965;Glaser & Strauss,1970)开始,扎根理论方法逐

---

① 众所周知的"芝加哥学派"通常包括符号互动论的理论视角和人类学田野研究方法论的传统。阿尔伯特(Abbott,1999)指出,在 20 世纪 40 年代的芝加哥大学,关于理论和方法的共识并不存在,就在这时第二个"芝加哥学派"出现了。赫伯特·布鲁默影响了一些芝加哥大学的研究生;其他人也把自己看作是田野研究者,但不一定是符号互动论者。同时,正如布鲁默所说(1984),传统方法论学者追求的是当时更活跃的定量研究方法。

渐浮出水面。在美国 20 世纪 60 年代早期,医院工作人员很少谈到甚至很少想到那些重病患者的垂死状态及死亡。格拉泽和斯特劳斯的研究团队对不同的医院环境里的死亡过程进行了观察。他们观察专业人员及已到生命尽头的病人是在什么时候和如何知道他们要死了的消息的,以及他们如何处理这些信息。格拉泽和斯特劳斯对他们的数据进行了清晰的分析,产生了对社会组织及死亡时间序列的理论分析。他们在不断交谈中探究相关观点,交流了在该领域所做的分析性观察笔记。他们建构关于死亡的分析时,让系统的方法论策略得到了进一步发展,社会科学家可以使用这些策略来进行很多其他问题的研究。格拉泽和斯特劳斯的著作《扎根理论的发现》第一次明确指出了这些策略,提倡在基于数据的研究中发展理论,而不是从已有的理论中演绎可验证性的假设。

格拉泽和斯特劳斯进入方法论研究的时机比较有利,那时社会学的质性研究正在失去其基础。到 20 世纪 60 年代中期,当复杂的定量方法在美国获得主导地位,定量方法论学者支配了系所、期刊编辑委员会及基金会时,社会学质性研究长期以来的传统已经衰落了。尽管人们也会敬仰一些质性研究明星、一些大型的质性研究博士项目,并敬畏来自批判理论家的对定量化的尖锐批评,但学科训练还是在朝着定量方式所规定的研究方向发展。

哪些类型的方法论假设会支持这场走向定量化的运动呢?认知的任何方式都依赖于人们有关知识形成过程的理论。对这些一元论方法的信念即系统的观察、可重复的试验、对概念的操作化定义、逻辑推导出的假设以及验证了的证据——常常被看作科学的方法——形成了关于定量方法的假设。这些假设支持实证主义的探究范式,而这种范式一直在常规自然科学中占主导地位。

20 世纪中叶关于科学方法和知识的实证主义概念强调了研究的客观性、普遍性、可重复性以及不同假设和理论的可证伪性。接受了实证主义范式的社会研究者,目标在于发现外部可知世界的因果解释,并做出预测。他们相信科学逻辑、一元论方法、客观性及真理,这些信念承认把人类经验的性质转变为可量化的变量的合理性。这样,实证主义方法假定存在以下事实:观察者收集事实但并不参与对事实的创造,他们是无偏见的和被动的,事实与价值是分离的,外部世界的存在是与科学观察者及其方法相分离的,以及关于这个世界的普遍知识是不断积累的。实证主义让研究者去寻找有用的工具、技术程序、可复制的研究设计及可验证的定量知识。

狭隘的科学——也就是定量的方式——认知方式还固守着 20 世纪中叶实证主义的合法性;他们拒绝其他可能的认知方式,比如通过意义解释或直觉感悟所产生的认知。这样,对研究对象意义进行分析和解释的质性研究,就激发了关于质性研究科学价值的争论。20 世纪 60 年代,质性研究者把质性研究看作是印象式的、轶闻式的、非系统的和有偏见的。对可重复性和可验证性的优先考虑使人们忽视了那些并不符合实证主义研究设计的研究问题。就算定量化的支持者完全认可质性研究,也只是把它作为一个使得定量工具更为优化的初级练习。于是,一些定量研究者用访谈或观察来帮助他们设计更精确的调查或更有效的实验。 【7】

20 世纪中叶,在实证主义获得了发展动力的同时,理论与研究之间的分野也在不断产生。越来越多的定量研究者开始关注对具体信息的获取。那些把理论和研究连接起来的定量研究者从逻辑上验证由现有理论演绎而来的假设。虽然,他们使得现有理论更为精致化了,但却很少产生新的理论建构。

格拉泽和斯特劳斯的挑战

在《扎根理论的发现》一书中,格拉泽和斯特劳斯遇到了主导 20 世纪中叶的方法论假设。扎根理论方法的出现,点燃了研究者们对质性研究方法的兴趣,甚至超越了芝加哥学派社会学家和他们的弟子们,随后改变了美国研究者学习这些方法的方式。他们的著作给出的观点旗帜鲜明,因为它挑战了方法论共识,并为质性研究实践提供了系统的策略。

由于定量研究仍然处于主导地位,《扎根理论的发现》一书的出现当时并没有被很多定量研究者注意到。但是不久它就对北美质性研究者以及进行质性研究的研究生产生了巨大的影响,既有象征性意义,也有实践性意义。

在本书中,格拉泽和斯特劳斯把认识论批评和实用的行动指南结合在了一起。奇怪的是,他们提到但是没有采用当时正非常活跃的关于科学探究结构的方法论争论。这一争论是由托马斯·库恩(Thomas S. Kuhn)的《科学革命的结构》(*The Structure of Scientific Revolutions*,1962)引发的,与亚伦·西克雷尔(Aaron Cicourel)在《社会学的方法和测量》(*Method and Measurement in Sociology*,1964)(Bryant& Charmaz,2007a)中的论点针锋相对。

尽管如此,格拉泽和斯特劳斯还是宣告了一个革命性的消息。他们建议系统质性分析要有自己的逻辑,并可以产生理论。特别是,格拉泽和斯特劳斯试图构建对社会过程的抽象理论解释。对于格拉泽和斯特劳斯(Glasser & Strauss 1967;Glasser,1978;Strauss,1987),扎根理论实践的规范要求包括:

· 数据分析要和数据收集同时进行。
· 要从数据中建构分析代码和类属,而不是从预想的逻辑演绎的假设中去建构。

· 使用连续比较法(constant comparative method),在分析的每个阶段都进行比较。

· 在收集和分析数据的每个步骤都要推进理论发展。

· 通过记备忘录来完善类属,详细说明它们的属性,定义类属之间的关系,发现它们之间的缝隙。

[8] · 要为进行理论建构而抽样,而不要为人口代表性来抽样。

· 在形成自己的独立分析之后再做文献综述。

这些实践有助于研究者控制研究过程,增强研究的分析力度(也见 Bigus, Hadden & Glasser, 1994; Charmaz, 1983, 1990, 1995b, 2003; Glasser, 1992, 1994; Glasser & Strauss, 1967; Stern, 1994b; Strauss, 1987; Strauss & Corbin, 1900, 1994)。格拉泽和斯特劳斯的目的在于,使质性探究方法超越描述性研究,进入解释性理论领域,从中得出对被研究对象的抽象性、概念性理解。他们鼓励新手扎根理论研究者形成新的理论,提倡延迟文献综述,避免先入为主地看待世界。格拉泽和斯特劳斯的理论化与书斋式逻辑演绎的理论化有很大差别,因为他们是从数据开始的,在保持数据坚实基础的同时,系统地提高了分析的概念水平。与他们的论证一致,一个已完成的扎根理论要满足以下标准:要与数据非常契合,有用,具有概念深度,能够经受时间的考验,可调整并具有解释的力度(Glasser, 1978, 1992; Glasser & Strauss, 1967)。

《扎根理论的发现》(1967)进行了有力的论证,使得质性研究本身成为一种可靠的方法论路径,并因此获得了合法性,从此不再只是使用定量工具前的一个辅助步骤。在本书中,格拉泽和斯特劳斯(1967)挑战了这些观点和假设:

· 质性方法是印象主义的,是非系统的。

· 在研究中,数据收集和分析是两个分离的阶段。

· 质性研究只是更加"严格"的定量方法的辅助步骤。

· 质性研究应该用定量研究的标准来评价。

· 理论与研究之间是截然分离的。

· 理论建构属于精英。

· 质性研究不能产生理论。

早期质性研究者的分析程序和研究策略都还较含糊,格拉泽和斯特劳斯的质性研究在此基础上使其更加清晰了。关于如何对收集来的成堆数据进行分析,这些研究者为读者提供的工具少之又少。格拉泽和斯特劳斯为进行质性研究撰写的指导方法改变了口口相传的传统,使研究者们能更加容易地掌握这些方法,不管他是社会学学科内的,还是学科外的;不管他是北美学者,还是其他地方的学者。

融合不同的学科传统

扎根理论嫁接了社会学中两个互相矛盾——而且彼此竞争——的传统。这两
个传统都各有其起源:哥伦比亚大学的实证主义和芝加哥学派的实用主义及田野　【9】
研究。扎根理论方法的认识论假设、逻辑和系统方法反映了格拉泽在哥伦比亚大
学跟随保罗·拉扎斯菲尔德(Paul Lazarsfeld)所接受的严格定量训练。当拉扎斯
菲尔德为定量研究进行编码时,格拉泽关注的是为质性研究方法进行编码(见
Lazarsfeld & Rosenberg,1955)。对质性研究方法进行编码,能够详细呈现研究的具
体策略,因而使研究过程不再神秘。

格拉泽也提倡建立有用的中层理论(middle-range theories),正如哥伦比亚大
学理论家罗伯特·默顿(Merton,1957)所提出的那样。中层理论包括对具体社会
现象的抽象呈现,而这也是基于数据的。这样的中层理论与 20 世纪中叶社会学的
"宏大"理论很不相同,宏大理论曾席卷整个社会,但它们并不建立在系统分析数
据的基础上。

很多扎根理论的基本原则都来自格拉泽。格拉泽把扎根理论沉浸在冷静的经
验主义和严格的编码方法中,强调不断生成的(emergent)①发现,以及有些模糊的
专门语言,作为对定量方法的回应。虽然《扎根理论的发现》介绍了这些方法论的
争论,启发了几代质性研究者,不过在早期的相关作品中,格拉泽的著作《理论的敏
感性》(Theoretical Sensitivity,1978)对这一方法的陈述最清晰。

但是,斯特劳斯的芝加哥学派遗产也渗透在了扎根理论方法中。斯特劳斯把
人看作是在其生命及世界中的积极行动者,而不仅仅是更大社会力量的被动接受
者。他认为是过程,而不是结构才是人类存在的基础;事实上,人类通过参与"过
程"产生了"结构"。对于斯特劳斯来说,主体性和社会意义依赖于我们对语言的
应用,并通过行动表现出来。"行动的建构"是要解决的核心问题。简言之,斯特
劳斯把这些概念如"行动者""生成过程(emergent process)""社会的及主观的意
义""问题解决过程"及对"行动的开放研究"引入了扎根理论。

斯特劳斯在芝加哥大学攻读博士学位时信奉实用主义哲学传统(Blumer,
1969;Mead,1934),这些传统在这些概念中都有所体现。实用主义影响了符号互
动论(symbolic interactionism)的形成。符号互动论秉持这样一种理论视角,即认为
社会、现实及自我是通过互动建构起来的,从而依赖于语言和沟通。这一视角假

---

　　①　译者注:该单词表示 new and still developing,意为新出现并处于发展中。本书大量使用该概念,强调建构主义扎根
理论在过程中产生这一特点,因此均翻译为"生成的"或"生成性"。

设,互动本身是动态的和解释性的,解释人们如何创造、扮演及改变意义和行动。想一想,玛吉·阿伦是怎样解释这些问题的? 她认为什么变得更重要了? 她的行为相应地进行了怎样的改变? 系统互动论假设,人们能够而且确实在思考他们的行动,而不是对刺激做出机械反应。受赫伯特·布鲁默(Herbert Blumer)和罗伯特·帕克(Robert Park)的影响,斯特劳斯接受了符号互动论和民族志研究这两项芝加哥遗产(Park & Burgess,1921)。

【10】　　格拉泽把他的分析技术用在了给质性分析进行编码上,这样就形成了质性分析的具体指导方法。格拉泽和斯特劳斯有着共同的研究兴趣,他们一起研究社会背景中基本的社会过程或社会心理过程,一起研究诸如患有慢性疾病的特殊经验。这样,他们的扎根理论作品,会用新的理论术语来解释研究过程,说明理论类属(theoretical categories)的属性,展示这一过程得以出现和变化的原因和条件,并描绘出它的结果。卡洛琳·维纳(Carolyn Wiener)1978 年获得旧金山加州大学社会学博士学位,之后与安塞尔姆·斯特劳斯一起工作很多年。在我讲述师从巴尼·格拉泽学习扎根理论的那一章(Charmaz,2011c),维纳比较了格拉泽和斯特劳斯在这一方法上的差异:

> 他(格拉泽)是一位讲授这一方法的很好的老师,正如他所说,他的方法比安塞尔姆的方法更为严格。直到多年后当我开始和学生一起开展研究工作时,我才真正理解他当年接受定量方法训练所产生的影响。我觉得我受益于他们两个人的共同影响。巴尼重视能够产生形式理论的实质理论,以及对基本社会过程的严格坚持,我在巴尼研究方法课程上所写的论文《类风湿性关节炎的烦扰》以及我的论文/著作《酗酒的政治》[1981]中均有所反映。安塞尔姆鼓励自由飞翔的想象力,他管它叫"异想天开"(blue skying)(例如,把医疗器械和家用电器进行比较,以便梳理出前者的属性)。(Charmaz,2011c,p.185)

大部分扎根理论是实质理论(substantive theories),因为它们所解决的是在具体的实质领域中被限定的问题,比如,刚患残疾的年轻人如何重新建立他们的自我认同。扎根理论的逻辑能够进入这个实质领域,进入形式理论(formal theory)的范围,这意味着产生抽象的概念,使它们的关系具体化,以理解复杂实质领域中的问题(见 Kearney,1998)。比如,如果我们建立了一个关于新患残疾的年轻人身份丧失及身份重建的理论,我们就能够在其他生活领域(人们经历了突如其来的重大损失,比如配偶的突然去世、失业、由于自然灾害流离失所)检验我们的理论类属。在一个新的实质领域进行的研究都有助于我们进一步完善形式理论。当格拉泽和斯特劳斯采用他们在死亡研究中形成的"地位通道(status passage)"理论类属,并将其作为一个联结不同实质领域的一般过程进行检验时,他们的逻辑将其引向了形式理论(见 Glasser & Strauss,1971)。

《扎根理论的发现》一书让不少读者接受了该理论,并成为引发"质性研究革命"的主要力量(Denzin & Lincoln,1994:ix),这一革命势头后来一直延续到整个 20 世纪后半叶。格拉泽和斯特劳斯清晰的策略以及关于从质性数据形成理论的倡导扩展到了许多学科和专业领域。他们的著作激发了新一代的社会科学家和专业人士,特别是许多护士去从事质性研究。加州大学旧金山分校护理学的很多博士生都从格拉泽或斯特劳斯那里学习扎根理论方法,后来都成了他们专业的领袖和质性研究的专家(见 Chenitz & Swanson,1986;Corbin,1998,2009;Corbin & Strauss, 2008;Kearney,2007;May,1996;Schreiber & Stern,2001;Stern,2009;Stern & Porr, 2011;Wilson & Hutchinson,1991)。

【11】

扎根理论的发展

自从格拉泽和斯特劳斯 1967 年和 1978 年的经典著作面世以来,他们开始在不同的方向上应用扎根理论(Charmaz,2000)。然而,早在斯特劳斯和科尔宾的第一版《质性研究的基础》(1990)将两者做出区分之前,一些早期研究他们两人的博士研究生已经感觉到了两者的不同。1974 年毕业的博士生,奥迪·西蒙斯(Odis Simmons,2011)回忆道:

> 虽然斯特劳斯使用了《扎根理论的发现》一书的一些术语(持续的比较、理论抽样等),但是他说的内容和我在阅读本书中所获得的对于扎根理论的理解,以及我在格拉泽课堂上学到的、与格拉泽的私人谈话并不总能匹配。(p.17)

斯特劳斯(Strauss,1987)的《社会科学家的质性分析手册》,预示了他和格拉泽(Glaser,1978)在扎根理论发展路径上的差异。与前面所提到的维纳的观点一致,斯特劳斯的著作(Strauss,1987)也采取了比格拉泽更为宽松的方法,并把扎根理论与论证进行了简单的联系。然而,这本书仍然保留了对归纳、迭代探究(iterative inquiry)的重视,与 1967 年最初的表述一致。

多年来,格拉泽仍然与他 1978 年对该方法的解释保持一致,将扎根理论定义为一种"发现"的方法:把类属作为从数据中生成的,依赖于直接的、常常是狭隘的经验主义,形成一种概念导向(concept-indicator)的方法,把概念当作是变量,强调对社会基本过程的分析。在 20 世纪 90 年代,斯特劳斯(Strauss,1987)和他的合著者朱丽叶·科尔宾(Corbin & Strauss,1990;Strauss & Corbin,1990,1998),都分别进一步发展了该方法,把扎根理论看作一种证明(verification)的方法。①

斯特劳斯和科尔宾最初的两个扎根理论版本(Strauss & Corbin,1990,1998)也赞成使用新的技术程序(technical procedures),但没有强调生成性理论范畴和比较的方法,而这是区别于早期扎根理论策略的重要方面。格拉泽(Glaser,1992)批评斯特劳斯和科尔宾的技术程序使数据和分析进入了先入为主的类属,忽略了生成性,导致产生"完整的概念描述",而不是扎根理论。简而言之,格拉泽认为斯特劳斯和科尔宾与扎根理论的基本原则相矛盾。一些研究者认为(例如,见 Atkinson et al.,2003;Charmaz,2000a;Melia,1996),格拉泽对斯特劳斯和科尔宾的大量犀利批评是可接受的。然而,对于另一些读者来说,他的攻击性言辞一定程度上削弱了这些批评的可信度。虽然后来评论家们经常把格拉泽和斯特劳斯的分歧描绘为辩论,但是实际上斯特劳斯从来没有回应过格拉泽的攻击。这不是他的风格(也可见 Corbin,1998)。阿黛尔·E.克拉克(Adele E. Clarke)用下面的话描述了斯特劳斯的立场:

【12】

> 安塞尔姆特别喜欢别人使用他的研究,并将其带向奇怪的新方向。他总是好奇人们在用扎根理论做什么,尽管并不总能留下深刻印象。他很清楚地知道,当你把类似 GT(扎根理论)的东西从外部放到某个环境中去时,环境总会随心所欲地使用它,而不一定是用你所喜欢的方式。他总是能够自如地看待这些潜在的困难,这让我印象非常深刻。他总是竭尽全力,但也顺其自然,勇往直前,永不停息。保持与安塞尔姆一样的动力,意味着不断学习,以避免过早妄下断言的毛病——不管是对代码和类属,还是对理论和方法。(Charmaz,2000b,p.S168)

尽管格拉泽对斯特劳斯和科尔宾版本的扎根理论有很多不同意见,但他们的著作却非常流行,获得了大量读者。他们的读者把《质性研究的基础》当作研究方法的基本读物来阅读。很少有读者能感觉到《质性研究的基础》与格拉泽和斯特劳斯的经典作品《扎根理论的发现》之间的差异。在 20 世纪 90 年代和 21 世纪早期,《质性研究的基础》的前两个版本指导了世界各地的研究生。许多研究者仍然依赖这些作品,尽管科尔宾(Corbin & Strauss,2008)在第三版中对她早些时候的认识论角度和程序方法做了大幅修订。

在 20 世纪 60 年代,格拉泽和斯特劳斯开始反抗实证主义定量研究的主导地位。具有讽刺意味的是,到 20 世纪 90 年,扎根理论不仅由于其精确和有用而闻

---

① 斯特劳斯越来越致力于把扎根理论作为一种可验证(verificational)的方法。例如,他质疑我论文某一章关于扎根理论不是验证方法的论述,虽然他喜欢剩下的部分(私人交流,1993 年 2 月 1 日)。像往常一样,我们的谈话是亲切的,尽管他认为我在这一点上是错的。

名,而且由于其实证主义假设而为人所知。定量研究者接受了扎根理论,有时在需要复杂方法的项目中也用到这种方法。扎根理论方法的灵活性和合法性继续吸引着理论兴趣迥异的质性研究者。

建构主义的转向

从 20 世纪 90 年代开始,越来越多的学者让扎根理论方法从格拉泽和斯特劳斯以及科尔宾早期版本中的实证主义那里走了出来(见 Bryant,2002,2003;Charmaz,2000a,2002a,2006a;Clarke,2003,2005;Seale,1999)。就像可以容纳不同内容的容器一样,不同的研究者可以使用基本的扎根理论策略,如编码、撰写备忘录,以及为发展理论而运用比较方法来进行理论抽样,因为这些策略在许多情况下是可以跨越认识论和本体论鸿沟的,尽管研究者会把假设带入这些策略,尽管他们对这些策略的使用有着认识论和本体论的先入为主。

建构主义扎根理论采用了格拉泽和斯特劳斯最初观点中的归纳、比较、生成、开放的方法(1967)。它包括斯特劳斯在他早期的教学中强调的往复迭进逻辑(iterative logic),以及对内在于实用主义者传统的"行动"和"意义"的双重强调。建构主义的转向回应了关于扎根理论早期版本的许多批评。建构主义扎根理论强调了这一方法的灵活性,并反对对它做机械应用。在 20 世纪 90 年代,后现代和叙事批评削弱了这一方法的认识论。这些批评(例如,见 Conrad,1990;Ellis,1995;Richardson,1993)认为扎根理论仍然紧紧抓着过时的现代主义认识论不放。对他们来说,扎根理论让受访者的故事支离破碎,过于依赖研究者的权威声音,模糊了它们之间的差别,并不加批判地接受了关于科学、真理、普遍性、人性和世界观的启蒙运动宏大叙事(Enlightenment grand metanarratives)。这种批评将扎根理论策略和发起者早期对于该方法的表述及使用混为一谈了。

【13】

我们使用扎根理论策略,但不同意 20 世纪中期关于客观外部现实、被动的中立的观察者以及超然的或狭隘经验主义的假设。相反,如果我们先假设社会现实是多元的、过程性的和被建构的,那么我们必须把研究者的立场、特权视角和互动过程作为所研究现实的内在部分。承认它也是一个建构的过程。正如克拉克(Clarke,2005,2006,2007,2012)所强调的,所研究的现实是在具体情境中出现的,包括研究者和研究对象带入其中的内容以及在其中的所作所为。因此,研究的特征是相对的,而不是客观的、确凿无疑的规定和程序。研究行为不是被规定的,而是被建构的。把研究过程当作被建构的而不是被发现的,会使研究者对他们的行为和决定更具反思性。

建构主义方法视角打破了关于中立观察者和价值中立专家的概念。这不仅意味着，研究者的特权和偏见会对分析方式产生影响，对其不是进行消除，而是必须进行检查，还意味着，他们的价值观会影响他们所发现的事实。马克思曾经在《雾月十八》（1852）中说过："人类自己创造自己的历史，但是他们并不是随心所欲地创造，并不是在他们自己选定的条件下创造，而是在直接碰到的、既定的、从过去承继下来的条件下创造。"这让人想起马克思的历史观，建构主义方法认为，研究是一种建构，但也承认，它发生在特定的条件下——我们可能没有意识到，而且可能也不是我们所选择的。

为什么叫建构主义扎根理论

多年来，学者们经常会问我关于建构主义的立场，问我为什么会选择"建构主义扎根理论"这一提法。就像我很多次解释的那样，这一选择是逐渐形成和确定的。我第一次初步形成这一提法是在一本手册的某一章"客观主义和建构主义扎根理论"（Charmaz，2000a），我在其中做了完整的表述，那已经是本书正式出版的八年前了。该文概述了建构主义扎根理论，并将它与格拉泽以及斯特劳斯和科尔宾的方法版本相提并论。在那篇论述中，我把相对性和主体性带入到了扎根理论认识论的讨论中。我在 1993 年所做的完整表述引起了轩然大波，其结果是不同的性别分裂为不同的阵营。女性读者喜欢我的观点，而大部分男性读者却不屑一顾。几位直言不讳的实证研究者批评我不注重有效性和可靠性，而没有意识到扎根理论研究者很少采纳这些标准。其他擅长扎根理论的男性读者则表示担心我的方法偏离了扎根理论方法的早期版本，特别是斯特劳斯和科尔宾的版本。

[14]

在 20 世纪 80 年代和 90 年代早期，我逐渐对我学科中的社会结构主义方法（social constructionist）不满意起来。进行社会结构研究的社会学家常常对所研究的世界做出令人印象深刻的结构分析。但他们把自己的分析当作了对这些世界的准确呈现，而不是建构。他们没有考虑到他们研究的建构过程，以及加之于上的结构化、情景化因素。为了符合时代的习惯，研究者抹去了他们带到研究中的主观性，而不是承认和反思这些主观性。

我选择用"建构主义"一词来承认主观性以及研究者对数据建构和解释的参与，来标识我的方法与 20 世纪 80 年代末和 90 年代早期传统社会结构主义的区别。我的定位非常符合社会建构主义，它影响了列夫·维果茨基（Lev Vygotsky，1962）和伊凡娜·林肯（Yvonna Lincln，2013）等人，他们强调社会环境、互动、共享观点和解释性理解。这些建构主义者认为，认知和学习是植根于社会生活中的。

其他建构主义者有时假设了更加个人主义的立场和更激进的主观主义,而对于这些我是不认同的。对我来说,主观性是与社会存在分不开的。

在我第一次撰写建构主义扎根理论相关论述之后很多年,和我比较熟悉的读者都认为,我的立场与社会结构主义分析是一致的,认为我在 2000 年的表述是结构主义的表述。他们有充分的理由支持这一观点。社会结构主义发展多年来,我的立场与它今天所采用的形式一直是一致的。社会结构主义的强大潮流在建构主义扎根理论中是非常明显的,正如它和社会建构主义的联系一样。

作为方法论集成的扎根理论

扎根理论方法为质性研究提供了一个框架和操作指南。与韦恩·巴布查克(Wayne Babchuk,2011)以及安东尼·布莱恩特(Antony Bryant)在我俩早期合著的章节(Bryant & Charmaz,2007b)中的观点一致,我认为扎根理论的主要版本是一个方法集(a constellation of methods),而不是不同方法的排列。虽然提出一个方法版本的扎根理论方法论学者与提出另一个版本的扎根理论支持者在形成我们研究的基本假设上不同,但是却共享了许多共同之处。我们可能有不同的观点和概念议题(conceptual agendas),但是我们都从归纳逻辑开始,使我们的数据服从于严格的比较分析,目的是形成理论分析,使扎根理论研究能够起到为政策实践提供有价值咨询的作用。

【15】

扎根理论的所有变体都为收集、管理和分析质性数据提供了有用的策略。

我要提醒的是,对于初学者来说,很难找出哪个扎根理论版本是最具有代表性的。相比其他质性研究方法,研究者更愿意引用扎根理论来说明他们的研究。然而,一些研究者仅仅用扎根理论来使他们的归纳质性研究合法化。其他研究者知道他们在使用这一方法,但无意中透露出,他们其实并不了解它的基本策略。许多研究者使用一个或两个扎根理论策略,而不是全部策略。

扎根理论理论家使用哪些策略呢? 是什么让他们的研究成为扎根理论分析呢? 代表扎根理论的主要区别存在于研究者的行动中。因此,扎根理论研究者:

  1.在往复迭进中同时进行数据收集和数据分析;

  2.分析行为和过程,而不是主题和结构;

  3.使用比较的方法;

  4.依赖数据(如叙述和描述)形成新的概念类属;

  5.通过系统性数据分析形成归纳性抽象分析类属;

  6.重视理论建构,而非对当前理论的描述或应用;

7.进行理论抽样;

8.在被研究的类属或过程中寻找变量;

9.目的是形成类属,而不是涵盖某个特定经验话题(Charmaz,2010,p.11)。

大多数声称使用扎根理论或把自己归到扎根理论研究者队伍中的研究者,会采用1—5项策略,但对于其余几项策略,就采用得相对较少。这也难怪,研究者通常会在不同的时点上与扎根理论划清界限。我把策略 1—5 作为扎根理论研究的正据。在往复迭进中对数据进行归纳从而建构抽象类属,不同于对话题进行分类,而后者是质性研究一般方法中常见的做法。

简·胡德(Jane Hood,2007)把理论抽样作为扎根理论研究的关键标准。她还指出:"在最终报告中所概括的实质性理论和/或形式理论都考虑到了数据的所有变量以及与这些变量相关联的条件。这份报告是一个分析性的产品,而不是一个纯描述性的陈述。形成理论是目标。"(p.154;强调原创性)

然而在实践中,很少有研究者展示进行理论抽样和理论建构的证据,尽管他们声称进行了理论抽样和理论建构。对我来说,进行往复迭进的研究并不等同于理论建构本身。理论依赖于清晰明了的抽象概念。如果是这样,那么在许多研究中与理论的联系可能是松散的,但其他大量研究中的分析精度使它们被辨识为原创性贡献。想一想阿黛尔·克拉克和特蕾莎·蒙蒂尼(Adele Clarke & Teresa Montini,1993,p.119)所使用的"被牵涉进来的行动者(implicated actors)"这一概念。这个概念指在别
人话语中的其他人,他们或者沉默或者在话语中被提及(invoke)(而且有时甚至带着崇敬),但都是为达到说话者目的而构造出来的。美国政客所宣扬的美国人民的需求,常常只是为达到他们自己的目的而设计出来的"被牵涉进来的行动者",而不是表运真正的人民的需求和愿望。政策主张中往往充满了关于政策目标对象的表述和假设,如"病人""客户"和"学生",这样他们就被当成了"被牵涉进来的行动者"。全知全能的政策文本中会出现"被牵涉进来的行动者",而实际上决策者可能早就把他们排除在政策规划讨论会之外了。

扎根理论产生了许多非常具有创新性的概念。格拉泽(Glaser,1964a)的早期概念"相对失败(comparative failure)"描述的是这样一种现象,那些相对比较成功的科学家们会把著名科学家作为他们的榜样,然后对照他们来判断自己的贡献。因此,相比之下他们总是失败。最近有人认为,詹妮弗·洛伊斯(Jennifer Lois,2010)的"时间情感(temporal emotion)"概念(见第8章)就证明了扎根理论的活力。洛伊斯认为,某些情感,如遗憾、怀旧和希望都依赖于过去、现在和未来这些时间框架(time frames)的移动,因此它们是时间情感。扎根理论概念可以回到学科源头,也可以超越这个源头。

扎根理论指导原则描述了研究的步骤,并提供了完成的方法。你可以选择这些原则,并应用它们来解决各种问题,并开展多样化的研究,不管你的目标是不是形成理论。你加入这个研究之旅,可以以完成一份扎根理论报告并形成理论为最终目标,也可以使用其中的某些策略来帮助你完成某个特定任务。只是你必须要明确你的目的是什么,你正在做什么,以及如何提升你的分析并进行理论建构。本书承担了这个挑战,并向你展示整个过程。

建构扎根理论

格拉泽和斯特劳斯在对该方法的最初表述中(1967),邀请读者以自己的方式灵活地使用扎根理论策略。我在本书第一版中接受了他们的邀请,并再次回顾过去的扎根理论,强调对过程的考察,把行动研究放在中心位置,并对数据进行抽象的解释性理解。本书在讨论扎根理论过程中,对过去四十年理论与方法的发展进行了充分的思考。

在下面的章节中,我强调灵活的指导原则(flexible guidelines),而不是方法论法则(rule)、诀窍(recipes)和要求(requirements)。在我们穿越研究过程的旅程中,我的目的在于讲清楚扎根理论研究者在做什么,以及是如何做的。因此,在后面的所有章节中,我会以丰富的细节来讨论这些指导原则,这样你自己就能够使用它们,给它们一个合理的评价了。

扎根理论方法能够把其他方法也补充到质性数据分析中来,而不是站在这些方法的对立面。有时我会从质性研究中选取一些优秀的例子,虽然它们的作者并没有说他们使用了扎根理论,尽管他们的著作也只是体现了这一方法的某些具体方面。这些作者的研究的确产生了富有想象力的洞见,发出了颇具启发性的声音,从而成为卓越的研究,这使他们的作品超越了自己当前的圈子。

【17】

格拉泽和斯特劳斯(Glaser & Strauss, 1967)与格拉泽(Glaser, 1978)的经典扎根理论文本为分析过程提供了一种清晰的方法。我曾经谈到调查过程和研究过程,但是,什么是过程呢?① 过程是展开的时间序列,其中包含了清晰的开始标志和结束标志,以及两者之间的多个节点。这个时间序列在过程中是连续比较的,也是变化着的。因此,单一事件是一个更大整体的一部分。即使最系统化的过程也

---

① 我对"过程"的定义侧重于生成性实用主义概念,部分同意 Russell Kelley、Dennis Waskul、Angus Vail 和 Philip Vannini 于 2005 年 1 月 25 日在 SSSITalk 上进行谈话时所表达的某些不同观点。

会包含意外,因为现在来自过去,却从来不会和过去完全一样。现在是带着新的特征出现的(Mead,1932)。这样,一个具体过程的经验和结果就具有某种程度的不确定性,不管这种不确定性多么小。

本书建立在我早期对扎根理论的讨论(特别是 Bryant & Charmaz,2007a; Charmaz,1990,2000a,2002a,2003,2005,2008a,2008b,2008d,2009c,2011b,2012a; Charmaz & Bryant,2011;Thornberg & Charmaz,2012,2014)以及符号互动理论视角的基础上。扎根理论是我们了解世界的一种方式,是形成理解这个世界理论的一种方法。在经典扎根理论著作中,格拉泽和斯特劳斯谈到了发现理论(discovering theory),认为理论来自独立于观察者的数据中。与他们的立场不同,我认为,数据和理论都不是被发现的。我们是所研究世界及所收集数据的一部分。通过我们在过去和现在的参与,以及与人们、视角和研究实践的互动,我们建构了自己的扎根理论。

我的方法清晰地说明,任何理论形式提供的都是对被研究世界的一种**解释性**图像,而不是世界实际的画面(Charmaz,1995b,2000;Guba & Lincoln,1994;Schwandt,1994)。研究对象持有的可能并不清晰的意义、经验观点,以及研究者已经完成的扎根理论——是对现实的建构。与芝加哥学派的前辈们一样,我认为扎根理论要建立在实用主义基础上,要形成解释性的分析,并且这种分析要认可这些建构。

建构扎根理论一览

本书在结构上以线性形式再现了扎根理论逻辑。我们从收集数据开始,以书写关于整个过程的分析和反思结束。实际上,研究过程并不像本书的章节结构所呈现的那样,是线性的。在研究过程中,无论什么时候,当灵感乍现,或者分析连接电光石火般突然贯通之时,扎根理论研究者都会立即停下来,把这些想法记下来。

【18】

最好的一些想法可能会在这个过程的最后出现,并带着我们回到研究现场去做更进一步观察。我们的工作经常表明,需要追随的往往不止一个研究方向。这样,我们在最初可能关注某些特定的想法,并完成关于这一想法的一篇论文或一个项目,但之后我们可能会再次返回到数据中,开始其他领域未完成的分析。我在本书中始终把扎根理论方法作为构成研究者实践的一门手艺(craft)。像任何手艺一样,实践者所重视的方面会很不相同,但却共享着一些特性,这正是我在本书中要讲到的,见图1.1。

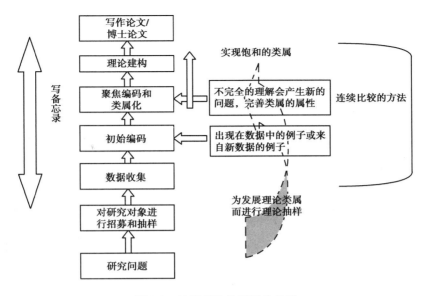

图 1.1　扎根理论的可视化呈现

这个图的早期版本出现在 Tweed 和 Charmaz(2011,p.133)。Alison Tweed 设计了最初的图。

在第 2 章"收集丰富的数据"中谈到的是研究的启动及数据收集的各种方法。研究者可以在不同的数据收集方法中使用扎根理论策略。我把这些方法作为工具来使用,而不是作为必须遵守的教条。我主张收集丰富的细节和充分的数据,并把它们放在相关的情境和社会背景中。本章介绍了一些主要的数据收集方法,给出了一些准则,引导你通过数据来了解人们如何理解他们的情境并产生相应的行动。

深度访谈已成为质性研究数据的最基本来源,很多扎根理论研究者都依赖这一方法。因此第 3 章、第 4 章就重点关注访谈。在第 3 章"设计和进行深度访谈"中,我会提供质性研究中深度访谈的关键技能,讨论如何设计问题,如何准备一次访谈。你会从中了解到提升访谈技能的策略和技巧,并对可能出现的问题保持警惕。虽然访谈方法很流行,但它仍然是一种具有争议的数据收集方法。因此,我对那些针对它的一般批评进行了讨论,并挑战了它们所依赖的假设。【19】

在第 4 章"扎根理论研究中的访谈"中,我讨论了扎根理论研究者进行访谈时常常用到的特定方法。与大多数质性研究不同,我们把访谈数据的理论有效性放在优先的地位,而不是一味追求细节的准确性。我会说明为什么深度访谈适合扎根理论,以及这些方法是怎样相互补充的。建构主义理论设计了访谈的操作方法,因此我对语言和意义进行了讨论。本章解决的问题是如何为理论建构收集访谈数据。早期访谈的本质是开放性的和以研究对象为中心的,但是当研究者寻求进一步数据来发展这些类属时,访谈的本质可能就会转变成关于理论类属的讨论。扎根理论新手经常会问,"我需要访谈多少次?"本章最后会讨论这个问题,这样你就可以决定,多少访谈能够满足你的研究项目所需。

当我们了解了研究对象如何理解他们的经验时,我们开始以分析的方式理解他们的意义和行动。在第 5 章"扎根理论编码实践的逻辑与初始编码"中,首先展示的是扎根理论编码的结构及其原因。编码将数据收集和新理论的形成联系了起来,给你的扎根理论提供了分析的框架。我会给出如何进行扎根理论编码的指导方法和具体例子,这样你就能够根据概念发展的需要为数据片段贴标签了。本章重点关注扎根理论编码的第一阶段:初始逐行编码。这种策略可以推动你深入研究你的数据———一行一行地,并开始把你的想法概念化。本章最后讨论的是如何减少编码中的问题。

在第 6 章"聚焦编码及升级"中,我讨论了编码的第二阶段——聚焦编码。它让你能够对大量数据进行区分、排序和综合。这种形式的编码能够加快你的分析速度。在聚焦编码中,你将对初始编码进行加工使其产生出分析的意义。一些初始编码会脱颖而出,你可以直接使用它们;而其他代码则可能在你为聚焦编码而进行初始编码比较时才会呈现出来。因为大量的研究者仍然应用斯特劳斯和科尔宾(Strauss & Corbin,1990,1998)的编码程序,我会简要描述轴心编码,这意味着要对类属的不同维度进行编码。相比轴心编码,我更愿意让代码简单、直接、具有分析性,且为自然生成。我们接下来会研究理论编码,一种在理论结构中整合和固化分析的编码形式。使用生成性理论编码会让你的分析更具创造性,更新鲜。本章最后讨论编码的先入之见以及如何避免和减少先入之见。

某些代码集中凝聚了数据的意义及行动。记录关于编码内容的扩展型笔记即备忘录有助于你不断发展自己的想法。在第 7 章"撰写备忘录"中,我会告诉你,扎根理论研究者如何拆分这些代码,并在备忘录中分析它们。在整个研究过程中,你都要写备忘录。备忘录提供了一些方法,可以用来比较数据,探究有关代码的想法,并指导下一步的数据收集。在处理数据和代码的过程中,你的分析能力会变得越来越强,直到你能够把某些代码提升为概念类属。

扎根理论作为理论建构的方法在不断演进,但并不是每个使用该策略的人都试图形成理论。接下来的三章可以帮助有着不同目标的研究者提高他们思考和分析的能力,这些章节将帮助以理论为导向的研究者在理论建构上更进一步。第 8 章"理论抽样、饱和与分类"对理论抽样进行了解释。所谓理论抽样就是扎根理论为获取进一步有针对性的数据,不断完善和补充你的主要类属而采用的策略。理论抽样是活跃着的,正如我们在本章研究实践中所看到的那样。理论饱和可以成为停止数据收集的标准。测量饱和度的标准取决于这一假设,即理论范畴再没有新的属性出现了。然而,我质疑理论饱和在研究实践中的意义。接下来讨论的是,对备忘录进行分类,使其与理论类属相契合,并展示出整个研究的内在关系。我引入了图表,因为越来越多的扎根理论研究者把它作为整合想法、建立逻辑顺序的方法之一。

第 9 章"在扎根理论研究中重构理论",让你重新评价一下理论是什么。我探究了社会科学中理论的意义,探究了扎根理论中理论化概念的意义。接下来,我把实证主义的扎根理论和解释学的扎根理论放在一起,说明如何从不同的出发点来比较分析的形式。本章最后讨论了扎根理论理论化的三个例子,以及它们具有代表性的理论逻辑的重构。每个例子在理论重点、范围及深度上都不相同,但它们一起展现了扎根理论方法的多样性和有用性。

符号互动论是很多扎根理论研究的基础。为澄清这一理论,第 10 章"符号互动论与扎根理论"介绍了符号互动论的基本定义和前提,描述了研究者的使用方法。符号互动论的"理论方法包"和扎根理论的混合产生了富有创造性的想法以及具有启发性的研究。因此该理论方法包为那些认同符号互动论理论的研究者提供了一个强大的工具。像扎根理论方法一样,符号互动论经常被误解和歪曲。当前一些研究者随声附和四十年前对符号互动论毫无根据的批评,却根本没有展示来自经典陈述或来自当代研究的第一手验证材料。

第 11 章"撰写草稿"解释了为推进分析而进行的写作与为读者进行的写作两者之间的不同。扎根理论策略引导你关注自己的分析,而不是关于它的论点,推迟做文献综述,建构能够解释数据的原创性理论。这些策略与报告研究成果的传统要求是矛盾的。本章为组织论据、撰写文献综述以及发展理论框架提供了指导性方法,从而调和了扎根理论方法和社会科学报告的传统形式之间的紧张关系。一些已有的研究实例会告诉我们,当我们准备出版研究书稿时,应该怎样应用专业作家的技巧。本章最后介绍了如何通过写作展示我们的想法。 【21】

最后,第 12 章"反思研究过程",回顾了我们走过的路,并描述了扎根理论的新路径。我们在全球视角下对扎根理论进行了讨论。在完成我们的旅行之前,我们讨论了如何评价作为研究作品的扎根理论的问题。本书最后,我们讨论了追求知识的最终目的,并号召付诸行动。

现在,让我们启动第二次研究之旅吧……

收集丰富的数据

　　　进入了数据收集的现场,扎根理论的冒险就开始了。为明确一路追寻的目标,我们可以使用一些工具和临时概念,从学科的视角前行。我们需要考虑旅行的方向以及我们的工具能够收集到的数据类型。一次扎根理论旅程可以选择几种不同的路线,这取决于我们想去哪儿,以及所进行的分析会把我们带到哪儿。专注于数据收集的方法能够使你的旅程变得轻松,并让你最终能够获得更强有力的作品。扎根理论研究者越来越多地将访谈作为收集数据的主要工具,因此我们会停下来并在后续的章节中详细探讨。人类学的方法和对文本的分析提供了另外两种收集数据的主要工具。通过浏览本章,你会了解到每种工具的优点及其局限。

你要研究的是什么? 你探究的是哪个问题? 哪些工具能够帮助你进行下去? 如何利用这些方法收集丰富的数据? 丰富的数据要透过社会生活和主观生活的表面去寻找。探究的头脑、持之以恒的精神以及创新的数据收集方法能够把研究者带到一个新的世界,接触到丰富的数据。

教育研究者罗伯特·森伯格(Robert Thornberg, 2006, 2007, 2008, 2006a, 2007b)在瑞典两所小学中对日常生活中的道德、价值观和规范进行了一次广泛的民族志研究。在下面的摘录中,森伯格(Thornberg, 2010b)报告了他为一次研究收集数据所用到的策略,在那次研究中,一群孩子对另一个孩子遭受霸凌袖手旁观。

　　　学生中 26 个袖手旁观者的情形被人类学观察真实地记录了下来(实地笔记以及在某些情境下的录音记录)。我还进行了 132 人的后续访谈,与作为旁观者的学生进行了对话。141 名学生中总共有 76 人(40 个女孩和 36 个男孩)至少参加了一次这种非正式谈话。在这些谈话中我通常问的问题是:发生了什么事? 当你看到……时,你是怎么想的? 怎么会没有人想办法做点什么去帮助她/他?

你是怎么帮忙的/怎么没有帮助她/他？此外,我还和那些与此事相关的教师——
他们的学生曾目睹了同伴受霸凌的过程——进行了非正式的谈话。(p.589)

森伯格调查了解了学校里学生经历非常大的痛苦的情形,比如当他们被同伴
骚扰或殴打时,以及痛苦较小的情形,比如丢失了玩具、作业需要帮助。他在数据
收集中通过使用这些策略收集了可以用来比较的资料,他不仅访谈了对受霸凌同
学袖手旁观的情形,也访谈了他们帮助受霸凌同学的情形。

把对大量事件的民族志观察和随后与在场者的非正式访谈结合起来,这是一个
非常有效的数据收集策略。这种方法产生和扩展了研究者思考每个事件的视角。此
外,这种方法也为系统比较和分析事件提供了可靠的数据。森伯格在实地研究过程
中还观察到了大量袖手旁观的事件,虽然没有对其进行后续的非正式谈话。作为一
个民族志学者,他研究了日常学校生活中学校和学生的文化,以及与之相伴的过程和
结构、规范和价值观。此外,他与139名学生进行了49场群体访谈,探究了学生们通
常如何理解学校规则、同伴关系、教师纪律和价值观教育实践。

显然,森伯格从不同的来源获得了大量数据,这成为其优势所在。作为儿童问
题研究者,森伯格也在使其自我呈现(self-presentation)适合于不同的研究环境及研
究目标,并使其成为有效性的基础。他刻意远离成人权威,他告诉学生,他只是一
个客人,想了解一下学校生活,会和他们在一起待一阵子。

我们在一个环境中所能做的和所能问的取决于我们的研究对象如何看待和认识
我们。民族志学者会远离组织权威,可能会从组织等级的底层去了解这个环境
(Charmaz,2004,2005;Goffman,1989)。研究环境中的各种条件会影响我们对数据的
收集。毫无疑问,孩子们熟悉森伯格,熟悉他在每个环境中的角色,也熟悉群体访谈
环境,在他们被直接问及袖手旁观时的态度时,这种熟悉影响了他们的反应。

你的研究冒险要从寻找和产生数据开始。你会发现,通过收集丰富的数据,经
验研究会变得多么令人兴奋。让世界通过你的数据呈现出新的样子。丰富的数据
会为你进行重要分析提供可靠材料。丰富的数据不仅是细节性的、焦点式的,也是
全面的。它们揭示了研究对象的观点、感受、意图、行动以及他们所生活的环境和
结构。获得丰富的数据意味着要寻求"厚描(thick description)"(Geertz,1973),比
如要撰写内容丰富的实地观察笔记,要收集研究对象书面的个人陈述,以及汇编翔
实的叙述材料(比如来自访谈录音)。

研究者有了丰富的数据就能够产生论证有力的扎根理论。扎根理论可以在各
种不同类型的数据——实地笔记、访谈以及档案和报告中的信息——基础上建立
起来。研究者所寻求的数据类型依赖于研究问题和进入途径。研究者常常在扎根
理论研究中收集不同类型的数据,并且可能会采取不同的数据收集策略。如果要

建构扎根理论——质性分析实践指南(原书第 2 版)

为一个正在形成的扎根理论收集丰富的数据,我们需要考虑哪些方面呢? 为了获取丰富的数据,我们该如何使用方法论工具呢?

[24]　对方法的思考

通过方法进行观察

方法扩展和放大了我们观察被研究对象的视野,而且拓展和加深了我们对它的了解和认知。通过这些方法,我们的首要目的在于像研究对象那样去看待世界——从内部去看。虽然不能断言我们再现了他们的观点,但是我们也要尽可能地进入他们的环境和情境。① 从内部观察研究对象的生活常常会给研究者带来一些非常难得的观点。你可能知道,局外人对你所研究世界的了解是有限的、不准确的、存在误解的,或者是极端错误的。杰森·亚当·沃瑟曼和杰弗里·迈克尔·克莱尔(Jason Adam Wasserman & Jeffrey Michael Clair,2010,2011)是从一次课堂练习开始的。他们制作了一个无家可归者的纪录短片,最后它成为一个关于无家可归者的重要民族志纪录片项目。沃瑟曼和克莱尔(Wasserman & Clair,2011)这样描述他们的研究路径:

> 以前没有关于无家可归者的专业经验,我们四年的纵向民族志项目是从扎根理论知识论开始的,我们推迟了文献综述,以及让我们的观点从数据中生长出来,从而充分利用了我们对这一主题的经验不足(Charmaz,2006b;Glaser and Strauss,1967)。此外,理论抽样过程指导了我们的数据收集。我们首先采访了服务提供者和当地研究人员,但他们无法圆满地解释为什么有人会选择待在大街上而不是住到庇护所,这激发我们把研究焦点放在街头的无家可归者身上。最终,来自街头无家可归者的数据所形成的主题让我们又回到服务提供者以及住在庇护所的无家可归者、市政官员、警察、当地企业主、宗教领袖和社区维权人士那里。
>
> 我们项目的独特相关性存在于纵向研究中。我们在街头花了大量时间,我们接触范围广泛,让我们可以从不同的角度观察城市中心重建对街头无家

---

① 我们带入田野调查的知识和我们从田野调查所获得的知识,通常与研究对象的知识是不同的。我们会把分析技术带到我们的经验中,并带着相关的概念表述离开。一些民族志研究者会完全投入与他们自己的世界迥然不同的环境里。即使他们相信他们的想法、行动和感觉与他们所研究的世界已经很像了,但仍然会有一个显著的差异:民族志研究者知道他们终究是要离开这里的。

可归人群的影响。我们看到了：一波又一波的警察将街头无家可归者驱逐出某些地区，当地关于流浪者的立法，社区协会对无家可归者以及附近服务机构的反对，关于停止针对无家可归者慈善行动的动议，以及来自市中心过渡期商业社区的一系列反应。但是我们也观察到，街头无家可归者的社区建设行动，随着重建进程发展所面临的压力越来越大，社区边缘的监控越来越密集，于是最终出现了无家可归者自己向郊区转移的趋势，在那里他们可以获得更多隐私，从而远离了城市中心的中产阶级区域。（Wasserman & Clair,2011,p.79）

图 2.1 描绘了沃瑟曼和克莱尔参与民族志现场以及数据收集的细节。你会了解到沃瑟曼和克莱尔各种不同数据的来源以及他们的研究范围，但没有涉及研究中的信任、接受和承诺这些过程。图表的细节也没有描述项目的生成发展过程，以及沃瑟曼和克莱尔所进行的往复迭进过程。

【25】

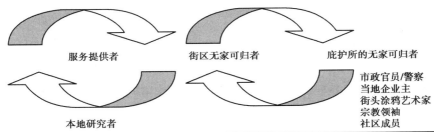

研究对象	关系	数据类型	主要地点
70 个街区的无家可归者	直接保持接触	观察/参与，34 次深度访谈	城区营地，8 个无家可归者服务站集中区域（流动厨房、戒毒中心、精神病外展服务）
46 个庇护所的无家可归者	直接保持接触	观察/参与，16 次深度访谈	无家可归者服务站（例如庇护所）
数百个在街道提供食物及在流动厨房工作的人	观察，一般性接触	观察/参与	街道食物供应点、流动厨房
55 个服务提供者	周期性接触，以及/或者直接访谈	观察/参与，34 次深度访谈	无家可归者服务点（办公室、项目、会议）
8 个当局人士：警察、私人安保人员、地方议员	间歇性观察，接触	观察/参与	权威机构（例如保安局、警察分局）、街道、社区会议
12 个其他人：3 个本地研究者，1 个摄影师，2 个街头涂鸦艺术家，2 个毒贩，等等	周期性，深度接触	观察/参与	聚集点

图 2.1　沃瑟曼和克莱尔的研究

建构扎根理论——质性分析实践指南(原书第2版)

　　比起我们的定量研究者同行,质性研究者具有一个巨大优势。像沃瑟曼和克莱尔那样,我们可以给研究中出现的疑问补充新的内容,或者激发新的疑问——不仅会出现在我们收集数据时,而且还会发生在分析的后期。质性研究的灵活性让你能够追随研究过程中所出现的线索。沃瑟曼和克莱尔采用了无家可归者被人从高档餐厅门口驱逐的几个不同版本的故事(Wasserman & Clair, 2011, pp.83-84)。对于商人和当地政府官员来说,故事所提到的冲突是由无家可归者导致的。而街头无家可归者则认为,是由于他情急乞求使用卫生间被拒绝,冲突才发生的。通过关注事件的不同版本,沃瑟曼和克莱尔了解到了更多信息,最终形成他们的类属,"盈利商业区关于非法的构建"(p.82),并引导他们形成了如下深刻分析:

> 　　对事件的不同描述解释了无家可归者和城市其他人之间的紧张关系。企业构建叙事的方式背叛了他们对无家可归者的立场,因为他们故意遗漏了这样的信息,即餐厅是个冷酷无情的地方。言外之意是,员工只是一天早上到店后发现有人在他们店门口随意大小便。没有其他解释暗示无家可归者是粗野的。无家可归者的版本则讲述了疏远感、压迫和反抗。(pp.83-84)

　　正如沃瑟曼和克莱尔所说的那样,扎根理论方法增加了数据收集的灵活性,因为它会推动你关注后续所发生的事情。与此同时,它还比其他方法给了你更多的关注点,因为你在收集数据时就开始进行编码和分类了。如果使用得好,扎根理论会让你在不牺牲特定场景细节的情况下更快地在所发生的事情中找到清晰的焦点。就像一部照相机即使有很多个镜头,你首先也要对风景进行全景扫描一样。接下来,你要多次调整焦距,越来越近地把景致放在视野中。

　　有了扎根理论方法,你就可以设计(并不断重新设计)数据收集策略了,从而完善你所收集到的数据,并丰富你的知识。但是,方法不是变魔术。一种方法为提升观察水平提供一个工具,但是并不会自动提供观点。我们必须**看穿**方法论技巧的武装以及对机械程序的依赖。方法本身——不管是什么方法——并不能形成好的研究和敏锐的分析。研究者如何使用方法是很关键的。敏锐的眼睛、开放的头脑、灵敏的耳朵以及稳健的手段都会使你更容易接近研究对象,而且比发展方法论工具更为重要(Charmaz & Mithchell, 1996)。

　　方法只是工具。然而,一些工具比其他工具更有用。当把洞察力和勤奋结合在一起时,扎根理论方法会提供一些非常有力的工具,可以用来产生、探查和理解数据。扎根理论会提供给你灵活的指导方法,而不是一些严苛的命令。有了这些灵活的指导方法,你既会指引自己的研究,也会让自己的想象力飞扬。

　　虽然方法只是工具,但是它们会产生结果。要巧妙而睿智地选择那些能够帮助你回答研究问题的方法,并在发现研究现场有其他更有意义的问题时愿意改变研究问题。你在研究现场的发现会影响到你收集数据的方法。收集数据的方法也会影响你能看到什么现象，影响到你如何、在哪里、什么时候看到，以及如何理解它们。

什么样的数据收集方法适合扎根理论研究项目呢？扎根理论仅仅是访谈方法吗？不，扎根理论是一种进行探究的方法，它会影响数据收集，并注重分析过程。我的扎根理论观念包括一个基本的方法论原则：扎根理论的数据收集方法会从研究问题开始，并一直延续到整个研究过程。因此，仅靠一种特定的数据收集方法或分析策略不可能驾驭研究问题。这一原则把方法论折中主义带入了扎根理论，并反击了那些只把它作为访谈研究方法的学者。【27】

方法论的折中主义反对把扎根理论和民族志当作互不相容的方法，也反对认为扎根理论与文献研究互不相容的主张。当然，文献研究最能够持续地影响和控制数据，但文献有可能是研究人员可以获得的所有数据。研究历史和科学社会学的扎根理论研究者非常擅长使用文献，并将此作为他们主要的数据来源（例如，Bowker & Star,1999；Clarke,1998；Star,1989；Star & Griesemer,1989）。其他扎根理论研究者结合访谈和/或观察来使用文献（例如，Chen,2011；Eastman,2010,2011；Hardman,2013）。

就像我们选择的方法会影响我们所看到的东西一样，我们带到研究中的东西也会影响我们所看到的东西。所有类型的质性研究都依赖于那些操作它们的人。我们并不是被消极灌输数据的容器（Charmaz,1990,1998；比较 Glasser & Strauss,1967；Glasser,1978）。我们不是科学观察者，并不能够通过宣称科学中立或权威而使我们免于价值的审查。不论是观察者还是被观察对象，在进入某个场景时都不可能不受世界的影响。研究者和研究对象在彼此面前都有关于"什么是真实"的假设，都拥有自己的知识积累，都占据着一定的社会地位，而且都试图影响出现在他们面前的其他人的观点和行为。然而，是研究者（而不是研究对象）必须具有反思性，要不断反思他们把什么带入了现场、看见了什么以及如何看。

让你的研究问题决定你所选择的方法。你的研究问题可能会指向一种数据收集的方法。某些研究问题会让你使用几种混合和/或连续的数据收集方法。珍妮特·沃尔特和詹妮尔·哈特（Janet Walter & Janelle Hart,2009）使用扎根理论方法研究了学生在数学教育中的动机。他们问：

> 当学生在进行探究式教学的微积分教室里进行数学问题解答的时候，我们对学生的行为进行了研究，试图了解关于权力和学生动机的细微差别，我们能获得什么见解？具体来说就是，这些学生在用理解的方式学习数学时，他们的动机是什么？（p.163）

沃尔特和哈特在美国一所私立大学的微积分实验课程上进行了一次教学实验，

从中了解学生的行为是如何影响他们的动机的。请注意看他们是如何收集数据的:

> 在实验课程上,学生被邀请一起合作完成数学任务,那是为实现数学教学目标而精心设计的。从每个学期的一开始,学生就被鼓励去解释他们的想法并为他们的数学作业提出有说服力的理由。教师没有告诉学生如何去解决任何作业中的问题。教师认真地倾听学生的讨论,提出问题以更好地了解学生的思考过程,并根据学生设计或建构问题及解决问题的方式来作出教学决策。学生们经常在全班讨论中展示他们解决问题的中间过程和最终解决方案。家庭作业除数学系为所有大学微积分课程规定的作业外,还包括由学生为每项任务以及扩展问题提出的解决方案所形成的期末报告。数学系也为所有学习微积分的学生安排了必需的期末考试。

> 所有课程都进行了录像。一台摄像机关注学生及他们在合作完成数学课程任务时所写的内容;另一台摄像机关注学生展示或全班讨论。所有视频都进行文字转录。根据视频时间代码逐字进行记录。视频转录后,在根据学生任务所形成的分组中,特别引人注目的事件会被挑选出来。通常,基于一项任务的工作大约需要超过两个小时的课程。转录稿由解释性短语进行注释,并由研究团队成员进行准确性检查。研究人员的实地笔记、学生的家庭作业以及考试都可以用来进行分析。学生背景信息以及课前、课后的数学信念调查都会进入数据库。(p.163)

录像不仅记录了学生们说的话,还让沃尔特和哈特能够编码学生的表达方式,如手势、面部表情和情绪。这些作者还注意到学生们用来描述他们答案的词语:"最准确""尽可能接近""更精确"和"更完美一些"(p.165)。通过收集不同类型的数据,沃尔特和哈特注意到,学生在各自班级组建了学习小组。对数据的审查让作者认为,学生学习数学的动机需要考虑社会动机和个人动机之间复杂的相互作用。他们认为,仅依靠内在动机和外在动机之间的一般区分,对于理解学生学习数学的动机,并作出教学决策是不够的(p.162)。

在研究中,可能出现新的问题,促使研究者构建新的数据收集方法,并修正原来的方法。有时候研究者的数据收集方法并不能产生所需要的数据。李·莫纳汉(Lee Monaghan,2002)进行了一次健身文化的民族志研究,他将自己描述为一个活跃的和被接受的成员。通常我们认为这样的民族志研究者获得了接近实情和隐秘的捷径。莫纳汉想了解类固醇的使用情况,但具有讽刺意味的是,他发现融入那些健身者之中对获取这方面的数据起了反作用。那些人把他当成了从不使用类固醇的一类人。作为访谈者他可以深入提问,然而以他在这个民族志研究中参与的身份,却不能这么做。莫纳汉这样描述他的方法:

本文主要使用采访(使用类固醇的)男性健美运动员所生成的转录数据。有三个主要原因。首先,健身以男性为主,使用类固醇在这一群体中尤为常见。其次,关于健美运动员如何向局外人解释类固醇的使用,我不可能进行系统的自然观察。身份转换和保密似乎是类固醇使用者与好奇的圈外人士接触时最常用的策略。最后,通过访谈获得关于药物使用的解释,我有民族志方法学理由。在一个认为使用类固醇是理所当然的文化环境中,自然交谈中提及这类问题生硬而尴尬,只能采用访谈的策略(比较 Scott & Lyman, 1968, pp.46-47)。鉴于我在研究现场的角色,更具体地说,大多数受访者对我的印象带来的不利,采用这种策略才是有效的。(pp.696-697)

【29】

莫纳汉的经历表明,存在两个影响民族志学者和访谈者的更大的问题:身份和礼仪(identity and etiquette)。研究对象对你的看法会影响到他们会告诉你什么。他们对你的认识不仅取决于他们对细微观察的解读,还取决于对人的明确分类,如类固醇使用者或非类固醇使用者,局内人或局外人。不论你是否同意这种说法,研究对象认为他们的解读和分类是真实的,并据此采取行动。因此,研究对象可能会察觉到你脸上一闪而过的怀疑或反对,或你肢体语言中的退缩逃避或神经过敏。研究对象会遵守他们环境中或社群文化规则中被视为理所当然的礼仪规则。公司员工会服从"不要泄露公司机密"的规则,他们可能不愿告诉你关于公司情况的重要信息。采访对象有时会认为,和陌生人谈论个人生活既不礼貌,也不适当。

然而,一旦你和他们熟悉了,获得了他们的信任,他们对你的身份和礼仪的定义就可能发生改变。研究对象可能会告诉你一些信息,让你收集到出乎意料的资料,帮助你进一步推进你的想法。有的研究对象可能会告诉你一些能够带给你有效信息的组织记录,其他人可能会邀请你加入他们的网络支持小组或阅读他们的个人日记。

扎根理论逻辑会教给你**数据收集的方法**以及发展理论的方法,目的在于让你产生或接受一些方法来发展你的想法。这些创新可以发生在研究过程中的任何时间点。在研究过程中,你会发现很多你本该在早些时候就进行探究的东西。想一想,哪种方法能够让你获得所需的数据? 你能在什么样的环境中找到这些数据? 对于有的项目,你可能需要设计一些问题让研究对象去回答,比如"有人提到过_____,你有过类似的经验吗?"。而对于其他一些项目,所需的数据可能是那些你在开始研究前没有意识到但却非常重要的文献。

格拉泽(Glaser, 2002)说,"一切都是数据"。不错,你在研究环境中获得的,或者与你的研究题目有关的任何东西,都可以作为数据。然而,从数据的性质、与你研究兴趣的关联度以及对于解释的有用性来说,数据是不同的。研究者识别有用数据的能力及技巧和记录数据的充分程度也都是不同的。然而,<u>人们建构了数</u>

据——不论研究者是通过访谈或实地笔记来建构第一手数据,还是从诸如为私人讨论或公共传播目的而留存的历史文献、政府记录或组织信息之类的从其他来源得来的文本和信息。我们会把诸如文献、记录及人口普查数据的信息作为事实,然而,是人建构了它们。不论是什么样的数据,它们都是从某种目的出发,实现了一个特殊的目标。目的和目标都是在特定历史、社会和具体条件下产生的。

【30】　　扎根理论研究者的背景假设和学科视角提醒他们,要在数据中寻找特定的可能性和过程。这些假设和视角在不同学科中往往是不同的,但是都形成了各自的研究问题和重要概念。研究人员需要知道他们如何以及在多大程度上利用这样的假设和视角,以及在多大程度上愿意修改或放弃它们,他们对数据的解释应当能看出这一点。亨利·凯尔特是位工程数学老师,他展示了先验知识是怎样帮助以及阻碍自己研究的(Henry Khiat,2010)。他的研究问题提出"工程学学生是如何理解数学学习的?"(p.1459)。凯尔特的局内人经验不仅让他能够比较学生的不同类别从而进行理论抽样,也影响了他的观点和研究关系。他写道:

　　　　关于工程学学生如何思考与感受对数学的学习,我有自己的视角……他们后来出现的相关行为,是因为我是作为一名讲师去接近他们的。这样,之前的观点可能使数据收集和分析存在偏差。与此同时,由于我们的师生关系,有些学生可能在与我分享他们学习数学的经验时更有顾虑,更保守。我相信,我们独特的师生关系可能已经造成了我们之间权力的不平衡。因此,研究对象可能不愿向我透露真实信息,怕影响他们的学业发展或冒犯到我。这种权力不平衡可能会导致数据收集和分析过程的偏差。总之,作为这项研究中的局内研究者,我不得不承认,我对研究对象先入为主的观念会造成方法论的局限和我们之间权力的不平衡。我认识到,我和研究对象的关系会产生这样的方法论局限,但并不能使其完全消除,我采取了一些措施想尽量减少影响,以提高研究结果的严谨性。(pp.1463-1464)

凯尔特想减少权力的不平衡,建立信任,并鼓励他的研究对象谈论任何关于学习工程数学、研究过程以及后来发现的负面看法。因此,他没有让他过去的学生或可能成为他学生的人作为他的研究对象。此外,作为对研究对象的回报,他也向他们分享了他个人角度和职业角度的看法。

在这个案例中,凯尔特关注了学科视角和研究环境的可能影响。使用学科观点来指导研究的研究者,也需要仔细观察学科的影响。赫伯特·布鲁默(Blumer,1969)关于使概念敏感化(sensitize)的观点在这时是很有用的。敏感性概念是一个意义宽泛的术语,没有确定的特征,但它会激发你对主题进行思考(van den Hoonard,1997)。敏感性概念会给研究者一些初步的尝试性的想法,让你提出与研究问题有关的一些问题。扎根理论研究者用敏感性概念思考他们的研究过程,并定义他们的相关思考。如果某些敏感性概念后来发现是无关紧要的,那么就放弃它们。

因此,敏感性概念会引导探究过程,但又并不会控制探究过程,也更少对探究过程进行强制(Charmaz,2008e)。在保留探究的开放性的同时,这些概念可作为研究经验世界的出发点。简言之,敏感性概念提供的是探究的出发点,而不是终点。扎根理论常常以特定的经验兴趣开始他们的研究,和布鲁默(Blumer,1969)的观点一致,一般性概念会给这些兴趣一个松散的框架。例如,我是这样开始对慢性疾病患者的研究的,我感兴趣的是他们如何感受时间,他们的疾病经验是如何影响他们的。

【31】

我的主导兴趣(guiding interests)使我把诸如自我概念、身份和忍受等概念引入了研究。但这只是个开始。我把这些概念作为出发点来设计访谈问题,来观察数据,来聆听受访者,分析性地思考这些数据。研究兴趣、敏感性概念以及学科视角常常会发展而非限制我们的想法。① 然后,我们在连续分析中通过研究数据和检验想法来发展特定的概念。克里·伯恩、约瑟夫·B. 奥林奇和凯瑟琳·沃德-格里芬(Kerry Byrne,Joseph B. Orange,& Catherine Ward-Griffin,2011)就是从敏感性概念开始他们的研究的,他们研究了当人们从老年康复机构(GRU)回家后,承担起护理任务的伴侣所经历的变化。他们写道:

> 敏感性概念是以之前关于护理和转折(transition)的研究为基础的(如Grimmer et al.,2004;Kneeshaw,Considine,& Jennings,1999;Showalter,Burger,& Salyer,2000),如人际关系和社会支持的变化,这些概念被用作访谈提纲的出发点,并引导最初的分析。正如卡麦兹(Charmaz,2006[b])所说,这些概念被纳入初始访谈提纲的具体问题中,并被作为探索性工具来发展数据中关于过程的想法。例如,访谈对象会被问及,与他们进入 GRU 之前相比,他们如何看待与配偶目前的关系(在访谈时),在照顾他们的配偶时谁对他们特别有帮助。在初始编码和任务报告中,我们对这些概念特别关注和敏感。(p.1373:重点补充)

伯恩等人使用了来自研究文献的一般性问题来开始他们的研究。但他们就到此为止了吗?当然没有。作者们从这些想法开始,并沿着这一方向继续探索。通过将其作为探索性工具,而不是明确的概念,他们开启了探究,而不是止步不前,并让这些工具接受修正和改变。伯恩等人的目的是对护理者的经验过程形成理论理

---

① 相比之下,传统定量研究的逻辑—演绎模型需要尽可能准确地在理论中建立概念,推导可检验的关于这些概念之间关系的假设。在这个模型中,研究是被锁定在原初概念中的。

解。随后,他们将护理者定义为,对过去和现在生活的失衡进行调整的人。他们形成了一套密集的分析,描述了调整失衡情况的背景,把它分成三个阶段:"准备""进入"和"习惯"(p.1377)。

专业研究者和很多研究生在研究项目开始之前就已经拥有了可靠的学科知识基础,已经对研究问题及有关文献相当熟悉了。这会带来一个好处,即能够深入地看待经验世界的某些方面,但是也可能会忽视其他方面。我们可以从这些好处开始研究,但要注意对研究早期所看到的和感觉到的尽可能保持一种开放的态度。要对早期的概念和视角进行严格的经验审查和分析审查,并尽可能将其从研究中排除。

如果你的质性数据并没有说明你最初的研究兴趣,会怎么样呢? 佩蒂·阿拉苏塔瑞(Pertti Alasuutari,1995)展示了他的研究团队对这一问题的处理:

> 我们认真地思考了研究的主要问题,但做了一个错误的开始,于是又重新进行整体考虑。这对于一个研究项目来说,几乎算不上是意外,只是研究者们很少在报告中提到这些而已。然而,早期的失败对于选择正确的道路来说并不必然意味着你最终会走入死胡同。在原来的基础上进行修正,你就可能走向另一个结果。
>
> 在我们的案例中,错误的开始,以及考虑到现有资源只能放弃的不现实的研究想法,都产生了更好的计划,并且让我们更加清楚地知道项目应该怎样进行。(p.161)

扎根理论研究者要评价他们最初的研究兴趣与已出现的数据之间是否契合。我们并不把预先形成的想法和理论直接强加给数据。相反,我们要追随数据所指出的方向,或者设计另一种收集数据的方式来探求我们最初的研究兴趣。这样,我从当时的研究兴趣以及自我概念开始,也在探求研究对象所提到的关键问题。比如,我觉得有必要去探究他们对"说出病情(disclosing illness)"的关注,而这是我当初所没有想到的。他们说出病情和说出病情后的感受之间的矛盾心理是个不断重复的主题。后来,我研究了病人怎样、何时、为什么及和谁会谈论他们的病情。我更多地研究了慢性病患者在什么时候以及为什么会对他们的病情保持沉默(Charmaz,2002b,2009b)。

在扎根理论中,数据收集策略和构成"强制性(forcing)"的因素之间如何保持平衡,还没有得到很好的解决。扎根理论研究者认为可行的收集数据方法,却有可能被其他人认为是把数据强行放入到预先设定的框架中。格拉泽(Glaser,1998)反对预先设定"访谈提纲、数据收集单位、样本、已定代码、指示性图表、正规备忘录规则等"(p.94)。他认为,这些方法在开始前,通过把数据和分析强行放入类属中,会对数据——因而对分析——有先入为主的看法。然而,探究一个问题的开放式访谈提纲和把已有代码强加给所收集的数据并不完全相同。仅仅思考用什么词语提出开放性问题,就能帮助新手避免把自己充满偏见的问题一股脑地倒出来,也能避免把对方的回答归入狭小的类属中。研究者如果不关注收集数据的方法,会导致数据在未被察觉的情况下被强制归类,而且这种情况可能会一再重演。

追求质量

研究的质量和可信性(credibility)一样,也是从数据开始的。数据的深度和范围非常重要。一个基于丰富、充实而且彼此相关数据的研究必然是出类拔萃的。这样,数据除要让核心类属(core categories)更加有用之外,另外两个标准是描述经验事件的恰切性(suitability)和充分性(sufficiency)。

不管采用什么方法收集数据,都要充分收集符合你任务的数据,要尽可能给出关于该任务范围内的完整图景。[①] 读者和评论家会把你的研究看作一次严肃的努力,你会拥有一个强有力的基础,让你言之有据。新手可能会把好的但却有限的数据误认为一个充分的研究。要把研究设计作为一个整体来考虑。比如,民族志学者能够长期进行细致的观察,最后与关键信息提供人进行十次深度访谈,并以此结束,他们会比那些只进行了十次访谈的人得到更多的东西。符合一个本科生项目要求的研究通常无法满足一篇博士论文的要求。有限的数据会让你有一个不错的开始,但并不能成就一项细节丰富的研究或一个精妙的理论。研究者很难从有限的数据得出具有说服力和确定性的结论。

一些扎根理论研究者(Glasser,1998;Stern,1994a)反对关注数据的数量。还有很多研究者也持有同样立场,他们认为只有有限数据的小型研究也是合理的。对于格拉泽和斯特恩来说,小样本和有限数据并不会带来什么问题,因为扎根理论方法的目的就在于形成概念类属,这样,就把数据收集指向了解释类属的属性及类属间的关系。他们的观点可以让你更顺畅地进行数据收集,但这也会导致分析表面化。

什么样的数据才算丰富和充分呢? 下面这些问题可能会帮助你评价自己的数据:

- 对于与研究有关的人、过程及环境,我是否收集了足够的背景数据,让

---

① 长期以来,扎根理论研究一直被指责是建立在偶然的、单薄的数据基础上的分析(Lofland & Lofland,1984)。一些扎根理论研究者也受到了这样的批评。然而,根据数据和分析的目的和质量,有限的数据收集可能就足够了。压缩数据收集的趋势渗透在数据收集的各种方法中,包括民族志方法。

我可以回忆、理解并描绘出该研究的全面图景？

· 我是否详细了解了研究对象的观点及行为？

· 数据是否揭示了存在于表面之下的东西？

· 数据是否足以揭示随着时间流逝所发生的变化？

· 我是否获得了有关研究对象行动的多重观点？

· 我所收集的数据是否能使我形成研究性类属？

· 我可以在数据间进行怎样的比较？这些比较是怎样产生并佐证我的想法的？

解释学质性方法意味着要进入研究对象的世界。布鲁默（Blumer, 1969）的名言"尊重你的对象"提醒我们，即使我们质疑研究对象的视角或行为，也要维护他们的人格尊严。尊重研究对象的一个方式就是，尝试和他们一起形成报告。戴伊（Dey, 1999:119）指出，格拉泽和斯特劳斯破坏性（smash and grab）数据收集的策略戕害了和谐的关系，而和谐的关系对于很多项目来说是获得可靠数据并持续进行数据收集的前提条件。

【34】 我们收集数据的方式会影响数据内容。我们要努力去了解他们的观点和行为，努力从他们的视角出发去理解他们的生活。但我们并不一定接受他们的观点，或把他们的观点照搬为自己的；我们是去解释它们。我们需要发现研究对象认为理所当然的东西是什么，或者没有说出来的东西是什么，以及他们说了什么和做了什么。我们试图去了解，但并不能知道人们的头脑里究竟发生了什么（见 Murphy & Dingwall, 2003）。但是，认真的解释性理解常常是经典质性研究的标志，代表了一项杰出的成就（比如，Clark, 1997; Fine, 1986, 2010; Karp, 1996; Lois, 2010; Mitchell, 2002）。

收集扎根理论数据

经典扎根理论（Glasser & Strauss, 1967; Glasser, 1978）强调对行动和过程的分析。当通过数据收集来形成我们的生成性（emerging）分析时，我们要同时进行数据收集和分析，这一扎根理论的方法有助于我们始终重视对行动和过程进行分析。这样，第一个扎根理论问题就要问：

· 这里发生了什么？（Glasser, 1978）

对这一问题做进一步扩展，就要在两个水平上提出：

· 基本的社会过程是什么？

·基本的社会心理过程是什么?

这些问题会让你开始自己的研究。答案可能不会像问题所表达的那么直接。即使主要研究对象与你观点相同,你对"基本"的定义也始终是自己的一种解释。格拉泽和斯特劳斯(Glasser & Strauss,1967;Glasser,1978)强调研究者在实地研究中所发现的基本社会过程。虽然经典文本提供了基本社会过程的分析,以此作为扎根理论方法的基础,格拉泽(Glasser,2002)后来却反对探求基本社会过程,他认为这样做会让数据迎合观点。

你可能发现环境中发生着很多事情。任何事情都可能看起来很重要,或不重要。反思你所看到和听到的。要对这些事情做出评估,下面的问题可能会有所帮助。

·从谁的观点看,某一特定过程是基本的? 从谁的观点看,它是边缘的?

·观察到的社会过程是怎样出现的? 研究对象的行动怎样建构了这些社会过程?

·谁在这些过程中施加控制? 在什么条件下进行控制?

·不同的研究对象对这一过程赋予的意义有何不同? 他们如何谈论它? 他们强调了什么? 遗漏了什么?

·他们关于过程的意义和行动是怎样发生变化的,以及何时发生变化的?

这些问题可能会靠不住。一个简单的回答可能并不切中肯綮,而且并不能深入基本的社会过程。这些过程可能是不可见的,说不出来的,但却影响着环境中研究对象的行动和理解。不同研究对象的处境以及由此产生的立场(vantage points),会影响"这一"基本社会过程的定义吗? 研究对象对基本过程进行定义所依据的是哪些信息和经验? 他们提供的是公关辞令式的理想画面,还是反映了人们所争斗的现实? 一个基本社会过程是在什么时候变得清晰起来的,是在什么时候发生变化的? 比如,一个社区部门可能会声称,他们为居民提供了良好的服务。但是,经过仔细考察可能会发现,他们只是保持了机构的基本运转。建构数据时可以考虑下面的方法:

·不仅关注语言,也要关注行动和过程;

·仔细描述行动的背景、场景和情境;

·记录谁做了什么,什么时候发生的,为什么会发生(如果你能够分辨出原因的话),以及是怎样发生的;

·分辨具体的行动、意图和过程所出现的条件或减弱的条件;

·寻找解释这些数据的途径;

·关注研究对象具有特定意义的具体字眼;

【35】

·发现不同的研究对象持有的理所当然的、隐含的假设;展示一下它们是如何被揭示出来的,如何影响行动的。

民族志中的扎根理论

定义民族志

民族志意味着记录特殊群体的生活,这样就必须长期在他们的环境、社区或社会世界中参与和观察。不过民族志的定义被延伸了,它不仅仅意味着对研究对象进行观察。一个民族志研究涵盖了特定环境中所发生的一切,而且常常包括文献、图表、地图、照片,有时也包括正式的访谈和调查问卷所补充的数据。民族志研究需要研究者参与其中,即使不能与研究对象在一个环境中共同行动,也要在那个环境中逗留很久。

参与式观察者可能会把他们的关注点限制在日常生活的一个方面,并且使他们在环境中的共同行动最小化。相反,民族志学者要尽可能发现研究环境中多维度的丰富细致的社会内容,目的在于理解研究对象理所当然的假设和规则(Ashworth,1995;Charmaz & Olesen,1997)。蒂莫西·贡加韦尔(Timothy Gongaware,2012)在两个印第安人社会运动组织中进行了观察和访谈,这两个印第安人组织分别是国家印第安人教育协会(SIEA)和教育修正案第九条(Title IX)①家长咨询委员会(PAC)。贡加韦尔收集数据的过程展示了民族志学者与其他参与式观察者之间的区别:

为收集数据,我开始作为观察者进入两个群体,并以任何他们喜欢的方式提供帮助。在两年多的时间里,我参加了正式的运动集会,也参加了非正式的聚会,并对两个群体的成员进行了深入的、正式的采访。然后我按照扎根理论方法对数据进行了分析(比较:Glaser,1992;Glaser & Strauss,1967;Strauss & Corbin,1990),许多互动主题和模式就从中产生了。

虽然与每个群体合作的过程是相似的,但我关于这两个群体的经验还是有着显著的差异。在SIEA,我是通过加入该组织和参加会议而获得许可的。后来,有人认为我一直记录的笔记很有用,于是让我担任董事会成员:做董事

---

① 美国法律,要求接受联邦基金的机构要保证教育的平等权利。

会的专门秘书。这让我有机会去观察和参与主要成员的活动以及组织领导人之间的对话。另一方面，在 PAC，因为 SIEA 的一位成员知道我的研究兴趣，所以邀请我参加他们的会议。然而，我在这个群体中的角色几乎完全是一个观察者，只有在极少数情况下他们才邀请我直接参与他们的集体活动（如在一个集体活动的门口收门票），因此我从来没有参加过他们的会议。不幸的是，我观察组织领导人非正式谈话的机会非常有限，也无法得知那些有时可能在会议中提到的题外话。（pp.10-11）

注意发生在 SIEA 组织内的转变，贡加韦尔从观察者转变成了参与者。他的评论还表明，在环境中收集数据时，是怎样在组织结构和行动、沟通及信息控制之间开始进行比较的。民族志学者很少同时进行超过一个组织或一个环境的研究，也相对很少进行连续的研究。通过比较两个组织中的行为，组织过程可能会变得更加明显。民族志研究的主要目的会随着研究而发展，越来越关注在特定环境和条件下所发生的事件和行动。这一目的使民族志研究从研究结构向分析过程转移，从而补充了扎根理论的实践和目标。

一个民族志学者在研究现场应该研究什么呢？那里什么都可能发生。如果对那里的环境、行动和人保持一种开放的态度，民族志学者就有机会从基础开始，寻求他们认为最有兴趣的任何东西。

研究对象会让民族志学者看到他们的世界和他们的行动。民族志的目的就在于，通过像那里的人一样去体验，从而获得被研究世界"内部人"的观点。但是，像其他研究者一样，民族志学者也把他们的理论训练和方法论工具带到了工作中。从研究对象的立场来看，具有讽刺意味的结果可能是最终产生了一个局外人的报告（Pollner & Emerson，2001）。

从被动观察到完全参与，民族志学者的参与程度依赖于具体的研究，包括它的目的、对进入方式的认可度、参与度、互惠情况以及和对象形成的关系。民族志研究者可能会比预想的更深入现场。同样，他或她会发现这种融入与预想的状态不一样。在我做学生的那几年，我有机会进入一家医疗机构做民族志研究。作为一个缺乏经验的民族志研究者，我以为我会有时间溜回房间，及时做笔记。接待我的一位管理者却有不同的看法：制度化生活要比研究角色更重要。他认为，我应该把白天的时间——以及大部分晚上的时间——用在参与病人的活动上。他告诉我，"这里，每一个人都是治疗师。"

一个环境中什么是最基本的，要依赖研究对象的立场、行动和意图。行动可能会与所宣称的意图相反。不同的对象有不同的立场，有时还会有冲突的目标。最后，民族志学者可能会探求如下问题：当他们目标冲突时，是否能够意识到？他们【37】

如何据此行事？如果有冲突出现的话，又是在什么时候？

一个扎根理论项目的实地观察笔记可能包括这些内容：

- 记录了个人及集体的行动；
- 对轶闻奇事和观察结果做了全面细致的笔记；
- 重视环境中所发生的重要过程；
- 注意研究对象认为有趣和/或有问题的事情；
- 关注研究对象对语言的应用；
- 把行动者和行动放到背景中；
- 逐渐加深对关键性分析概念的关注。

在框 2.1 中，看看克里斯托弗·施密特（Christopher Schmitt）的观察（摘自他未发表的 2006—2007 年实地笔记）如何帮助他深入事物表面之下的。他简短的实地笔记展示了接触环境和现场、行动者和行动、语言和意义的过程，并对场景中的矛盾行为形成了自己的理解。

框 2.1

克里斯托弗·施密特对地方集市民族志研究的反思

我的研究团队包括数千名志愿者，他们参与了 20 世纪 60 年代风格的集市的创建。现在这一集市在西部最大的城市暂时实现了，它每年对游客开放 3 天，需要用 4~6 周时间建设和拆除。500 个摊位，18 个展台，充足的必需服务，由 60 多个相互联系又相对独立的工作组提供支持。地方集市的使命是创造"可持续的和不可思议的体验"。它的文化强调生态管理、共识、宽容和公平竞争，在组织方式上支持跨层级协作。但这些理想不断受到现实问题的挑战，40 多年来这些问题一直伴随着组织的发展。

然而，当被问及集市具体如何运作时，研究对象经常会做出关于权力、权威和等级的评论。例如，一个工作组报告"某些工作组经理把他们的领域当作自己的封地"；一个前首席工作组成员分享了"权力与农场上的帝国"形象；一个前集会董事会成员只是说"没有什么比有权力的嬉皮流氓更坏了"（分别来自实地笔记 7/12/07，7/11/07，7/8/06）。相比之下，许多其他研究对象可以或明或暗地谈到集市文化的持续力量。［主营厨房后面有一条标语在提醒"如果你可来，就没有必要解释"。］

这些差异缺乏一个连接，来说明集市上的人们在出现理解差异时如何进行调亭。下面的实地笔记帮助我弥补了这一缺口，让我开始取得一些理论上的成果：

> 听到有人唱歌,我跟着吉他声返回帐篷里……堆满了特百惠纸箱,围绕在音乐家周围的是一个皱巴巴的睡袋……他的市场绰号是"红标签"(Red Tag)——当摊位的某些方面没有达到标准时,他就会张贴红色的建筑警告标签……作为一个建筑检查员,"红标签"多年来一直是市场的一部分。如果我没有花几个小时和他一起在现场巡视(去年集市结束后),我就永远不会理解他是怎样把兴趣放在市场上的,或者他是如何用一种综合方法处理建筑规范、现场表演的质量、安全和卫生以及废水回收等问题的——简而言之,以确保"可持续的和不可思议的体验"。在这个意义上,"红标签"的使命与集市所宣称的使命完全相似,集市试图创造一个环境,在那里那种体验不仅是可能的,而且是很有希望的……(实地笔记 7/15/07)。
>
> 所张贴的几十张"红标签"的照片表明,他热爱诗歌、文学,改编摇滚歌词,说俏皮话,画有趣的画,他能做到,即使不借助数字代码和法规也可以把摊位的问题说得很清楚。[一个摇摇晃晃的展台标签描述的是断头台,并提供了产品说明:1)如图所示把头放在那儿;2)付费;3)拉绳子。]"红标签"活泼好玩的天性缓解了实际问题和共同体理想之间的紧张关系,让我认识到在整个市场中活泼好玩的重要作用。活泼好玩,每天的不可思议制造了共同体中的共识(Burawoy,1982),从而扮演了一个双重角色:民间市场是充满活力的,同时经由它传递出"车轮上的沙粒实际上是仙尘本身"(实地笔记 7/7/07)。

通过关注在环境中正在发生的事情,你可以更好地对其进行定义。注意施密特的评论,"以下实地笔记有助于架起跨越鸿沟的桥梁,让我开始从中获得一些理论线索。"通过在实地笔记中记录观察和研究,你也可以获得新的理论理解,找到新的研究方向。

扎根理论研究从一开始就采用了与其他民族志类型迥然不同的形式。扎根理论民族志优先研究的是现象或过程,而不是环境本身。这样,从实地研究工作开始,扎根理论民族志学者研究的就是在环境中发生了什么,并对这些行动进行概念化呈现。一个扎根理论民族志学者可能会在这个环境中逡巡,以获得关于过程的更多知识。其他的民族志方法常常关注诸如亲属网络、宗教实践以及一个具体社区的工作组织情况。接下来,这些民族志学者会描述环境中与问题相关的所有内容,通常会采用比过程方法更为结构化的方法。

然而,对主要过程的研究可以揭示结构的建构过程。大卫·阿格(David Ager,2011)对公司并购之后组织整合的过程进行了民族志扎根理论分析。在解释他的研究对组织变革领域的贡献时,他提出了一个强有力的民族志研究论点。他认为:

……它是对现有研究的补充,不仅是因为它从参与者的角度打开了并购整合的过程(之前的研究忽略了),还因为它要深入得多。例如,研究是纵向的,它涵盖了从开始到结束的整个整合过程。其他的研究,常常用学生和室内试验来模拟行动者和环境,或做一些理论上的劝诫,然而我的研究和他们的不同,我的研究涵盖了三个现有商业组织的真正管理者和员工。组织并购已经发生并影响到了其中的行动者,我探究的就是他们与变化相关的"生活、行动、互动和思考"的方式。这一模型提供了收购后整合的行为后果,不仅解释了实际过程,还如同行动者所描述的那样,在一个高度紧张的环境中使用了个人和群体原汁原味的观点。(p.203)

获得访问权与参与行动

获得访问权(gaining access)不仅仅意味着被允许进入环境;民族志学者必须获得环境的许可。他们是怎么做到的呢? 标准教科书呼吁研究者要保持开放的头脑,接受现场的行为,并常常建议研究者去扮演"天真的学习者"角色。然而,民族志学者给他们的研究带来了不同的风格,并在研究现场中坚持不同的立场。他们的研究问题和专业知识,他们遇到的研究对象,以及他们遭遇的限制都影响着他们的入场、角色和参与。在一个环境中,民族志学者可能发现研究对象愿意讲述他们个人和集体的故事。而在另一个环境中,民族志学者只有在他或她以某种特别的方式存在时才是受欢迎的。

阿格选择了一家公司,其首席执行官"同意其自由出入公司,从董事会到收发室都可以进入"(p.201)。当公司在友好条件下收购和合并同一软件开发行业的两家其他公司时,他密切关注了公司的兼并整合过程。这些公司的并购符合行业在组织层面上的友好概念,虽然员工仍然感觉到了紧张和不确定性。这两个收购给了阿格可用于比较的材料,他在细致的民族志研究中产生了新的观点,回答了为什么这些员工在重大的组织变革中坚持保留他们的自我身份和群体身份。阿格还发现,为什么从他们信任的同事那里寻求支持"实际上对于个人和企业层面的整合目标来说,可能导致反常的、意想不到的后果"(p.199)。

阿格民族志方法的四个独特优势也反映在许多其他民族志研究中:1)直接接触事件、场景和人;2)持续参与其中;3)实时观察行动和事件;4)跟进自然出现的模式和问题。为获得更多关于研究过程的知识,扎根理论民族志学者可能从研究一开始就要跨越不同场景。亚历山德拉·米歇尔(Alexandra Michel,2007)对投资银行的民族志研究除了建立在之前的专业经验和该领域的人脉的基础上,还建立在早期的访谈研究的基础上。她写道：

> 我所研究的两家银行——一家我称之为 Amp 银行，一家我称之为 Red 银行——是不同银行的两个投资银行部，在接下来的一年中我进行了深入的跟踪研究。这项研究，除所报告的两年民族志外，还包括其他 12 家专业服务公司。所有公司都位于某主要金融中心。

> 初始研究包括 84 次针对各个级别专业人士的访谈和 48 天的观察。许多受访者评论 Amp 银行"创造了持续的不确定性"和"试图使银行家们保持警醒"。为了进行最大程度的对比，我选择了 Red 银行。在我的组织样本中，减少不确定性是被强调得最多的。例如，一位行业分析师谈到 Red 银行时说道，"他们是超级明星文化的缩影。他们用不了 Amp 银行具有创意的混乱策略。他们要创造确定性，这样银行家才能获得权威"。同时，一家银行的受访者经常用另一家银行作对比。例如，Red 银行的银行家会这么说，"我不会采用 Amp 银行的混乱管理策略"，而 Amp 银行的银行家也会嘲笑 Red 银行的专家，说他们"经常犯错但从不怀疑"。选择在自变量（银行的实践）上能够进行最大程度对比的银行，有可能在因变量即组织和银行家的认知上会产生更多的显著差异。（Eisenhardt，1989 b，pp.513-514）

【40】

出发点不同的民族志学者要扮演什么角色取决于他们的入场方式，以及他们的知识和技能。阿格和米歇尔都拥有与他们所研究主题相关的专业知识，这使他们很熟悉研究现场所发生的事情，并能使其中的人际关系放松。玛丽·布加图（Marie Buscatto，2008）曾在同一行业中做过专业培训经理，她在这个领域进行了博士论文的民族志研究。她发现自己的身份在这两者之间移动，一个是不值得信任的、要被回避的"不成熟的实习生"，此时高级经理认为她没有专业知识；另一个是"专业顾问"，进行她的观察时会有风险，此时他们已经知道了她的背景（p.34）。相比之下，米歇尔则在观察者和有用的参与者之间转换，在非正式和正式的访谈者之间转换。她指出，作为一个积极的参与者，她被允许提出问题，而作为一个观察者则不能。行动的类型和节奏对进行民族志研究非常重要。在一个快节奏的世界，米歇尔拥有的必要技能是有用的。此外，她还指出，这种快节奏让银行家们逐渐不再注意她的研究者身份了。然而，研究者的身份却有助于她开展访谈。米歇尔坚持的保密原则让银行家们愿意透露他们所关注的东西，而不用担心破坏自己的形象。

实地研究者的角色能够接触到研究对象的观点和行为，而这一角色也会根据环境的不同，以及研究者获准进入方式的不同而不同。对于很多民族志研究者来说，以对环境及研究对象所知甚少的天真的学生身份进入研究现场，是一种非常常见的开始方式。组织守门人(organizational gatekeeper)可能会允许学生进入,但不会允许专业研究人员进入,因为他们认为后者可能会更加挑剔。辛迪·凯恩(Cindy Cain,2012)为了研究从事临终关怀工作的人员,以学生身份担任志愿者,由此开始她的研究。她说:

> 获得信任尤其重要,因为我试图秘密观察工人们的行为,就一些敏感话题向他们提问,甚至涉及某些可能损害他们职业生涯的感情和行为。反过来,我不得不仔细监控自己和研究对象之间的权力互动关系(power dynamics)(Hoffmann,2007;Kleinman & Copp,1993)。为确保我们已建立的信任关系,我扮演了学生和知己的角色。我也以下面的方式调整自己的情感状态:我向研究对象保证不会因为他们的言论而对他们妄加评判;当他们回避尖锐问题时,我会把我的失望情绪隐藏起来;当我终于能够找到一些敞开心扉的受访者时,我则要掩饰自己的喜悦。(p.677)

[41]   凯恩的描述说明,她不仅辨析了她的假设,还区分了她在研究现场的角色与临终关怀工作人员的角色。正如她所做的那样,不带先入经验进入现场使她能够以新鲜的视角观察行为和事件。而缺点则是,她有可能遗漏掉研究对象所能注意到的细节。

民族志研究一个潜在的问题就是要无所不在、无所不包地收集数据。所研究的世界似乎如此有趣(而且可能的确有趣),以至于民族志学者要努力无所不知。堆积如山的、支离破碎的数据在不断增长(见 Coffey & Atkinson,1996),但它们本身并不能说明什么。接下来是什么? 低水平的描述,以及如果更复杂点,就是不相关的类属的排列。没有对数据进行融会贯通的民族志学者很少能产生新鲜的见识,有时虽然经过了数年的辛苦,也依然完成不了他们的项目。

扎根理论解决了这些问题。矛盾的是,关注一个基本的社会过程会更有助于你获得一幅更加全面的关于整体环境的画面。民族志学者可以通过使用扎根理论建立事件之间的关联,从而研究整个过程。扎根理论如果重视比较方法,就会使得民族志学者:1)从研究一开始就比较不同的数据,而不是在收集完所有数据之后;2)比较数据和已有类属;3)展示概念和类属之间的关系。扎根理论策略能够让民族志学者深入调查研究过程,尽管成为研究环境中充分的参与者压力已经不小。在这个意义上,扎根理论排除了那些只关注周围环境的消极观察者的实证主义观念。

扎根理论研究者会选择自己所观察的场景,并确定观察这些场景的角度。他们的实地笔记展示了构成场景的正在发生的事情的行动、过程和事件。如果认真而充分地使用扎根理论方法,会找到透过表面、深入挖掘环境的系统方法。这些方法对于控制研究过程很有帮助,因为它们有利于民族志学者聚焦、结构化和组织研究过程。

大部分民族志学者会实地做大量的访谈。阿格(Ager,2011)表明,民族志研究所形成的人际关系可以使研究者所做的访谈越来越有用。他说:

> 我没有使用单一的采访协议。相反,我和许多受访者形成的亲密关系使我能够捕捉到生动的细节,了解他们对自己、他们的工作、同事、公司及其领导人的感受。随后的每个采访中,这些亲密关系影响了每次不断递进的谈话的质量,每一次交流都带出了越来越多的细节。我在实地调查的整个过程,都由一个全局性的问题所驱动:这些组织的成员实际上被整合了吗?（如果被整合了,那么是如何以及怎样整合的?)(pp.204-205)

阿格在整个研究中都关注整合的过程,这影响了他的访谈。彼得·努格斯(Peter Nugus,2008)关注的是在急诊科工作的人员,但他最初的实地观察是缺乏方向的。然而,他提到,在某些临床医生换班离开之后,他会立刻进行实地访谈,讨论他所观察的情况,正是在这种情况下他找到了方向。努格斯询问一些受访者某些特殊术语的意义,从而揭示了他们担忧的东西。此外,他的实地访谈消除了观察和访谈之间非此即彼的概念上的二分对立。下面是他的说明:

【42】

> 实地访谈灵活使用了"最好"的观察和访谈,比非结构化观察获得了更多的数据,因为我有具体的事件、故事和互动过程,还探究了他们在组织中的角色。例如,一位急诊科专家问我所观察的另一位急诊科专家:"今晚你是'地狱守门人'吗?"换班后,我在实地采访时问他这句话是什么意思。他告诉我,其他急诊科医生是含蓄地问,他们那天晚上是否要负责确定哪些患者被放到夜间"加护病房",或者称为"观察室"或"临时看护室"(Counselman,Schafermeyer,Garcia,& Perina,2000)。我问,他们为什么使用"地狱守门人"这个词。受访者说,因为他们觉得,确定哪些患者安排到加护病房,哪些接受诊断、治疗和出院,是个非常艰巨的任务,当医疗或外科手术团队被问及是否确定接受某个病人入院,一样是非常艰巨的任务。他们解释说,把病人放到加护病房是件有风险的事情,因为病人被允许留在加护病房的时间长达 24 小时,这会缓解急诊科室的压力。然而,鉴于其有限的床位,那天晚上到底有多少病人可能需要安排到加护病房还不清楚。这就使得这个决定变成一种"微妙的平衡"(实地笔记,高级医生 B2:24)(p.194)。

努格斯通过改变他的数据收集策略找到了分析的方向。扎根理论方法让数据收集和分析策略结合起来,从而推进了民族志研究。像桑伯格一样,努格斯更为明确地整合了观察和访谈,为进行分析获得了更为直接的材料。扎根理论方法保持了民族志方法研究经验世界的开放性,不过又通过系统检查数据收集和数据分析,使民族志研究变得更为精确了。过去,民族志在数据收集和数据分析之间存在着严格的人为分离,并深受其限。扎根理论的逻辑要求必须回到数据,进入分析。民族志学者能够把描述提升为抽象类属和理论解释。之后他们能够收集进一步的数据,完善生成的理论框架。这一逻辑能够帮助你克服民族志的几个问题:1)不加批判地接受研究对象的观点;2)在没有聚焦的情况下贸然地长期进入一个田野环境;3)进行肤浅的、随机的数据收集;4)盲目使用成套的学科范畴。

在数据和分析之间的往复迭进也有助于你克服无所适从和拖拖拉拉的毛病(也可见 Coffey & Atkinson,1996)。当研究者收集数据没有方向时,这两个问题都可能发生。

单薄而未聚焦的数据可能会使得民族志学者退回去依赖他们学科术语库中成套的概念。克里斯托夫·卡内基(Krzysztof Konecki,2008b)指出,民族志学者作为作者会使用他或她的听众(即学科同行)的符号、价值观和规范。因此,民族志学者对观察到的事件的解释,不仅来自研究者和研究对象之间的互动,也来自作者和听众以及他们共享的话语意义。卡内基是对的。不过,扎根理论提供了新的思路和方向,让你有可能在你所在领域放大有意义的话语。用批判的眼光观察你所在领域的民族志研究。通过研究它们,你会提升对学科传统的意识。如果这些传统和你的扎根理论分析差异很大,那么为了你的分析,不用理会这些传统。

[43]

当前的潮流是使用有限数据和即时理论化(instant theorizing),长期以来,这一潮流一直和扎根理论有关,不过现在也渗透到了其他方法中,包括民族志。一项合格的民族志研究需要付出时间和热情。扎根理论能帮助你削减多余的工作,但核心工作仍然需要去做。收集丰富的民族志数据意味着要从深入研究现象开始——参与其中!

你会充分利用你所带到研究环境中的东西。新手带来的常常是旺盛的精力和开放的头脑。一些有经验的民族志学者可能会惯于沉浸在学科观点和程序中,以至于很难超越它们。另外一些有经验的民族志学者可能会在没有表达清楚,甚至还没有建立联系时就开始解释所研究的领域。新手可能会步履艰难。一些指导性方法能够让你把步履艰难变成硕果累累。你可能会发现,一些问题可以帮助你观察研究环境中的事件。如果是这样,就接受这些问题,但是首先要依靠你在环境中所观察到的东西。

1.环境中发生了什么?人们在做什么?他们什么时候做的?他们为什么这样做?环境中的人们怎么解释正在发生的事情及与此相关的行为?哪些行为、经验和事件通常会发生在这一环境中?你可以分辨出哪些行动和事件模型？哪个行动、经验和事件是反常的、奇怪的和/或令人惊讶的？对谁及何时会这样？

2.什么让你觉得最引人注目、最有趣,或最值得一说？什么隐性知识引导了你的判断(Wolfinger,2002)？你的哪些预感、印象和直觉是需要你去追寻并检验的？你在研究现场或记录实地笔记时出现了哪些问题？

3.你会如何描述环境？谁在那儿？为什么？人们是如何成为每个群体所在环境的一部分的,或是如何与环境联系起来的？环境中有非人为影响因素吗？如果有,是什么样的？它们有什么意义？

4.你能分辨出哪些等级？这些等级所依据的基础是什么？谁拥有控制权？一个非正式的等级在多大程度上可以补充或挑战正式的等级结构？这些等级结构是如何影响个人和集体行动的？不同的研究对象是如何以及在多大程度上讨论等级结构的？

5.环境中不同的研究对象/群体分别想要完成什么样的目标？不同的研究对象/群体认为什么是理所当然的？研究对象和/或他们的行为与哪个更大的群体或网络有联系？是怎样建立联系的？

6.研究对象的经验对他们自己意味着什么？他们是如何揭示意义的？他们是如何谈论他们在环境中的经历和事件的？他们说了什么？

7.研究对象是如何使用语言的？哪些词对他们具有特殊的含义？他们分享了什么符号？行动依据的是哪些符号？在环境中语言是怎么和行动——以及不行动——联系起来的？研究对象使用了哪些话语？具体的话语服务于什么目的？服务于谁？

8.研究对象和/或群体判断行动、事件和产品或成果的标准是什么？他们把什么定义为有效的行动和成功的结果？什么是失败？

9.研究对象对谁负责？从他们的立场看,问责制如何实施,以及在多大程度上实施？从你的观察看是怎样的？ 【44】

10.研究对象之间如何向彼此解释他们的行动(Goffman,1989)？他们如何向同行及公众展示、解释或证明他们的行为？他们的目标告诉你什么？为什么？谁试图指导你？

11.什么样的传统理解会在环境中被再生产？对传统理解的再生产是怎么发生的？哪些是有争议的、被抵制的或被拒绝的？成员的行为是如何以及在多大程度上揭示这些传统理解的？

12.资料来源涉及哪些？要研究行动需要什么样的资料来源？这些资源是如何获得、保存、控制和分配的？谁有渠道接触这些资源？研究对象在多大

建构扎根理论——质性分析实践指南(原书第2版)

程度上同意这些资料来源?

13.你如何理解自己在研究过程中的转向和变化? 当你在环境中占有不同的有利位置时,你如何确定你是否恰当地展现了环境、其中的研究对象、他们的行为及其意义? (Fine,1993;Madison,2011)①

14.这一民族志研究要解决的理论领域问题是什么? 为什么? 你是如何着手进行研究的?

在了解背景与内容、意义与行动、结构与行动时,民族志学者可能会提出这些问题。扎根理论能够促进民族志学者深入钻研一些研究现场出现的含糊问题。遵循这一扎根理论策略:寻找资料,描述所观察到的事件,回答基本问题即这里发生了什么,然后形成理解它的理论类属。这一方法也可以补救扎根理论研究的弱点,特别是对于那些单纯依赖田野调查报告的研究。人们相互解释自己行动的方式可能和他们对访谈者的陈述不一样(Goffman,1989)。而且,研究对象的大部分重要解释可能包含着默认的理解(tacit understanding)。如果是这样,那么研究对象即使在他们内部也很少会进行明确的表达,更不用说对非成员身份的人了。

社会行动者(social actors)生活在一个意义共享的世界,其中的研究对象(participation)对世界的理解大部分直接来自他们的直观感受(Prus,1996)。在实践意义上,意味着研究者需要和研究对象分享一些相关的经验,但不必分享所有观点。柏格森说:"哲学家一致认为,在认识一个事物的两种方式之间要进行深入区分。第一种是围绕事物去认识,第二种是进入事物之中去认识。"(Bergson,1903/1961:1)民族志研究者的工作就是探索第二种方式。扎根理论研究常常围绕一个对象;这些方法产生了一幅从外部看研究对象的地图,但是可能并没有进入其中。这些研究可能从不同的角度和立场来看一个现象(比如,可见于 Glasser & Strauss,1965,1968),但是扎根理论民族志学者可以深入经验中并进行解释性呈现(比如,可见于 Baszanger,1998;Casper,1998;Timmermans,1999;Wasserman & Clair,2010)。

最后,进行民族志研究不仅改变了数据,也改变了研究者。库尔玛·拉维·普利亚(Kumar Ravi Priya,2010)对他研究对象的痛苦进行了反思,最后发现自己也从自己的痛苦中解脱出来了。他认为他的反思给"我的危机以崭新的意义,并启发了我自己的自我转变"(p.493)。可能其他研究者也从民族志研究中经历了类似的改变,只是没有说出来。

【45】

---

① 费恩(Fine,1993)指出,大部分民族志学者都摒弃了有关客观性的传统观念,但仍然需要公平地对待客观性问题。民族志是局部的,置于时间、空间、位置和互动中的。实地笔记是对所观察到的和记录下的经验的建构。然而,我们与研究对象及读者分享了话语的意义,通常还包括有关公平问题的伦理意义。因此,民族志学者如何再现受访者及其信仰和行为,以及他们在民族志故事中的位置,需要与所收集的观察资料保持一致。

作为数据的文献

　　文献提供了主要的数据形式。它包括不同形式的书面文本和记录下来的可视图像。研究者如何使用文献呢？民族志学者通常收集和分析人们在所研究环境中书写和汇报的关于他们自己的内容。访谈者会关注和他们题目相关的信息。组织分析者会研究行动主体(agency)和公司是如何向公众展示他们自己的。公共沟通专家越来越多地依赖来自电子媒介的应对性语言和形象,将其作为研究数据。一些社会科学家做的是对现有资料的二手分析。日常生活中,信息资源除信件、日记、家谱以及个人博客等外,还包括技术手册、合同、诊疗记录、绩效评价、电子邮件、网页、照片、电影和地图等(也见 Plummer,2001)。这些潜在的资源会被作为处理具体研究问题的有用文献。

　　研究人员经常回顾文献,但又低估了它们对理论化的潜在作用。文献分析似乎与第一手观察或访谈相去甚远,但又把文献当作文本(texts)。大多数质性研究需要分析文本。文献包含的是这样的文本类型,其形式、内容、目标、可获得性、可见性、有用性、合法性和影响可以产生出有趣的问题。对文献的扎根理论研究会涉及形式和内容,作者和读者,文本的生产和呈现。

　　文献之间存在差异。大多数文献由不同的文本或图像组成——因为图像常常被认为是研究者不能插手施加影响的,因此常被视为是比访谈或实地笔记更"客观"的形式。档案数据,如历史人物的信件,是已有文本的典型形式。研究者把已有文本作为数据来处理他们的研究问题,尽管这些文本是出于其他目的而产生的——而且往往是非常不同的目的。文献也包括合成的资料,比如照片和视频——这涉及研究者和研究对象之间的合作(例如 Konecki,2009；Wasserman & Clair,2010,2011),以及新生资料(elicited materials)——这是研究者可以部分施加影响的,我在下文会专门讨论。新生文献与研究对象有关,他们为回应研究者的要求而产生了这些数据,因此成为生成数据(generating data)的一种形式。新生文献和已有文献是主要数据来源,还是辅助数据来源,取决于我们的研究项目。

　　格拉泽和斯特劳斯(Glaser & Strauss,1967)比很多同事更早认识到文献对于社会科学调查、质性研究、发展扎根理论的重要性。格拉泽(Glaser,1964b)的博士论文就主要建立在对调查数据的二次分析上,这些数据来自在同一政府研究机构工作过的 300 多个组织科学家所做的调查研究。为完成那本发人深思的专著《美

【46】

国城市印象》，斯特劳斯（Strauss，1961）分析了历史著作、城市社会学研究和畅销出版物，包括杂志和传记。格拉泽和斯特劳斯始终把早期作品作为重要数据，他们（1967）认为，图书馆的书架充满了"乞求被倾听的声音"，每个出版物至少代表一个声音，"相当于人类学家的线人（informants）或社会学家的受访者"（p.163）。

格拉泽和斯特劳斯（Glaser & Strauss，1967）的主张对文献分析做了新颖的改变，因为大多数 20 世纪中期的社会学家都让文献屈从于定量内容分析。然而，近年来林赛·普莱（Lindsay Prior，2003，2008，2011）让文献分析获得了进一步发展。普莱（Prior，2008）斥责格拉泽和斯特劳斯（1967）没有认识到"文献可以做的比线人多多了，更准确地说，它们可以凭自身的作用充当行动者（actors）"（p.822）。普莱也反对格拉泽和斯特劳斯关于文献的这些观点，即把文献作为惰性文本，只重视内容分析，而这样的观点时至今日仍然无处不在。

普莱是正确的。文献不仅仅是在图书馆或组织中遥远而消极的声音。除内容分析之外，研究人员还可以做更多。普莱（Prior，2008，2011）认为，要改变我们关于文献的观点，要关注文献"做"了什么，而不是只专注于它们包含了什么。研究文献"做"了什么，可以包括以下几个方面：1）行为发起者希望能够实现什么；2）生产文献的过程；3）文献影响了什么，影响了谁：4）不同的读者是如何解释它的；5）这些读者是如何、何时以及在多大程度上使用文献的。

文献并不代表客观事实，尽管它们代表其作者所认为的客观事实（Coffey，2014；Prior，2003）。人们为了特定的目的产生文献，并且他们是在特定的社会、经济、历史、文化和情景语境中产生这样的行为的。文献的种类和具体形式，以及其中的任何文字文本，都依赖于特定的观点及话语。文字文本不论是新产生的还是已有的，都不仅提供对行动的记录，也探究、解释、辩护或预测行动。那些没有成为记录的东西也可以说明问题。例如，警察可能偶尔自行判断给某些明显的违规开罚单。当一个警察发现一名中年妇女开车每小时超速 10 英里，同时注意到她没有行车违规记录时，那么他可能只是对她训诫一下。但当他发现一个 25 岁的男子有两次违规记录，那么就会给他开罚单。

文献代表着话语（discourse）和解释（accounts）。作为话语，文献遵循某些惯例（conventions），并呈现着嵌入其中的含义。研究者可以拿资料的风格、内容、方向和行文与文献所在的更大话语（a larger discourse）进行比较。作为解释，文献会讲
【47】
出某些意图，并拥有预期观众，也可能是非预期观众。因此就会出现这样的问题：人们使用文献的目的是什么？由某些文献产生的行动后果是什么，不行动的原因是什么？

新生文献

新生文献(elicited documents)①涉及那些提供书面数据的研究对象。一份邮寄问卷,或者应用越来越广泛的包含开放问题的网络调查,都是这些数据的来源。此外,民族志学者和访谈者可能会要求研究对象去写一些文本。请研究对象记录家庭或工作历史,记个人日记,写每天的日志,或者回答已列出的问题,所有这些都会产生新文本。所有这些文本都会像自传作品一样,让人们产生新的思想、情感以及关注,并让研究者明白,是什么样的结构和文化价值影响了这个人。研究者为新生文本制订的准则,既有具体的指导,也有细微的建议。

在社会心理学层面,对新生文献和直接观察进行比较可能会呈现出一个令人心酸的故事。比如,当进行一项关于病人生活环境的民族志研究时,我请研究对象记录下他们在星期三和星期日所做的事情,以深入了解他们在这种机构中对平常一天的看法。在我收集了病人们关于自己典型的一天的日志后,我发现,一个女病人给出的日程表充满了读写活动。但是我发现,她实际上在这些时段里大部分时候都在睡觉。通过和一位护士的交谈,我发现这位女病人记录的是她三年前平常一天的情况(Calkins,1970)。作为一个曾经发表过作品的作者,她希望通过过去来认同自己,而不是通过现在。很多老人和病人会从过去的实际身份中重构自己的身份,从而形成当前自己想象中的身份,如果我不收集这些日志,我可能就会错过了解这些事实的机会。同样,访谈对象可能希望自己看起来显得亲切、智慧或者政治正确,于是会形成他们相应的反应。然而,访谈能够对故事进行检验,这是文本所做不到的。

在上面的例子中,因为我长期置身于研究环境中,所以我能够找到观察到的事实与书面回答不相符的原因。当新生文本是匿名形成时,研究者就没有办法拿这些文本和这些人的其他数据进行比较了。

新生文本,比如日志、私人纪事、日记或对某些问题的回答,有着一些和传统调查及访谈一样的优点和缺点。和调查问卷一样,匿名产生的文本可能表达得更为坦白,而面对访谈者时他们就不会这样了。说出秘密会让人产生羞愧、耻辱和失败感。研究对象通常不愿意谈论关于他们出身的故事、性生活、财政状况、工作中的麻烦、个人的失败、情感或者没有实现的希望和梦想,但是他们可能愿意以匿名的方式写出来。新生文本允许研究对象在谈论他们自己时,想讲多少就讲多少。

---

①　译者注:elicited documents 指研究者根据研究需要有针对性地请研究对象撰写的书面材料,本书中将其翻译为新生文献,elicited texts 译为新生文本。

【48】　　　这种方法很大程度上依赖于研究对象以前的写作技能和经验。并不是所有的研究对象都能做到自如、自信地写出所有事情。墨菲和丁沃尔(Murphy & Dingwall,2003)认为,有时新生文本会产生类似于访谈结果的数据。是的,当这些方法出现类似访谈的问题,研究对象也做出了类似的回应,而不只是应付机关表格、快速调查、管理措施或小型调查时,新生文本的确产生了像访谈结果那样的数据。这样,当研究对象与研究问题休戚相关,具有相关领域的经验,认为这些问题非常重要,并具备表达观点的写作技能时,新生文本就能发挥最好的作用。

　　　使用新生文本就像使用调查问卷一样,研究者一旦提问了,就不能再修改或调整这个问题了。即使他们后来有机会再访谈研究对象,也没有可能直接去追踪某个说法,鼓励对象做出回应,或者提出问题。虽然获取多种数据形式会强化一个研究,但是质性研究者在没有获得数据的其他方式,也没有获得这些数据的可能时,会越来越多地使用个人陈述、信件、对开放性问题的回答以及媒体资源。

已有文献

　　　已有文献(extant document)和新生文献是不同的,因为研究者不能影响已有文本的建构。在那些我们可能使用的文献中有公共记录、政府工作报告、机构文献、大众传媒、文学作品、自传、个人信件、网络讨论以及来自数据库的以往质性资料。过去,研究者非常重视已有文献,因为它们相对容易获取,数据收集方式不那么唐突,而且似乎是客观的。[①] 质性研究人员经常使用这样的材料来支持他们的观察或访谈结果。有学者的研究(Jia-shin Chen,2011)表明,政府为减少毒品危害在形成相关政策时使用了某些技术,为了研究这些技术,他分析了档案文献,做了深度访谈,并进行了观察。他利用档案文献"揭示和补充了减少毒品危害相关政策所形成的历史背景及更多元的因素"(p.472)。

　　　当研究者使用已有文本时,读者可能会认为这些文本真的反映了现实。企业年度报告、无家可归者分布情况的数据、美国的民意调查数据,看上去都好像是有
【49】关"事实"的报告。但是,这些官方文献反映了与每个主题有关的共享定义,反映了强化这些定义的权力,以及说服读者相信其真实性的框架。

　　　然而,报告撰写者所接受的这些定义,很可能改变或者违背了读者对这些具体类属(比如利益和损失)的理解。诸如医疗档案、警察记录,或者学校政策之类的

[①]　并非所有重要文本都是这么直接的。大部分重要的已有文本可能相对不易获得,需要寻找非常规的方法。获得这样的文本可能会与共同规则以及机构审查委员会的政策相矛盾,而这些都是用来保护有权者的。道尔顿(Dalton)的《管理者》(*Men Who Manage*,1959)提供了一个经典的例子。道尔顿从相信他项目价值的一个秘书那里获得了秘密文件,证实了管理者的地位特征。

已有文献表明,所有这些都提供了有用的信息,但也都有严重的局限。比如,医务人员如果预见到有可能出现司法纠纷,那么就会在做医疗报表记录时有所保留。蒂莫西·戴蒙德(Diamond,1992)在进行疗养院的民族志研究时,作为护理助理检查了病人的医疗报表。他发现,工作人员的记录不仅抹去了以前不明确的事件,而且,护理助理的护理工作也并没有反映在记录中。通过实地调查,戴蒙德了解到工作人员制作的是什么样的图表,怎样使用图表,以及他们会忽略什么内容。这些文件也保护了机构,并强化了它的科层秩序。

研究者常常把组织文献和其他类型的数据结合起来进行分析,但可能不知道或没有渠道接触到内部文献,除非他们成为环境中的一部分。相比之下,海伦·哈德曼(Helen Hardman,2013)这样进行了她的民主化过程研究,她对1988年匈牙利、塞尔维亚和苏联召开的共产党三党会议所发表的会议记录进行了扎根理论文本分析。在那次会议上,一些关键成员在设法使政党自由化。她发现,代表们在他们的演讲中使用的语言很微妙。那些主张进行实质性变革的代表在发言中暗藏玄机,而且那些采取强硬立场的代表也在语言中使用了通常与自由民主相联系的词语。哈德曼对这些会议记录进行了解释性编码,这不仅让她的解读更深入,也启发了她的后续访谈和对档案数据的分析。她了解到这些文本所实际"做"的:

> 这个文本分析是在对会议进行访谈及档案研究阶段之前进行的,研究结果表明,这些国家的领导人都在进行类似的努力,他们都想传递出一个共同的信息。这些活动是精心筹划的,试图表明全党都赞同改革的中间路线,但实际上这些路线并不一定为这些党派的大多数成员所接受,因为显然,这是通过精心选择会议上的演讲代表来实现的。一个代表在苏维埃会议上打趣道:
>
> > 党员同志们,党代会的代表们,我不会占用你们太长时间。我已经是今天第四个被允许说话的冶金学家和工人了。这一事实可以表明,冶金形势已严峻到什么程度,它产生了很多问题,或者说明这样一个事实,我们会更加强烈地表达对改革的支持。(CPSV,1988:V.1,337)
>
> 来自档案和访谈的后续数据确认了文本分析的结果,反过来又验证了所使用方法的有效性(Hardman,2012:72-268)。关于这些会议,包括关于它们曾经被同步处理过的证据,以及这些会议分阶段的性质,领导人政策间惊人的相似性,以及这些会议上的倡议等等,档案和访谈材料揭示了非常不同的情形(Hardman,2012:108-147)。如果没有对会议出版文献进行文本分析,这些就不会被清晰地展现出来。(p.11)

在哈德曼的研究中,档案文献揭示了会议表现的分阶段特征(the staging of the performance)。她的分析表明,理解文本建构及会议表现所在的语境,可以避免分

[50] 析的简单化。探究文本的用途和目的,可以把它们放到一定的视角中,鼓励研究者从其他来源寻找更多的数据。哈德曼上面的示例表明,文献分析可以作为对民族志方法的补充。

民族志学者经常发现他们的实地观察和组织的文本与影像之间存在明显差异。组织的公关套话和报道与所观察到的真实世界进行对比时,会显得非常苍白。比如,你可能发现,经理会在年度报告中把一个失败的项目美化为成功项目。这些重要数据能够以非常关键的形式引导你的分析。对实地笔记和书面文献进行比较,能够让你发现语言与事件之间到底是相对一致,还是各执一词。这些文本可能会有助于实现组织的目标,但是研究者不能认为它们反映了组织的实际过程。这样,这些文本就提供了有用的陈述,介绍了组织所认可的印象和所宣称的目标——台前印象的目的是形成它的公共形象。当重要听众接受了这些陈述,组织就掩盖了幕后的现实,而且常常是更为基本的目的,比如组织的生存或控制,使其免于被审查。

文献与观察数据(和/或访谈数据)之间的类似矛盾,可能广泛出现在对更广大社会世界的研究中。杰森·伊士曼(Jason Eastman,2012)对 52 个网站和 1063 首歌的歌词进行了详细的分析,这些歌词是由美国南部摇滚音乐家创作的,赞扬'具有反叛性的男子气概"。这些文本赞美一种不守规矩的底层阶级的生活,象征着南方白人大男子主义的霸权。伊士曼发现,反叛的男人气质意味着拒绝中产阶级男性的价值观和角色,与政府当局的冲突,对女人的征服,以及通过酗酒、吸毒、斗殴来表达叛逆(p.189)。在下面的反思中,伊士曼解释了文本分析和访谈数据之间的尖锐分歧。

框 2.2

杰森·伊士曼对民族志数据中矛盾的反思

当把研究发现放在具体语境中时,我注意到数据中存在大量矛盾。我发现歌曲中所描述的种族、阶级和性别与宏观层面关于种族、阶级和性别的文献几乎完全一致。然而,那些每晚饮酒斗殴、抛妻弃子、颓废消沉的歌曲,与音乐家所描述的实际生活以及他们许多歌迷的日常生活并不匹配,他们大部分人工作努力,热爱家庭,很多人在饮酒、吸毒和打架上都很克制。当我试图把我的代码从类属进入到社会建构过程时,我特别注意到了这些差异。访谈和文本之间的这些差异非常明显,让我将其从最初对乡村音乐家的访谈数据中区分出来,并撰写了一篇论文。我在论文中谈道,我在歌曲中和舞台上看到的南方叛逆只是表面现象,或者是这些艺术家试图通过夸大自己的叛逆行为来证明他们所代表的是贫穷农村白人的声音。我研究了这些音乐家的叛逆歌曲,看它们是如何强化身份证明的,发现有两个主要方面:

首先,音乐家所做的解释和描述中有很多是攻击主流乡村音乐行业的腐败和商业化的;其次,利用他们的边缘地位,讲述他们对音乐行业的疏离,以及这种疏离如何激发了更有意义的表达,并通过将其具体化来增强真实性。这些解释使这些艺术家形成了他们真实的艺术自我(Eastman,2010,p.54)。

这个框架帮助我解释了受访者所唱的和他们实际上所做的之间的差异。我注意到歌曲中和舞台上叛逆男性身份是用多种方式进行抽象建构的,正如音乐家告诉我的很多事情,"我们生活在一个该死的丑陋世界中,作为一个艺术家,我的工作是把它描述出来"或"我写的大多数歌曲都是关于我所经历或所看到的生活、挣扎和磨难"。简单地说,我甚至偏离了自己的数据,写了这样的内容,"南方男性的叛逆"不仅出现在南方摇滚乐中,而且出现在所有摇滚风格中,可以追溯到美国东南部的蓝调和乡村音乐(Eastman,2012)。

然而,尽管我相信"南方男性的叛逆"在某种程度上是一种社会建构,嵌入在美国文化的抽象理想中,但是我又不禁想到,由于叛逆男人的形象对于我所观察到的男性身份具有重要意义,因此,它不只是一个抽象的存在。然后,当我完成我的研究论文时,期刊编辑建议我关注一下编码和数据分析之间的矛盾,而不是试图远离和隐藏这些内容。当我聚焦这些矛盾时,我很快意识到我通过多元方法所收集和编码的数据揭示的下层、白人、南方男性身份存在两个方面:以理想而抽象形式存在的南方男人形象,音乐家将其表现在歌曲中、互联网上、舞台上;基于阶级地位的男人形象,那些在日常生活中试图秉持不可企及的、不切实际的叛逆男人理想原则的男人们的真实实践。这一矛盾最终成为我这个研究项目的核心论文。对于这个,我写道:"除了研究音乐家们的艺术表达之外,我还对他们进行了访谈,这样我就能够探索他们在后台构建理想化叛逆男性形象的过程,以及他们调整个人生活中叛逆身份的方式了。"(Eastman,2012)

我现在意识到,正视出现在编码中的矛盾,而不是试图调和这些矛盾,才是我在数据分析中最重要的一步。

伊士曼的研究中相互矛盾的数据最终产生了有关身份和行动的重要见解。虽然他无法调和矛盾,但他最终能够在分析中整合这些意义。对于一些项目来说,文献来自过去研究人员收集的第一手材料,因而是一个独立的数据来源(Reinharz,1992)。许多质性研究人员用人口数据作为研究主题的背景。这些文献构成了某些研究的论证基础,于是有人探究了这种数据的弱点。另一些人则寻找早期的材料,用它们来指引他们的研究问题。我依托的是书面的个人陈述,主要是已出版的自传,以及各位作者的慢性疾病经验。不要把这些文本作为不受研究者影响的客观数据来源,你要把它们作为另一个分析数据的来源。这些文本也可能会启发你的思路,并为你的灵感提供证据。有时候,在完成论文草稿很久之后,你才遇到为某个分析观点提供了强有力证据的文本。在我形成了我的类属"抓住过去"之后,碰巧读到凯瑟琳·刘易斯(Kathleen Lewis,1985)关于红斑狼疮的描述。她的叙述支持了我的类属:

> 我和我的家人一直想把"旧我"从架子上拿下来,希望有一天她再回来,我们能够回到过去的生活。我们会叹口气,把她放回架子上,但她萦绕在我们的记忆和希望中,阻挠任何对"活在当下"的接受和尝试。总是在"明天我们将……"或"记住昨天,当……"之间徘徊。(p.45)

扎根理论家有可能不是把文本作为数据的一个辅助来源,而是把文献作为唯一来源。娜塔莉·波耶若(Natalie Boero,2007)依托《纽约时报》(*New York Times*)的751份文章对美国的肥胖问题进行了研究,她的关注点大部分集中在关于"肥胖流行病"的系列文章上。她这样说:

> 我把这些文章当作社会建构,而不是社会事实。因此,这些文章代表了媒体对流行病的建构,而不是关于科学或医学的客观信息。使用扎根理论方法进行话语分析,我发现在这些文章中围绕着三对主要概念展开:混乱和控制,专业化和"常识",以及自然和文化。这三对概念由三套类属组成,它们出现在数据中,帮助阐明构成流行病的基本社会过程……对这些通常被视为对立面的类属进行分析,突出了这一流行病紧张、矛盾和争议的性质。(p.43-44)

波耶若指出,文章使用了关于流行病的语言及道德恐慌,但把个人选择作为其原因,从而忽略了结构性限制,如获得保健和医疗的渠道。密切关注语言会推动分析的深入。波耶若认为,流行的语言揭示了具有特定影响力的话语,如围绕在混乱和控制周围的话语。她发现《纽约时报》呈现了一种关于肥胖的种族化和性别化的观点,这种观点奉行的是白人中产阶级人士的习惯和价值观。她还指出,《纽约时报》并没有注意到,美国政府对身体质量指数(BMI)的阈值只降低了2分,却一下子就新创造出了5000万肥胖人口。组织以及个人所缩小或忽视的内容会在他们的话语中表现出来。通过研究《纽约时报》文章所使用的话语,以及对扎根理论的使用,波耶若对流行病作为一种社会形式的重要性及意义提供了新的理论洞见。

研究文献

我们需要尽可能地把文献放在它们的语境中。现在,因特网研究为文献分析提供了无穷无尽的机会——而且,产生了大量的方法论问题。没有语境的文本是其中的主要部分。数据来自哪里? 谁参与了这些数据的形成? 作者的目的是什么? 研究对象是否为我们提供了足够的信息来让我们进行合理的解释? 以及我们是否有足够的相关世界的知识来读懂他们的语言? 在因特网中,研究对象可能改变了我们对一些基本信息的定义——年龄、性别、种族、民族以及社会阶级出身——以及他们所回应的具体内容。

很多文本分析没有提到语境,甚至更糟,是脱离语境进行的。怎样把文本放在语境中? 如果有了时间、行动者以及事件的描述,那么你就可以开始了。很多方法都会有所帮助,比如访谈关键的研究对象,使用几种文本类型,都会很有用。能够讲出其他文本背后的故事的文本至少展示了分析所在的社会语境。文本的细节本身以及充分的分析都很重要。辛西娅·博加德(Bogard,2001)主要依靠《纽约时报》和《华盛顿邮报》(*Washington Post*)关于当地无家可归者的故事以及档案数据、电视报道和学术出版物,就重新建构了纽约和华盛顿有关无家可归者的宣传类型(kind of claim-making),重构了发生在每个城市的关于无家可归者的定义。她没有把报纸的报道作为客观的历史记录,而是把它们作为"关于社会问题的公共对话中权威和精英的声音……(以及就此形成的)建构现实的重要场所"(2001:431)。博加德不仅强调支持者和反对者的声音,也对形成这些声音的自然语境进行了分析。博加德对这些文本详细审查的深度和全面性推动了我们对无家可归者的理解,也使我们对人们如何描述现实有了更多的理解。

大量其他类型的文献也可以作为分析和认真研究的对象,而不是作为补强证据(corroborating evidence)。档案记录和书面陈述、录音与照片、网络公告和图表可能会提供给你关于视角、实践以及事件的见解,而这些是不易通过其他质性方法获得的。卡内基(Konecki,2009)对无家可归者的照片进行了以下比较:

> 当我们比较住在收容所的无家可归者的照片和流落街头的无家可归者的照片时,我们看到,收容所的无家可归者是群体性的,而街上的无家可归者更"自立",单独或成对生活。为形成类属"时间视角(time perspective)"的属性,对照片进行比较也是非常有效的。连续比较法(constant comparative methods)对于视觉扎根理论(visual grounded theory)来说似乎是最重要的方法,也是一种教学手段,有助于展示分析和阐述理论类属与假设。(p.89)

【53】

卡内基与无家可归者共同建构了照片,这些照片记录了他们当下的处境,看不到过去的踪迹,也不希冀一个更好的未来。许多照片揭示了他们生活的环境,关于当前他们在大街上的生活,照片能够传达的比他们口头表达的多得多。

形成文献的过程可能是含糊的、不可见的,而且有时是无法知晓的。在所有可能的研究文献的方法中,这些问题可能会有帮助:

· 文献的本意是什么?它会服务于其他未言明的或假定的目的吗?是什么目的?

· 文献是如何产生的?由谁产生?目标对象是谁?

· 文献是怎样反映作者的假设的?它的形式中嵌入了哪些意义?它的内容中又嵌入了哪些意义?那些意义是怎样反映特定社会、历史以及组织语境的?

· 文献的结构是什么?它的结构是怎样影响所要说的内容的?你在它的结构中能识别出哪些类属?你可以从这些类属中收集到什么信息?这些类属在不同时间出现的文献中是否有所变化?是怎样变化的?

【54】　· 该文献声称代表了哪些现实?它是如何代表的?这份文献的依据是什么?

· 你在文献中看到了什么意想不到的信息和意义,如果有这些东西的话?哪些是被掩盖掉的或被遗漏掉的?谁有机会接触到文献所依赖的那些事实、记录或来源?

· 语言是如何被使用的?

· 哪些规则主导了文献的建构?你能在叙述中发现这些规则吗?这些规则是怎样反映默认的假设和清晰的意义的?它们是怎样和同一主题的其他数据发生关联的?

· 你可以在文献之间做哪些比较?在同一主题的不同文献之间可以做哪些比较?对不同时间的类似文献,如组织的年度报告,做怎样的比较?

· 谁会受益于这份文献?为什么?谁了解这份文献?

· 不同的读者如何解释这份文献,并如何据此采取行动?他们何时以及如何行动,或忽略此文献?

小结

　　任何一种数据收集的方法,都要考虑广义文化以及本土文化是如何影响研究对象的思想、实践和表达的。要记住,人们不仅只是从这些文化中借鉴或再生产这些文化,他们在使文化适应他们的直接目的时还在不断创新。同样,作为研究者,我们在记录数据时,也会改变语言和意义,数据从来不是完全处于自然状态。仅仅是记录数据本身就传达了对它们的解释,因为我们通过对语言的使用以及关于世界的理解把概念框架施加在了它们身上。

　　仔细审查你是怎样收集数据的,以及哪些数据能够帮助你定位这些数据。这些审查也会在编码和概念化的时候帮助你,因为你能够把生成分析(emerging analysis)放在它的社会背景中。然后你就能在编码时做更准确的比较。通过研究自己的方法,你会提高自己的方法论技巧和数据质量。最后,仔细审查能够让你认识到,用不同的方法收集其他类型的资料,有助于你回答生成分析中的问题。对于大的研究项目比如毕业论文,你可能会使用两种或更多的数据收集方法。对于有基金支持的重大研究项目,多元方法和多元场所常常被证明会更加有效。如果你的研究方案打算在几个不同的环境中收集数据,那么接下来你在使用不同的方法处理研究问题时就会具有更强的灵活性。

　　接下来,我们讨论如何进行访谈。

第 3 章
设计和进行深度访谈

扎根理论研究者要开始他们的研究之旅了,他们常常会先找到那些和他们研究主题相关的人,对其相关经验进行访谈。对访谈进行认真设计和实施会推动你的研究的发展。进入研究领域的第一步非常关键。设计和实施有效访谈,需要掌握哪些步骤呢? 本章是访谈研究之旅的起点,会介绍研究过程中所要用到的各种资源。我们会引用大量与质性研究访谈相关的文献,并会不时地停下来展望前景,回顾已有材料。

在接下来的摘录中,我的一名研究助手就致命型疾病访谈了一位名叫卡拉的中年女性。卡拉谈到了她是如何随着病情的发展逐渐减少与其大家庭的联系的。当卡拉谈到她需要有人照顾时,虽然访谈者没有追问,她仍然主动地详细描述了她的家庭关系。在讲述快结束时,卡拉提到了和她姨妈有关的一个故事。

> 卡拉:几个月前我姨妈和我联系,问我近来为什么不常参加家庭聚会了。我写信告诉她——尽可能诚实地说,虽然我现在可以走动了,但是体力还不行,我还不能去参加这些家庭聚会[电话响了]。不管怎么样,我尽可能友好,这让我觉得好过一些,但是我不能告诉她我其实做不到[电话再次响起]。我其实没有时间和精力,我告诉过她我和过去不一样了,因此……[停顿]
>
> 访谈者:因此,你觉得你的时间和精力只能有选择地使用。
>
> 卡拉:哦,当然,当然,实际上,我会给来看我的人形成压力。今天我遇到一个姑娘,她非常好,总是说,友谊肯定会给你带来支持,不会给你带来折磨。这就是我看待生活中任何事情、任何人的方式。有很多人是有毒的,或者说他们——就像几年前我姨妈给我打电话,我儿子要结婚了,她儿子也要结婚了,她打电话说,"你能来吗?"我说,"不能,那两周我和孩子们在度假,一切都已经安排好了。"她说,"是吗? 你就不能换个时间度假吗?"我说,"你知道,我儿

子也在结婚,我们不能去见你儿子……"我说,"姨妈,我甚至不知道一年后我是不是还活着,所以我要去做我想做的。"然后,她就挂断了我的电话。

然后卡拉继续讲她的故事。在上面这段访谈摘录里,访谈者说得极少,只是以鼓励的、非批判性的概括性语言进行提问。访谈者的提问也引出了更多的细节。即使访谈者什么都不说,他们的身体语言、目光注视、"嗯""哦"的声音(可能声音会轻微得在后期转录时都听不到)也表达了对受访者经验的关注和对对话的跟进。怎么知道在深度访谈中什么时候应该说话、什么时候应该鼓励和倾听呢? 好的访谈实践包括些什么呢?

本章会对深度访谈中的问题进行总体介绍,并提供建议,帮助你在扎根理论中使用深度访谈方法。我会特别强调关于访谈定位、问题设计及实际操作方面的文献。研究者可以带着各自的技巧、风格及敏感性去学习做深度访谈。新手可以为访谈创造特殊的互动氛围,鼓励受访者说话,这些做法有助于提升访谈技巧。扎根理论研究者会跟进关于质性研究中有关访谈的文献进展,并从中获益匪浅。因此,我引入了各种不同的文献,希望能够启发你对深度访谈的发展、操作及评估的认识。

关于深度访谈的思考

什么是深度访谈呢? 研究者什么时候会用到它? 设计和操作深度访谈包括哪些内容? 深度访谈是质性研究生成数据的一种方法。深度访谈主要指一种温和引导的、单向的谈话,试图探究研究对象对研究主题相关个人经验的看法。这个主题可以很宽泛,比如冷战时期成长起来的人们的生活史,也可以是更为狭窄和聚焦的主题,比如当地小学教师对学习评估政策及实践的看法。深度访谈的关键特征包括:

- 选择的研究对象要拥有与研究主题相契合的直接经验;
- 深度探究被研究对象的经验及其情境;
- 依赖于开放性问题;
- 对所获得的具体反应保持客观态度;
- 重视对研究对象观点、意义及经验的理解;
- 对意料之外的探究领域、暗示(hint)和隐晦(implicit)的观点,以及对行动的解释等,持续跟进。

【57】　　简而言之,当研究对象具有与研究主题相关的实质性经验时,研究者可以选择深度访谈。访谈过程中,访谈对象述说,访谈者鼓励、聆听和学习。

　　深度访谈是研究性访谈的一个类型。所有类型的访谈都依赖于或多或少的定向谈话(directed conversation)(见 Lofland & Lofland,1984,1995)。访谈的形式和目标会影响访谈者对访谈过程的引导程度。举例来说,质性研究的标准化访谈,目标是访谈者所有可能涉及的方面。这一方法的逻辑依赖于访谈者用同样的方式向所有访谈对象问同样的问题。这一逻辑也假设,研究者提前知道将要提出什么问题,研究对象将以研究者想要的方式来回答这些问题。这两个假设都不适合深度访谈。

　　质性研究会用到信息收集式(informational)访谈策略、深度访谈策略以及调查式(investigative)访谈策略。信息收集式访谈的目标是收集精确的"事实"。信息收集式访谈能够获得对事件的人口学问题以及描述的准确回应,会使得诸如时间、地点及参与人员等细节变得清晰起来。调查式访谈同样是为了获得准确的细节,但是常常以揭示隐藏起来的行动和目的,或者揭示策略、实践及其隐含意义为目标。尽管做调查的社会科学研究者也可能使用深度访谈,但他们有时也使用直接的、对抗性的问题。

　　扎根理论研究者可能会用到每个策略,但是主要用到的还是深度访谈,我在本章会重点关注。当我们进行深度访谈时,我们也做信息收集式访谈来为我们的研究收集必要的细节。作为扎根理论研究者,我们的访谈方式会随着研究的进展而发生变化。要记住,访谈是发生在具体历史和社会语境中的。访谈中,说话、提问、具体的措辞以及互动风格要尊重访谈对象的传统和情境。

　　我在深度访谈中所展开的大部分讨论反映的都是北美文化和情境。你要去发现与你的社会、情境及研究相关的社会、文化和经济条件,看它们是如何影响你的研究项目的适用范围的。可以考虑使用本章的内容作为理论框架来比较你所在的环境及你的项目。然后看观点、原则和关注点在多大程度上契合你的环境及你所访谈对象的世界。

　　访谈的情况很复杂。深度访谈会创造和打开一个互动空间,让访谈对象能够讲述其经验。但是,你访谈的目标、与你交谈的人,他们对访谈的理解及猜测,都会对访谈内容的质量及有用性产生影响。研究者有要探究的主题。研究对象有需要解决的问题、要追求的目标及要执行的行动,他们有自己的假设,会形成自己的观【58】点,对相关的问题有自己的感情。访谈者和访谈对象都会把他们的偏好、知识及关注点带入访谈情境,而这些可能并不完全兼容。如果访谈对象对你的研究存疑,那么就会影响他们是否决定参与你的研究。如果他们决定参加了,但他们的态度有所保留,那么这也可能会影响他们表达的范围和质量。受访者可能会提出这些问

题:你代表谁的利益? 会怎么使用研究发现? 我会被认出来吗? 如果潜在的访谈
对象想自己找到答案,那么他们就不会直接说出这些问题来。

深度访谈非常关注研究对象对自己经验的表述,要注意,当他们在访谈中表达
自我时,他们如何描述这一经验,这对他意味着什么。注意:社会科学对访谈报告
会倾向于做理性化处理,这样这些表述就会比实际访谈内容更为连贯。我的很多
访谈对象都有失忆、困窘、乏力、药物副作用等负面状况,这些都可能影响他们的表
达,然而转录后的语言会隐藏这些反应。同样地,正如安妮卡·里尔兰克(Annika
Lilrank,2002,2012)所指出的,当访谈对象表达自信从容时,那些经历困境灾难时
曾有的情绪及混乱状态就很可能被消除了。

这些问题有助于理解访谈的情境,但有时也可能会超越我们的能力范围。反
过来,我们会考察研究问题及探究模式是怎样影响我们后面所形成的数据及开展
的分析。它有助于更多地去反思你收集数据的原因和方式,以便使你能够评估研
究工作的有效性(effectiveness)。你会判断,你那些丰富而有用的数据,会不会损害
或贬低你的访谈对象。当扎根理论研究者像专注于数据分析一样专注于数据收集
时,他们的扎根理论方法会应用得最好。这也是为什么你能发现研究过程及意义
的微妙之处,而那些雇来的帮手很可能就轻易错过了。

因为访谈者试图理解研究对象的语言、意义和行动、情绪和身体语言,深度访
谈是一种有用的解释性探究方法。其他的访谈形式,比如信息收集式访谈,可能对
于特定的扎根理论项目来说是明确的,特别是在坚持客观主义立场的项目中。当
涉及某些社会公正项目①,或者一些人口学研究时,如果扎根理论研究者在其中深
耕许久,所积累的人脉让其能够提出某些特定问题,那么研究者也可能会偶尔对具
体的研究对象比如从政者使用调查式访谈策略。

深度访谈的本质会让每个研究对象在访谈中对自己的经验进行解释。访谈者
试图理解这个主题,而访谈对象有相关的经验,可以启发访谈者的相关理解。这
样,访谈者的问题会让访谈对象描述和反思他们的经验,而这在日常生活中是很少
发生的。访谈者带着敏感性去倾听、观察,鼓励访谈对象去表达。这样,在谈话中
大部分时候就都是访谈对象在说话了。

简言之,深度访谈是一种灵活的、生成性的技巧:

· 兼具灵活性和控制性;
· 为即时产生的观点及问题打开互动空间;
· 能够对这些观点和问题进行及时跟进;
· 结果来自访谈者和访谈对象对谈话的共同建构。

【59】

---

① 译者:指解决紧迫社会问题和政策的项目。

为访谈做准备

做准备

访谈开始前,你要了解你将要进入的环境。要做什么准备,主要看你的研究项目是什么。扎根理论的一般准则是,你要避免去阅读和你的研究主题相关的研究及理论文献。如果你能够不进行文献综述就进入研究现场,那么你就会带着新鲜的头脑走进去,当然有时也未必。在进入现场时,你可能会带着对这个研究问题的、未经检验的、长期持有的偏见。正如我在第11章将要详述的,今天的大部分研究者不可能在开始研究前对该领域的研究资源一无所知。

除文献综述外,你需要了解你要研究的内容的经验或环境。比如,如果你要研究关节炎患者如何处理行动困难问题,你就要熟悉关节炎患者的一般症状。如果你要进行组织研究,你就要了解关于组织有哪些公共信息和可获得的资料。毕竟,公共资料很可能成为你所做分析的一部分。同样,如果你要访谈公司的管理人员,就一定要熟悉他们的组织。

像人类学家一样,访谈者也越来越多地在复杂的组织和环境中进行研究,在这样的环境中,相关程序问题及技术问题如果解决顺畅的话,他们会更顺利地接触到访谈对象,指引谈话的进行。杰弗里·鲍尔温(Jeffrey Baldwin, 2011)在美国的俄勒冈州研究了推动再度移民(beaver re-colonization)所存在的制度性障碍。再度移民是应对气候变化的低成本、低技术的潜在可能性方案,但是官方并未将其作为一种可行的选择。鲍尔温指出,他的背景可能会让他的访谈对象觉得舒服,并愿意提供更多的细节(pp.7-8)。第一,作为人类—环境关系地理学家,他训练有素,既非常熟悉政策的形成,也很熟悉栖息地复建(habitat restoration)的相关科学知识。第二,作为俄勒冈本地人,鲍尔温对于他的研究对象所讨论的地方及问题有着相当多的预备知识(prior knowledge)。

对于那些影响科学、经济、政治以及行政管理偏好和实践的问题,鲍尔温已经具备了进行有效访谈所需的知识背景。而其他访谈者则需要获取与访谈涉及的专门化知识相关的复杂技术。那些涉及生物医学和信息科学复杂技术的问题,访谈者需要有相关技术的预备知识,这只是本领域的两个例子。在人类学研究中,研究对象可以让研究者了解他们世界里技术及组织的复杂性，而访谈研究通常缺乏这种人类学式的持续关注。这样，涉及这种复杂性的研究问题就可能要求访谈者去做实质性准备，去了解所研究的世界，透过表象深入本质。

多多练习，特别是对于那些比较敏感的情感性话题，有助于避免后面访谈时可能出现的错误。对于某些具体研究，诸如"否定""适应"以及"癌症患者"之类的词语显然会发出令人警惕的信号。在研究现场，专业文献中使用的词语不一定会给你带来帮助。那些专家和外行都觉得恰当和中立的词语在现实中却可能会冒犯研究对象。莎拉·古德勒姆（Sarah Goodrum & keys, 2007）对经历丧子之痛的家人进行了研究，正式开始访谈前，她找了 4 个受访者作为信息源，了解可以提什么问题以及怎么提。其中一位告诉她，蕴含在"结束（closure）"这一词里的敏感意义：【60】

> 即使在［我们女儿被害］4 年后，你知道，［我的妻子］凯西和我都仍然非常痛恨"结束"这个词。"案子结束了吗？"［他们说］"如果找到了凶手，这事也就可以结束了。"我说，"不，不，不会结束的，永远不会彻底结束的，不论发生什么。"（p.252）

像古德勒姆那样去研究语言，可以避免犯错误。它也有助于你去探究和辨别研究对象的观点和判断。瑞贝卡·特拉莫尔和斯科特·谢诺尔特（Trammel & Chenault, 2009）谈到有准备的研究者怎样使用关于环境的专家知识，并通过在访谈中提出专业词汇来了解到更多内容。他们研究了狱中犯人是怎样识别那些被认定为性侵儿童者的新犯人的。这些犯人认为这个新来的犯人做的是"恶心事"（p.334），排挤并定义他们为"恶心"的犯人。有趣的是，这些老犯人排挤这些"恶心"犯人的方式是一起合伙暴力惩罚他们。接下来，这些被定义为恶心犯人的人，就被取消了被保护的权利，或者在这个环境里等于已经死了。

> 詹姆斯：这个家伙来自柯克兰监狱，他很恶心。他是 207，但是没有档案。
>
> 问：那你怎么知道他是 207？
>
> 詹姆斯：他来了，但不愿意给我们看他的档案。我问狱警到底怎么回事，狱警告诉我，他在柯克兰监狱被贴了标签，所以非离开不可了。我知道那是什么意思。他真恶心，他是你见过的最疯狂的、最变态的家伙。所以他来了这儿，没有档案，柯克兰监狱的人肯定狠狠揍了他，他牙也没了，脸也破了，眼睛充血发肿，你知道我的意思吧？于是我走过去要看他的身份牌，他说他没有。我就知道那是怎么回事了。
>
> 问：那是怎么回事？
>
> 詹姆斯：他很恶心。有些情况他不想让我知道。他从其他监狱转来，那可是一个鲜明的标签，还没有档案，肯定是做了恶心事。于是我就告诉他，不错，

一会儿见。我啥也没问,我们那个时候啥也不问。然后我和我的伙计们合计,他们说他欠一顿猛揍。我们三个人就把他拖了出去,拖到一个死角。

问:死角?

詹姆斯:就是警察看不到的地方。我们也有隐私,我们把他拖到那儿。

问:你们杀了他?

詹姆斯:我们离开的时候他就不动了。(pp.341-342)

[61] 注意,访谈者(特拉莫尔)已经知道了"207"的意思,但是询问了"没有身份牌"是什么意思,也弄清了盲点,以及"我们把他拖了出去"的具体后果。特拉莫尔和谢诺尔特发现,那些把性侵儿童的犯人拖出去的人会认为他们自己在道德上是正确的,是替天行道,同时,他们在密友圈里的地位也会提升。

提前知道或者识别出你要访谈的研究对象会用到的关键词,会有助于你进一步提问,并让他们觉得自在。

你在研究对象那里的表现,会影响他们对你研究主题和问题的反应。你的表现会比着装和行为起到更大的作用。阿卜迪·库索(Abdi Kusow,2003)试图访谈加拿大的索马里移民,请他们谈谈索马里内战及他们的处境。开始时库索认为他自己是内部人,有渠道与其他索马里移民进行交谈。但是,他不久就发现,他的意图显得有些可疑,内部人/外部人的身份和关系比方法论所预想的要复杂得多。

我成为某种"可疑的内部人",这加剧了情况的复杂性,特别是谈到与政治或文化有关的敏感性问题时。在我自己的经验中,我几乎可以与任何我所遇到的索马里人开始一次轻松自如的谈话,这样我就有内部途径去了解这些主题。但是,一旦我挑明自己研究者的身份,谈话的本质就立刻发生了改变。(p.594)

索马里移民几乎都不愿意继续和库索谈话并接受访谈了。索马里战争让可能的受访者对库索的研究疑虑重重。研究者在研究那些令人不快的话题时会遇到入场问题(access problems),这一问题所面临的困难在库索这里被进一步放大了。

简而言之,你在守门人(gatekeepers)和可能的研究对象面前的研究者身份,会影响你寻找合适的对象,并影响访谈的效果。我访谈的那些慢性病患者,他们的健康专家及家人都低估了他们的病情。这些研究对象都很期待专业社会学者来访谈他们。他们相信,访谈能够证实他们关于病情的表述所言不虚——有一些人甚至说,他们要把访谈的情况告诉所有人。作为学生,你可能能够比较便利地接触到研究对象。人们常常愿意帮助学生,甚至会专门腾出时间给他们,而专业人士,反倒要吃他们的闭门羹。

外在形象也很重要。卡拉·赖斯(Rice,2009)在开始关于女性身体(尤为关注体重和身体残障)的研究时,她自己就处于超重状态。但是她发现,在她减肥之后那些本来准备接受访谈的人改变了主意。她意识到,一些女性受访者觉得她外表的改变让她们感到了威胁和排斥(p.253)。

很多人流露出这样的反应,她们会问,"你为什么要做这个研究?"以及"你为什么会对这个问题感兴趣?"我最初以为这些女性受访者提出这些问题是因为她们想更直接地了解我身体方面的信息,但是逐渐地我开始理解,她们这么问更多是一种伦理性的质询(ethical accounting),而不是自白性追问(confessional recounting)。这些女性由于身体原因被社会误解从而被边缘化,在我和她们的交谈中,对于我是否有足够的见解来扭转传统偏见,并丰富关于身体差异问题的理解,有人多少是有些怀疑的。(p.254) 【62】

赖斯的受访者公开要求她做出伦理解释,这个问题可能在其他的研究中也被隐蔽地提出过。雷蒙德·戈登(Gorden,1998)和克里斯汀·卢克(Luker,2008)都曾在一种更世俗的层面上指出,你的形象要和研究对象所在的环境一致。你可能不需要穿得像个公司的成功人士,但你的形象需要和环境、受访者和场合相协调。要尊重你的受访者,尊重他们所在的世界,还要符合情境。琳达·贝尔格莱夫(Linda Belgravel)①指出,一个研究者穿着破衣烂衫去采访一个贫穷的老人,这不是融入环境,而是不尊重。

尽量让人消除戒备心理是必要的,特别是你需要先让受访者在知情同意书上签字时。即使对于经验丰富的专业人士,当我请他们在我们学校的知情同意书上签字时,他们也是不悦的。他们的表情告诉我,我实际比早些时候向他们介绍研究意义的时候,要求了更多的东西。你的选题越具有争议性,你就需要花越长的时间去让受访者放松下来,从而愿意签署协议。如果可能,我建议知情同意书尽可能简短。很多知情同意书读起来像是对手之间的法律合同,而不是一份信息来源的协议。可以练习一下,你在请受访者签署知情同意书时要说些什么,以免在实际中出错。

设计访谈提纲

人类被试委员会(human subjects commitment)和机构审查委员会(institutional review boards,IRBs)在世界各地越来越普及,目的是保护你的研究对象。这些机构在批准一项研究前,照例会要求研究者提供研究计划和访谈提纲。② 那些要被研

---

① 私人谈话,2011 年 8 月 18 日。
② 关于质性访谈中制度审查的实践和伦理的相关讨论,见 King 和 Horrocks(2010)。

冤的组织和研究对象在允许你进行研究前,也会要求提前看看你的访谈提纲。

可以将设计访谈提纲的过程作为一个学习如何获得数据和如何提问的过程,将完成的访谈提纲作为一个需要不断调整的灵活的工具。我建议研究新手先设计细致的访谈提纲,以便帮助你思考和应对研究对象可能提出的各种问题。访谈提纲对于有经验的研究者也是有用的,特别是要进行一个新项目时。为什么不能只在访谈的过程中粗略地写下问题呢? 有些质性研究者推荐这种方法,以便访谈自然流畅地进行。但是没有访谈提纲就开始一个新项目,会遇到很多陷阱,特别对于【63】研究新手来说。这种方式会导致你问出许多尴尬的、不合时宜的、冒犯性的问题,其中还可能充满了未经检验的假设。即使是有经验的访谈者如大卫·卡普(David Karp,2009)也会设计访谈提纲。他这样写道:

> 很显然,访谈研究的第一步是做好问题设计……我会花很多时间去设计访谈提纲。我认为访谈提纲设计工作要远超过单纯的理论建构过程。当我试图厘清我的分析主旨以及工作目标时,它是研究过程的另一个关键点。访谈提纲会明白地表达出我的"探究领域"。当然,我尊重这样的观点——了不起的访谈是一次充满技巧的对话,常常走向意想不到的方向。当一个研究者的问题在调查过程中不可避免地改变时,我会花很长时间认真思考,我在每次访谈中所要提出的基本问题是什么。(p.40)

卡普是不是主张要提前想好访谈的内容应该是什么? 也许吧。但是,他是在观察和经验的基础上来预设他的访谈提纲的。你可以设计有效的访谈提纲来让你的主题更加聚焦,也可以追随未曾预料的新领域,并在两者之间保持平衡。卡普的方法能帮助你产生一个工具,去深入研究主题中。卡普(Karp,1996,2001,2006)把大量的个人经验带入他关于抑郁、精神病治疗及护理的研究中,并获了奖。在《讲述忧伤》(*Speaking of Sadness*)的第一页,卡普指出:"我和忧郁症斗争了差不多 20 年的时间。"(1996,p.3)当研究者能够让他们自己的经验、访谈提纲及随之而来的数据都服从于严格精确的分析审查时,内部人知识和细致的研究就结合了起来,从而使分析更加深刻。

访谈者的问题及访谈风格能够勾画出研究的情境、框架和内容。幼稚的研究者可能会贸然将访谈数据强行放入预先设定的概念中,而这最终会破坏扎根理论研究。不仅"错误的问题"会"强迫数据(forcing the data)",访谈者如何提出问题、强调问题以及控制问题的节奏,都可能强迫数据。错误的问题会让研究者无法探究到关键性问题,或者不能让研究对象用自己的语言讲出自己的经验。这样的问题可能从一开始就将研究者自己的概念、所关注的东西以及话语强加给了研究对象。快速提问可能适合访谈那些日理万机的行政人员,但是却会吓坏患病的老人。

让你的研究对象自己来控制语调、节奏,然后看看怎样才能让对方感觉更舒服。通过整理访谈录音,你能够轻松地看到你的问题什么时候没有发挥作用,什么时候又强迫了数据。如果是通过无关的、表面的或强迫性问题进行数据收集的,那么后续分析会非常困难。这样,研究者就需要不断地反思问题的本质,以及这些问题对于具体的研究对象及最初形成的扎根理论是否有效。

设计访谈提纲有助于为实际访谈做好准备。当你绞尽脑汁设计、修改和润色访谈问题的时候,你也对谈话中如何问、怎么问更有把握了。对于精心构思的问题,你会牢记于心,即使在实际访谈过程中你可能并没按最初的问题来,甚至一眼都没看提纲。

没有访谈提纲就直接开始,如果只是和访谈对象进行一次即兴谈话,可能还算一个不错的方案。但是,讽刺的是,研究新手如果想这样尝试,就常常会变得非常焦虑,找不到追踪线索的切入点,问出的问题大而无当,或者把自己想当然的东西强加到访谈中。 【64】

访谈提纲能提示你,在什么地方以及什么时候让问题变得缓和,什么时候让对方的反应不个性化,或者什么时候需要给研究对象另外一个机会去回答曾拒绝回答的问题。当研究对象已经提到某个重要问题的答案时,要记得,这些问题能够帮你回到主题。当研究对象跑题,或者当他们问你他们的回答是否是你想要的答案时,你也不会慌乱或迷失。你会记着这样一些问题,让你很轻松地进一步探究下去。比如,访谈者可能会说,"你提到,你心脏病发作的时候,你正在休假。你能告诉我让你休假的那些事吗?"

注意,对方回答时会提到"为什么",但是我没有这样说,"你为什么要休假?"因为这么问,可能就会有方向性,还会有一些侵犯。想象一下,对访谈对象来说,其中有什么差异,"很有趣,您能再谈一些吗?"以及,"为什么你会这么想呢?"第一个问题是鼓励,第二个问题是要求对方解释、说明、辩护。第一个问题意味着兴趣和接受,第二个问题暗示对方回应不足,还似乎怀疑对方的可信度。接下来,研究对象可能就会用大量的行动来挽回颜面,捍卫他们的行为,维护他们的尊严,甚至退出谈话。

精心构思的问题能够让你以一种更为顺畅、更少对抗的方式来即兴发挥,这是深度访谈的一个典型目标。形成一整套问题有助于研究者对自己的兴趣、假设及语言的使用更加心中有数。研究这些问题不仅是让研究者提问,而是从一开始就对研究过程进行反思。

访谈提纲可以考虑下面的问题,以促进反思,并不断修改:

1.访谈提纲能在多大程度上引出研究对象的观点、关注点以及对经验的

解释?

2.访谈提纲在多大程度上反映的是我的观点和兴趣,而不是研究对象的?

3.访谈提纲是否能实现研究目标?

4.如何通过问题来推动对话,让研究者愿意讲,同时满足我的研究目标?

5.我该如何推进问题? 当面对那些很不好回答的问题时,我能让研究对象放松下来吗?

6.对于访谈中所需要的背景性问题,我是否问到了?

7.我是否有足够的信息来深挖研究对象的经验?

8.我是否让研究对象做好充分准备来应对将要进行的访谈?

9.对于有这些经验的人,这些问题是否稳妥?

【65】 10.我的问题背后的假设是什么? 研究对象在多大程度上认同我的假设?

11.我用来表达问题的语言是否是研究对象会用到或可以理解的?

12.问题清晰准确吗?

13.我是否想过在一般问题之后进行一些探究? 我的这些探究是否具有侵犯性?

开始一项扎根理论研究,要设计广泛的、开放性的问题。接下来,你可以把你的访谈问题聚焦到能引出更多相关细节的讨论上来。通过设计开放的、非评判性的问题,你会听到意想不到的观点和故事。把设计问题以及进行访谈的方式结合起来,要注意这两方面的平衡,即一方面要使访谈具有开放性,另一方面又要使访谈聚焦在关键点上。如果故事讲得顺畅,那么第一个问题对于整个访谈就足够了。当访谈对象能够而且愿意讲故事,那么时不时的"嗯嗯"、一些澄清性的问题或者评论就足够让故事继续了。我在设计问题时会非常认真,提问时会很温和,以便引发研究对象的反思。

大部分研究者都使用深度访谈来进行探究,而不是审问(interrogate)(Charmaz,1991b)。设计问题需要技巧和练习。问题必须探究访谈者的主题,契合研究对象的经验。这些问题的类型要足够普遍,以涵盖广泛的经验领域,但又要足够聚焦,以便能够引出和阐明研究对象的特殊经验。

下面我会提到一些例子,让你了解如何设计研究问题。这些问题反映了符号互动论对了解受访者观点、所经历事件及行为的重视。所提到的这些问题是为了研究个人的经验。对于一个关于组织或社会过程的项目,我提出的问题首先针对集体性行为,然后再关注个人的行动及他们的观点。

这些问题示例只是一些启发思考的例子。思考一下这些问题,并试着写出一些开放性的问题来。把你的问题清单缩减得尽可能简短。我从来没有哪一次问到了下面所有的问题,而且通常在某一个阶段,提问并不会超出最初的那套问题。我很少带着访谈提纲进入访谈。我喜欢使访谈呈现为非正式的自然谈话状态,不过新手需要更结构化的问题。拥有一份精心构思、问题开放的访谈提纲和有准备的探究,会让你信心大增,能让你更为关注这个人所说的话。不过,你有可能会忽视一些明显的要点,因为你的注意力都集中在接下来问什么以及怎么问上了。接下来,你可能会问一系列"你是不是——"之类的问题,从而打断对这个话题的探究。最糟糕的情况是,你的这些问题让访谈进入了一种审判状态。这两种情况都会导致一次深度访谈的失败。访谈需要技巧,但你是能学会怎么去做的。

在做计划及实际操作时,某些访谈对象可能需要特别关注,某些主题也需要特别关注。对人生突变(life distraction)和污名行为(stigmatized behaviors)进行研究时,可能有的受访者会觉得被冒犯了。受访者可能在访谈中谈到一些自己也不曾想到会讲的悲伤故事,这些故事可能和你的研究有关,也可能无关。在这种时候,我会任凭对方说下去,这有助于设计更好的问题,并让访谈更为真实。

【66】

- 让受访者觉得舒服要比获得丰富的数据更重要;
- 要精心设计问题,以便更好地了解受访者所表达的经验;
- 对受访者的观点和经验进行确认非常重要;
- 对那些可能会让受访者痛苦的问题要特别留意;
- 设计让受访者能够进一步细化的问题;
- 用积极的问题来收尾,让受访者能够在积极的状态中结束访谈;
- 在整个研究过程中不断重新评价、修改和补充新的问题。

机构审查委员会和人类被试委员会的要求,与质性方法特别是扎根理论的生成性本质不相一致。在获得机构审查委员会和人类被试委员会同意的过程中,访谈问题会面临一些特殊的难题。所设计的访谈问题必须足够细致,这样才能说服评审者,研究不会对研究对象造成伤害;但问题又要足够开放,这样访谈才可能出现意料之外的资料。一个深思熟虑的开放性问题清单会很有帮助。随着这些委员会越来越了解质性研究,他们通常会接受一份由问题类型构成的访谈提纲,而不再要求你提供一份具体的问题清单。

下面的问题列表展示的是如何构建开放式访谈问题。它显示了如何在最初的开放性问题中发起一个关于艰难生活变迁的讨论。在中间阶段的问题中,如何深入艰难领域,尝试引出受访者对其经验的观点。访谈不应该在访谈者向受访者提出最具探索性的问题之后,或者在受访者情绪低落时,突然结束。访谈的节奏和速度应该让受访者在访谈结束前回到正常的谈话状态。框 3.1 中的访谈问题示例说明了上述的要点。

建构扎根理论——质性分析实践指南(原书第2版)

框 3.1

一个例子：关于生活变迁的扎根理论访谈问题

最初的开放性问题

1.告诉我发生了什么(或你是怎样经历_____的)。

2.你什么时候第一次经历_____(或注意到_____)?

3.(如果是这样的话,)这是怎么回事? 你是怎么想的? 你怎么刚好_____? 如果有人影响了你的行为,是谁? 告诉我他/她是怎样影响你的。

4.能给我描述一下使你_____的事件吗?

5.造成_____的是哪些原因?

6.后来你的生活是怎样继续的? 在_____发生前,你是怎样描述你的观点的? 你的观点又是怎样变化的?

7.那时的你是怎样一个人?

[67]

中间阶段的问题

1.你对_____有什么样的了解?

2.当你知道_____的时候,你是怎样的想法和感受?

3.接下来发生了什么?

4.谁卷入了其中? 什么时候发生的? 他们是怎么进入其中的?

5.告诉我,你是怎么学着去处理_____的。

6.从_____起,你对于_____的想法和感受发生了怎样的变化?

7.从_____起,你的生命中发生了哪些积极的变化?

8.从_____起,你的生命中发生了哪些消极的变化,如果有的话?

9.你是如何进行_____的? 你在做什么?

10.你能给我描述一下在你_____时,你具有代表性的一天吗?(探究不同的时间。)那么请告诉我,在你_____时,你具有代表性的一天。

11.你怎样描述现在的你? 对这种变化,哪些因素起了作用?

12.当再回头看_____时,你的脑海中还有其他什么样的事件浮现出来吗? 你能分别描述一下吗? 这些事件是怎样影响所发生的事情的? 你对_____(事件;导致的结果)是怎么反应的?

13.你能描述一下通过经历_____,你最重要的收获是什么吗?

14.在两年(五年,十年,如果合适的话)之后,你如何看自己? 讲讲你希望那时成为什么样的人。你希望成为的自己,和你实际认为的自己有何不同?

15.什么帮助你去控制_____? 你遇到了什么样的问题? 告诉我这些问题的来源。

16.在那段时间谁对你帮助最大？他/她是怎样帮助你的？

17.有什么组织发挥过作用吗？它是怎么帮助你的？它发挥了什么样的作用？

结束性问题

1.你认为对于_____,最重要的方式是什么？你是怎样分析(或产生)它们的？在_____之前,你的经验怎样影响了你对_____的控制？

2.从你_____之后,你的观点(以及/或者行动,依话题及接下来的反应而定)发生了怎样的变化？

3.从_____之后,作为个人,你是怎样成长起来的？告诉我你所发现和形成的度过_____的力量。(如果合适)你现在对自己最满意的是什么？别人对你最满意的是什么？

4.在经历了这些之后,对于那些刚刚发现他们_____的人,你会提一些什么样的建议？

5.你还有什么想补充的吗？刚刚在访谈中没有想到的。

6.还有一些什么事情能帮助我更好地理解_____吗？

7.你有什么要问我的吗？

这些问题是重叠的,可以让你回到早期的线索以获得更多的信息,或者去掉不必要或可能让人不舒服的问题。使用录音设备会让你全神贯注地和你的研究对象进行视线交流,并且可以带给你更多的细节。在访谈过程中记下要点会对你有所帮助,但要确保记笔记不分散你或访谈对象的注意力。你的笔记会提醒你回到早期的要点,告诉你如何组织接下来的问题。注意结束性问题 5 和 6 问的是"一些事情",而不是更一般的"任何事情"。大卫·西尔弗曼(David Silverman,2008)告诉我,通过分析谈话你会发现,这些细小的变化能够引出更多的细节,而不是让对话终结。① 如果在访谈后期受访者开始谈论敏感话题,那么你可能需要问更多结束性问题。一些额外的问题会传递出访谈即将结束的信号,并把语气和内容带回到一种正常的谈话状态中。在你设计开放的问题提纲后,想一想你需要提出哪些问题来进一步探究丰富的背景信息。这些问题有助于你引导受访者谈论你的问题,这样所需的信息就会自然而然地随着后面的开放式问题呈现出来。

【68】

---

① 个人谈话,David Silverman,July 5,2008。已发表的报告可见 Heritage 和 Robinson(2011)。

进行访谈

访谈中的礼仪与期待

深度访谈可以是对话式的,但要遵守不同的礼仪。研究者要表现出感兴趣,并且告诉对方自己希望了解更多情况。那些在日常谈话中可能显得粗鲁的问题,或被友好掩盖的内容(即使对密友也是如此),若是受访者愿意讲述,就是对研究非常有价值的东西。正如奈杰尔·金和克里斯汀·霍洛克斯(Nigel King, Christine Horrocks, 2010)指出的,同意比签署知情同意书这一形式更有意义。这也意味着研究者要读取受访者的非语言线索,在提出可能具有冒犯性的问题之前,始终要察言观色。在提出可能导致痛苦的问题前,你可以提醒你的受访者,他或她可以放弃回答某个特定问题或某些问题。

当提出可能令人不安的问题时,死亡问题研究者保罗·罗森布拉特(Paul Rosenblat, 1995)在整个访谈过程中都为受访者敞开着空间,允许其拒绝回答某些问题。他提醒他们,当他这么提问时他们没有必要一定回答:

- ·我不知道这个问题是不是合适,但……
- ·也许这些问题太私人了,你可以随时让我闭嘴。
- ·我可以问你这个问题吗?(p.148)

罗森布拉特研究了农场事故中遇难者的家属,他非常注意研究对象对问题的反应,当研究对象感到痛苦时他会马上避开那些问题。通过"我可以问您……"而不是"跟我讲讲……"减弱他对访谈过程的控制。

【69】 软化问题(softening a question)可以减少其潜在的侵犯性。可以经常从前面的研究对象那儿了解该软化哪些问题以及怎么软化问题。他们可能会告诉你心中的隐忧,或者把他们的行为或情绪当作是道德问题。如果是这样的话,你可以把你的问题和早些时候访谈中获得的一般观察联系起来吗?想想看,是否可以拿这个问题问那些照顾年迈虚弱、即将离世的父母的人:"有人告诉我,他们在痛失亲人的同时,还夹杂着一种松了口气的感觉。我可以问问你的感受吗?"

深度访谈就意味着即兴创作。受访者如何回应你的问题,你需要非常敏感。在紧张或悲伤的时刻问尴尬或者冒犯性问题,会打乱访谈的气氛和节奏,也会显得你不够尊重人。

　　研究对象常常期待他们的访谈者问一些能够引发对主题进行反思的问题。不要只是"嗯嗯",或者只是点头,好像意义是不证自明、人所共知的,访谈者应该说:"非常有趣,能再讲一些吗?"在充任访谈者的角色时,你的评论和提问有助于研究对象理清楚他或她的意图和意义。在访谈进行中,你可以要求搞清楚更多的细节,以此来获得正确的信息,了解研究对象的经验和反思。和日常的谈话不同,访谈要推动谈话,要跟着感觉走。访谈要深入到日常谈话的表面之下,要检验早期的事件、观点以及新鲜的感受。

　　深度访谈允许访谈者:

- 深入到表面所描述的经验之下
- 停下来探究一个命题或问题
- 要求更多的细节或解释
- 询问研究对象的思想、感情及行动
- 让研究对象不偏离主题
- 回到早期的观点
- 复述研究对象的观点,检验是否准确
- 放慢或加快速度
- 转换当前的话题
- 承认研究对象的品性、视角或行动
- 使用观察技巧和社会技巧来推动讨论
- 尊重研究对象并且对他们接受访谈表示感谢

　　现在我们将访谈和日常生活中的谈话对比一下。日常聊天的规则要求你去聆听,而不是刨根问底;要同意说话者所说的——至少是默认——不去质疑;让说话的人来引导谈话进程,而不是停下来探究以前的观点;听故事,但并不会为了确认对方的话而用自己的话再来重复一遍。一个朋友和你分享了一个很长的故事,你不可能对她说,"看看我能否正确理解这些事儿",然后把她故事中的每个情节复述一遍。

　　研究对象在访谈中也有谈话特权(conversational prerogatives)。深度访谈允许研究对象:

【70】

- 打破沉默,表达自己的观点
- 讲他们的故事,并给它们一个连贯的框架
- 反思早期的事件
- 成为专家

·选择说什么以及如何去说

·分享重要经验,并教访谈者如何解释这些经验

·表达在其他关系和环境中不被接受的想法和感情

·获得认可和理解

　　了解研究对象的经验是一种特权。你可以通过练习来提升谈话技能,让谈话能够在一些让人舒服的问题的引导下平稳自然地进行。框 3.2① 列出了一些做深度访谈的指导原则。如果你采访经验不足,这些原则能够帮助你锻炼技能。

框 3.2

深度访谈的注意事项

要做到:

1.倾听,倾听,更多地倾听。

2.要从受访者的角度,而不是你自己的角度,理解受访者所描述的事件、信仰和情感。

3.努力做到同情和支持。

4.建立信任。

5.鼓励受访者以自己的方式讲述。

6.在你提更具体的探究性问题前,让研究对象自己探究这个问题。

7.请受访者探究、澄清自己的观点,或者举个例子。

8.对受访者的非语言反应要敏感。

9.修改那些效果不佳的问题。

10.对于那些可能出现的意料之外的问题,愿意花时间去聆听。

11.让受访者对访谈及自我保持积极态度。

12.感谢受访者接受你的访谈。

【71】

避免出现以下情形:

1.打断对方。

2.纠正受访者的观点、经验或感受。

3.质问或对抗。

4.用"是否⋯⋯"提问。(这些问题获得的回答是"是的"或"不是",而不是

---

① 作为我们大学"校风委员会"的唯一一名社会科学家,20 年前我为学校的教职员工访谈团队开发了这个列表。其他委员会成员都对访谈没有经验,但我们被要求在一个紧张的时期与其他教员和工作人员就敏感话题进行深度访谈。访谈团队发现这个列表很有帮助,所以从那时起我就开始在工作坊和课堂上使用它了。

信息和反馈。)

5.问"为什么"。("为什么"这类问题在许多文化中会被认为是具有敌意的挑战。这些说法可能效果会更好:"请你谈谈……","你能告诉我关于……","它是怎样……","是什么……")

6.问含沙射影的问题。(尽量用中性的语言界定问题,即使是追问性问题也是如此。)

7.期待你的受访者回答那些你自己都不愿意回答的问题。

8.在采访中持一种专断的立场。(分享私人观点和个人经验是一种特别的权力,要建立一种平等的关系,而不是权威的关系。)

9.忽略或掩盖受访者希望谈论的内容。(如果需要,要愿意花更多的时间与他或她一起谈论。)

10.忘记了去跟进问题,忽视了澄清观点,没能获得进一步的想法和信息。

11.为了"准时"而缩短访谈时间。

12.受访者还处于痛苦的情绪中,访谈者就转身离开。

访谈过程中的协商

访谈是场景性的和协商性的。关于具体问题的深度访谈需要受访者从他们独特的经验角度去探讨。研究者给访谈设定了最初的方向,但是半结构访谈或者即兴访谈把访谈主导权转移到了受访者那里(Corbin & Morse,2003)。我谈到的许多方法适用于不同的个体,但我也会谈到与精英人士和边缘群体访谈时所应注意的问题。

访谈者和受访者可能都会认识到,这种谈话规则与日常谈话有所不同。你可以事先告诉研究对象,你想了解他们的经验,他们可以用自己的语言来表述,你不会把自己的想法强加给他们,这样你才可能获得关于真实意义的更多细节。当提出探究性问题时,它可以帮助你解释你的目的是什么,并提醒研究对象,你不会在社交场合问这些问题,正如苏珊·奥斯特兰德(Susan Ostrander,1993)在访谈精英人士时所表现的那样。

当访谈者对受访者的关注点及脆弱之处非常敏感时,他们会知道对问题的探究可以深入到什么程度,什么时候去探究比较合适。研究对象的面部表情和身体语言,和他们的语调、节奏以及措辞一样,都会给访谈者必要的线索去理解受访者的反应。

中性的问题并不意味着一次中性的访谈,相反,访谈反映的是访谈者和受访者带入其中的东西,访谈中的印象,以及通过访谈建构起来的关系。访谈者必须习惯受访者的认知方式。访谈者和受访者过去和当下的身份都可能会影响互动的方式及内容。

[72] 过去和当下都会传递给受访者一些隐性的问题,以及关于访谈过程的协商。同样,美好的希望或破灭的梦想都可能影响访谈的内容。受访者评价访谈者,评估环境,并按照他们当前判断和以前的知识用一种理所当然的方式来行动。经历了危机的人可能会从他们的访谈者那里寻求方向,该说什么,以及说到什么程度。他们会去判断访谈者是否理解他们的经验,以及是否非常认真地倾听。日常生活中,离奇的或者充满羞耻、痛苦的经验,会影响研究对象讲什么,以及讲到什么程度。因此一位严重烧伤的病人在看到访谈者皱眉时,可能就会尽量不去谈论清洗伤口时的极度痛苦了。

时间对于精英人士和边缘人群同样重要。对于繁忙的精英人士来说,时间是一种资源,有着清晰的边界,而且流逝很快。他们可能会拒绝悠闲的谈话,留给你的时间更少,并且期待提前知道重点。公众形象对于精英人士来说是至关重要的,因此他们可能希望提前为访谈做好准备,尽管你说了他们没有必要进行准备。边缘人群,尤其是那些离群索居的人,如果要让他们相信和你谈话不会伤害他们,可能需要更多的时间。

人们会把他们的处境(situation)带入访谈中,它会构成无言的背景,影响交谈的内容及交谈的行为。研究者带到访谈中的东西也很重要。研究者的种族、阶级、性别以及身体都可能引发民族的、种族的或残障共同体的问题(Rice,2009;Roulston,2010;L. Smith,1999)。库索(Kusow,2003)的故事表明,他作为研究人员的身份削弱了他和访谈对象之间的相似性所具有的意义。在库索的案例中,索马里的政治冲突让潜在的受访者沉默了。因为早期的研究曾服务于当权者的利益,所以他们这个社群的人拒绝参与与外界研究的可能性就很大。凯瑟琳·罗尔斯顿(Kathryn Roulston,2010 b)指出,有着本地社群内部人身份的研究者,会发现他们自己困在研究标准和社群的紧张关系之中。对社群的描述也处于这种紧张关系之中。库索(Kusow,2003)与一个索马里移民在咖啡店的谈话说明了这一点。当这个人知道了库索的研究后,他让库索用积极的语言来描述索马里社群,并提出一些具体的特征,让库索在研究中着重进行强调。库索试图邀请他接受采访,并告诉他要访谈的问题。库索写道:

> 在他读完(或者假装读完)这些问题后,他让我修改其中的一些问题,因为这些问题太敏感,容易形成索马里人民的不良形象。虽然我理解他的立场,但我仍然试图解释这些问题的真正目的,我并没有想描绘他们的不良形象。他因为这点拒绝了我的访谈。(p.595)

权力和地位上的相对差异可能都会在访谈时产生影响,当大学研究人员采访【73】边缘群体时,这些差异会显得更明显。当访谈者和访谈对象的身份特征削弱时,差异也会减少,语言和世界观的差异也可能减少。当然,访谈者可以设计问题,从而设计随后的互动。如果访谈者扮演的是饶有兴趣的学习者,而不是一个遥远的旁观者,那么他们就有可能为受访者打开一个空间,让他们成为自己生活的专家。

强势的人可能会主导谈话过程,使访谈问题按照他们自己的方式来呈现,控制访谈的时间、节奏以及长度。性别、年龄、地位以及经验的不同都可能产生互动中的权力差异。这种差异代表了人们在交谈中默认的等级秩序。举个例子,一个 35 岁的女性研究助理采访一个 67 岁、口才很好,还曾经是专业演员的男人。从访谈录音整理稿看,他掌控了整个谈话过程。不论是否有意为之,她呈现出的是一个饶有兴趣但又很天真的学习者的角色。有一次她问了一个笨拙的问题,他马上告诉她,"这个问题很愚蠢",并告诉她本来应该问什么。

强势但已失势的人有时会不信任他们的访谈者、访谈者的所属机构、访谈者所表达的研究目的以及对研究成果的使用(Kusow,2003)。在采访中,专业人士和精英们经常使用公关辞令,而不是表达个人观点,也很少详细描述自己的经验。研究对象可能会或委婉或公开地询问,访谈者是否代表官方或代表某立场的拥护者,并测试他或她的忠诚度。威廉・哈维(William Harvey,2011)在采访一位制药公司的首席执行官时,对方被激怒了,指责他问的问题含糊不清,无关紧要。这一遭遇挫伤了哈维的信心,也影响了随后的访谈,不过他也从中有了一些积极的收获。

> 首先,受访者同意下次再联系;其次,他提供了我可以联系的其他精英人士的具体信息,之前他大概不会这么做,如果他认为我会浪费他们的时间的话。另外,他还透露出这样的信息:该公司最近人浮于事,这是我始料未及的。然而,我本应该事先对公司进行更彻底的调查了解,这样我就可以重新设计访谈,或至少对受访者的背景有一个更好的了解。我也需要对批评有更得体的回应,为我所有访谈问题的重要性和相关性提供更充分的理由。(p.437)

研究文献似乎认为"精英"这个词只有一个简单的、静态的含义。访谈者需要认识到,精英地位的拥有反映了特定的语境、地位、地域和时间的属性(Harvey,2011;Smith,2006),而这些都是可能发生变化的。所有这些都会影响政治家、组织机构的管理者或媒体人物对待访谈的方式。一旦访谈者找到了共同点,建立起了信任,精英人士会变得非常坦率,甚至给访谈者比双方预期更多的时间,并提供更多的细节。我的一个学生在一个研究所采访过一位官员,那个机构正在进行一项颇具争议的动物研究。这位官员最初只愿意接受不超过 45 分钟的采访,话匣子打【74】开后,采访居然持续了 3 个小时。但是一些访谈者也提到,他们有时会受到精英人士的粗鲁对待。凯瑟琳·史密斯(Katherine Smith,2006)写道：

> 我基本上不认为，访谈是一种始终只有利于受访者的不对称权力关系。事实上，在某些最有权势的受访者那里(他们处在专业等级的最上层)，他们明显的自省水平、不确定及神经过敏经常令我感到惊讶，就像他们愿意与我分享他们的想法带给我的惊讶一样。(p.646)

除权力和专业身份外，性别、种族和年龄也会影响访谈的方向和内容。访谈者和受访者的社会地位也会发挥作用。这些要素的重要程度取决于主题、受访者关于该主题的经验、对接受该话题采访的相对意愿、对访谈先入为主的看法以及访谈者给他们的印象。

迈克尔·施瓦尔贝和米歇尔·沃克米尔(Michael Schwalbe & Michelle Wolkomir,2002)认为，男人可能会把深度访谈当作威胁，因为这种情形发生在一种一对一的关系中，让别人去控制这场意义不明的互动，还让他们自我暴露，会有损害他们公众形象的风险。马茨·艾尔维森(Mats Alvesson,2011)认为，施瓦尔贝和沃克米尔关于深度访谈威胁到男性受访者男人尊严的观点有点过时(p.87)。是这样吗？其他关注性别动力学(gender dynamics)的研究人员反映、提炼和扩展了施瓦尔贝和沃克米尔的观点(Arendell,1997;Conway,2008;Gailey & Prohaska,2011;Miller & Glassner,2011;Sailee & Harris,2011;Sharp & Kremer,2006)。

有几个条件似乎都影响着质性访谈中的性别关系。首先，主题的性质非常重要。如果访谈主题破坏了关于性别身份的某些假设，研究者和受访者的性别就可能会进入前台。丹尼尔·康威(Daniel Conway,2008)认为，男性尊严是种规范，因此只有在被破坏时才会被意识到。康威对拒绝在种族隔离的军队服役的白人男性进行了采访，在听到一个老年网友诋毁女性的言论时，他对所谓的男性尊严是感到非常不舒服的。康威写道：

> 作为同意许多女权主义思想的人，我没有认同他的趣味，或同意他的结论。然而，作为一个男人，他显然认为我和他想的一样，而没有意识到我其实并不苟同。他以贬损的语气谈论非洲国民大会(ANC)政府，提到"黑人规则"(他认为，毫无疑问我会和他共享作为白人的观点)，这其实背离了我的信念。他的纽带策略(bonding ploys)包含了更深的意义，我注意到了这些，因为我并不认同。(p.350)

当受访者对访谈话题本身就持怀疑态度时，性别的影响可能会叠加种族、年龄、教育等因素从而变得更加显著。涉及性和男性尊严的话题，会暴露出性别在访谈中的作用，比如研究参与轮奸和其他损害女性行为的男性。乔迪·米勒和巴里·格拉斯奈(Jody Miller & Barry Glassner,2011)发现,男孩在与一名男性访谈者和女性访谈者谈论"跑火车"(两个或两个以上男性对一名女性进行插入式性行为,p.142)时存在不同。当访谈者是年轻白人男性时,这些男孩会坚持说那个女孩是自愿的,并描述具体细节,话题集中于他们的性能力。当来自他们研究团队的一位年轻非裔美国女士托雅采访这些男孩时,他们的说法就变了。托雅追问当时的情形及女孩是否同意时,他们说得就不那么具体了。米勒和格拉斯奈注意到,托雅敏锐的访谈技巧和执着改变了男孩声称这种行为是两相情愿的说法。

两位年轻的女性研究者——珍妮·盖利和阿丽亚娜·普罗哈斯卡(Jeanine Gailey & Ariane Prohaska,2011)同样认为,性别影响着她们的采访。她们采访了那些进行"霸占(hogging)"行为的本科生。这种行为是指男性物色那些他们认为肥胖,或行动笨拙,或性感的女人,然后把她们从舞池带出去轮奸。盖利和普罗哈斯卡指出:

> 总的来说,我们采访过的男性,在向我们发表贬损女性的言论时毫无障碍,称她们为"性玩具",肥胖或愚蠢。在某些情况下,他们也用他们作为男性的权力来控制访谈,打断或引导访谈过程。之所以会这样是因为男性在与年龄和他们相仿的女性谈论性时不是很舒服,因此他们觉得可以通过施加控制来减轻自己的紧张或焦虑。性别表演并不仅适用男性……我们在访谈过程中也扮演着性别角色,允许他们控制、打断,在他们发表歧视女性和贬低女性言论时付之一笑,或者沉默不语。(p.377)

注意,盖利和普罗哈斯卡坦率承认她们的性别行为进入了访谈。深度访谈也会引发这样的行为,对对方发生兴趣,表示支持和接受——所有这些通常都与女性的性别角色有关。

当访谈涉及那些关于性和性偏好的默认假设时,互动会变得紧张起来。詹姆斯·约瑟夫·迪恩(James Joseph Dean,2013)曾对异性恋进行过访谈,他对访谈的反思揭示了紧张局面产生的过程(框3.3)。

框 3.3

詹姆斯·约瑟夫·迪恩关于异性恋男女访谈的思考

危及异性恋特权:异性恋者的异性恋行为[*]

我采访了黑人和白人异性恋男女,请他们谈恐同行为(homophobic practices),以及他们与男同性恋者和女同性恋者的交往情况,这个采访过程经常让我很焦虑。我会心怀忐忑地等待他们的反应,特别是访谈最后我直接问他们对恐同症以及同性婚姻的看法时。虽然访谈结束前我不会透露我是同性恋,但是我的许多受访者会由于我的身体动作、我所问的问题,就认为我是同性恋,或者通过其他受访者而知道我的情况。当然，我尽力保持镇定，努力调整我的声音，保持面部表情平静，希望能够获得最真实、最丰富的可能反应。尽管如此，我还是无数次地被对方搞得措手不及。好几个我认为是直男和直女的人表达了他们对同性恋的支持，相反其他我以为不是直男和直女的人却并没有表达他们对同性恋的支持。

我变换访谈问题提纲的方式之一就是从"软"性问题开始，如个人对性别或种族身份的感觉，而不是从"硬"性问题开始，如"直（straight，指异性恋）"对他们意味着什么。我这样做是为了建立融洽的关系。"软"性问题是，"你怎么定义你的男人身份?"尽管受访者回答自己性别身份问题也很困难，但比起他们回答性取向的问题，还是会更自在些。因此，我了解到，如果过早让异性恋者考虑异性恋行为的意义，会让他们产生自我防卫。某种程度上，我通过这个问题攻击了直男身份的一般立场，挑战了与之相伴随的隐形特权。比如，在下面这段我采访罗德尼·史密斯（化名）的谈话中，我们可以看到，当问及他对自己性别身份的定义时他的瞬间反应。史密斯先生，在一个保守的南方浸信会教徒的宗教传统家庭中长大，非裔美国男性，30 多岁，已婚，有孩子，是一名老师。

> 詹姆斯：我想问一下你的性取向。有些人认为自己是双性恋，有的是同性恋，有的是异性恋，你如何定义你的性取向?
>
> 罗德尼：我可是纯爷们儿，110% 的异性恋者。

在罗德尼定义自己性别身份时他用了具有很强色彩的语言"纯爷们儿，110%"，暗示他厌恶同性恋、有顽固的恐同症。访谈像罗德尼这样严重的恐同者并不容易，但我必须竭尽所能地收集最好的数据，因为我是一名成长中的年轻社会学研究者，在努力完成一篇学术论文，并想获得一份学术职位。

*转载自（Dean，2014），《异性恋者：后私密文化中的异性恋》（*Straights：Heterosexuality in Post-Clos-eted Culture*），纽约大学出版社授权。

迪恩关于访谈研究的反思阐明了这样几点：第一，它把访谈者和受访者的典型关系彻底展示了出来。通常是异性恋研究人员采访同性恋对象，了解他们的性取向，并含蓄地指出他们与众不同。相反，迪恩作为一名同性恋者对性取向提出问题时，其中的假设好像是异性恋才是有问题的。第二，访谈者挑战受访者视为理所当然的假设和行为很可能会遇到抵制。第三，先问迪恩所说的"软"问题，不仅有助于建立融洽的关系，也有助于向更难的问题过渡。第四，当互动很紧张，话题很敏感时，受访者的肢体语言、面部表情、声调和即时反应都会影响他或她的语言，并具有特殊的意义。迪恩的受访者罗德尼·史密斯回答问题的方式所可能传达的信息

【77】

和他所说的内容一样多,或者更多。

在没有明确涉及男性特质、女性特质或性属性的访谈中,受访者的性别反应也会表现出来。当涉及身体残疾、离婚等挑战他们男子气概的话题时,男人潜在的不适感会加剧。女性可能不愿与男性访谈者讨论性方面的问题。特里·艾伦德尔(Terry Arendell,1997)在研究离异父亲时,注意到一个微妙的变化,在某些访谈中,话题重点从离婚偏离开了。当这些父亲主要关注他们作为男人的身份时,他们的话语具有男子气概的元语言特征。那些把他们的情绪隐藏在厚厚的情绪管理之墙后的男人,可能根本不同意接受采访,其他人则可能闪烁其词而不是直接回答这些问题。正如艾伦德尔所发现的,一些男人会在访谈的时候控制或使性别关系戏剧化起来。

访谈对象是女性时,会有其他的困境。当访谈者是男性时,性别动力学会进入访谈。当访谈者和受访者都是女性,阶级、年龄、形象气质和/或种族和民族等因素的差异可能仍会影响访谈过程。尽管如此,来自不同背景的女性常常愿意接受各种敏感话题的采访。女性受访者可能接受的访谈范围很广泛,从别人先前可能保持沉默的话题,到让人很难堪的话题(Owens,2006)。因此,受访者对访谈的反应也可能是具有启发性的、宣泄性的,或者是表达不适、痛苦或崩溃。话题、话题的意义和受访者的生活环境,以及访谈者的技巧,都会影响女性受访者在她们各自采访中的体验(见 Reinharz & Chase,2001)。

正如上文所指出的,访谈者和研究对象之间在种族、阶级、性别、年龄、意识形态上的差异可能会影响访谈中所发生的事情。这些差异可能会以模棱两可的、令人不安的方式出现在访谈中,尤其是当我们认为访谈主题、背景和直接的互动相互作用的时候。布鲁默等人(Broom,Hand & Tovey,2009,p.52)认为,不仅是性别关系,环境、个人经历、心理—社会都会影响访谈者和受访者之间的互动,但对于它们之间如何相互影响,以及数据如何产生,研究者还没有进行充分的检验。在一次访谈中,一名身患转移性乳腺癌、48 岁的女性受访者向年轻的男性访谈者谈起,她曾经魅力四射、性感十足,而如今她形容自己“好像是个怪物”(p.57)。布鲁默等人指出,在这次访谈中有好几重困难:

> 首先,医院不断有工作人员和病人走过,是一个存在噪声、有些混乱的环境。她刚刚接受了化疗,由于毒副作用,她泛着潮热。此外,她的谈话对象是一位年轻的男性,谈论的话题是魅力和性感。她显然是担心这是否“得体”,病房里的其他人是否觉得这“得体”。把这和关于个人死亡的痛苦讨论结合起来,会为访谈对象和访谈者形成一个非常困难的局面。访谈者本想强调,她戴着假发的样子看起来很美,但又觉得这会逾越访谈者和访谈对象之间的边界。(p.57)

访谈的背景和研究者的可信度会跨越种族界限影响访谈过程。约翰·卡特 【78】

（Tohn Carter，2004）在设计问题时不仅要考虑访谈对象的性别，还要跨越种族和种族分歧。他承诺管理者，他会就他的发现写一篇报告，因此他得以通过正式渠道进入少数民族护士群体中。卡特发现，受访者在之后的访谈中把他看成是管理者派来的密探，由此产生的问题比他男性白人的身份还多。卡特后来写道，他的情况改变了，因为：

> 一个关键看门人的介入让我在少数民族员工中获得了身份，这是我之前所缺乏的，这带给我一种晕轮效应。我当然不再被视为管理者派来的"密探"了。即便如此，许多被访谈的少数民族护士面对访谈仍然有着明显的焦虑情绪。（p.350）

一个组织的少数族裔歧视史以及这些护士对管理者的不信任，构成了卡特在工作现场进行采访的语境。护士们认为他们说的实话有可能被管理者知道，会对说真话的后果感到恐惧，这种恐惧影响了他们的反应。卡特后来采访了已退休的美籍加勒比裔护士，他发现，在家中访谈时，他们的谈话会无所顾忌，因为这形成了完全不同的访谈语境。

想想看，你如何更好地解决身份差异、进入途径及受访者的接受度这些问题。记住，有些项目需要受到研究小组成员的控制和指挥。对于其他扎根理论项目，使用民族志和访谈可能会减少距离障碍，并解决进入途径和受访者接受度的问题。你可以先以参与性观察者的身份开始，然后随着你分析的进行，可以用更聚焦的问题采访环境中的成员。

访谈存在的问题、前景和优势

访谈受到了民族志学者、话语分析及谈话分析者的尖锐批评（见 Alvesson，2010；Atkinson & Silverman，1997；Potter & Hepburn，2012；Rapley，2001；Roulston，2010a，2010b；Silverman，2007），也受到了那些社会研究中研究权力、种族、性别、殖民主义和／或阶级的学者的批评（Briggs，2001，2007；D. Smith，1987，1999；L. Smith，1999，2005；Stanfield，2011）。很多批评都敏锐地提及访谈的局限性，但很少有人看到访谈的优势。

很多批评攻击这一点，即目标和假设是先于访谈存在的。阿特金森和西尔弗曼（Atkinson & Silverman，1997）在他们的开创性文章中提出了一系列相关批评。他们的批评以及他们的跟随者提到了准确性这一概念。他们指出，访谈是由回顾性叙说构成的,人们所说的可能不是他们正在做的、已经做的或者将来会做的。访谈是研究者为特定目的而进行的表演。

因此批评家警告研究者,不要认为访谈建立了与研究对象私人自我真实经验和自我披露的直接联系。相反,访谈发生在具体的研究条件和互动环境中,发生在更大的社会、文化和历史背景下。很多评论家认为,访谈发生在西尔弗曼 【79】
(Silverman,1993、1997 b)称之为"访谈社会(interview society)"的文化中(Holstein & Gubrium,2001b)。具有讽刺意味的是,访谈社会的概念已经成为一个不用置疑的、不必检验的"真理",许多方法论学者接受了这一概念。但这个概念可能遗漏掉了许多人,并且局限于特定社会阶层和文化中。

然而上述关于真实体验和私人主观性的批评是成立的。不论是未曾中断的受访者的叙述,还是访谈者对具体信息的询问,结果都是对现实的建构或重构。通过建构他们各自的表现,访谈者和受访者都把自己展示给了对方。然而访谈者和受访者的表现都在以沉默的形式表达和协商着各自的身份。以上所引用的康威(Conway,2008)、米勒和格拉斯奈(Miller & Glassner,2011),以及赖斯(Rice,2009)的观察都揭示了这些行为表现。访谈的故事并不能再现以前的现实(Alvesson,2011;Atkinson & Silverman,1997;Murphy & Dingwall,2003;Silverman,2001)。这些故事只是从特定的角度提供了一些说法,并服务于特定的目的,其中包含了这样的假设,人们在访谈时应该遵循某些不言而喻的谈话规则,而无须顾及其他。

阿特金森和西尔弗曼(Atkinson & Silverman,1997)呼吁,要拒绝"非理论化的和无批判地认可个人的叙述"(p.322),不论这些叙述的目的是对个人内心世界的移情揭示,还是对访谈过程中策略化操作、自我欺骗以及意识形态假设和行为的揭露。其他批评者(Alvesson,2011;Gubrium & Holstein,2001b;Roulston,2010a,2010b)形成了类型学分类,给研究性访谈贴上了"情感主义""浪漫主义""新实证主义""修正的新实证主义"等标签,并使用这些标签,好像它们代表着不同的实体(可见于 Roulston,2010a)。类型学分类似乎是来自作者的观念,而不是来自对各种访谈的系统分析。你的访谈可能涉及标签的哪些方面,要看你的主题。不是每个受访者都会冷静理性地讲述他或她的故事,也不是每一个访谈者都能理解沉默的意义。是的,有些访谈者和受访者达到了被称为浪漫主义的移情共鸣,但是大多数访谈者都在寻求事实,具有典型的新实证主义或修正的新实证主义访谈的特点,尽管进行深度访谈的研究人员很少以同样的方式问每个受访者同样的问题。

附带着隐喻的这些标签,是不是意味着研究人员应该放弃进行深度访谈了呢?不!访谈是在质性研究中,包括扎根理论研究中最常见的数据收集方式。此外,访谈还是获取特定研究问题相关数据的最有效方式。研究问题应该驾驭这些收集数

建构扎根理论——质性分析实践指南(原书第2版)

据的方法。

有些批评感叹,缺乏在自然的环境中使用民族志或会话分析的机会。即使研究人员青睐其中的一个方法,也很可能不会很快获得机构的批准。几年前我主持一个会议,会上有一些著名的民族志学者,他们讨论了给他们带来赞誉的项目所采用的研究策略。五个小组成员都提到他们所在机构现在不赞同他们的研究。

【80】 针对访谈最常见的批评是,访谈会受到受访者主观性的影响,因此是可疑的,特别是当研究人员接受了受访者浮于表面的信息披露时。菲利普·亚诺思和金姆·霍珀(Phillip Yanos & Kim Hoppe,2008)把真实性当作有效访谈的基本准则,认为研究人员可能卷入了一种不真实的与受访者的共谋,结果是产生了无用的访谈。他们说道:

> 受访者能够有效避开访谈者的激励和引导,尽管所有这些都为试图获得受访者的特有真相而进行了设计。相反,遵循着某些不成文的惯例,受访者和访谈者都默认了一种事先设定的自我表达模式,即回避不舒服的问题,粗略对待不一致之处。对于许多访谈者来说,回避是一种具有欺骗性的令人愉悦的方式(因此没有被注意到或没有说出来),因为所使用的语言与社会科学概念、术语相似,因为表述被包装得似乎很有说服力,或因为它巧妙地与访谈者熟悉的理论不谋而合。(p.230)

正如亚诺思和霍珀提所说,扎根理论研究者未必一定认为这样的访谈无用,但仍会问,访谈过程中发生了什么。这样的访谈能够为处理受访者以及访谈者的沉默、禁忌话题以及脆弱点提供重要的线索。然而,亚诺思和霍珀也做出了重要贡献,因为他们提出了要把研究者带入共谋(collusion)的互动动力学(interactional dynamics)。社会科学家有时会忘记他们的受访者也可能默默掌控了"有指向的谈话",并重新调整方向来满足自己的目的(Charmaz,2009b;Charmaz & Bryant,2011)。正如乔治·赫伯特·米德(George Herbert Mead,1932)所指出的,受访者的陈述解释和证明了他们的行为,是以现在的处境报告过去的事件。然而,访谈也可以给受访者一个空间、时间和人际纽带来重新思考这些事件,澄清意义和行动,同时提供丰富的数据来启发分析性见解(Charmaz & Belgrave,2012)。

虽然一些评论家指责访谈中存在主观性和感情性,但是深度访谈的主题还是常常会引出主观性,情绪也相伴而生。米佐(Miczo,2003,p.480)提醒我们,负面情绪和消极的自我概念会扰乱互动之流。他指出,北美文化中的很多人不能面对原始情绪的爆发。害怕丢脸,小时候社会期望他们始终保持积极的状态,这些都让访谈对象尽量避免或尽量少谈论那些引发或再现不良情绪和负面自我形象的经历。米佐接着指出,受访者在访谈的时候会淡化负面事件和负面经验。

米佐的观点更进一步讲就是,访谈者可能会让自己以开放的态度面对受访者想讲的故事,但这些受访者也可能并不相信访谈者。随后,受访者对互动可能性的想象性解读也会螺旋上升。这些受访者可能想象到他们的表露会给访谈者带来痛苦,并预测到这种痛苦会削弱和干扰他们的悲伤故事(有时为了供公共消费也会进行排练)。如果是这样,他们就不可能冒险去面对自己可能爆发的情绪。这样受访者会想象对访谈者可能的反应要做出什么反应,从而产生了关于访谈的自我控制边界。【81】

米佐的分析指向的是受访者,然而他关于限制披露的观点同样适用于访谈者。访谈者也同样无法处理受访者的原始情绪,更不用说处理自己的情绪了。因此,他们可能也会无意中告诉受访者,哪些故事能够平稳地讲述,哪些故事他们可能无法忍受。还没有准备好研究中可能发生什么的访谈者可能特别容易沉默,但对访谈内容来说会形成有效的边界。

比喻、故事和借代修辞进入了访谈。艾尔维森(Alvesson,2011)提醒研究者要注意访谈语言背后的比喻。他非常富有洞察力地提到了隐喻,并号召社会科学家们注意这些隐喻。他提到,研究性访谈的两个主要的隐喻——工具(instrument)和人类接触(human encounter),但并没有提到男性隐喻(masculine metaphors),而道格拉斯奈·埃兹(Douglas Ezzy,2010)则把男性隐喻放到关于访谈的方法论文献中,并进行了分析。埃兹(Ezzy,2010)写道:"关于质性访谈的教科书都充满了具有男性征服气质的隐喻:探索、指引、质问、积极倾听。访谈者在控制、引导和塑造谈话的内容。可以感觉到这些隐喻的征服意味。"(p.164)也许这些无声的男性化隐喻引发了一些担心,怕访谈者拥有不适当的权力,而这种权力正是女权主义研究者所要反驳的。

对访谈想当然的理解常常超越访谈中的实际情况。大卫·西尔弗曼(David Silverman,1993,1997b)创建了一个现代社会的隐喻,认为"访谈社会"这个术语代表了当代生活。他认为,媒体上忏悔类访谈和褒奖类访谈已广泛存在并被普遍接受,已经广泛渗透到了现代生活中。许多人(例如,见 Alvesson,2011;Dingwall,1997;Gubrium & Holstein,2001b;Kvale & Brinkmann,2009)采用了这个概念。大多数作者都把用于公共消费的私人自我披露(revelations of the private self for public consumption)作为核心概念。私人自我变成公共的视镜。然而,柯费尔和布林克曼(Kvale & Brinkmann,2009)注意到,基于焦点小组访谈(focus group interviewing)的访谈社会助长了我们以市场为导向的社会(market-driven society)中的消费主义倾向。

我们真的生活在一个访谈社会吗?对谁来说是访谈社会?什么时候是?做研究性访谈是对媒体访谈的复制吗?访谈社会的概念可能提供了一些有用的见解,也可能存在局限,两方面都有待进行经验探究。普通人在多大程度上参与了访谈?那些可以很容易通过电话找到的人也可能接到参加市场调查或选举调查的邀请尽管批评者抨击,他们降低了预测的有效性,因为民意调查者无法定位手机用户)。记者可能与目击者和受害者进行了交谈,引用了有用的信息或剪辑出了新的新闻故事,但有多少人参与过有关他们生活某个重要方面的面对面深度访谈呢?我猜不是很多。有多少人能够向一个善于倾听的没有专业权威架子的人讲述他们自己的故事?同样地,可能也不是很多。

【82】对研究性访谈的批评忽视了什么?忽视了对访谈经验作用的承认。众多批评集中在访谈互动的消极方面,从准确性的问题到等级关系的问题。我们中的许多人提供了如何改善访谈流程和内容的建议,但很少有人检验访谈互动的过程。提到深度访谈中互动形式和质量的文献目前数量还不多,但是在不断增长。帕特里克·迪利(Patrick Dilley,2000)认为,深度访谈是一个连接点。哈利·希勒和琳达·迪鲁兹(Harry Hiller & Linda DiLuzio,2004)强调了访谈者和访谈对象之间的相互关系,以及关于访谈的"具有反思性的发展过程"。他们关注的焦点始终都是研究对象的所有方面,并有来自访谈者深思熟虑的鼓励。

反思过程意味着,访谈的共建(co-construction)不仅仅是建立一个互动空间来揭示思想和感情,或从受访者那里提取观点,不管这些观点是真或假。许多批评者暗示,受访者拥有一个特定的角度,但不可能揭示出来。反思过程意味着,受访者的观点是通过访谈呈现出来的,而不是先于访谈出现的。埃兹(Ezzy,2010)把访谈关系的情感结构考虑了进来,认为它和精心设计的问题一样,是"好的访谈实践"的基本组成部分(p.164)。我重视的是深度访谈的特殊属性,访谈者具有一定的特权,可以了解到受访者的生活,随后的对话可以具有非凡的深度,而这在日常生活中常常是不可能的。

小结

我对深度访谈的态度是,研究者是访谈过程和访谈产品的一部分。从最基本的意义上讲,深度访谈是开放的和生成性的。在访谈中所发生的可能既不是期望发生的,也不是可以预测的。访谈的节奏可以慢下来,以便进行反思,与此同时,其语言也获得了动力和强度。当访谈者和受访者构建以及重构意义的时候,那些无意义的喋喋不休和噪声就消退了。

大多数对访谈的批评和褒奖,包括我自己在内,都来自反思和辩论。是时候通过实证研究来检验它们了。

第 4 章

扎根理论研究中的访谈

在本章中,我们会升级扎根理论访谈。访谈中我们会用到来自质性研究的技术和资源,这会帮助我们为后面的旅程做好准备。我们的道路和质性研究者的道路会重叠或交织,但是作为扎根理论研究者,我们会不断向前。这样,我们使用访谈就不仅是为了了解世界,更是为了推进建构理论的进程。我们会在访谈中筛选出具有说服力的表述,以及沉默,这些可以为我们生成的观点提供理论方向。当我们找到初步的理论类属,在对访谈的使用上我们可能会和那些做质性研究的同事大不相同。我们可以在不同的地方停下来进行访谈,我们的想法会引领我们另辟蹊径,偶尔抄抄近路也会让我们更快到达目的地。当我们的想法不断推进时,我们还可能会旧地重游,拜访曾经访谈过的人,提出进一步的问题,做更深层次的审视。

在下面的访谈片段中,一位老年女士马蒂给我讲述了最近发生在她生活中的一些事。想想看,我是什么时候以及是用什么方式提出下面问题的:

马蒂:我和一些 74 岁、78 岁的女人打过高尔夫球,她们现在已经永远地离开了。其中两个刚刚得了非常严重的中风。如果只是疼痛,我还可以接受。是的,疲劳是很难抗拒的,有时就像流感一样,你是真的非常非常累。但如果你能放弃,睡觉,打个盹,或者散步,或读一本书,也会多少好一点。或者至少在精神上,它会消失。我会学着慢下来。

凯西:你能告诉我慢下来对你意味着什么吗?

马蒂:我姐姐说,你只是达到普通人的(体力水平)。但我不得不慢下来。

凯西:也就是说你最大的困难主要是身体疲劳? 你是这样觉得吗?

马蒂:我想是这样。我很幸运。我非常幸运,因为我不认为它是一种痛苦。我并不难受。我看到过痛苦但我并不觉得痛苦。

凯西:你是怎么比较你和别人的痛苦的呢?

马蒂:痛苦,永远不会停止。上帝啊,这就是受难。痛苦永远,永远不会消失,哦,天哪。我知道可能对于十之八九的人来说,痛苦永远不会消失,直到你最后永远闭上眼睛。唉,我看到过,那真的很难受。精神痛苦就是那种,你是一个母亲,看着自己的孩子的健康状况变得非常、非常、非常糟糕时,你所感受到的那种痛苦。因为你在忍受它,你的精神中充满了它。这是另一种类型的痛苦,生理上的疼痛。很多痛苦,我对那些夸大自己病痛或残疾的人非常不耐烦,我对此真的很难受,很不耐烦。我什么也不说,我一点都不相信他们。绝不信任,他们认为这不够友好,但我就是要那样。

[84]

马蒂在做这些评论之前,一直在向我讲述她的健康状况。在她讲述这些事情的时候,我几乎没有提问题。然后,在毫无预兆的情况下,马蒂提到了我所感兴趣的两个特殊理论领域,并将它们暗中联系了起来:"慢下来"和"痛苦"。在这些点上,我请她做进一步解释。我的第一个关于"慢下来"的问题,就是想请她阐明对这个词的定义以及对它的看法。我的第二个问题,试图请马蒂澄清"慢下来"与疲劳的相关程度。注意,她的反应似乎不确定,然后她就马上开始表达她的好运气,以及没有痛苦。我在早些时候的访谈中了解到,"痛苦"在北美文化中是个沉重的词,许多人并不希望使用它,更不想用在自己身上。关于"痛苦"的直接问题可能会引起不适,我引用受访者自己的话,要求她提供更多的细节。然而,马蒂明确提到了痛苦,这让我有机会在不打断我们谈话或带来潜在痛苦的情况下了解更多信息。

当马蒂谈到关于痛苦的观点时,她没有犹豫,也没有从我这里寻求鼓励或赞同。她的语气和肢体语言清晰地强调了她的立场——"我没有痛苦"。她是在解释、报告,而不是寻求意义。马蒂关于痛苦的立场是经过深思熟虑的。

上面的摘录表明,建构主义理论家的两个主要关注点在进行访谈的时候走到了前台:了解受访者的语言和意义;探索研究对象带来的、在研究过程中生成的理论兴趣领域。我问马蒂问题的目的在于确保我理解了她说的话,领会了她的意思。在探索性深度访谈中我的常态是很少问问题,很少连续问两个问题,但是我和马蒂已经认识很长时间了,这让我拥有了更大的主动性和自发性。其他质性研究人员在访谈中也可以使用类似的策略,并在比较的意义上关注语言和意义吗?当然可以。但他们不太可能为了发展理论而持续关注访谈。

马蒂的评论既为进行扎根理论分析提供了理论方向,也提供了理论内容。在本章中,我会在前一章的基础上,介绍深度访谈是如何为扎根理论研究提供支持的。深度访谈是一种开放性的调查方式,是推进理论分析的工具。深度访谈和扎

根理论作为数据收集和分析的方法,是彼此契合而且相互补充的。然而早期扎根
理论研究者在他们通过收集数据来推进理论方面遭到了尖锐的批评(例如,Dey,
1999;Fendt & Sachs,2008;Lofland & Lofland,1984)。因此,我在思考如何使用深度
访谈形成具有敏锐性的理论(theory with sensitivity),开始关注建构理论和追求准
确数据之间的张力。　　　　　　　　　　　　　　　　　　　　　　　　　【85】

　　相比早些时候,当进行理论抽样时,我们可以在访谈中发挥更积极的作用,进
行更直接的提问。因此,我提供了很多追随理论兴趣方面的建议,同时保持对受访
者的尊重。在这一章我会介绍建构主义扎根理论在设计访谈问题时,如何使用语
言,如何关注受访者的反应。最后,我会讨论扎根理论研究者经常会问的问题,就
像其他质性研究人员常问的那样,需要进行多少次访谈?

为什么深度访谈适合扎根理论

　　深度质性访谈特别适合扎根理论方法。为什么? 扎根理论方法和深度访谈都
是开放式的,但又是有方向的,是经过设计的,而又是不断生成的;有步骤,却又是
不受限制的。研究人员选择深度访谈,正是因为它有助于对某些领域进行开放的、
有深度的探究,而受访者正好在这些领域拥有丰富的经验。

　　深度访谈会聚焦在某些主题上,与此同时,深度访谈提供互动的空间和时间,
使受访者的观点和见解能够呈现出来。相比大多数其他质性方法,访谈能够让研
究者更直接地控制数据的形成过程。深度访谈中,焦点关注和开放探究的结合反
映了扎根理论分析的特点。正如我在以前章节提到的,扎根理论方法使研究人员
能够持续地对他们的数据收集过程以及理论观点的形成进行控制。尽管扎根理论
研究者通常只把深度访谈作为方法之一,但它能够有效地对其他方法,如观察、调
查、焦点小组访谈、研究对象的书面陈述等进行补充(见第 12 章关于混合方法利弊
的讨论)。

　　深度访谈可能会引出一系列反应和话语,包括一个人在某刻的担忧、对过去行
为的辩解、反复衡量后的回应。反过来,研究对象的反应和话语也会随着多元身份
和社会关系而发生变化。在访谈过程中,受访者会有一个或多个身份,他们的回应
很可能只是这些身份妥协的结果。然而作为一个生成中的事件,访谈时的对话可
能会让受访者对默认的话语和社会基础进行重新评价。

　　话语能够"成事"(discourses accomplish things)。人们不仅用话语来表明、解

释、捍卫或限制观点和行动,也用它来定义和理解他们的世界正在发生的事情。因此,话语服务于目的,但并不是所有的目的都是战略性的。访谈提供了一种引出话语的方式,这既可能是连贯的、一致的,也可能是多元的、片段的、矛盾的。研究对象可以通过访谈去发现、组合或者重建话语,来理解他们环境的意义。

深度访谈具有很大的灵活性,允许访谈者发现话语,追踪访谈时生成的思想和问题。扎根理论方法和深度访谈在灵活性上是相似的,灵活性是它们所共同依赖的。从研究一开始,扎根理论研究者的目的就是理解正在发生的事情。我们不断调整方向,去追随预想的概念,了解研究现场正在发生的事情。除了选择和追随访谈中出现的主题,我们还可以通过研究数据来寻找思路,然后返回研究现场,收集聚焦数据,回答分析性问题,填补概念缝隙。因此,深度访谈技术中固有的灵活性和控制性的结合,与扎根理论策略是契合的,有助于提高最后分析的深度。

[86]

然而扎根理论既有研究过程的目标,也有发展理论分析的目标,这些都会产生潜在的访谈困难。扎根理论研究者可能会牺牲掉个别访谈中研究对象的故事,而致力于定义集体分析性的故事。同样,有些访谈者可能会专注于他们生成的概念,而对于与其相关的问题是如何影响他们的研究对象的,就没有给予足够关注。戴伊(Dey,1999,p.119)批评格拉泽和斯特劳斯(Glaser & Strauss,1967),说他们的数据收集策略利用了研究对象,因为他们认为,在研究的后期,数据是在没有充分接触研究对象的情况下很快获取的。琳达·贝尔格雷夫(Charmaz & Belgrave,2012)发现,分享访谈"空间",特别是将访谈控制权丢给研究对象,会让那些通常主导谈话的访谈者感到困难。表面上访谈者和受访者按照议程表开始访谈,一起合作,但其实他们拥有的权力是有差异的,通常对访谈者更为有利(Gubrium & Koro-Ljungberg,2005)。尽管如此,建构主义扎根理论的协作因素(collaborative elements)推动形成的交换关系,还是比研究性访谈中的更为平等。此外,访谈经验的建构主义方法解决了戴伊指出的这一批评。

显然,扎根理论研究者需要平衡倾听研究对象故事与履行主要研究程序之间的关系,而倾听完整故事有助于获得分析性的属性。然而,对访谈时长武断地进行限制会使研究者最好的初衷变得无效。武断的时间限制可以扼杀一个故事,或限制分析性探索的可能性。正如很多研究者所做的那样,当研究人员把叙事访谈和扎根理论策略结合起来时,故事和分析之间的平衡就会出现问题。例如伊丽莎白·施本霍夫尔(Scheibelhofer,2008)试图了解从奥地利搬到纽约的移民是如何建构他们的经验的。在早期数据收集中她意识到,把受访者看作移民,是她的前提,而不是受访者的前提。随后,施本霍夫尔改变了访谈策略,用下面的话开始进行访谈:

你能告诉我你来到纽约后所有相关的事情吗？从那时起你的生活是如何继续的？我会认真聆听，并适当做一些笔记，在你讲完之前我不会打扰你。你愿意讲多久就讲多久，告诉我所有你还记得的细节，只要和你在纽约的生活有关就可以。（2008，p.407）

听完他们的故事后，对于受访者已经提到但没有详细说明的内容，施本霍夫尔又提出了与主题相关的开放式问题。她发现，作为回应，他们经常会提供非常丰富的描述。一个饶有兴趣的访谈者能够把受访者吸引到谈话中，通过谈话去揭示而不是去掩盖他们的叙事结构。

施本霍夫尔最初的方法给访谈者提出了一个警示：不要认为你的研究对象会像你一样描述自己、自己的行为以及处境。相反，要使用和探索受访者自己的语言。通过跟踪马蒂对痛苦的定义，我了解到更多与意识形态和行动相关的痛苦观念。受访者的语言常常能够传达一些心照不宣的话语，流露出与个人身份相关的观点，揭示自己和他人之间的区别。 【87】

扎根理论访谈者常常试图将受访者定位在一个基本的社会过程中——尽管可能是以隐性的方式——开始受访者的故事，并不断补充丰富。扎根理论研究常常从这样一个基本问题开始："这里发生了什么？"（Glaser，1978）在这种情况下，"发生"是访谈中要提到的经验或核心问题。正如你对早期访谈所进行的分析一样，你对正在发生的事情的描述，会指导和聚焦着后续的访谈问题。

追求理论

像其他访谈者一样，扎根理论研究者也试图引出受访者的故事，使他们尽可能地愿意分享他们的经历。我们努力尽可能充分地收集他们的故事，尽量客观地呈现我们的数据和研究对象。尽管如此，扎根理论研究者要用访谈数据来构建归纳性的概念类属。扎根理论策略所要实现的目标是，通过收集聚焦数据来建构理论。很多扎根理论研究者对这些类属进行分析性的处理，但可能并不把它们放到理论建构中去。无论如何，访谈成为形成抽象概念类属、生成聚焦数据的主要工具。扎根理论研究者明确强调概念形成（conceptual development）和理论建构（theory construction），这使他们显著区别于其他将深度访谈作为收集数据主要方法的质性研究人员。

如果你对扎根理论策略进行逻辑延伸，那么理论关注就优先于故事收集了。

但是,如果你不能敏锐地捕捉到你的研究对象想说什么,那么对理论的追求就会将你置于棘手之地。因此你的访谈有两个总体目标:关注你的研究对象和构建理论分析。实现这两个目标可能需要不止一次访谈,或需要为后续访谈精心设计聚焦性问题。

在整个研究过程中,你都需要对访谈形式和内容进行认真评估。你的项目和目标都有可能随着研究的进行发生转移或改变。如果你把扎根理论项目放到理论建构中,那么对于寻找哪些数据以及如何收集数据,这四个理论关注点(theoretical concerns)会对你有影响:理论合理性(theoretical plausibility)、方向(direction)、向心性(centrality)和充分性(adequacy)。

这些关于数据收集的理论关注点取代了访谈过程。扎根理论研究通过收集数据来推进理论分析。因此,获取数据,有助于你构建理论合理性、方向、向心性以及充分性,不管你用什么形式收集数据,获取数据都是非常重要的。相比质性数据收集的大多数其他形式,访谈会让你对生成数据有更多的控制。因为访谈允许施加控制,而且研究人员最经常选择的数据收集方式就是访谈,所以我这里重点论述这些理论关注点。

【88】

如果你的目的是构建理论,那么这四个理论关注点就会发挥作用(图 4.1)。我对它们进行了分类,为发展理论提供了语言,让你重视扎根理论中理论思维的重要性,并且不要强加一套外部的标准到你的研究中。

【89】

为了清楚起见,我将分别定义这些理论关注点,尽管你可能发现,一个主要的思路常常同时包含了几个类属。有时你的思路的理论合理性在早期研究中就出现了,这个思路很快就具有了理论向心力,并确定了你研究工作的理论方向。在你进行比较分析时,理论充分性程度就会随着你的工作越来越明显起来。

我们许多人可能会把关键访谈内容作为理论的可信度。然而,我们只有做了大量编码和备忘录写作,才可能定义理论向心力和研究方向本身。

当从访谈内容形成扎根理论时,理论的合理性才能胜过质性研究人员所热衷的准确性(见 Miczo,2003;Yanos & Hopper,2008)。但"准确性"可能也很重要。当你的研究提及准确性时,对准确表述的追求就是理所当然的。不过请记住,关于准确性的定义是参与其中的人经过社会建构的。即使关于准确性的某个界定被广泛接受,扎根理论研究者也会更多关注访谈内容的理论合理性,而不是研究对象是否用无懈可击的准确性建构了它们。因此,关于某个研究对象的访谈陈述是否完全准确这个问题,我们比其他质性研究者关注得更少。

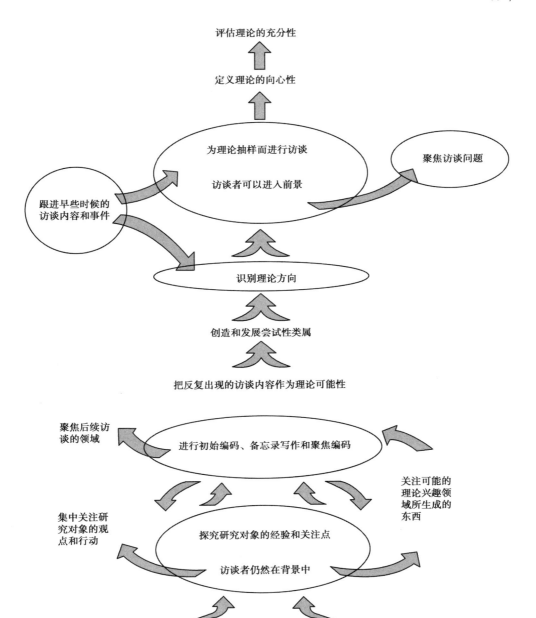

图 4.1　扎根理论研究中的访谈

关于准确性问题,这里重点讨论两点。首先,从扎根理论的角度来看,收集大量的数据能够弥补一些误导性访谈内容的负面影响,有助于降低研究者做出误导性陈述或写出肤浅分析的可能性(Glaser,1998;也见 Luker,2008)。扎根理论的目的是使模式凸显出来并被理解。为广泛而深入地涵盖你的生成性类属,你要收集丰富的数据,从而增强你分析的理论合理性。

通过往复迭进(iterative process)①地进行扎根理论访谈,你获得了很多数据,这个过程会提醒你,叙事是有限的、容易产生误导甚至是伪造的。这种数据收集的方法很有帮助,有助于你对数据中变量的范围和类型进行定义。如果后续研究能够延续你的分析,你仍然可以对分析的合理性进行其他的检验。

第二,你可能会认为一些研究对象提供的叙述是不准确的,过于雕琢,过于抽象,甚至是虚假的。然而这些叙述仍然可以给你提供重要的数据,让你了解关于这些研究对象自身、他们的处境,以及经验可能性的理论范围(theoretical range of empirical possibilities)。我为慢性病患者选择了"创建虚构的身份"这一类属,他们此时的自我表征已不再适合他们的生活。我发现这些受访者构建了虚构的身份以保持与过去的连接,而不是去篡改或说谎。当一个人再也不能构建一个有价值的当下身份时,过去始终在向他招手。此外,我的数据表明,慢性疾病和残疾的体验变化得比自我概念更快。

【90】 一个老人谈论着他几个街区之外的花园,他的侄女站在他身后摇着头,否定了他还拥有花园的说法。我曾经在过去的几年里和他参观过这个花园,并且知道他已失去这个花园很多年了。像第2章提到的那位老年女士(她整天睡着,但却有一个日程满满的时间表)一样,他的言语代表了他辛酸的尝试,他想让人认识那个曾经的他,而不是已经改变了的他。

第三,要对你在访谈中所听到的、看到的和了解到的保持开放的态度。具体数据可能不会再出现,但它却可能代表了一种不言而喻的反复出现的模式,尽管它可能并不明显,但也有可能没有引起人们的注意。

有时有人说出的一些话,对于早期其他人的访谈来说,正好是一语中的。这一数据片段一下子就获得了理论合理性,因为它提供了一种方式,让你理解你所遇到的更多情境,既包括语言,也包括沉默。马蒂对痛苦的立场凸显了无数其他人所共享的观点:可承受的痛苦是有边界的,这个边界适用于病人和残疾人,也适用于其他人。我的数据表明,慢性病患者和他们的护理者常常也认同这个观点。它变成了一个自责和道德判断的沉默框架。

当你进行访谈并分析访谈内容时,研究的**理论方向**会逐渐呈现出来。访谈中的一些反应会凸显出来;其他一些访谈表述会串联起来,当你进行编码和写备忘录时 这一过程会变得更明显。因此,模式会出现,而且开始影响你的分析。这些模式会告诉你在随后的访谈中你要完成什么样的目标,并鼓励你思考如何去完成它。你可能会重新考虑,你要在访谈中寻找什么,你要问什么问题,何时以及如何提问。简而言之,你的访谈提纲会随着研究的发展而变化。

---

① 译者注:iterative 既有反复的意思,也有反复中不断演化发展的意思。

　　同样地,当你确定了理论方向,某些思路和探索领域的**理论向心力**会引导你继续进行下去。你可能会决定放弃数据中一些不太令人信服的探究路线和一些最初的分析。这时,你会把访谈中的某些部分聚焦在你的主要编码和尝试性类属上。最后,随后访谈所提的这些问题将能够帮助你评估类属的**理论充分性**。理论的充分性要成为理论抽样的核心。理论抽样的目的是让你的理论类属坚实有力。

　　这些理论关注点是否意味着你要忽略受访者想告诉你的东西? 当然不是。理论关注点可能影响你花在访谈对象那里的时间,以及你所涵盖的内容。对于有些研究对象,一次简短谈话就足以获得阐明理论观点的数据。而与另外一些受访者则可能需要谈更久。如果每个人你只能访谈一次,那么当你开始检查生成的理论范畴时,要在访谈中设置更多的问题。你的访谈提纲会加长。正如我摘录的访谈马蒂的内容所表明的那样,在研究对象提到某些观点,而这些观点刚好和我的理论兴趣有关时,我就常常会在谈话中即兴增加一些额外的问题。话题非常重要,就像受访者的处境一样重要。一些话题,例如经历悲伤,养育一个自闭症少年,或失去工作,都需要给研究对象一些时间让他们讲述自己的忧虑,反思他们的处境。其他主题需要尊重他们的时间限制,要把我们想了解的内容放在这些限制中。【91】

　　我们的理论关注点是否把扎根理论研究者和其他研究人员区分开了? 在一定程度上是这样。最好的民族志学者和访谈者可能遵循类似的理论逻辑,但这些理论逻辑仍然是隐性的。扎根理论为我们提供了工具。这些方法使我们能够更好地理解如何让研究朝理论方向前进。

建构主义访谈

建构主义访谈实践的思考

　　建构主义扎根理论研究者关注访谈的情境和建构过程,研究对象的故事与沉默、访谈者—受访者关系以及访谈中明确内容的建构过程(Charmaz,2009c)。研究对象未曾言说的东西,和他已说出的东西一样生动。建构主义视角和那种作为现实反映或回答单一问题的访谈不同。建构主义方法把访谈作为生成的互动,并在互动中形成新的社会关系。因此这种方法注重在访谈过程中互动(见 Hiller & Di-Luzio,2004)。在这个意义上,访谈不只是一次表现,而是探索、生成的理解、身份的合法化,以及经验的确认。

怎样进行一次扎根理论研究的访谈呢?如果故事源源不断,那么你的第一个问题可能足以激活整个访谈。当受访者能够而且愿意讲故事的时候,接受性的"嗯嗯啊啊"、一些澄清性的问题或评论会使故事不断讲述下去。我会认真地选择问题,慢慢地问他们,以激发他们的反思。

建构主义扎根理论访谈方法和客观主义扎根理论访谈方法(Glaser 1978,1998,2001)对待访谈录音和文字转录的要求不同。格拉泽始终认为记笔记能够使扎根理论研究者记下要点,而不至于迷失在细节中。我听从了他的建议,在为完成我的学位论文进行的 55 场访谈中都记了笔记(见 Charmaz,2009)。但笔记不能充分保留研究对象的语调和节奏、沉默和言语、问题和回应的形式及过程。我的笔记不仅错过了许多情境性细节,也错过了访谈的建构过程。

与理论化的形式和内容相关的线索存在于数据收集的方法中,以及研究者的经验中。我的论文所具有的理论性并不是**缘于数据的质量**。我在这个研究领域的经验范围和经验深度为我论文数据的概念化提供了基础。① 通过记笔记而不是对访谈内容的转录,我迅速抽象出了理论概念,却失去了可以让抽象变得生动的丰富细节。

[92]

在后面项目中,通过对访谈录音的转录,我不仅保留了细节,也得以了解到访谈内容的建构过程。我第一次访谈凯伦———一位 46 岁的女士——的经历说明了访谈中可能发生的事情。凯伦认为她极其严重的颈部损伤是多种健康问题的原因,包括慢性疲劳综合征和可能患有的纤维肌痛。这里请注意,一个简单的问题所引发的复杂反应。

> 凯西:你的第一次事故发生在 1993 年,那时你结婚了吗?
>
> 凯伦:是的,我住在斯普林维尤,我嫁给了我的第三任丈夫,我们住在一个小农场,那儿有草地、家畜和花园,有游泳池和健身房,我们过着乡村生活;非常好,我离开那儿已经六年半了。我的前夫过着一种双重生活,正如事实证明的那样;他有时会一下子消失两三天,这使情况变得越来越糟糕。他有结肠炎……结肠炎是问题的一部分,但只是一部分,[因为]他隐瞒的是他染上了毒瘾,所以我不能继续了,我在遭受严重的疼痛,而他却这样,让我的身心压力大

---

① 在我论文答辩时,两个答辩委员对我证明论文理论水平的方式提出了质疑。扎根理论方法可以做这么少的数据并应用更少的数据就完成论文吗?答辩很快就集中在一个委员的质疑上,从 55 个访谈能得出这样一个抽象的分析吗?他还批评道,这么沉重的关于慢性病的扎根理论分析框架,怎么让我写成了一个复杂的和死气沉沉的东西,中间没有幽默和活力(真的,它很复杂,死气沉沉 缺乏幽默和活力)。与扎根理论分析重点一致,我把类属和子类属组织成一个密集的理论框架。我的论文包含了有趣的观点,但是我的方法导致了枯燥的写作。论文委员会的外部成员关于"逐渐消失的自我"的理论分析给予了热情洋溢的支持。在我试图解释我如何形成这些分析之后,巴尼·格拉泽提出了这样的问题,论文的理论水平与数据之间是什么关系?他注意到,论文是我的整个个人生活和专业生活的体现,当时我整个人都被慢性病所缠绕,因此其理论水平的基础远远超过了 55 次访谈。在那样一个紧张的时刻,我珍视他的洞察和支持,今天我继续珍视它。即使在那时,我也看到了超越眼前研究的讽刺意味。格拉泽(Glaser,1978,998;Glaser & Strauss,1967)一直认为,过去的理论和经验,会对后面的分析形成先入之见。

到了极点。这就是为什么我说我的生存岌岌可危……他伤害着我。我的痛苦也得不到任何支持。……我必须自己一个人变得坚强,因为他痴迷于这些随时消失的东西,然后必须有人坚守阵地,维持生活的正常运转。有时候他会用一个星期的时间去恢复,因为无论他做什么,都会导致结肠炎爆发,所以我被迫成为家庭的情感支柱,这让我非常疲惫,我必须不断地升级对痛苦的治疗以便能够维持正常的生活,然后,当我的椎间盘完全突出,我接受了疼痛治疗,但我的病因仍有一些问题,我的痛苦到底是情绪性的还是身体性的呢?有时是由很多心理因素导致的。你知道,我可能出现了止痛药物成瘾症,因为我自己在用止痛药治疗。(Charmaz,2004,p.978)

实际上,凯伦絮絮叨叨的表达持续了 3 页纸(单倍行距),这时她停了下来,我 【93】又问了一个信息性的问题来进行澄清。显然,凯伦公开了她的生活,并进行清晰的描述,而且发现访谈给了她空间和时间来讲述她的故事,形成关于事件的观点。但对她来说,这些事件是令人不安的和没有解决的。凯伦正在解决身份的问题,确认她前夫隐藏起来的身份,并努力解决他可能会是谁的这一麻烦问题。

在我的研究中,调查对象常常会滔滔不绝地讲他们生病的故事。凯伦叙述中那些不间断的细节掩盖了实际发生的大量非言语互动,也掩盖了访谈的共同建构过程。这种非语言互动的内容也挑战了这样的假设,即研究者和研究对象在控制访谈中拥有相对的权力。调查对象可能有他们想讲的故事,也有他们希望避而不谈或尽量轻描淡写的故事。① 因此他们通过回避可能引发访谈者进一步探究的领域,在访谈内容——和情境——上施加了控制。

同时,关于访谈本身的"沉默的对话"(Olesen & Whittaker,1968)随之而来。这种对话经常会出现在这样的时候:访谈中出现了敏感话题;研究对象认为访谈者可能会对他或她进行负面评价;访谈者流露出对访谈内容的不安或者不感兴趣。在这些时候,研究者和研究对象可能会心照不宣地建构和协商那些意义,并影响接下来要说或将要说的内容。我对接下来发生的事情负有责任:

　　我密切地观察着凯伦,她也密切地观察着我。我鼓励她继续说,而对于我对她的自我表露的反应,她一直保持警惕。当她开始表达她对使用处方药的担忧时,她的表情和语调都变了。尽管凯伦没有停止她的故事,但她的视线怔怔地落在我身上,表情变得冷漠,她的声音克制,语调平稳。我清楚地知道,她是在衡量,我将如何看她,她可以安全地透露多少东西。(Charmaz & Bryant, 2011,p.301)

---

① 社会科学家参与了受访者故事中的沉默,但对凯伦访谈的回顾让访谈者的"沉默"成为关注焦点,因为交谈包含的不仅仅是言语。(Charmaz,2009;Polkinghorne,2009)

建构扎根理论——质性分析实践指南(原书第2版)

从扎根理论的角度来看,提出一些访谈问题,要允许研究对象讲述他或她的故事,而不加入研究者的先入之见,或者换句话说,不提前确定访谈的方向。这种策略在早期访谈中尤其有用,但可以随着研究者在数据收集和数据分析之间往复而发生变化。

建构主义扎根理论重视探究生成的现象(emergent phenomena)并定义其属性。通过剖析这些现象,研究人员可以提出明确的"是什么"和"如何"的问题,进行相关数据收集,正如其他质性研究所做的那样(Gubrium & Holstein,2001b)。而对于扎根理论研究者来说,这些问题的使用可能影响后续的理论分析。这些问题引出的内容会成为分析的精华部分,并引出后面的解释过程。下面的这个问题就引出了"屈服(surrendering)"这个概念的属性,以及受访者对其意义的解释,数据收集和数据分析过程之间的界限是模糊的。因此,可信度不是一个可以孤立于分析的数据属性。

【94】 除可以向受访者询问具体细节性问题之外,直接表达"是什么"和"如何"等问题时的节奏和语调,也有助于缓解受访者对这些问题的排斥。我慢慢地、轻柔地提出问题,探询莎拉的意思,而不让她产生激烈辩护的冲动。

> 莎拉:但是,幸运的是,我有这样的经验,在某些时刻我屈服了,你知道的。
> 我:屈服是什么意思呢?
> 莎拉:这意味着,我不能拥有它,不能控制它,只能看它让我怎么样。只是,你知道,让它告诉我它想告诉我的东西。你知道,就是心甘情愿地全盘接受。(Charmaz & Bryant,2011,p.301)

在学校进行的一次访谈中,丽莎·普汉姆斯(Perhamus,2009)的一个"如何"的问题引出了课堂中断后发生的一系列事件,然后解释了一个孩子扰乱了课堂后试图重新控制课堂的努力过程:

> 琳达是韦奇伍德一个拉美裔的幼儿园老师,她谈到了个人干扰教学的问题。
> 访谈者:作为一个老师,它(学生的行为问题)是如何影响你的?
> 琳达:这是一种剥夺。因为我要(为此)花费大量的时间。当你的班上有21个孩子,有一个甚至两个……男孩或女孩,离开座位,你知道某种程度上他们是无法控制自己行为的,他们告诉你,他们不能控制,然后离开座位到处走,然后我就不得不小心……为了其他孩子好,在这样的情境下,有孩子不想做作业,站起来,绕着教室出洋相。我不得不停下来,纠正他,这把其他人的注意力也吸引了过来,这是剥夺,这对其他孩子不公平。(p.110)

　　扎根理论使在数据和分析之间的往复循环成为归纳质性研究中的一个常见的策略。从"是什么""如何"类问题开始，即使在研究阶段早期，也会让数据收集带有分析的成分。保持扎根理论对过程的重视，有助于研究者把可能看起来互不相干的事件联系起来。提出"什么时候"的问题时，数据收集就开始去发现被研究的现象或过程发生和变化的环境条件了。同样，关于顺序的问题会获得过程、影响以及特定的含义和行动方面的信息。

　　通常，扎根理论研究者会密切寻求模型，我们用模型来定义数据并形成类属。从建构主义的角度来看，这种模型会成为我们对数据的解释性框架。

建构主义扎根理论访谈中语言和意义的重要性

　　扎根理论研究方法反对把访谈数据强行放入事先设定的类属中（Glaser，1978），其逻辑后果就是，要对研究者和研究对象如何使用语言、如何形成和使用意义进行研究。建构主义扎根理论研究者，比其他类型扎根理论的支持者，在这项任务中投入更多。访谈对扎根理论研究者的挑战在于，需要在提出重要问题（asking significant questions）和必须获得回应（forcing responses）之间保持平衡——这比其他形式的质性数据收集形式有更高的要求。建构主义扎根理论重视语言以及数据的共建，提醒研究者要注意自己在形塑数据（shaping the data）中的作用。【95】

　　建构主义扎根理论研究者关注语言和话语的作用，推动并鼓励受访者在访谈中反思他们的经验，并推进理论做出富有成果的建构。当我关于慢性疾病经验的访谈以缓慢的反思性节奏进展时，我能够插入一些问题去探索意义（Charmaz，2009a）。迈克·赖利在他 40 多岁时患上了严重的心脏病。在一次访谈中，他提到了心脏病："阵亡将士纪念日，是我的纪念日。"我轻声问："纪念日对你意味着什么？"这个问题在引导迈克思考的同时，也把我带到了理论探究的方向上。通过轻声提出这个问题，我把我的兴趣放在了了解更多信息上，而不是暗示他所反馈的信息还不够多。① 我直接提出了关于他心脏病纪念日的问题，引起了主观意义的深度探讨。迈克说：

　　　　哦，又是反思时间。事实上，我去骑自行车，走了一半路时我心脏病犯了。我没那么强壮，可以完整地骑完 25~50 英里，所以我只骑了一半。我到处闲逛，直到心脏病复发，我就是想证明我可以做到。我感觉怎么样？我不知道——反思时间——因为过去的两年里我的生命中发生了很多事，你知道的，在经济上，健康方面，家庭压力上，啊，所以——是的——很多。我（活着）是

---

① 迈克已经知道我偶尔会问他更深入的问题，这样他就会用他自己的语言说出我想了解的东西。

多么幸运……

　　阵亡将士纪念日总是意味着我的反思时间。从越南战争以来一直都是。现在得了心脏病,更是如此。我永远不会忘记阵亡将士纪念日。(Charmaz,1991,p.196)

　　迈克·赖利的回答给了我一个明确的可追寻的分析方向。简而言之,研究中关键思路的分析方向存在于访谈对话中,但也要取决于研究人员对它的识别和追踪。

　　访谈的重点和提出的具体问题可能会有所不同,这取决于访谈者采用的是更为建构主义的方法还是更为客观主义的方法。建构主义研究者会更加注重让受访者自己对术语、环境、事件进行定义,并试图采用他或她的假设、隐含的意义和隐性规则。客观主义研究者则更为关心获得时间表(chronology)、事件以及受访者试图解决的问题等相关信息。此外,格拉泽(Glaser,1978,1998,2011)的扎根理论版本可能与斯特劳斯和科尔宾的方法(Strauss & Corbin,1990,1998)不同,他会提出不同的问题。在谈到数据时,斯特劳斯经常会问他的追随者:"这些数据中的故事是什么?"他的访谈方法是轻轻刺探,直到故事出来,或者把它们拼在一起。①

【96】　　在更一般的水平上,我们需要注意访谈问题中的假设和角度。考虑以下问题:

　　　　·告诉我你的压力源是什么。

　　　　·你面对这些压力源的应对技术是什么?

　　这些问题可能对于诸如护士之类的研究对象比较有效,因为只有对他们,"压力源"和"应对技术"这些术语才是常用的说法,只要访谈者要求受访者在某些时候对这些术语进行定义就行。不过对另外一些受访者,"压力源"这个术语可能就具有不同的意义,比如年老的疗养院病人,他们就很少会去想压力的来源,很少想到自己拥有处理压力的技术。在这里,关注受访者的语言、意义和生活是非常关键的。

　　我认为,比起其他形式的质性数据收集方式,访谈对研究者更具挑战性,因为研究者要在不强制受访者回答的情况下提出重要的问题。在不提前设置问题的情况下,怎样才能了解什么是重要的信息呢?关注受访者的日常语言和话语,让其中的线索帮助我们形成问题,了解他们的生活。我们很容易让我们的想法掩盖受访者的想法,却毫无觉察(见 Gubrium & Koro-Ljungberg,2005)。在以下初始访谈中,我在进行探究时控制了声调,放慢了节奏,重复了要点,小心地把受访者的语言变

---

①　斯特劳斯教研究生们的方法就是对他们进行访谈,他以这样奇妙的方式应用他的访谈技巧,但是许多学生没有意识到这一点。当他的健康每况愈下,他应用访谈技巧不仅是为了了解学生的研究,也是一种与他们的生活世界和事件保持联系的方式。

成开放式问题:

　　凯西:你说你现在是 68 岁。

　　J:我 68 岁了。我过去一直是一个非常健康的人,直到那一天,我 60 岁生日的晚上。

　　凯西:你 60 岁时。

　　J:发生得非常戏剧性。

　　凯西:戏剧性?

　　J:几乎是在一夜之间,回头去看才觉得后知后觉……回过头来看,其实我最有可能患莱姆病——这是另一个话题,因为我曾经被蜱虫咬伤,你知道,在过去的 20 年中,由于我们生活在农村地区,即使我得了疾病也不知道,默默无闻,直到突然爆炸——这可能就是莱姆病和可能的许多其他疾病的情况,因为每个人都带有很多细菌,但不是每个人都生病……(Charmaz & Belgrave,2012, p.353)

　　在上面的摘录中,我采用的方法容易让人想起卡尔·罗杰斯(Carl Rogers, 1951)的不定向、以病人为中心的治疗。这种方法也承认个人的关注点及话语,并据此开展工作。重复受访者的话会鼓励当事人形成自己的观点。J 的表达和语气引出了我的问题。通过把她的话变成问题,我认可并接受了她的回答,并鼓励她谈更多。这些短问题打开了访谈,使其成为这样一个空间,J 可以反思她的生活,表达她对现状的担忧。　　【97】

　　以下摘录来自隐瞒怀孕消息的研究,凯瑟琳·康伦(Catherine Conlon,2006)对受访者的最后表述进行了总结,同时鼓励她说出更多:

　　R:我从来没有想到会是我,我从来没想过。你会看到一些我这个年龄的女孩带着孩子到处走,但是,她们不一样,她们不是我,你知道怎么不一样吗?她们来自城市里治安混乱的地区,你会想,"是的,那就是她们",但那不会是我。你知道,我想完成大学学业,我在大学里过得很开心,我要成为专业人士,我会赚很多钱,我要有一辆漂亮的车以及一切,然而,突然要面对一个孩子,你会说,"哦,我的上帝,我该怎么办?"

　　我:这不是你生活计划的一部分?

　　R:是啊,这不是计划的一部分,我至少十到十五年内不想要孩子。

　　像其他有经验的访谈者一样,扎根理论访谈者在访谈中必须保持敏感,对有趣的线索保持警惕(建议阅读 Gorden,1987;Gubrium & Holstein,2001;Holstein & Gubrium,1995;Rubin & Rubin,1995;Seidman,1998)。可靠的访谈策略有助于研究者超越常识性故事以及低水平的、不能增加新信息的、平淡无奇的类属。任何胜任的访谈者都会让自己提出的问题能够获得丰富的资料,与此同时,避免把先入为主的概念强加给这些资料,使问题保持开放会有很多好处。当受访者使用他们自己经验词典里的词语时,诸如"好日子"和"坏日子"之类的词,访谈者都能问出更多的细节来。比较这些问题的不同:

> ·"请告诉我,对于你来说,好日子是指什么?"
> ·"在一个好日子里,你对自己的感觉会更好一些吗?"

第一个问题对于受访者的经验和概念留下了开放的反应空间。这个问题让受访者能够形成和思考自己有关好日子的看法。第二个问题使讨论封闭起来了,并把回答转向了"是"或者"不是"上。这个问题也假设了这两种答案都是清晰的,是受访者和访谈者所共同认可的。

如果访谈问题允许受访者对现象重新进行反思,就会引出丰富的数据。"告诉我关于……""如何""什么"以及"什么时候"这些问题都会产生丰富的数据,特别是当你提出诸如"你能进一步描述一下……"这样的问题,要求受访者详细描述或具体说明以支持这些问题时(见 Charmaz,2002a)。找到"嗯"以及"你知道"之类的话,然后研究它们意味着什么。长时间的停顿意味着什么? 它们反映了怎样一个努力搜索合适词语的过程?"你知道"这样的说法在什么时候意味着一种理所当然的意义?"你知道"在什么时候是在寻求访谈者的合作,什么时候是在表明回答者只是努力在说清楚一个经验?

【98】 受访者的故事可能源源不断,也可能只是偶然才透露出来。还有可能是,受访者既不直接,透露的线索也不清晰。如果他们的确是这样,通常就要花费很多时间才能发现受访者的意图和行动的微妙性、复杂性。研究者可能已经进入一个意义的含蓄世界,但并没有用语言清晰表达出来。比如,我的一些受访者提到了他们告诉别人自己病情的事。他们认为这些人最初是同情他们的,但后来却感觉到自己不再能得到诚恳的对待了,觉得他们的社会价值和个人价值受到了破坏。这些事件的意义常常是他们带着情绪表现出来的,他们重新讲这些事情的时候,往往难以用语言来表达。

进入受访者的含蓄意义世界是一种特权,你在经历宝贵的分享时刻。通过关注这些意义,你可以在最初的扎根理论中增加新的分析见解,拓展其理论范围。心理学家库玛·拉维·普利亚(Priya,2010)对地震幸存者进行了研究,他提出,研究者的"同情地见证(empathetic witnessing)"(p.479)可能会创建一个空间,允许受访者共享并超越他们的痛苦。普利亚发现访谈中的共享时刻(shared moment)不仅形成了他的生成性类属(emerging categories),也让受访者产生了一种一体感(sense of coherence），提升了自我价值。他说：

关于研究关系如何促进研究对象的道德再教化（remoralization）与自我成长，我使用建构主义扎根理论分析形成了五个类属以及相关的子类属：

1.在用言语表达痛苦时不知所措：当试图在一个听者面前进行讲述时，被强烈的不可思议的情绪所控制。

2.在研究关系中寻找文化意义：弄清楚了与陌生人（研究人员）的人际关系本质以及他们在其当下生命状态中的作用。

3.通过访谈修补自我：通过开启与人的沟通，使他或她获得了与不同生活事件相关的共同体验。这是通过使用思想、经验和文化话语而激发出来的。

（1）被引导向安全区域：指导受访者在生活环境中进行安全的或积极的互动，从而提供给他或她一种解脱的感觉。

（2）获得一致性：通过叙述对生活境遇的解脱感获得经验的一致性。

4.道德地位的重新获得：通过叙述如何坚持文化价值原则或实践，为一个人的经验获得意义和价值。

（1）体验高自尊或英雄主义：通过表达一种坚持文化价值原则和实践的一致感，获得高自尊或英雄主义感。

（2）共享智慧：共享来自文化价值原则和实践的智慧。

5.持续的纽带再次肯定自我价值：通过同情地理解受访者的经验，人们之间的关系成为一个空间，他或她的自我意义和价值在其中获得了再次肯定。

虽然这些类属似乎是按时间排列的，但它们在某个访谈中或在访谈进行中也经常重叠，不连续。（p.484-485） 【99】

普利亚的分析证明了生成性联系（emergent connections）的价值和人际纽带的力量。它还表明，研究者的分析见解在这种生成性联系中是交织在一起的，并通过共享的纽带进一步形成。

对于某些主题，通过在访谈中密切研究你的数据和直接提问，可以形成生成性联系。其他主题有可能会让你改变访谈方法。当你的生成性分析变得更加理论化时，要重新考虑受访者的关注点与你的分析方向之间的平衡。有时你可能需要用几个问题来连接访谈中的这些不同方面。

这种发生在访谈中的平衡（balancing）和连接（bridging）反映了扎根理论往复迭进过程的一部分。当你进行理论抽样时，它会带来不断增加的信息量。在这一点上，你需要构建充分聚焦的问题，为迄今为止未解决的理论问题找到数据，同时承认受访者的关注点。在我的例子中，我们的语言里关于时间的谈论其实没有几句。因此，我的许多研究对象有关时间的态度和行动仍然是无法言喻的，是想当然白。然而他们的疾病故事往往依赖于时间的概念,并与时间体验的内在性质(implicit qualities of experienced time)有关。一位女士的多发性硬化症使她瘫痪了,而且非常容易诱发膀胱炎。看看她的故事:

> 因此我只是清除了膀胱炎。它让人很有压力,那次膀胱炎有一年时间,我可能还得过一次,这次只有一周半时间。因此我总是提起我后背痛、睡觉的姿势——在每次膀胱感染的时候,药物也杀死了好的细菌。因此,你得了一次霉菌感染,就好像你日日夜夜都在与疾病和治疗相伴,就好像如果我所做的就是解决那一件事,但是我还有我的,我的家庭压力。那要付出真正的代价。接下来我的肠子也不好使唤了。治膀胱的药使我产生了腹泻。(Charmaz,1991a:73)

这位女士没有直接谈论时间,但在她对待经常性膀胱感染的表述中提到了时间的速度和不均匀。当你计划探索这些领域时,你要想方设法设计问题,以便获得相关的回应。为了进一步说明,我会问受访者这样的问题:"当你回头看你的疾病时,哪些事件在你的记忆里比较突出?""你比较具有代表性的一周是什么样的?"格拉泽(Glaser,1992)可能会认为我提出预先设计的问题是对数据的强迫。但相反,我通过探究生活中一些不言而喻的方面,产生了数据。无论你在一个什么样的水平上关注研究对象的意义、目的和行动,你都能够通过扎根理论方法产生连贯的分析。因此,无论是对于形成概念性理论命题,还是对于发现事实的描述性研究,这一方法都是有用的。

通过研究数据,你能够理解研究对象语言和意义的微妙之处。接下来,你要知道你的数据可能会把你带到哪里。比如,通过研究访谈录音,你可以更密切地关注研究对象的感受和想法。当你一遍一遍地听他们所说的话时,他们会活跃在你的脑海中。比如,我班里的一个学生说:

[100]

> 当我一个人坐在家里转录录音带时,语言给我带来很多冲击。我更加能够听到和感受到这些女士对我说的话。我意识到,当时我的脑子被这些想法占据了——接下来的问题是什么,如何进行目光接触,或者希望我们说话声音更大一些以便录音更清晰,等等。(Charmaz,1991b:393)

如果你关注受访者的语言,你会在他们的经验和你自己的研究问题之间架起桥梁。这样你就能够了解它们的意义,而不是假设它们意味着什么。比如,当我那些患有慢性病的受访者谈到拥有"好日子"和"坏日子"的时候,我进一步围绕他们关于好日子和坏日子的意义问了更多问题。比如"一个好日子是什么样的?""你能描述一下一个坏日子是什么样的吗?""在一个好日子里你会做些什么样的事情?""这些行为和坏日子里的行为有什么不同?"我发现,好日子意味着"疾病侵扰最轻,能够最大程度地控制头脑、身体以及行动,对行动有更多选择"(Charmaz,1991a:50)。好日子的意义也扩展到了时间和空间范围的增加,一天的质量,以及实现了一个人所希望的自我。但是如果我继续追问下去,问受访者这些词的意义,那么这些词的特定属性就仍然可能是不清晰的。这样,关于时间和自我是怎样关联起来的,我就有了更为结构化的深入理解。

在框 4.1 的访谈摘录和框 4.2 的反思里,凯瑟琳 · 康伦(见 Conlon, Carney, Timonen, & Scharf, 2013)展示了访谈中的对话如何让访谈者和受访者产生新见解。

框 4.1

凯瑟琳 · 康伦的访谈摘录

以下摘录*来自《代际变化研究》(*Changing Generations Study*),探究在当代爱尔兰家庭和社会代际连接的情况。研究采用质性访谈方法,对各年龄阶段及各社会经济阶层的 100 名男性和女性进行了调查。研究进行时爱尔兰有人口 440 万,经济处于影响深远、旷日持久的衰退中,其特征是高失业率,迅速上升的移民比例,高个人债务包括拖欠抵押贷款,严峻的财政政策。项目团队由都柏林三一学院的维尔 · 蒂莫宁教授、凯瑟琳 · 康伦博士和爱尔兰高威大学的托马斯 · 沙夫教授、吉玛 · 卡尼博士组成。大西洋慈善基金会资助该项目。

摘录自桑娅 · 弗利(参考 Sonya_East_049_Dublin):

桑娅是凯瑟琳的第 43 位访谈对象,三一学院团队的第 49 位,100 名受访者中的第 80 位。访谈开场的问题试图让受访者用自己的语言对自己进行定位,而不是确定他们的人生阶段。在回答中,桑娅首先着重谈到了她的职业生涯,但后来就谈到了她的家庭生活。

答:我父亲现在老了许多,今年这真的影响了我们家……[桑娅的陈述中有许多可以识别其身份的语句,我们删除了,以保护她的身份。]　　【101】

问:这是下一项我们感兴趣的内容。你认为谁是你最亲近的人？那是你对这个问题的答案吗？

答:我觉得对他的接近,就像是义务,家人义务吧？

问:那么,请说说吧,实际上,我对这个真的很感兴趣……

答:对,是的,啊,天啊,是的,我想我是,可能在最近几年,我和我父亲的关系开始比过去稍好一些,但在过去的 20 年中,我从来没有觉得和他亲近过。但过去几年,也许由于健康不佳,我们能够更好地相互了解一些。在过去的几年里,你知道,可能我回家次数比以前多了。……这更多是义务,老实说。

问:是吗?

答:是的。但我觉得,我猜想,我觉得在过去的六个月里我对他有了进一步的亲近,我觉得更多是因为他老了,也许我觉得有点儿,它不再仅仅是义务,我感到一点其他的东西,也许,是的。

问:你能描述一下——我知道很难用概念描述,但你能描述一下义务和亲近之间的区别是什么吗? 什么时候你想到的"只是义务",那种感觉是什么?那意味着什么?

答:哦,义务就是"哦天哪,我不得不这么做""你要回家吗?""不,我不想去,你想去吗?"就像是……你知道,就是你觉得作为一种家庭的责任,你必须这样做。但我想亲近感是那样一种不知不觉偷偷产生的东西,当你在医院看到他们,你看到他们虚弱,你看到他们变了,之前我从没见过他那个样子。所以近年来看到他这个样子,它改变了我的看法,我开始再一次把他作为一个人,一个会感到害怕和孤独,需要我帮助的人。

问:是吗?

答:所以有一种这样的感觉,是义务,但更重要的是,我想这就是爱的感觉吧,是的,他是我的**爸爸**,无论如何,就是这样,你知道,有很长一段时间了,我对他感觉比曾经更亲近了,就是这样。

* 以上访谈内容摘录自康伦等人(Conlon et al.,2013)的访谈记录。

框 4.2

凯瑟琳·康伦对研究对象关键词解释的反思*

访谈技巧的指导原则

【102】

在这个摘录中,我展示的角色和提问风格由以下原则进行支持。通过揭示问题的意图,以及解释访谈如何影响理论化过程,我在尽量减弱研究者和研究对象之间的权力关系。当受访者与访谈方向一致时,我尽可能回应,而不是重新回到访谈问题列表上去。这些原则为在访谈中建立信任关系提供了坚实的基础。我通过重新提及他们自己提到的术语,鼓励受访者充分阐释他们提出的问题。信任是实现这一目标的关键,但不是一种"最大化揭示(maximise revelation)"的工具,而是允许受访者对他们生活的方方面面进行反思,这对于研究,对于受访者都有好处。参加研究对于一个人的日常生活来说,是一种独特的经验,在访谈中产生的知识不仅要对研究本身有意义,也要对研究对象尽可能有意义,这与解放的原则(emancipatory principles)相一致。

到目前为止,对代际连接(intergenerational solidarity)的解释或者强调了规范性原则(normative principles),或者确定了交换理论(theories of exchange)。在这些数据中,我们遇到了关于照顾老人的默认观念。当我们询问,这个观念是怎样去和自我构建的身份和行动(self-making identity and action)相协调时,我们将其界定为"不容置疑的义务(unquestioning obligation)"。桑娅开始"质疑"这种义务,特别是这些约束和强制行动的传统规范是否在她生命中占据了主导地位,并决定着她和她父亲的关系。

当桑娅问"只是义务吧?",我觉得我挖到了有价值的信息,并向她传达了这个问题的重要性。语言的"摸索(groping)"表现了访谈中的一个关键时刻。我们的谈话把桑娅带到了那儿,而她则带来了惊喜。她从容、认真地寻找"恰当"的词来构造特定的意义,通过护理病人的实践,她找到了恰当的词。这是一个私密的和敏感的领域,能够在这个过程中听到她阐明这个意义,是一种荣幸。后来她提到的"别的东西",让我感觉到那是问题的"症结"所在。我听出这个"别的东西"是指关系的一个维度。我也在努力进行与桑娅生活一致的反思性自我构建,形成了一个连贯的身份和行动主体。她说话是非常具有反思性的。在谈话时,她的语气和举止是和缓谨慎的,她双手打开放在膝盖上,当寻找合适的措辞时她的眼睛搜索着远方,但当她说出"别的东西"时又把视线集中到了我身上。此时她把视线集中在我身上,用一个问题结束了谈话,我认为她可能需要我提出请她进一步解释的要求。我有一个预感,将义务和亲密关系并置,将能够"打开"这个"别的东西"。我想把桑娅的两个术语返还给她,我想引导她深入到关键术语中去,反思她自己对义务的疑问,她提到那"只是义务"。我提出一个明确的问题揭示我的预感,"让她进入"我的思想。在我提出问题时,她很专注地看着,听着,高度投入,并准备回答,感觉就像一个建立理解的共享时刻。

桑娅对项目理论化做出了重大贡献。桑娅的社会身份挑战了规范性性别和性别脚本(无子女,女同性恋,职业女性)。通过我们的谈话,她重新建构了她和父亲的照顾关系,通过回忆和相关努力,从一个基于传统规范的"义务"或"不得不"的关系,转变为基于情感价值的"爱"和"想要"的关系。这表明了这样一个过程,通过亲情原则保持自我的一致感,从而改造了传统的规范。

　　*这段反思来自康伦等人(Conlon et al.,2013)的修订版本。

　　康伦的访谈表明,访谈中的生成性意义(emergent meanings)是如何出现的。【103】这里发生的不仅仅是研究对象所讲述的故事和事件,或做出某种说明来回应访谈情境来满足访谈者。我们可以感觉到访谈中的相互作用。桑娅也发生了思想的变化,这不仅来自她在访谈中所说的事情,还有通过访谈以及访谈者和她的关系,她对护理父亲所具有的意义所进行的重建。这样的生成性重建不仅包括理论上的可言数据,也形成了理论方向和分析的向心性。

理论抽样中的访谈

在扎根理论的往复迭进过程中,研究人员常常回到他们已经访谈过的研究对象那里。另外,我们会在后面的访谈中引入新的探究路线,以反映我们正在进行的分析。当我们尝试从访谈中构建一个类属时,我们常常会发现它很有趣,但不完整。我们确定类属的特征了吗? 对于在什么条件下类属能够解释经验世界,以及什么时候它不再适合,我们需要进一步区分吗? 与另一个我们打算使用的类属相比,它在什么程度上可以使用,对此我们是否需要确认? 这些问题都会让我们回到数据中进一步寻找答案。

罗伯特·桑伯格(Robert Thornberg,2010a)对那些目睹了同伴受霸凌的孩子进行了研究。他对他们进行了访谈,并观察他们的反应。他进行了理论抽样,并形成了概念“旁观者情境中的道德框架”,包括了这些类属:“好学生的道德建构”“制度化的道德脱离”和“温柔的关怀——女孩道德”。桑伯格比较了不同的受霸凌情形,区分了学生对这些不同情形反应上存在的差异,有被动的旁观者和见义勇为者:

> 我通过使用理论抽样和翻转技巧(flip-flop technique)[①],收集、比较、分析这些差异。通过分析数据中的例子,翻转技巧让我的概念更加精致,它和我的最初的概念正好相反,这样就获得了对事件和交互模式的不同观点(Strauss & Corbin,1998)。例如,我比较了袖手旁观与见义勇为的学生、社会地位高的和社会地位较低的学生的行为,将其作为编码和分析的结果。(pp.589-590)

桑伯格对数据收集、编码和分析进行比较的方法,使理论抽样成为往复迭进过程不可分割的一部分。理论抽样为桑伯格那样的研究者提供了密集的概念分析,挑战或扩展了对经验问题的主导性看法。通过这种做法,桑伯格在他文章的最后,修正了学校中袖手旁观者的行为模型。

【104】　　通过收集聚焦的访谈数据以及持续观察,桑伯格对他的理论抽样进行了控制。和理论抽样的逻辑一致,他设计问题,对生成性类属进行补充。理论敏感性也可以使访谈中的意外时刻变成发展理论的一个契机。因此理论抽样有可能出现在始料

---

① 桑伯格指的是这样一种技巧:如果出现相反的情况,和研究者对已经发生情况所定义的不同,就问一问这样会发生什么。翻转技巧对研究现象进行了“内外颠倒”或“上下翻转”(Strauss & Corbin,1998,p.94)。

未及的情况下。在我和帕特里夏·肯尼迪访谈期间,她提到对当下自己的看法。随后,我对之前的几次谈话进行了追踪。有一次她谈到,计划打乱了,未来充满不确定性,这破坏了她对自己的看法,她本来认为自己是一个未来导向(future-oriented)的人。我和帕特里夏已经谈过很多次,这对于进行理论抽样是有好处的。我们之前访谈的内容以及这次冗长的谈话,使打开互动空间、把问题聚焦在我感兴趣的理论领域成为可能。这个空间我可以进一步追问,当下她把自己定位在哪里。她以下面的方式回答了我的问题:

> 帕特里夏:我活在当下。
>
> 我:你活在当下?
>
> 帕特里夏:噢,是的。
>
> 我:这是一个改变,是吗?
>
> 帕特里夏:我以前在哪里?
>
> 我:在未来。
>
> 帕特里夏:未来?是的,是的。(沉思地说)我就在这里,今天。
>
> 我:是这一切(在之前的一个半小时里我们一直谈论的内容)把你带到今天吗?
>
> 帕特里夏:整个过程?是的。
>
> 我:明天是什么样子的?
>
> 帕特里夏:明天是充满希望的。
>
> 我:明天有多少你是可以在今天看到的,就在今天你这儿?
>
> 帕特里夏:我能看到一些。我可以看到相当多的明天,我想。但是我看到的只是那部分……我觉得因为我——我对我今天的生活有了更多的控制,明天会更好,它是我今天生活方式的直接结果。我也知道会有大量的未知数。但是我认为对很多人、对每个人来说都有很多未知数。我比其他人有优势,因为我能处理它。
>
> 我:嗯,这很有趣。今天的你,当你自己就在今天时,这对你意味着什么呢?
>
> 帕特里夏:当我自己就在今天时,关于今天我可能会说,今天——就是今天,真正的今天。(Charmaz,2009a,p.54)

注意我是怎样追随帕特里夏的表述,并回到她所谈到的重点的。起初,我把她的反应当作是反映和澄清意义的镜子。但是,和前面提到的我最初和J的正式访谈(本书p101-102)不同,我直接提问,并把问题集中在我要获取更多数据的领域。理论抽样具有聚焦的特点,它有时会让你提出比早些时候更直接的问题。因此访谈对象可能以类似的方式被带入扎根理论研究者的分析问题中,和民族志研究中的关键知情人类似。

帕特里夏的表述已经具有理论相关性,因为在过去的几年里,她一直形容自己是一个面向未来的人,她对自己进行了清晰的规划。她非常悲伤地发现,她曾经确信的未来溜走了,取而代之的是令人痛苦的不确定性。巨大的失落感强烈地折磨着她,在早期访谈中,有时帕特里夏会长时间沉浸其中难以自拔。通过比较她早些时候的访谈数据和代码,我发现为定位自我而改变的时间框架。帕特里夏上面的表述不仅给了我在时间中定位自己的分析资料,还提供了这样的理念,即在访谈过程中,时间角度会随着时间的推移而变化。

当使用理论抽样访谈时,研究者需要注意互动空间的类型,而这种互动空间类型会随着方法和问题的不同而不同。这意味着,在提出困难的问题或者可能具有冒犯性的问题之前,要建立一种语境和节奏。显然,要求受访者解释为什么他或她采取了某个特定立场,或从事某些具体行动,很可能会激起防卫反应。因此当你的理论抽样触及敏感领域,或削弱了默认的理解时,"如何"类问题能够发挥更好的作用。

需要进行多少次访谈?

研究者应该进行多少次访谈的问题一直存在于质性研究的过程中,即使在扎根理论研究者那里也一直存在争议。① 有些扎根理论研究者为少量访谈进行了辩护,已经成为(一些怀疑论者所谓的)"简化式扎根理论(grounded theory-lite)"的支持者。考虑到扎根理论的理论建构目标,以及对普遍性的强调,要进行多少次访谈就变得特别重要,特别是对于客观主义扎根理论研究者而言。

当新手问他们需要多少次访谈的时候,可能是基于三个这样的假设:首先,访谈次数反映了研究者对研究效果的考虑,即是否满足了充分、可信、典范的标准。第二,专家可以确定访谈的具体次数。第三,他们会一致同意某个具体数量。但这三个假设都是有问题的。

对这个问题的任何回答,都比实际的回答看上去更复杂,而且会产生一系列相关问题。答案仅仅建立在主题、研究目的、学科传统、制度化人类受试者评价(institutional human subjects' reviews)或研究者的专业目标等基础上还不够,尽管这些问

---

① 对这个问题简短而有用的回答出现在一本资料汇编中,2012 年贝克和爱德华兹选编了 14 位专家观点以及 5 位新职业研究者对他们的反馈。见《研讨论文:做多少次质性访谈就够了?》(Discussion Paper:How many qualitative interviews is enough?)

题对于筹划一个研究项目都很重要。关于认识论的基本问题必须加以解决。 【106】

· 你想知道什么?

· 你可能需要了解什么?

· 访谈如何为这些问题提供信息?

· 为减少先入为主对数据的影响,你会如何完善访谈问题及访谈技巧?

· 你打算在访谈研究中如何使用扎根理论方法?

质性访谈项目的内在矛盾对扎根理论研究产生了特别的影响:在你竭尽全力分析你的数据之前,你不可能知道你需要发现什么。扎根理论逻辑要求对你正在研究的经验世界保持开放态度。像大多数质性访谈研究一样,扎根理论研究无疑是一个不断生成的过程,要始终了解和解释研究对象对他们自己经验的看法。焦点往往是隐含着的。设计可靠的访谈研究,要追随你不断生成的想法,追随它们要带你去的方向,这会对研究计划书中的访谈次数产生影响。

在质性研究中进行多少次访谈,这个问题的答案取决于你的研究目的。这个问题对于扎根理论研究者来说也非常有意义。你是否有多个目的来补充或取代你当前的研究目的? 你是否打算先满足某门课程或博士论文的要求,然后再从你的研究中选择内容发表论文? 你所在学科的规范是什么? 你是否要在你的学科和专业以及跨学科和跨专业领域获得专业信誉?

访谈的数量取决于研究者希望达到的分析水平以及目的。当研究人员面对的是直接的研究问题,要在应用领域解决本地实践中的问题时,少量的访谈可能就足够了。格雷格·盖斯特、亚纹·邦斯和劳拉·约翰逊(Greg Guest, Arwen Bunce, & Laura Johnson, 2006)试图回答研究人员需要进行多少次访谈这个问题(特别是在应用领域),他们用代码本(codebooks)做了一个实验,这个代码本来自早期的质性访谈研究。他们注意到,研究人员关于饱和(saturating)概念的标准是模棱两可、自相矛盾的,确实如此。但是,在我看来,他们的错误在于背离了使生成性类属及概念饱和的过程,而扎根理论实践是要求实现类属及概念饱和的。

为了找到研究人员需要进行多少次访谈的答案,盖斯特等人试图使数据饱和,而不是使类属饱和。他们的方法与扎根理论往复迭进的、生成性策略形成了鲜明对比。使数据饱和和使研究者的生成性类属及概念饱不同,它需要涉及的数据更少。在新的数据没有改变存在于代码本里的原有主题时,这些作者试图发现数据收集和分析中的关键点。这样的主题可能正好反映了研究者那些先入为主的观念,而不是从受访者的意义那里辛苦提炼出来的观点。与扎根理论研究者相比,这些作者使用的是标准化的访谈,强调的是实践研究。盖斯特等人承认,某些研究目标、非结构化访谈和比较方法(comparative methods)会增加访谈的次数。在这一点

建构扎根理论——质性分析实践指南(原书第 2 版)

上他们是正确的。他们也表明,异质样本、糟糕的数据质量以及分散或模糊的探究领域,会增加访谈的次数。然而,他们的结论是,对于大多数研究人员来说,如果他们的目的是在同质的人群中辨别共同观点和经验的话,12 次访谈就足够了。12 个访谈可能会产生主题,但不可能赢得尊重。

许多扎根理论研究者认为,他们的目标是理论建构,而不是发现主题,除了那些可能受到斯特劳斯和科尔宾(Strauss & Corbin,1990,1998;Corbin & Strauss,2008)影响的人。几乎没怎么进行过访谈的扎根理论研究,也许会形成概念类属,但在访谈中为发展和完善类属而连续进行聚焦,会阻止发现更多重要的,特别是隐藏的探究线索。有时候你可能会在早期访谈中看到一个明确的核心类属。在我参与的心理学示范项目(Charmaz,2011a)进行访谈编码时,我对一个核心类属进行了定义。那么,在编码数据中,我所确定的类属是唯一重要的吗? 不。在相关章节出版前后,我又开发了几个其他主要代码。这些代码反映了难以捉摸的经验和细微的比较。虽然我有来自另一个项目的可以进行比较的数据,但我还是又进行了超过 12 次的后续访谈,以发展我的新类属,并形成一个可信的分析。

大量研究在没有理论分析的情况下,对数据进行了合成,并将其排列为一般性标题。随后,这些研究仍然是主题性的和描述性的。一般标题包含了数据,掩盖了差异和区别,而这些差异和区别只有通过比较才能明确起来。研究对象的异质性、经验和环境的多变、比较分析的方法、对数据相关抽象概念进行分析,都会导致访谈次数的飙升。你的访谈数据指向的是哪个理论方向?

研究主题的性质也会导致访谈次数的增长。打开秘密的、沉默的和阈限的(liminal)空间,会增加所需的访谈次数,研究一个缺乏共享语言的领域比如时间体验(experiencing time),也会增加访谈数量。

研究人员有时会指出,如果他们使用某个特定方法如叙事分析或扎根理论,他们会被要求接受严密审查,因此就排除掉了进行大量访谈的计划。合理化在这里可能会被作为一个理由。访谈多大程度上有助于你获得理论的充分性? 研究人员可能会把扎根理论的效率当成压缩数据收集的理由。关于研究所需要的数据量,扎根理论研究者持有相反的立场。有的扎根理论研究者强调概念的饱和,尽量避免关注大访谈样本。有的扎根理论研究者则主张比较多个事件,因此需要全面的数据收集(Glaser,1998,p.138)。扎根理论是有效的,但这并不意味着少数访谈就能够产生令人尊敬的研究。相反,拥有大量数据并不能保证一定做出原创性贡献。通常,关于要做多少次访谈,会有这样的假设,即进行单一的访谈是收集数据的唯一方法。是吗? 不总是如此。有时研究人员并没有让他们已经做的观察、档案、文献研究获得可信度。混合的质性方法可以用少量访谈增强研究的力度。

一个非常小的样本也能够产生具有深远意义的深度访谈。这取决于最初的和后【108】来生成的研究问题,以及研究者如何进行研究和构建分析。关于如何获得访谈的深度和意义,扎根理论研究者可以从许多质性方法论学者和研究者那里①学习到很多。在爱德华·斯比德林(Edward Speedling,1981)的经典研究中,他研究了 8 个患有心脏病的已婚男人。样本虽小却付出了大量的努力。斯比德林在心脏病病房观察了好几个月,拜访病人,和他们的家人谈话,随后访谈了住院期间及出院后的病人及他们的妻子,并在之后三到四个月的时间里一直关注着他们的生活。

以下方法可以帮助你决定需要进行多少次访谈。以下几种情况你需要增加访谈次数:研究的是一个有争议的话题;预见到或发现了意外的或挑战性的情况;要构建复杂的概念分析;访谈是唯一的数据来源;要寻求专业信誉。简而言之,我的建议是,要了解在你的领域内外,什么是卓越的,而不是什么是充分的。此外,如果你的项目有加大投入的迹象,那么需要做多少访谈就尽可能多地去做吧。

小结

在扎根理论研究中,深度访谈具有几个优势。首先,是对访谈本质的关注。深度访谈既能让你捕捉新线索,也能让你追踪主要理论问题的探究情况。其次,在你进行访谈时,你可以重新回到你的概念类属,并对其进行调整。扎根理论往复迭进的过程能够让你在访谈的过程中聚焦,写作,反思,然后再聚焦。它还可以推动你的研究,不断修改,并完善你的访谈问题和技巧。虽然你可以追求理论的准确性、充分性,但吊诡的是,你也可以获得有用数据,以多种方式去进行分析。再次,如果你回到关键受访者那里,试图获得关于尝试性理论观点的进一步数据,由于他们对你和访谈过程都已经很熟悉了,因此,你可以很自然地提出令人深思的问题。

如果你不能回到关键受访者那里,或不得不使用别人收集的二手访谈数据,该怎么办? 都没用了吗? 必须放弃建构理论吗? 不是的。你要尽最大努力去处理你所建构或已经收集的资料。就像那些使用文本资料的扎根理论研究者一样,你也可以做出了不起的东西。

---

① 朱瑟琳·乔赛尔森(Ruthellen Josselson,2013)、卡琳·奥尔森(karin olson,2011)、凯瑟琳·李斯曼(Catherine Riessman,2008)、凯瑟琳·卢尔森(Catherine Roulston,2010 b)都密切关注了访谈方法。此外,《访谈研究》(第二版)里有许多讨论(Gubrium,Holstein,Marvasti,& McKinney,2012),涵盖了有关访谈研究的各种问题。

扎根理论编码实践的逻辑与初始编码

【109】　　　扎根理论旅程的第一次分析转向,是编码。我们会停下来,对已经收集的数据进行分析提问。这些问题不仅让我们进一步理解所研究的生活,也有助于确定接下来的数据收集方向。扎根理论编码至少包括两个阶段:初始编码(我会在本章进行解释)和聚焦编码(见第 6 章)。在初始编码过程中,为了密切关注数据意义,我们要仔细研究数据的片段——词、句子、段落以及事件。我们有时也会把研究对象的生动语言作为代码。在收集数据时,你和研究对象共享着互动的过程,初始编码阶段这种互动会继续,不过在分析过程中你要经历往复迭进的过程。

　　在下面摘录的访谈编码中,一个叫特蕾莎①的年轻女子,是心理学研究生,她谈到曾经做过甲状腺未分化癌手术,那时她是一名 19 岁的大学声乐专业的学生(见 Wertz et al.,2011)。和其他甲状腺癌不同,未分化癌恶化迅速,并且会危及生命。特蕾莎就她的这段经历写了一份自传,作为研究生质性方法课程的作业——在这门课中,学生被要求写一个他们生命中的不幸事件。随后,每个学生都对其中一位同学的经历做了一次访谈,并进行了访谈整理。特蕾莎分享了她的自传,并访谈了五位研究者,他们每人也都分析了这些资料。在下面这两个文本中,特蕾莎都谈到了她的人生目标,她要成为一名歌剧演员。她把自己描述为有着天籁之声的学生,她的教授及越来越多的观众也认识到了这点。特蕾莎生长在这样一个家庭,

---

①　患有未分化癌的特蕾莎的经历是方法论示范项目《做质性研究的五种方式:现象学心理学、扎根理论、话语分析、叙事研究、直觉探究》(*Five Ways of Doing Qualitative Analysis:Phenomenological Psychology*, *Grounded Theory*, *Discourse Analysis*, *Narrative Research*, *and Intuitive Inquiry*) (Wertz, Charmaz McMullen, Josselson, Anderson, McSpadden, 2011) 的基础。在本书中,每个质性方法专家都用自己的方法来分析同样的数据。这些数据包括个人对一个不幸事件的陈述,以及随后对一个主要受访者"特蕾莎"所做的采访,以及从另一个受访者"盖尔"那里获得的类似材料,这让我们这些需要更多数据的研究者能够进行比较研究。我也将这些访谈和我早期的研究数据做了比较。即使我们用来证明我们不同分析方法的材料非常有限,每个方法学家还是形成了各自展示其分析方法的令人信服的分析。我们的目的只是在于演示如何使用各自的方法,但也要讨论我们会提什么问题,我们可能找多少研究对象,以及完成一个全面的研究会选择什么方向。

框 5.1

扎根理论初始编码 *

代码示例	被编码的初始叙述
	您能谈谈……身体康复过程中的……轻松……或者……困难吗?
缓慢苏醒 记得当时的第一个意识 估计手术时间 发现意想不到的(?)肿瘤扩散 解释麻醉的影响 哭着醒来 听到一个更好听的声音 对手术结果感到欢欣鼓舞 陷入疼痛 增加切除面积 阻止肿瘤扩散 不能行动 感到痛苦 被迫与父母待在一起 希望远离——爸爸 继续发生冲突 使声音问题更为复杂 不能连续讲话的外部影响 感受到说话方式的改变 描述出现的身体损伤 没有听到明确的解释;不问为什么;信息封锁? 列举可能的损失 暗示面临的困境 确定永久性损失 经历被强加的损失 声音和自我合一;失去有价值的自我 承认痛苦	那是个可怕的过程。我仍然记得我手术后苏醒过来的那一瞬间。手术也许三个小时……它实际最终用了六个小时,也许七个小时,因为他们不希望肿瘤继续扩散。我醒来……嗯,麻醉对人产生了有趣的影响。我之前看到过人们从麻醉中醒过来的情形,有时很好笑……人们开始号啕大哭,胡言乱语。很自然地,我醒来了,我开始等待,哭泣。但我意识到,第一件事,我的声音比手术之前更好听了,所以我想,"天哪,太棒了!"接下来的几周,我陷入巨大的疼痛中,主要是因为手术的性质。甲状腺切除术,需要康复一段时间,当然,但我的手术不同,因为手术不得不动我脖子的其中一侧,肿瘤已经开始蔓延到那里了。因此,我不能走路了,几乎不能动……我在床上躺了三个星期。我不是那种轻易就卧床不起的人。我很难受,更不幸的是,我必须和我的父母待在一起。我的母亲很好……她太宠我了,这并不令人意外。如果我爸爸没在那里,就没什么,但是他总在那儿。我的身体状况并未让我们停止争吵,这让我的声音问题更复杂了。很显然,手术后大约一个月我是不能讲话的,因为那会对我的声带产生非常严重的影响。慢慢地,开始有所恢复,但某些方面发生了明显的变化。我都检查过了,但是没有人能告诉我哪里变了。从理论上说,手术被认为只负责摘除一些东西,所以从那时起,一切变得不同。这很艰难……身体康复,接受这样的事实,从此之后情况将大相径庭……我甚至不是自己了。我的声音没了,所以我也不见了。没有了声音,我也什么都不是了。是的,这很艰难。

【111】 母亲是菲律宾人,父亲是委内瑞拉人,他们经常吵架。在这段采访摘录中,特蕾莎提到她与父亲的糟糕关系,他既不会支持她的梦想,也不相信她可以通过唱歌谋生。

在框 5.1 的访谈摘录中,包含了我对特蕾莎资料的初始编码。摘录中的质性代码标记了我在数据片段中看到的所发生的事情。

正如苏珊·利·斯塔尔(Susan Leigh Star,2007)所说,"代码设定了你与数据之间,以及你和受访者之间的关系"。(p.80)编码意味着用标签对数据片段进行命名,同时对每一部分数据进行分类、概括和说明。使用扎根理论编码,你可以超越数据中的具体表述,分析故事、表述及观察。我们的目的是进行解释性呈现,这就需要从对被研究的生活进行编码和说明开始。如果你开始剖析数据片段,并从片段中获取信息,那么你就开始你的分析过程了。

几年来,我只是通过两个文本来了解特蕾莎,通过对这些故事以及来自其他人的补充数据进行编码,形成了对她的经验的分析,并发表了相关文章(Charmaz,2011a)。因此,我从特蕾莎的文本得出了我的代码,但没有关于这些文本的第一手背景知识。然而当你收集第一手数据时,除了写出来的文本,你还能看到所处的环境,观察到所发生的互动,见证研究对象的非语言行为,听到他们的声音。分析性想法可能会在访谈过程中或在民族志研究环境中突然产生。如果是这样,那么就为每一个想法写一份备忘录(见第 7 章),这样你就可以对它进行拓展和检验了。要把你的想法和产生这些想法的经验观察联系起来,都记录到备忘录中。研究新手有时会错误地认为,

【112】 只有访谈转录或实地笔记才算真实的数据,而忽略发生的其他事件和线索。

框 5.1 中的代码描述了意义和行动,而且标识出了关于特蕾莎经验的几个问题。很多代码很短。注意,这些代码是和数据紧密联系的,表现了行动,是从特蕾莎的角度指出事件的发展过程。代码不仅涵盖了她对自己情感以及对所发生事情的描述,也涵盖了她自己的解释。因此如"缓慢苏醒""哭着醒来""对手术结果感到欣欣鼓舞""陷入疼痛""感到痛苦"等代码描述的都是情感。代码如"不能行动""被迫与父母待在一起"和"描述出现的身体损伤"描述了特蕾莎所经历的故事。我建议在研究早期对所有内容进行编码,看看随着研究进展,它会带给你什么。这些早期的代码可以让你迅速发现聚焦代码。

当特蕾莎说"很显然,手术后大约一个月我是不能讲话的"时,她从主观描述转句了客观观察。她的身体成为观察的客体,我将其称为"不能连续讲话的外部影响'。我认为特蕾莎的表述和代码表明她的身体和自我之间的重要关系及张力,这会者引着分析的发展。

当分析特蕾莎所描述的变化和损失时,我的代码随后显示出了分析的强度、力量 以及越来越强的连续性(increased coherence)。像许多受访者一样,她把这个故事的高潮放在了结尾。我认为最后的句子"我甚至不是自己了。我的声音没了,所

以我也不见了。没有了声音,我也什么都不是了"是最有表现力的语言。随后它们构成了我分析的核心,并将其作为我所分析的两个主要过程之一,"失去有价值的自我"(Charmaz,2011,p.176-205)。为与特蕾莎的表述一致,我逐字逐句进行了编码。注意,当她得知她的病情时,她的表述以及我的编码也具有了张力。诸如"感受到说话方式的改变""没有听到明确的解释""列举可能的损失"和"确定永久性损失",这些代码揭示了特蕾莎经历失去声音的过程。后续代码"经历被强加的损失""声音和自我的合一"和"失去有价值的自我"构成了后续分析的核心。

特蕾莎表达了损失的深度,许多早期访谈对象都表达过这种情绪,但很少有人表达得这么清晰。作为一名社会心理学家,关于慢性疾病对自我的影响,我已经做了很多研究,我很熟悉失去自我这一主题(Charmaz,1983b,1991;Swanson & Chenitz,1993)。尽管如此,特蕾莎的表述证明了分析这些数据的意义所在。"失去有价值的自我"反映了这些数据,并因此得以作为格拉泽(Glaser,1978)的术语[1]进入这些代码中,并扩展至随后的分析中。

扎根理论重视生成性。同样,关于代码我提出了一些问题,它们都是来自我对数据的解读,而不是来自早期应用过的分析框架。我想知道,其他人是否在特蕾莎之前就知道了癌细胞已扩散的消息。同样,我也想知道,其他人是否比特蕾莎更早知道手术对她产生的影响。提出这些问题并进行编码,会给你后续思考提供线索。

在接下来的篇幅里,我会介绍一些编码策略,帮助你形成分析框架。试试看,【113】它们如何为你工作。正如你在特蕾莎故事的代码中所看到的,扎根理论编码推动了研究行为和过程。但是首先你可能需要关于代码的更多解释。

对于数百页的采访、实地笔记、文献和其他文本,编码会提供给你进行质询、分类和综合的工具。质询你的数据意味着,你要拆开它们,并检查这些数据是如何构成的。你创建代码,用它们去解释人们如何引发事件或对事件做出响应,他们如何理解这些事件,这些行动和意义为什么以及如何会发生。无论我们是否亲自收集故事、场景或文字表述,我们都要研究和定义这些材料,以便分析发生了什么以及可能意味着什么。为深入探究和分析数据,将数据分解为不同的部分会帮助你进行扎根理论编码。

在扎根理论编码中,为对数据的每一部分进行解释,我们把数据分成不同的片段,用准确的术语为其命名,并提出一个分析抓手(analytic handle)来形成抽象概念。当我们进行编码时,我们会问,这些表述可能指向哪些理论类属。扎根理论编码是一个强大的工具,可以让你定义数据由什么构成,并使隐含的观点、行为和过程更为明显。总之,你这就开始对数据中发生的事情进行概念化了。

---

[1]　从扎根理论视角看,已有概念必须找到进入分析的路径(Glaser,1978;Glaser & Strauss,1967)。

扎根理论编码的逻辑

关于编码

编码需要什么？扎根理论编码与其他类型的质性编码如何区分？扎根理论编码会将你带向哪里？

收集数据,并形成解释这些数据的新理论,它们之间的关键联系就是编码。通过编码,你能够定义在数据中发生了什么,并开始努力去理解这意味着什么。这些代码一起构成了初始理论的要素,可以解释这些数据,并指引下一步的数据收集。通过认真进行编码,你开始把两条主要线索编织进扎根理论的网络:使理论陈述一般化——超越具体的时间和地点;对行为和事件进行语境分析。

扎根理论编码能够产生你分析的骨骼(bones)。理论向心力和理论整合会把这些骨骼组合成一套可用的骨架(skeleton)。这样,编码就不只是开始了——它形成了一个分析框架,你可以用这个框架进行分析。正如斯塔尔(Star,2007,p.84)指出的,扎根理论代码是"过渡体(transitional objects)"。代码凝结了我们在研究数据时获得的信息。作为过渡体,它们把数据碎片和我们据此所作出的分析抽象连接了起来。

扎根理论编码至少包括两个主要阶段:1)初始阶段,包括为数据的每个词、句子或片段命名;2)聚焦和选择的阶段,使用最重要的或出现最频繁的初始代码来对大部分数据进行分类、综合、整合和组织。我的目标是保持编码简单、直接、有生成性,但一些研究人员喜欢更复杂的编码方案。如果你想考虑早期编码另外的形式,
【114】 约翰尼·萨尔达尼亚(Johnny Saldaña,2009)不仅开发了新的编码方法,还对可能用到的质性编码进行了最全面的整理,从中筛选出了已有编码方式的范本和解释。

在进行初始编码时,你要挖掘早期的数据,寻找具有分析性的观点,让它们指引你进一步收集和分析数据。初始编码需要你对数据进行仔细解读,正如关于特蕾莎故事的代码所展示的那样。在进行初始编码的过程中,要对数据解读所指出的所有可能理论方向保持开放。接下来在聚焦编码时,要准确发现并发展最具显著性的代码,并将其放在大规模数据中进行检验。理论整合从聚焦编码开始,并在接下来的所有分析步骤中不断发展。

你实际进行的研究,很可能和你最初的研究设想或课题申请所计划的非常不

同——至少存在一定程度上的不同(例见 Dunn,2009)。这些不同是由你在研究过程中收集和分析数据的经验所形成的。我们通过研究现场的发现去探究,也通过研究所建构的数据去探究。扎根理论初始编码引导着我们的探究。通过它,我们开始分析性地理解我们的数据。我们对数据的理解影响着接下来的分析。通过认真关注编码,我们能够更多地从研究对象的角度理解行动和表述、场景和感受、故事和沉默。我们想知道,在这个环境中、在人们的生活中以及在我们数据记录的字里行间发生了什么。因此,我们努力去理解研究对象的立场和处境,以及他们在环境中的行动。

扎根理论编码的逻辑和定量研究的逻辑不同,定量研究是把预先设定(preconceived)的类属或代码应用到数据之中。在过去的十年里,那些支持应用已有理论的人也越来越重视使用预先设定的质性编码。与之相反的是如上面的例子所说明的,扎根理论通过定义我们在数据中所看到的东西来生成代码。在你仔细审查数据,并定义数据中的意义时,代码就出现了。通过积极编码,你可以和数据进行一次又一次互动,并提出许多相关的不同问题。最后,通过编码,你会进入意想不到的领域,形成新的研究问题。

建构代码

我们建构了代码。即使是具体的、描述性的代码也展示了我们对数据的看法。对于如何编码,以及编什么码,语言在其中发挥了关键作用。非常基本的一点是,经验世界并不会脱离人的经验以某种自然的状态出现在我们面前。我们是通过语言以及我们所采取的行动来认识经验世界的。在这个意义上,没有哪个研究者是中立的,因为语言传递着被观察的现实的形式和意义。语言的特殊使用反映了观点和价值。我们和同事共享着一种语言,而和朋友可能共享着另一种语言;我们把意义赋予特定的词语,拥有自己的视角。我们的代码来自语言、意义和视角,通过它们,我们理解自己的经验世界和研究对象的经验世界。研究对象用语言来分析世界,我们通过编码对他们的语言提出疑问。编码不仅启发我们去检验我们在语言使用中所隐藏的假设,也启发我们检验研究对象在语言使用中所隐藏的假设。【115】

我们建构了代码,因为我们在积极地对数据进行命名,即使当我们相信,代码与被研究的行动和事件之间形成了最完美的契合的时候。我们可能认为代码把握了经验现实。但是这是我们的观点:我们选择了构成代码的词语。这样我们把自己所看到的当作数据中的重要内容,描述我们认为发生的事情。编码包括了初始的、简单的定义和标签;它来自扎根理论研究者的行动和理解。但是,编码是互动的过程。我们会和研究对象直接互动,后面还会通过研究他们的陈述和行为,通过回忆当时的场景来多次与他们进行互动。当我们定义代码,并不断完善它们时,我们试图从他们的视角来理解他们的观点和行动。这些视角所坚持的假设远不像看上去的那么显而易见。我们必须挖掘数据,来解释研究对象默认的意义。对编码的密切关注有助于我们做到这一点。

对编码的密切关注要遵循第一个扎根理论规则——**研究生成的数据**(Glaser,1978)。从一开始你就会意识到,编码过程会产生一定的张力——在分析性见解和描述性事实之间(不论是口头叙述,还是观察记录),在静态话题和动态过程之间,在研究对象的世界和专业人员的意义之间。

扎根理论编码不需要很复杂。从研究过程早期就开始进行充分编码,比较数据和代码,研究者可以发现哪个代码可以作为尝试性类属(tentative category)。反过来,选择类属也会加快探究过程,因为研究者随后会使用这些类属对数据进行大批量的分类(sort large batches of data),同时评估这些尝试性类属的相对有效性。这种方法在社会公正研究项目(social justice research projects)(指解决紧迫社会问题和政策的项目)中特别有用。扎根理论编码保存了经验细节,同时推动了项目的完成。

进入互动分析空间

正如上文所指出的,扎根理论不仅是一种往复迭进的、比较的方法,也是一种互动的方法。它提示你要和数据保持互动。当你产生了新的想法,需要在新的研究对象(或新文本、新环境,这取决于你数据的来源)那里进行检验时,扎根理论会让你回到某些研究对象那里。当你进行扎根理论编码时,你就进入了一个互动空间,它让你深入数据,让你参与其中,而远不止是一次休闲的阅读。在扎根理论编码中,你会对你的数据采取行动,而这些行动又让你参与其中。

【116】 你会对你所研究的世界产生好奇,对研究它的特权感到敬畏。置身于这样的互动空间,会对你早期的直觉和预感形成挑战。看看你能从中学到什么。当你努力对数据进行分析性理解时,进入这个互动空间意味着容忍歧义,也意味着你可以以新的方式来看待这些数据碎片,并定义它们之间的新联系。这样,隐含的意义和行为就慢慢浮出水面。

通过扎根理论编码,我们重温和再现了早些时候与研究对象的互动,以及随后与它们进行的一次又一次互动。通过编码我们可以研究受访者的表述和观察到的行为,并重新审视他们所在的环境。当我们定义代码并不断进行完善时,我们要试着从研究对象的角度了解他们的看法和行动。相比最初,这些观点会呈现出越来越多的东西。我们必须深入挖掘数据,以解释研究对象隐含的意义(tacit meanings),一次又一次地与这些意义进行互动。密切关注编码有助于我们做到这一点。

置身于这个互动的空间,你会逐渐从中产生新的分析问题。当你努力理解这个世界的时候,你所问的问题会把主观方面和似乎是客观的方面融合起来。你的代码可以改变你和数据之间的关系。在前后数据之间进行比较,在数据和代码之间进行比较,你的分析性理解会发生改变。当你了解、认识并解释你的数据时,你的代码不仅能够捕获到你对这些数据和所研究世界的参与,还能把你的分析从其中分离出来(参见 Star,2007)。

初始编码

初始编码的逻辑

当扎根理论研究者进行初始编码时,可能会在数据中识别出很多种理论,要对所有这些可能的理论保持开放态度。编码的初始步骤会推动我们对后来核心概念类属做出定义。通过比较不同的数据,我们可以发现那些研究对象认为有问题的内容,并对其展开分析。在初始编码中,我们问:

- "这些数据是关于什么的研究?"(Glasser,1978:57;Glasser & Strauss,1967)
- 这些数据表明了什么? 宣称着什么?
- 从谁的观点?
- 这一具体数据指向的是哪个理论类属? (Glasser,1978)

初始编码应该紧紧贴合数据。努力在每个数据片段中看到行动,而不是把已有的类属应用到数据上。尽量用能够反映行动的词语来编码。首先,要产生的是行动的语言而不是关于主题的语言,尽管这似乎有点奇怪。仔细观察行动,尽可能把数据编码为行动。

对行动进行编码会减少按照人群类型进行编码的倾向。按照人群类型进行编码会让你专注于个人而不是数据中正在发生的事情。按照类型给人分类会给人贴上静态标签。实际上,你让他们变得片面,虽然你贴标签的行为可能只代表了他们身份和他们行动的一部分,但是这两方面都会随着事件变化而变化。因此,这种编【117】

码把人们"冻结"在了时间和空间里,也消除或减少了被研究现象的多元化定义。

此外,对行动进行编码可以防止我们在进行必要的分析工作之前,发生概念跳跃,并接受已有理论。学生们常常相信,在开始编码、使得他们的质性研究具有合法性之前,他们必须依赖以前的概念。他们会采用已有的一些概念如"风险""习性"和"话语权力",并应用于他们的数据,而不是审慎地考察这些概念。同样,其他学生和研究人员可能认为他们必须引用一个理论家的理论来使他们的研究合法化。"我要用马克思,或者米德,或福柯,或哈丁。"①这种引用会在你对事件进行编码时屏蔽掉自然生成的新想法。初始编码的开放性能够激发你的思考,并允许新的想法涌现出来。

以前的扎根理论规则规定,在进行初始编码时,头脑中不能有任何预先形成的概念(Glasser,1978,1992)。我同意格拉泽要使初始编码开放的要求,但是也认识到,研究者总是持有一些先在的观念和技巧的。戴伊(Dey,1999:251)对格拉泽和斯特劳斯(Glaser & Strauss,1967)的批评立场仍然适合,"开放的头脑和空洞的头脑是不同的。"对于你在编码中了解到的东西,以及它要带你去的地方,要保持开放的态度。努力了解和检查你的过去是如何影响你看待世界的方式以及你的数据的。

敏感性概念(sensitizing concepts)有助于你开始对数据进行编码,并启发你的分析,但并不确定它的内容。来自符号互动论的敏感性概念包括行动、意义、过程、行动主体、环境、身份和自我。社会公正研究可能会产生如意识形态、权力、特权、平等和压迫等敏感性概念,并对变化和差异保持敏感。格伦·鲍恩(Glen Bowen,2006)对社区改善项目进行了小型探索性质性研究,这个项目曾获得了牙买加社会投资基金的支持。最初鲍恩选择"授权(empowerment)"作为敏感性概念之一,但当他进行逐行编码时发现"授权"并不是直接有用的概念,于是就放弃了这个概念。然而,他最初关于"授权"的兴趣却产生了更富有成果的研究方向。这个概念引导他寻求更细致(nuanced)的数据,构建更为有用的代码。他写道:"总的来说,对牙买加社会投资基金的项目,赋能(enabling)比授权更准确。"(p.20)在代码中,鲍恩把"创造一个赋能环境(creating an enabling environment)"定义为:公民通过参与改善项目过程,从而产生的一个重要结果。

初始编码是临时的、比较性的和扎根于数据的。它们是临时的,因为你要为其他分析可能留下空间,并形成最适合数据的代码。你要不断发展这些代码,使它们与这些数据相契合。然后,你要收集数据,去探究和填充这些代码。在团队研究中,几个人可能要分别对数据进行编码,然后把他们的不同编码进行比较并组合起来,评价它们的契合度和有用性。一个团队成员会提出与其他成员完全不同的代

---

① 全名是卡尔·马克思,乔治·赫伯特·米德,米歇尔·福柯以及桑德拉·哈丁。

码吗？会的，我们的角度、社会地位以及个人经验和职业经验都会影响我们的编码。这样，团队成员之间的差异能够产生新的见解，研究团队可以就此进行分析，而不是把同事的不同编码简单地抛弃。

初始扎根理论编码能够使你看到，你缺乏哪些必需的数据领域。意识到数据存在缝隙（gaps），或漏洞（holes），是分析过程的一部分。当你采用一个新的研究方法时，这是不可避免的。[1] 毕竟，对你所研究的世界有所"发现"，并用这些发现构建分析，是扎根理论任务之所在。这些发现反映了你所了解到的内容和你的概念化方法。扎根理论策略的优点是，你可以从研究阶段早期就发现数据中的缝隙和漏洞。然后你就可以找到所需数据的来源，并去进行收集了。因此，数据收集和数据分析可以同时帮助你形成类属，并让你进一步深入到研究问题中。

你可以通过修改代码来提高它们的契合度，在这个意义上代码也是临时的。契合度是指代码所能把握和浓缩意义和行动的程度。要让代码去把握现象，吸引读者。速度和自发性在初始编码中非常有用。快速工作能够激发你的思考，并产生有关数据的新鲜观点。一些代码契合于数据，能够立刻吸引读者。对于其他代码，你可以通过修改提高它们的契合度。

在下面的示例中，邦妮·普雷斯利谈道，她在告诉已成年的女儿艾米她最近的病情时，她觉得很为难。艾米现在和邦妮住在同一个地方，但他们之间打电话和来往都不是很多。几年前，艾米不能理解，她所认识的母亲怎么会从欢蹦乱跳变得步履蹒跚。邦妮年轻的外表掩盖了她的健康状况，因为她的症状对于没有经过训练的眼睛来说是很难看出来的。在她患病早期，邦妮很难告诉艾米她的病情以及病情的严重性。邦妮第一次生病，觉得要么告诉女儿到底发生了什么，要么就避免和她说起这件事，而在这之前，艾米就搬走了。邦妮回忆起她告诉艾米关于她近期病情恶化的情况，如框 5.2 中所示。

我对邦妮·普雷斯利故事第一行的初始编码是"间接获得消息"，它浓缩了那些叙述，但是中立的措辞削弱了它的强度和重要性。把代码变为"获得二手消息"，就还原了消息的原有价值，暗示了消息接受者被贬低的地位，暗示出她反应的愤怒。你可能想知道，在没有采访艾米的情况下接受邦妮对艾米反应的描述是否恰当。是的，这是可以的，因为我所关注的是慢性病患者是如何处理关于他们身体状况的消息的。"获得二手消息"这个代码是在进行大量互动后形成的结果，反映了疾病和身体不便的相对不可见，以及有限揭示或不揭示的过去模式。

---

[1]　发现数据有漏洞并不只限于质性研究。进行标准化访谈的调查研究者有时会发现，在他们和研究对象完成访谈之后，他们的问题并没有触及核心内容。定量研究者必须坚持使用同样的工具，而质性研究者却能够在收集资料时修改这些问题。因此，定量研究者可能会做什么呢？在建构定量工具之前就某个主题进行质性研究可能会有用。当前的混合方法的转向有可能将更多扎根理论研究者带入到定量研究为主导的项目中。

框 5.2

扎根理论初始编码举例

获得二手消息 被遗漏;指责母亲没有告诉她;(怀疑伦理地位?)遭遇了面对自我及身份的问题;要求说出病情和获得生病的消息 经受越来越剧烈的疼痛 希望能够控制疼痛 不能控制疼痛 疼痛迅速恶化 忍受极为痛苦的疼痛 开始害怕;预料到可能出现的呼吸困难 说出她的病痛;告诉女儿她的计划 解释所设想的治疗 有办法和女儿取得联系 让以后再联系 不确定 无下文 确定两次联系的时间 解释为什么没有告诉实情 指责女儿并不关心她 表达内心的难过;认为缺乏关心;做出消极推论(关于道德衰落?) 解释没有说的原因 听起来身体不错 质疑女儿的期待 解释情绪控制的必要 看到失去控制所可能产生的生命危险 说明,说话的状态并不反映真实的身体状况 听起来像个"正常"的妈妈	她从琳达那儿知道这个消息时,我已经在床上躺了很多天了。她给我打电话,"你从来没有告诉过我,我还是从琳达那里知道的。""你为什么不告诉我你病了,究竟发生了什么……"然而,我不知道那之后有多久,一个星期六,疼痛开始发作,整整一天,情况变得越来越糟,越来越糟。而她——我总在想,是的,我可以搞定,因此我吃了某种止痛药,但是毫无作用。大约发生在那个下午。但是,情况越来越糟糕了,以至于每次呼吸,我就疼痛难忍,因此到那天晚上七八点时,我害怕了,因为我知道如果情况继续恶化下去,我就喘不上气了。我给她打电话,告诉她发生的情况,希望她能开车把我送到医生那里,医生给我打一针局部麻醉剂或别的什么东西,找到疼痛的地方,就能缓解疼痛,我就可以呼吸了。于是我就打电话和她说这些情况。但是我打通的是汽车电话。她说,"哦,妈妈,过会儿我打给你或者你再打给我。"于是,我没有再打给她;她也没有打过来。那是在星期六晚上。她一直没有打给我直到——她是星期天中午打过来的,我最后说,"你看,这就是我为什么没有告诉你,因为当我星期六晚上告诉你的时候,你没有打来电话,你并不在乎我,这真让我伤心。这就是我为什么没有告诉你我什么时候出了这种状况。"然后她告诉我,"是吗,妈妈,你当时听起来状态很好啊。"于是我说,"那么,你希望我怎么做,伤心欲绝,或者还是什么别的?"我说,"为了控制疼痛,我不得不使一切保持正常和平静,因为如果我情绪失控,我就不能呼吸了。"你知道的。就这样,她开始真的试图去明白,只是因为我怕死,我痛得很厉害,但是当我告诉她的时候,我猜想,我是一个正常的妈妈。

关于准确性，扎根理论与其他形式质性研究的主要区别就更加明显。想一想 【120】
关于数据的理论合理性，我们的立场是什么。同样，扎根理论研究者试图为可能性
进行编码(这种可能性主要来自数据)，而不是确保数据完全准确。这种方法有助
于定义研究过程或现象的多样性范围，进一步为概念化提供线索，并用其他数据检
验你的想法。

比较数据中同类型的事件，会激发你对它们的分析性思考。邦妮·普雷斯利
说，她不愿意告诉她女儿。她推迟了告诉女儿的时间，并且是以一种平常的口吻来
传递一个痛苦的消息。但是，在过去的一整年中，邦妮和艾米不时地谈到告知和获
知邦妮病情的问题。因为邦妮多年和自己的妈妈少有往来，告知病情的两难情况
并没有发生在她身上，也没有告知病情的事情发生过。是外祖母把邦妮带大，她很
喜欢自己的外祖母。邦妮不想让外祖母担心，就对自己的情况轻描淡写，尽量把病
症说得不那么严重。我的数据包括几个关于代际紧张关系的案例。我所研究的其
他几个单身女性都没有孩子，几乎都没有紧密的家庭纽带，她们和年迈的母亲在关
系上有冲突。随着地理上和情感上的疏远，她们也相应地减少了共同分享的信息。
从上面的数据和简要描述中，避免说出病情、延迟透露病情，以及控制消息，都是作
为明显的代码出现的。

从访谈中选择诸如"经验"或"事件"之类的一般术语，并称之为代码，这不会
告诉你多少关于研究对象意义或行动的内容。如果一般术语显得比较重要，就对
它们做出限定。要让你的代码去契合你的数据，而不是强制数据去契合代码。

用来编码的代码要：

- **保持开放**
- **贴近数据**
- **使你的代码简单而精确**
- **建构简短的代码**
- **保留行动**
- **比较不同的数据**
- **迅速浏览数据**

一句话，要对资料所展示的内容保持开放，贴近数据。使你的代码简短、生动、
具有分析性。上面的前两条要求反映的是你对编码的立场，其余要求是教你怎么
去编码。

为标题和主题编码 vs.用动名词编码

格拉泽(Glaser，1978)告诉大家，用动名词编码对探究过程和贴近数据非常有

帮助。考虑下面的动名词和它们的名词形式在形象上的差异:描写(describing)和描述(description),陈述(stating)和命题(statement),以及引导(leading)和领导(leader)。使用动名词我们会获得很强的关于行动和次序的意义。而名词却把这些行动变成了主题。与数据密切接触,在可能的情况下,从研究对象的语言和行动开始,保留他们经验的流动性,并以新的方式看待它。这些步骤会鼓励你从他们的视角开始进行分析。这很重要。如果你忽略、掩盖或跳过了研究对象的意义和行动,那么你的扎根理论就有可能反映的是局外人(outsider)的而非局内人(insider)的观点。局外人常常用一种陌生的专业语言来描述现象。如果你的数据是单薄的,如果你在编码上不下功夫,你会把常识误以为是分析性的观点。这样,如果接受了研究对象精心策划的表面印象,那么就会成为局外人的分析。

逐行编码,用动名词进行扎根理论初始编码,是一种具有启发性的手段,能够将研究者带入到数据中,与数据进行互动,并研究数据的每个片段。这种编码类型有助于定义那些隐含的意义和行动,给研究者指出探究的方向,激发数据之间的比较,并指出数据中要追踪的过程和所要检验的过程之间的生成性联系。

框5.3和框5.4摘录的数据讲述了这样一个故事:一位中年女士患了红斑狼疮,她的朋友急忙将她带去医院,评估在紧急情况下要采取的治疗方案。这个治疗方案可能引起多种副作用,包括意识混乱、抑郁、视力模糊及情绪失常。两次转院之后,这位女士的健康危机被重新定义为精神问题。随后,她自己所描述的身体症状不被认可了,她要服用狼疮药物的要求也被无视。当医生发现另一个病人在帮助她完成详细的个人摄入量调查时,他感到非常愤怒。请别人协助调查,打破了所有医院的保密规定。然而,这位女士有视力问题,这意味着她不能阅读那些问题,因此她是在医生禁止她寻求帮助之后自己随机填写的。她的行为既不符合医院的规定,也不符合治疗方案的要求,考虑到她的处境,她在一个又一个事件中的行为就可以理解了。

然而,当这位女士的病情不断恶化时,她试图表达自己的观点,并固执己见。如果精神病医生不知道她的病史或忽略了她的病史,他会援引同样的事例来论证他的诊断和治疗。在这个案例里,扎根理论这样对慢性病进行编码,慢性病是病人逐步失去对自己生活和疾病的控制的过程。因此,摘录中的初始代码用细节充实了更一般的代码,"对不断加剧的无力感的抗拒。"

比较框5.3和框5.4中的代码,会发现扎根理论代码保留了数据的特征,提供了处理材料的准确抓手,指出了需要进一步说明的地方。编码让研究者在后续数据收集中有了进一步追踪的线索。

框 5.3

为话题和主题进行初始编码

代码的例子	用来编码的叙述性数据
朋友的支持 住院治疗 与医生发生冲突 转院 选择医生的失误 与医生发生冲突 医生的控制 威胁 无能为力 缺乏对身体照顾	受访者:他们叫了诊所的人来,看他们能否看我的病,重新评估我服用的药物,然后他们说,"哦,好的。"当我到了那儿,他们来决定是把我留下,还是让我走或者其他。我结束了在一个非常糟糕的医生那儿的治疗。他非常糟糕。我甚至指控他,但是我输了。 　我:他做了什么呢? 　受访者:他们把我安置在这个地方,第二天送我到西谷医院(60 英里外),那儿没有一个女医生,只有男医生,所以你没有选择,你会得到一个医生的治疗,然后你就一直在他那儿治疗。出于某种原因,他不喜欢,我猜是因为我试图告诉他一些得了红斑狼疮之后的问题,所以激怒了他。(他曾经要求她摘下墨镜。)我一直戴墨镜,我想告诉他,如果他关掉荧光灯,我就摘下眼镜。他觉得我非常固执。我给了他那个让我戴眼镜的医生的名字和电话,结果他当我的面就把那张纸撕掉,扔了。如果你在那儿,你就必须参加小组集会。我去了,没有和任何人说话。但是我去了。他们怎么说我就怎么做。他每天都说,他要再把我关起来。十天之后,他做到了。他把我叫到这个小房间,还有两个彪形大汉在那儿,他们抓住了我,把我捆起来绑在担架床上。他把我锁在一个病房里,不让我打电话或做任何事。我的体能下降得非常厉害,我的意思是我整个人都非常不好了。他们没有给我所需要的药,他甚至不承认我有红斑狼疮。太糟糕了。

框 5.4

扎根理论编码与主题编码的比较

代码的例子	用来编码的原始叙述性数据
接受朋友的帮助寻求治疗 请求重新评估治疗方案 获得医疗救治 被送进医院 遇到一个"坏"医生 采取行动对抗医生 被送走 喜欢女医生 失去选择;失去控制权 不得不接受那个医生 解释医生的行为 试图表达——解释她的症状 没人听她的 表达自我 试图讨价还价 被错误判断 对抗这种判断 提供证据 被贬损 被迫出席 保持沉默 后续的命令 每天受到威胁 医生实施威胁 被制服 人身被限制的经历 经历突然的失控 目睹身体状况恶化 被拒绝给药 医生拒绝承认她所说的疾病	受访者:他们叫了诊所的人来,看他们能否看我的病,重新评估我服用的药物,然后他们说,"哦,好的。"当我到了那儿,他们来决定是把我留下,还是让我走或者其他。我结束了在一个非常糟糕的医生那儿的治疗。他非常糟糕。我甚至指控他,但是我输了。 我:他做了什么呢? 受访者:他们把我安置在这个地方,第二天送我到西谷医院(60 英里外),那儿没有一个女医生,只有男医生,所以你没有选择,你会得到一个医生的治疗,然后你就一直在他那儿治疗。出于某种原因,他不喜欢,我猜是因为我试图告诉他一些得了红斑狼疮之后的问题,所以激怒了他。(他曾经要求她摘下墨镜。)我一直戴墨镜,我想告诉他,如果他关掉荧光灯,我就摘下眼镜。他觉得我非常固执。我给了他那个让我戴眼镜的医生的名字和电话,结果他当我的面就把那张纸撕掉,扔了。如果你在那儿,你就必须参加小组会议。我去了,但没有和任何人说话。但是我去了。他们怎么说我就怎么做。他每天都说,他要再把我关起来。十天之后,他做到了。他把我叫到这个小房间,还有两个彪形大汉在那儿,他们抓住了我,把我捆起来绑在担架床上。他把我锁在了一个病房里,不让我打电话或做任何事。我的体能下降得非常厉害,我的意思是我整个人都非常不好了。他们没有给我我所需要的药,他甚至不承认我有红斑狼疮。太糟糕了。

注意按主题编码与对行动进行扎根理论编码之间的区别。一般的质性编码会 【124】对研究者写的主题进行识别;研究者会将这些主题作为对材料进行分类和综合的领域。扎根理论逐行编码会深入到被研究的现象中,并试图解释它。

逐行编码给了研究者更多的可考虑的方向,而且已经指出了数据中过程之间的生成性联系。上面的代码是非常具体的,贴近数据,但也指出了不断发展变化的事件,在这些事件中,普利特利对身体的失控在不断加剧。这些代码也说明了这些事件发生的环境。读者能够理解在这个陈述中发生了什么以及是如何发生的。扎根理论编码的分析水平范围从描述一个数据片段,如"试图表达"和"没人听她的",到潜在的分析类属如"经历突然的失控"。当你的代码已经非常具体,那么就去检验它们,并询问,它们所指出的更大的分析性故事是什么。

如果用动名词编码是如此富有成效,那么为什么没有更多的研究者使用它们呢? 在我看来,英语这种语言倾向于用结构、专题和主题来思考,而不是用行为和过程来思考。此外,斯特劳斯和科尔宾(Strauss & Corbin,1990,1998)的著作已经指导了成千上万的研究人员,但并不像格拉泽(Glaser,1978,1998)和我(Charmaz,1990,2008c)那么强调动名词。许多扎根理论研究者都是以开放的立场开始的——这也是格拉泽和斯特劳斯(Glaser & Strauss,1967)首先提议的,但他们并没有使用动名词(例如,见 Allen,2011;Andrade,2009;Porr in Stern & Porr,2011,pp. 82-83)。此外,其他研究者通过选择和调整扎根理论策略来管理质性数据,而不是去研究过程和建构理论。然而用动名词编码和对过程进行研究能够使你辨别细微的连接,同时让你能够控制你的数据和分析。

初始编码实践

逐词编码

用来编码的数据单位的大小很关键。一些扎根理论研究者进行细致入微的编码,逐字逐句地浏览他们的数据。那些对现象学感兴趣的人可能会发现,逐词编码是一个补充性的编码策略。这种方法,在处理文献或转瞬即逝的信息类型,比如来自网络博客的数据时,可能也特别有用。逐词分析迫使你关注形象和意义。你可能不仅要关注它们的具体内容,还要关注语言的结构和行文,以及这两者如何影响你对它们的理解。

逐行编码

【125】

对很多扎根理论研究者来说,逐行编码是编码的第一步。逐行编码意味着对你所记录的每行数据进行命名(Glasser,1978)。逐行编码似乎是一种专断的行为,因为并不是每一行都包含了一个完整的句子,并不是每一个句子都很重要。[①] 但是,它还是相当有用的工具。在你为寻找一般分析主题而阅读数据时,你会遗漏某些想法,但是,在你逐行编码时,这些想法就会出现。

对于有着丰富细节、与基本经验问题或过程有关的数据来说,逐行编码会发挥特别好的作用,不管这些数据包含的是访谈、观察、文献,还是民族志和自传。比如,如果你计划研究人们是如何戒除药物成瘾的,你需要选择一个探究的领域,你能在访谈、支持群体和个人书面陈述中听到相关故事,我们会在逐行研究时发现其中生动的意义。

对人们、行动以及环境的细致观察,除了能够清楚地发现生动的、因果相继的场景和行动,还能揭示他们的日常生活,这都有助于进行逐行编码。一般化的观察对编码给不了多少实质性信息。逐行编码鼓励你看到日常生活中未被发现的模式,能够让你把那些引人注目的事件拆解开来,分析它们是怎么构成的以及是怎么发生的。

新鲜的数据和逐行编码会促使你对数据保持开放态度,看到数据中的微妙之处。当你对早期的深度访谈数据进行编码时,你能够密切关注研究对象说了什么,以及同样的,他们所挣扎的是什么。这种编码类型有助于你识别清晰的表述和不清晰的问题。逐行编码有助于你在后来的访谈中重新聚焦。下面这些策略对你进行灵活编码会很有帮助:

- 把数据拆分成不同的部分或属性;
- 对他们所进行的行动进行定义;
- 寻找默认的假设;
- 把含糊的行动和意义讲清楚;
- 把要点组织起来;
- 在数据之间进行比较;

---

① 到1992年,格拉泽在反对把单一事件拆开来时,似乎不承认逐行编码。他认为,逐行编码产生了对事件进行过度概念化的窘迫,产生了太多的类属和属性(p.40),而没有产生分析。但是,通过对一个事件进行逐行编码,研究者能够选择最生动的代码,并在事件之间进行比较。

　　·发现数据中的漏洞。

　　通过灵活使用这些策略以及在数据中出现的线索,编码有助于理论类属的形成,其中一些类属你可能已经在初始编码中进行了定义。坚持你在数据中所定义的内容。你的分析要一步一步建立在坚实的基础上,不要随意进行天马行空的理论想象。要有大量可信的数据来证明你的研究问题,这样才能增强你的研究基础。

　　研究对象的行动和陈述能够告诉你许多他们世界的情况,虽然有时是以他们所没有预料到的方式,但逐行编码会让你研究自己的数据,让你产生进一步探究下去的愿望。因此,扎根理论方法自身也需要不断修正,要求研究者不要只是把他们已有的概念强加在数据上。逐行编码能够让你在早期就进行修正。

　　在框 5.5 逐行编码的例子中,克里斯·麦康伯的数据揭示出,对于男人参与家务,女性支持者所持有的观点是多元的,而且有时是冲突的,然后她向我们展示了鲁比是如何表达这些多元观点的。注意,在摘录中麦康伯三次把"传递多元观点"作为代码,强调了它的意义。在访谈摘录中,她的代码同时对关键语句进行了综合和分析。

　　初始代码常常广泛涉及各种各样的主题。因为即使是一个简短的表述或摘录也可能涉及好几个要点,可以说明几个不同的类属。框 5.2 是我摘录的邦妮·普雷斯利采访,以此说明避免"说出病情"是如何实现身份控制的。我有时用它来表明一个危重病人如何通过策略来控制危机,有时又用它来说明他或她为什么会从重要关系中撤离。我对同一个体进行了多次采访,这让我能够看到社会的和情感的隔离是怎样开始和发展的。

框 5.5

【126】

克里斯·麦康伯的初始逐行编码

　　考虑到暴力侵害妇女运动在历史上是一个女权主义运动,我想知道女性对男性支持者越来越多地参与其中作何感想。据我对这一紧张关系的了解,男性的参与是在运动中形成的,我希望能发现一些支持男性参与的拥护者,尽管其他人同时在进行抵制。在采访中,我问女性拥护者,"你怎么看待男性越来越多地参与到这项运动中来?"通过连续地分析性编码,我发现女性对男性参与的反应并不像我预期的那样简单。

　　在初始编码中,我用像"传递多元观点"和"批判男性特权"这样的代码来对数据片段进行编码。在早期,这些代码捕捉到了女性个体对男性越来越多参与的理解方式,包括她们所关心的男性对运动的影响。我最初的编码也注意到了女性对男性的参与所产生的复杂反应。见下文。

建构扎根理论——质性分析实践指南(原书第 2 版)

初始编码

	摘录 1:鲁比,31 岁,防止性侵专家
传递多元观点 区分不同观点 将责任归咎于男性 对男性参与越来越多这一趋势进行评价 区分不同观点 传递多元观点,认为男性在运动中抬高了地位。 批评对男性参与的反应 认为男性参与者被浪漫化了 认为不平等,有性别歧视 识别和评论男性特权 认为男性被"抬高"了,"太高"了 比较男性和女性的贡献 传递多元观点 批判对男性的反应,认为男性不值得;比较对男性和女性的不同反应。	对男人的参与,我有一些不同的想法。一是他们为什么就不能参与呢?绝大多数的犯罪者都是男性。同时考虑到时间,更多的男性在做这项工作。所以,这是我的一个想法——他们应该参与。但是与此同时,我相信我不会再盲目相信任何人。那样的事我见得太多了……"哦,哇,看看这个人。他参与了反性侵运动,那真是太好了!""哇,他多么富有梦想!"在这个运动中到处都有性别歧视的东西在,"哦,这是个男人,还是男人更好,我们还是更崇拜男人吧……"即使他们所说的和艾达·B.威尔斯(Ida B. Wells)早在 1824 年所说的是相同的东西。我认为男人参与进来不错,因为他们需要参与进来。但是我不同意过度抬高参与进来的男性,当然也不必过于抬高女性。

【127】 在你开始对数据进行编码时,"发现"的逻辑变得很明显。

逐行编码迫使你重新看待数据。你要对在一组实地笔记或访谈中所看到的,和你在逐字逐句、逐个事件对同一文献进行编码时所获得的信息进行比较。整个叙述可能会捕捉到几个主要的主题。逐字、逐行、逐个片段、逐个事件地进行编码会产生一系列想法和信息。因此,你"发现"了你能够依赖的一些想法。

初始编码能够帮助你把数据分成不同的类属,帮助你观察这些过程。你往往容易过于沉浸到研究对象的世界观中,以至于毫不质疑地接受它们,而逐行编码会把你从这种沉溺中解放出来。如果毫不怀疑地接受研究对象的观点,你就不能批判地、分析地看待你的数据。对你的数据持批判态度并不必然意味着对你的研究对象持批判态度。持批判态度指的是,要迫使自己质疑自己的数据。这些问题有助于你观察行动,识别重要的过程。这些问题包括:

· 在这里,哪个过程处于争论之中?我如何定义它?

· 这个过程是怎样发展的?

· 当进入这个过程时,研究对象是怎样行动的?

·在进入这个过程时,研究对象怎样陈述他们的所思、所感? 实际观察到
的他或她的行为又说明了什么?

·这个过程是什么时候,为什么以及怎样发生变化的?

·这个过程的结果是什么?

通过对每行数据进行编码,你就知道接下来需要收集什么类型的数据了。这样,
你提取数据,并让早期收集的数据指引你进行下一步探究。比如,如果你在第 15 次
访谈中发现了一个重要的过程,你会返回以前的研究对象那里,看是否那个过程解释
了他们生活中的事件和经验。如果没有,你可以寻找新的能够说明这个过程的研究
对象。因此,你的数据收集就变成了聚焦性的,正如你的编码变为聚焦编码一样。

如果有时你的逐行代码还停留在一般层面,那么就需要对这些代码进行再编
码。问问自己,这些代码指向的更大的分析性故事是什么? 它们暗示了什么样的
过程? 对代码进行编码,你会迫使自己去寻找模型,更具分析性地思考,并和你的
数据及代码保持互动。 【128】

逐个事件编码

是否进行逐行编码,要看你所收集的数据的类型、它们的抽象水平、研究过程的
阶段以及你收集这些数据的目的。扎根理论研究者常常通过对事件进行比较研究来
做类似于逐行编码的事。你要比较不同的事件,然后当你的想法形成时,要比较这些
事件和早期经过编码的概念。那样你就能够发现新生成的概念的属性了。在框 5.6
中,我比较了两个事件,其中两个年轻女性都知悉了她们身体所受到的损伤,我将其
编码为"获知不幸消息的时刻",反映了每个研究对象所表达出的想法和感受。这两
个事件共享了这两个属性——突如其来地发生,以及每个人突然意识到它的意义。

我们可以用不同的方式对这些事件进行编码和比较。首先,我们可以看看每
个事件的背景,然后进行比较。

特蕾莎有明显的变化,感觉到哪里有些不对劲,得到了预警,虽然她不知道这
意味着什么。相比之下,盖尔的受伤没有获得任何警示。在比较这两个事件的内
容时,这些代码勾勒出了"逐渐意识到发生了什么"的过程,描绘了对这些时刻的
体验,揭示了每个女人所讲述的所思所感。特蕾莎从另一个人——外科医生那里
知道了她病情的严重性。盖尔是从伤势恶化的速度得知她的病情的,她听到了她
手肘撕裂的声音,感觉到她的肘部和扭曲的手臂。框 5.7 展示了我们对这两个事
件的比较,并分辨了它们的特征。

我摘录同样的内容来比较两个事件,将其编码为"获知不幸消息的时刻"。我

把事件看作是不幸的时刻,这和女性受访者的表述一致,并挖掘出了这些时刻的属性。通过以这种方式编码,我可以保持在经验的水平上,也可以开始对时间、身份和意识之间的关系进行抽象分析。这些属性给了我对类似事件进行编码的方向,并通过撰写备忘录扩展了这些想法。

【129-130】

框5.6

比较事件与事件代码:获知不幸消息的时刻

摘录1:特蕾莎得知她可能会失去自己的声音		摘录2:在体操训练中盖尔得知她受伤了	
我冷静地经历着这一切,好像我们在谈论其他什么人的事。手术结束后,他靠在椅子上,问我是否有什么问题,我说没有。然后,也许为了闲聊,他问,"所以,你是一个大学生……你的专业是什么?"我告诉他是声乐,他脸色煞白。现在他脸色看起来比谈话中的任何时候都严峻。"看,"他轻轻地说,"因为这个东西在那儿,所以我们不得不这么做。你有可能再也无法这样说话了。之后你可能再也唱不了歌了。" 我呆住了。我无法呼吸,无法动弹,甚至无法眨眼。我愁肠百结,如万箭穿心。我唇焦舌燥,抓着钢	把自我和坏消息分离开 速度——线索在加速 预测严峻的未来 传递不幸的消息 当时时间意识缩短	突然,眨眼之间,我感觉我的身体在迅速下坠……坠向地面,速度很快。我几乎是像鱼雷一样撞向平衡木下面的垫子。我错过了平衡木。我很高,但离平衡木太远了,无法抓住它。我摔落得很快。尽管是那么快,我却觉得那一刻特别漫长。突然我听到了断裂的声音,或者是撕裂声?听起来就像是连接两部分垫子的尼龙搭扣断开了。我几乎要转过身来看那是什么。等等,好像有什么滑稽的事情。等等,不对劲儿。我跪在了单杠下面的地板上。我用我的左手摸到了我的右手肘。情况大大不妙。再没有手肘了,我的手臂被拧折	定义那个重要时刻的速度和方向 感觉最后一刻听到了撞击声 体验到声音和感觉之间的差距 感觉到她所受的伤 感觉到恐惧

笔的手指突然变得冰凉,失去知觉。显然意识到我受到了强烈刺激,外科医生微微一笑。"但是我们得挽救你的生命。这是最重要的。你知道吗? 另一个和我一起工作的外科医生是一个治疗声音的专家。我们会竭尽所能降低对你声音的伤害。"我开始急促地呼吸,我觉得自己在发抖。我想说一些有意义的话,表达自己……我所能做的只是"……我真的还行"。	坍塌的未来	了。我感觉不到我手臂的骨头部分。骨头错位了。我惊慌失措。尼龙搭扣的声音是来自我的手肘? 我抓着我的胳膊,感到了撞在地上所造成的伤害。然后我受到了狠狠的打击。看清楚到底发生了什么,只需一瞬间。我想到了我的赛季……前功尽弃。我想到以后所有那些比赛我都是个局外人了。我想到了医生,我想到了手术。当我想到手术时我更惊慌失措了。我记起了刚刚的撞击。当我感觉到我的手肘时,我恐慌地喊着"哦,我的天哪!""哦,我的天哪!"难以相信就在一瞬间发生了这样惊人的意外。然后,当一切安静下来,恐慌席卷了我,我不停地说,"不! 不! 不!",开始激烈地否认,然后抽泣,感到强烈的挫败感和沮丧感。	意识到发生了什么
	缓和坏消息		预测后续发生的事情
然后,我整个人一下瘫了下来。我哭了,无声的,泪雨滂沱,哭泣声从我张开的嘴里发了出来,承受着被诅咒的沉重打击。	令人悲伤的沉重的打击		变得惊慌失措
			感到挫败和失望

框 5.7

比较事件属性与事件编码：获知不幸消息的时刻

摘录1:特蕾莎得知她可能会失去自己的声音	摘录2:在体操训练中盖尔得知她受伤了
我冷静地经历着这一切,好像我们在谈论其他什么人的事。手术结束后,他靠在椅子上,问我是否有什么问题,我说没有。然后,也许为了闲聊,他问,"所以,你是一个大学生……你的专业是什么?"我告诉他是声乐,他脸色煞白。现在他脸色看起来比谈话中的任何时候都严峻。"看,"他轻轻地说,"因为这个东西在那儿,所以我们不得不这么做。你有可能再也无法这样说话了。之后你可能再也唱不了歌了。" 我呆住了。我无法呼吸,无法动弹,甚至无法眨眼。我愁肠百结,如万箭穿心。我唇焦舌燥,抓着钢笔的手指突然变得冰凉,失去知觉。显然意识到我受到了强烈刺激,外科医生微微一笑。"但是我们得挽救你的生命。这是最重要的。你知道吗?另一个和我一起工作的外科医生是一个治疗声音的专家。我们会竭尽所能降低对你声音的伤害。"我开始急促地呼吸,我觉得自己在发抖。我想说一些有意义的话,表达自己……我所能做的只是"……我真的还行"。 然后,我整个人一下瘫了。我哭了,无声的,泪雨滂沱,哭泣声从我张开的嘴里发出来,承受着被诅咒的沉重打击。	突然,眨眼之间,我感觉我的身体在迅速下坠……坠向地面,速度很快。我几乎像鱼雷一样撞向平衡木下面的垫子。我错过了平衡木。我很高,但离平衡木太远了,无法抓住它。我摔落得很快。尽管是那么快,我却觉得那一刻特别漫长。突然我听到了断裂的声音,或者是撕裂声,听起来就像是连接两部分垫子的尼龙搭扣断开了。我几乎要转过身来看那是什么。等等,好像有什么滑稽的事情。等等,不对劲儿。我跪在了单杠下面的地板上。我用我左手摸到了我的右手肘。情况大大不妙。再没有手肘了,我的手臂被拧折了。我感觉不到我手臂的骨头部分。骨头错位了。我惊慌失措。尼龙搭扣的声音是来自我的手肘?我抓着我的胳膊,感觉到了撞在地上所造成的伤害。然后我受到了狠狠的打击。看清楚到底发生了什么,只需一瞬间。我想到了我的赛季……前功尽弃。我想到以后所有那些比赛我都是个局外人了。我想到了医生,我想到了手术。当我想到手术时我更惊慌失措了。我记起了刚刚的撞击。当我感觉到我的手肘时,我恐慌地喊着"哦,我的天哪!""哦,我的天哪!"难以相信就在一瞬间发生了这样惊人的意外。然后,当一切安静下来,恐慌席卷了我,我不停地说,"不! 不! 不!",开始激烈地否认,然后抽泣,感到强烈的挫败感和沮丧感。

"获知不幸消息的时刻"的特点

1.快速获得连续的线索——速度和时间

2.意识到线索的意义——虽然震惊但瞬间明白

3.体验自我的关键点——定义转折点

4.自我的粉碎——击碎自我和身份核心的事件

5.立刻理解后果——预测未来

同样的逻辑也适用于通过观察得来的数据。对事件进行比较,可能会发挥比逐字逐句进行编码更好的作用,部分原因是,实地笔记已经包含了你自己的语言(例如,见 Charmaz & Mitchell,2001)。对事件逐个进行比较。如果对人们的世俗行为进行的是具体的行为主义的描述,那么可能就不方便直接用来进行逐行编码,特别是当你观察到一个情境,而并不理解它的背景、参与者,于是没有和他们进行交往时。① 但是,当你进入现场或环境,并做了详细的实地笔记时,你的初始代码就会更加丰富。　　　　　　　　　　　　　　　　　　　　　　　　　　　　　　【132】

不过,仅仅是细致的观察并不足以产生敏锐的理论分析,尽管他们可能做了很出色的描述。分析的模式至关重要。比较的方法有助于你以新的分析方法来看待和理解观察结果。对公共场所中人们的行为进行一次又一次的观察,然后进行逐行编码,可能不会激发出新鲜的想法。但是对这些观察进行比较,即使不能立即产生想法,也会给你一些线索,告诉你接下来怎么做。比如,如果你的研究对象把你带到他们的世界,你就会在实地笔记中记录下所有的奇闻轶事、对话及观察,其中包含了很多意义[回忆第 2 章所讨论的贡加韦尔(Gongaware, pp.10-11)的评论]。你会直接了解到,研究对象是怎样安排他们的日常生活的,尽管他们没有直接告诉你,你也能够获得更多的信息。

所观察到的事件对于你不是问题——也就是,越是常规的、熟悉的和普通的,要对它们产生一个原创性的概念分析就越不容易。打破常规事件的平常性,需要下很多功夫。在普通的环境中从常规行为的观察中获得分析性见解,首先需要对同样的事件进行比较和编码。然后你可以定义一些微妙的模式和重要的过程。之后,比较不同的事件会给你带来更进一步的见解。

使用比较的方法

在扎根理论中不管你在哪个数据单位上进行编码,你都可以使用"**连续比较方法**"(Glasser & Strauss,1967)来进行比较分析,你可以在任何一个分析层次上进行比较。首先,通过比较数据,发现相同与差异。比如,在同一个访谈中比较访谈陈述与事件,在不同的访谈中比较陈述与事件。进行连续的比较会非常有用。对同一个人早期和晚期的访谈进行比较,或者比较不同时间地点对同一事件的观察。当你对一个常规行为进行观察时,比较这些行为在前后两天里的表现。

如果你对一个过程、行动或信念的定义与你的研究对象所持有的观点不同,那

---

① 学生们常常认为,在公共场合对行为进行观察是最容易进行的一种质性研究类型。实际上不是这样的,研究者的数据和分析方法都会有所不同。很少有新手有这样的眼睛和耳朵,能够记录下构成日常事件的那些行为与互动的微小差异。他们更有可能记录下的是一般的具体行为,慢慢地他们才学会进行更加敏锐的观察。

么做出标记。你的观察和想法都很重要。如果你的想法并没有真实反映数据,也不要忽视它们。你的观念可能依赖于隐蔽的意义和行动,它们并不完全是表面化的。这些直觉形成了另外一套有待检验的想法。我们的任务就是分析理解资料的意义,让这些意义挑战那些习以为常的理解。

你在数据中看到的内容,部分要依赖于你以前的观点。不要把你的观点看成是真理,要把它们看作只是众多观点中的一种。那样你就能够对你所使用并影响了你数据的概念有更多的认识。为了进行解释,你可能已经拥有了整套的心理学概念,用它们来理解日常行为。通过在代码中应用这些概念,你可以预先判断会发生什么事情。要努力避免这样一些假定,比如,研究对象压抑或否认关于他们生活的一些重要"事实"。相反,在你通过自己的假定来判断他们的态度和行为之前,要寻找他们理解自己处境的方式。通过他们的眼睛看待世界,对他们经验逻辑的理解会给你带来新鲜的看法。之后,如果你仍然使用学科术语作为代码,那么你在使用它们的时候就会更为自觉,而不会浑然不觉了。这样,你就能够选择那些适合你数据的术语了。

初始编码的优点

从一开始,认真地逐词逐行、逐个事件编码能够让你逐步实现扎根理论分析的两个标准:契合和相关。当你建构代码,并让它使研究对象的经验具体化时,你的研究就契合了经验世界。当你提出了一个清晰的分析框架,能够解释发生了什么,能够在固有的过程和可见的结构之间建立联系时,它就是相关的。

认真编码也有助于防止你把自己的动机、恐惧或未解决的个人问题放到你的研究对象身上,放到你收集的数据中。几年前,我的讨论班上有一个年轻人,他做了一项关于对身体残障的适应过程的研究,他自己是一个截瘫患者,他骑车时被一辆汽车撞了。勇气、希望和重新振作的故事充满了 10 个深度访谈。悲痛、愤怒和失落的叙述渗透在他对他们的分析中。我指出,他的分析并没有反映他所收集的材料,于是他意识到,他的感情确实影响了他对其他人残障情况的理解。他的认识非常重要。然而,他本应该在提交论文前就更加勤奋地进行编码来达到这个目标。逐行编码本应该改变他早期分析时的观念。

编码迫使你以新的不同于研究对象的方式来思考材料。你分析的视角以及学科背景会使你以他们从未想到的方式来看待他们的陈述和行动。你会在他们的行动和更大的社会过程之间建立连接,这会让你生成的扎根理论超越直接的个体或所观察的环境。例如,美国百货商店的销售人员,可能会关心如何通过努力满足经理给他们定的销售配额,以保住工作。但他们可能不会考虑这样的日常工作政策和实践是如何服务于全球化过程的。

通过研究数据,你会使基本的过程更加清晰,使隐藏的假设变得直观,并给研究对象以新的洞见。托马斯(Thomas,1993)说,研究者必须选择熟悉的、常规的和世俗的事物,并使它们变得陌生和新鲜。想象一下,在离开很长一段时间之后以一种新的眼光来看曾经熟悉的景色。你会以敏锐的眼光来看风景,风景在你眼里不再像过去那样模糊不清了。逐字逐句地编码有助于你以新的方式来看待熟悉的事物。对事件的编码有助于发现模式和差异。对于人们的行动如何相互契合或者如何发生冲突,你会有令人惊讶的发现。你也能够对你的先入之见以及研究对象对材料想当然的假设保持距离,这样你就能够以新的眼光来看待它了。

原话代码 【134】

扎根理论研究者通常会把研究对象自己的一些独特的词语作为一种原话代码(*in vivo* codes)①。他们对这些具体的词语会提供一种有用的分析出发点。原话代码有助于我们在编码时保留研究对象自己的观点和行动的意义。在你进行编码时要注意语言。原话代码会成为研究对象谈话和意义的符号标志。在后来更加整合性的分析中,原话代码能否提供有用的代码,要看你能否分析性地对待它们。像其他代码一样,它们需要服从于比较和分析。原话代码尽管容易让人记住,但是在坚实的扎根理论中它们并不能自己独立存在,而必须被整合进理论中。当你认真审视它们时,四种原话代码非常有用:

· 那些人人知道的,重要意义密集的一般术语;
· 研究对象自己创造的,能够表达某种意义或经验的术语;
· 内部人使用的缩略语,反映了某一特殊群体观点的特别术语;
· 浓缩了研究对象行动和关注内容的陈述。

原话代码使用研究对象的词语作为代码,可以用来揭示它们的意义,连接它们当下的行动。琳达·齐岗和凯瑟琳·赫希曼(Linda Ziegahn & Kathleen A. Hinchman,1999)的原话代码——"破冰(breaking the ice)""想办法去帮忙(figuring out how to help)""试图理解(trying to understand)"——为研究那些指导成人学习者的大学生提供了形式和连续性。他们使用动名词来编码,从而描绘了这些导师设法解决的问题。尽管学生导师对贫困和缺乏机会的认识有所提高,但作者了解到,

---

① 译者:也曾被译为本土代码,实境代码。

"校园生活和成人识字小组之间的边界是一个(身份)再生产(a site of reproduction)的地方,而不是一个(身份)转变(transformation)的地方。"(p.99)

作者可以使用原话代码作为他们作品的标题。多依格、麦克伦南和乌里恰克(Doig,McLennan,& Urichuk,2009)的作品的标题是《"越过层层关卡":父母为有特殊需要的孩子寻找短期照顾》("Jumping through Hoops":Parents' Experiences with Seeking Respite Care for Children with Special needs);泰迪、鲍莱格和劳埃德(Teti, Bowleg,& Lloyd,2010)的作品的标题是《"痛中之痛,伤中之伤":感染艾滋病毒/艾滋病妇女所遭遇的社会歧视、心理健康及性风险》("Pain on Top of Pain, Hurtness on Top of Hurtness":Social Discrimination, Psychological Well-Being, and Sexual Risk among Women Living with HIV/AIDS);亚历山德·所罗门等人(Alexandra Solomon,et al.,2011)的作品的标题是《"不要把我拒之门外":面临接班问题的家族企业主生平事迹采访》("Don't Lock Me Out":Life-Story Interviews of Family Business Owners Facing Succession.)。诺埃尔·理查森(Noel Richardson,2010)也用原始代码作为标题《"责无旁贷"——(爱尔兰)男性健康责任的世俗概念化与男性健康政策之间的调和》("The 'Buck' Stops with Me"—Reconciling Men's Lay Conceptualisations of Responsibility for Health with Men's Health Policy)。理查森采用了这个思路,将他的主要原话代码编织到了部分文章片段中:《责无旁贷——做一个负责任的公民》("The 'buck' stops with me"—Being a Responsible Citizen' p.423)、《真是大开眼界——责任和父爱》("It's an eye-opener really"—Responsibility and Fatherhood', p.424)、《初露端倪——老龄化和不断加重的健康责任》("Things began to creak a little bit"—Ageing and Increased Responsibility for Health, p. 424)、《闹铃》("Wake-up call", p.425)。理查森的原话代码标题和章节小标题将爱尔兰男性的经验和观点与爱尔兰公布的国家男性健康政策声明中的紧张和矛盾联系了起来。

当研究对象认为人人都共享着原话代码所浓缩的意义时,他们其实给你提供了有用的分析材料。我们要发现它们固有的意义,发现它们是怎样建构这些意义,并实现这些意义的。在这样做的过程中,我们要问,这些代码表示的是什么样的分析性类属?揭示这些术语不仅让你有机会理解固有意义和行动,也让你有机会在数据之间,以及数据和生成的类属之间进行比较。

【135】 一些原话代码也反映了一般概念的丰富意义,揭示了个人的新鲜视角。一个人在遭受一场突如其来的严重慢性病的侵袭之后说,他要努力"东山再起"(Charmaz,1973)。通过从一个曾经成功的名人那里借用词语,他把他的处境定义为抗拒病魔。其他研究对象的行为和谈话表明他们也持同样的立场,虽然他们并没有使用这个生动的词语。

第5章　扎根理论编码实践的逻辑与初始编码

141 /

原话代码体现了社会世界和组织环境的特征。比如,卡尔文·莫里尔(Morrill,1995:263-268)关于一家公司的行政词汇表中就既包括了一般术语,也包括了具体标签,这无疑有助于他理解他们处理冲突的方式。主管人员让诸如"莽夫(bozo)""拦路石(roadblock)"或"跳船(jumping ship)"等术语充满了日常生活的丰富意义,虽然许多术语在组织内设定了具体的意义,并使用了斗争、暴力、侵害等行为的比喻。莫里尔专业术语清单包括:

> **黑骑士**(black knight)
> 那些常常暗中攻击对手、在纠纷中从不支持部门内部同事的管理者……(在惯用的意象中,从被接管的公司来看,黑骑士是一个不友好的接管者)。(p.263)
>
> **低飞**(flying low)
> 尽管长期遭受不公平待遇,却不敢面对侵犯者。(p.265)
>
> **蒸发**(vaporizing)
> 一个管理人员结束在公司的任期,或者创造一种让管理者从公司辞职的环境。(p.267)

在组织水平或集体水平上进行分析,原话代码反映了假设、行动和影响行动的驱动力。研究这些代码,探究代码中的线索,会让你对所发生的事情以及它的意义有更深入的理解。这些代码会调整你对所研究世界的分析。它们会提供一些线索,让你判断你对研究对象意义和行动的解释与他们公开的表述和行动之间是否一致。原话代码还能对你是否抓住了重要内容进行检验。

在每个研究中,研究对象都会有自己一些呈现和浓缩意义的方式,并以此来命名或书写事物。使用这些新的词语,你可以通过编码以及之后的数据收集来探究它们的意义,理解它们的行动。要寻找能够讲出意义的词语。一个患有严重糖尿病的年轻医生认为,他自己是"超级正常的"(Charmaz,1973,1987)。随着我们谈话的展开,他对于超级正常的意义也变得清晰了。他不仅试图不受他的病情妨碍成功地做一名外科医生,甚至还以超过他的同事为目标。他的希望和计划象征了社会生活中的身份目标,它超越了心理上的偏好。一旦我抓住了"追求超级正常身份目标"的这个想法,我就在其他研究对象的行动和目标中看到了这一过程。同样,当我提到很多人主张"过一天是一天",提到他们关于"好日子"和"坏日子"的故事时,原话代码中的其他内容就会浮现出来。随后,我要寻求这些代码所涵盖的浓缩的意义和行动,并对它们进行编码。

【136】 把数据转换为代码

　　编码依赖于对可靠数据的占有。如何记录以及记录什么，都会影响你所进行的编码。质性研究依赖于深度访谈和焦点小组访谈。一些质性研究者主张从笔记开始进行编码，而不是从转录的访谈来编码。大体说来就是，你要把握要点，消除混乱。这一方法假定，研究对象所说和所做的是客观透明的。它也假定，任何敏锐的访谈者都会记录下最有说服力的资料，并且记录得很好。这一方法可能进一步假设，研究者的笔记和代码"抓住了"研究对象的观点和行动。这些假设都不是真实的，即使对于有经验的研究者来说也是如此。

　　对所有访谈记录进行编码，会使你产生一些你本来可能会忽视的想法和理解。这样，数据收集的方法不仅形成了你的资料，也构成了你的代码。给所有记录编码能够加深你的理解程度。相反，从笔记并且依照笔记进行编码，你会获得更为开阔的观点。不过，它也有助于"围绕"研究现象而不是"进入"研究现象来发展扎根理论。过分强调合理性，而回避了充分性和系统性研究，就有可能产生肤浅的分析。

　　对整个访谈的记录以及实地笔记也有一些潜在的好处。你对数据的第一次阅读和编码没有必要成为最后一次。丰富而充分的数据会产生很多研究问题。无论你在研究早期是否意识到，这些数据都常常包含着一些正在形成的分析。你可以保留一套有待后来发展的相关代码，也可以返回去并重新编码一套旧的数据。在这两种情况中，你的代码都会激发一些新的想法。与此同时，完整录音会保留一些细节，日后可以激发你产生许多想法。你可能会惊讶于从一个项目数据你会产生如此多不同想法。

　　任何数据收集的方法都会影响你所要编码的对象。民族志学者有时更多依赖于他们所听到的，而不是他们所看到的，而访谈者可能只依赖于他们所听到的。不仅要记录你所听到的，也要记录你所看到的。访谈者会看到一个场景，至少会看到一个人。关于这些观察的记录也要进行编码。在阿布迪·库索（Abdi Kusow，2003）关于索马里移民的访谈中，观察构成了他的大部分数据。库索发现，很多潜在的研究对象会由于索马里动荡的政治气候而拒绝接受采访。一名研究对象向他推荐了一位同意接受采访的年轻女性。当库索到达那里时，电视在哧哧啦啦地响着。她和几个小孩子在看电视。她并没有提议离开房间，仍然让电视开着，很简单地回答着他的问题。库索认为她的回答"基本上不能给我任何有用信息"

（p.596）。库索的这段轶事给访谈者提出这样的启示：不仅要对你的访谈进行编码，也要对你所观察到的环境、场景和研究对象进行编码。有价值的数据就存在于这样的观察中。

小结

在研究的早期阶段，初始编码会给你指出分析的方向。你可以通过实践熟悉扎根理论编码，然后判断它们是否有用。就像对研究环境中的陈述、观察以及事件保持开放一样，你也要对数据保持开放，你会由此发现其中微妙的意义，并产生新的观点。我建议在最适合数据和任务的水平上完成贴切的初始编码。 **【137】**

扎根理论编码，是工作，也是游戏。我们在与从数据中获得的想法进行游戏。我们要进入数据，并从它们那里学习。编码引导我们观察数据。通过编码，我们会有所发现，并对经验世界形成更深入的理解。

编码的游戏性质使我们能够提炼想法，看它们会将我们引到哪里去。初始编码给了我们方向和一套基本想法，让我们可以通过写出这些想法，对其进行分析性探究和检验。扎根理论编码是灵活的：如果我们愿意，可以返回数据，重新进行编码。我们可以继续写出关于这些代码的东西，并判断它们的重要性。

初始编码是这场冒险旅程的第一个重要部分，它使你能从具体事件及其描述跳跃到理论观点和理论可能性上。扎根理论编码不只是对数据的筛选、分类和综合，就像质性编码通常的目标那样，它实际上还在以分析的方式统一各种想法，因为在这个过程中，你已经把数据和代码可能具有的理论意义记在心里了。既然你已经有了这些代码，就可以研究、分类和选择这些代码了。下一章将介绍聚焦编码及编码的高级形式。

第 6 章

聚焦编码及升级

初始编码给了我们可能的分析路径。但要选哪一条路径呢？通过研究和比较代码，我们选择最能说明问题的初始代码，或设计一个能够包含大量初始代码的代码。我们把这些代码当作聚焦代码，用它们去对大量数据进行检验。在研究过程早期，初始编码指引着我们的分析，帮助评估我们所选择的方向，以免我们踏上一条不归之路。而在进行聚焦编码时，我们要特别专注于那些我们定义为最有用的初始代码，然后用大量数据检验它们。随后，我们会按照特殊的程序来加工代码，或者如果当前分析需要，也会转向现有理论代码。路标和指南让编码工作更易操作，并帮助我们轻松逾越障碍。

聚焦编码是编码的第二个主要阶段。这些代码在初始编码中最经常出现，或者比其他代码更有意义。聚焦编码意味着使用最重要的和/或出现最频繁的早期代码去分析大量数据。聚焦编码需要判断哪些初始代码最能敏锐地、充分地对数据进行分析。它也会涉及对初始代码进行再编码。

聚焦编码能极大地加速你的分析工作，而不会牺牲数据中包含的细节和初始代码。这种类型的代码浓缩和突出了你已经做的事情，因为它强调了你在当下分析中所发现的重要内容。

聚焦编码能够推动研究的理论方向。这些代码要比逐词、逐行、逐个事件的编码更加概念化（Glaser，1978）。在你通过初始编码确定了一些重要的分析方向后，你就能够开始对更大范围的数据进行综合、分析和概念化了。

框 6.1

扎根理论聚焦编码 *

代码示例	被编码的初始叙述
	您能谈谈…………身体康复过程中的……轻松……或者困难吗？
	那是个可怕的过程。我仍然记得我手术后苏醒过来的那一瞬间。手术也许三个小时……它实际最终用了六个小时，也许七个小时，因为他们不希望肿瘤继续扩散。我醒来……嗯，麻醉对人产生了有趣的影响。我之前看到过人们从麻醉中醒过来的情形，有时很好笑……人们开始号啕大哭，胡言乱语。很自然地，我醒来了，我开始等待，哭泣。但我意识到，第一件事，我的声音比手术之前更好听了，所以我想，"天哪，太棒了！"接下来的几周，我陷入巨大的疼痛中，主要是因为手术的性质。甲状腺切除术，需要康复一段时间，当然，但我的手术不同，因为手术不得不动我脖子的其中一侧，肿瘤已经开始蔓延到那里了。
不能行动	因此，我不能走路了，几乎不能动……我在床上躺了三个星期。我不是那种轻易就卧
觉得沮丧	床不起的人。所以我很难受，更不幸的是，我必须和我的父母待在一起。我的母亲很好……她太宠我了，这并不令人意外。如果我爸爸没在那里，就没什么，但是他也总在那儿。我的身体状况并未让我们停止争
不能连续讲话的外部影响	吵，这让我的声音问题更复杂了。很显然，手术后大约一个月我是不能讲话的，因为那会对我的声带产生非常严重的影响。慢
感受到说话方式的改变	慢地开始有所恢复，但某些方面发生了明显的变化。我都检查过了，但是没有人能
定义身体损伤	告诉我哪里变了。从理论上说，手术被认

建构扎根理论——质性分析实践指南(原书第2版)

定义永久性损失 体验被强加的损失 声音和自我的合一;失去有价值的自我 承认艰难	为只负责摘除一些东西,所以从那时起,一切变得不同。这很艰难……身体康复,接受这样的事实,从此之后情况将大相径庭……我甚至不是自己了。我的声音没了,所以我也不见了。没有了声音,我也什么都不是了。是的,这很艰难。

* 见卡麦兹(Charmaz,2011a)

【140】　　框6.1提供了一个聚焦编码的例子,这是我在对同一访谈摘录(见第5章框5.1)的初始代码进行评估之后所定义的。我强调"声音和自我合一"和"失去有价值的自我"。这些代码形成了后续的分析。在我的心理学示范项目的数据中,研究对象自己所定义的"自我的失去"是很清晰的。而在我关于慢性病患者研究的大部分数据中,"自我的失去"存在,但并不明显。"失去有价值的自我"是我所关注的两个基本过程之一。数据还包含许多表述,适合我的聚焦代码"重新成为有价值的自我"。随后,我对这两个过程进行了分析。我把代码编织在一起,对这两个过程进行了明确的分析,并区分了"自我失去"和"自我损害"(loss and disruption of self)。在这些数据中,我对"重新成为有价值的自我"的分析迅速集中在研究对象竭尽全力重新出发并回到从前上。

聚焦编码实践

　　聚焦编码通常很直接,并且进展迅速。正如上文所说,这是一个研究和评估初始代码的过程。然而聚焦编码不仅意味着选择和改进你最感兴趣的代码,还意味着专注于初始代码说了什么以及它们之间的比较。就像编码本身,代码说了什么依赖于你如何定义它们。你是分析工作的一部分。在整个研究过程中,你会把你的分析技能和观点都带到分析中,而这可以说是一种天赋。

　　你要记着,在前进过程中你其实一直参与其中。如果你对你的分析实践采取一种批判的、慎重的态度,那么记着这点就会很有帮助。聚焦编码主要关注初始代码如何解释数据。不仅要发现这些代码揭示了什么,也要发现它们暗示着什么。当然,你所定义的代码有可能代表了广泛共享的定义,但也有可能代表着一个独一无二的观点,是你将其带入到分析中的。而且你的代码有可能引导你搞清楚一个现象,这个现象虽然很多人都经历了或目睹了,但还没有对其进行过概念化。你的聚焦代码会将你带向意想不到但又激动人心的方向。

进行聚焦编码会让你更加深入到比较过程(comparative process)中。聚焦编码的一个目标是确定初始代码的充分性和概念强度(concept strength)。对初始代码进行评估,涉及比较代码和数据,以及识别那些具有更强分析力的代码。因此,在代码和代码之间也要进行比较,考虑哪个才是最有希望的尝试性类属(promising tentative categories)。你可能早在记录和核对这些比较的时候,就开始写备忘录了。在代码和代码之间进行比较能够提升你对分析方向的感觉,并澄清某些思想的理论核心。下面的清单可以帮助你确定哪些代码可以作为最好的聚焦代码。

- ·在初始代码和数据之间进行比较时,你发现了什么?
- ·你的初始代码会以何种方式揭示模式?
- ·哪些代码最能说明这些数据?
- ·你是否已把这些代码提升为聚焦代码?
- ·代码之间的比较表明了什么?
- ·聚焦代码是否揭示了数据中存在的缝隙?

【141】

你可能很快就回答完了这些问题,以至于都不需要左思右想。在这种情况下,你已经对手头的项目有了答案了。而对于另一个项目,你可能需要做更多的比较工作以确定哪个代码将成为聚焦代码,并可能成为尝试性类属(tentative categories)。从你的初始代码中选出恰当的代码作为聚焦代码,能够给你提供分析的框架。此外,进行聚焦编码能够提高你在分析过程中的信心。

框 6.2 中,克丽丝·麦康伯(Macomber,2011)向我们展示了她另一个访谈摘录的聚焦代码(参阅框 5.5 麦康伯的初始代码及评论),那个访谈她研究的是女权主义支持者对男性参与"停止侵害妇女的暴力行为"运动所持有的态度。

麦康伯揭示了运动中女性所面临的一个无法解决的两难困境。访谈摘录与其相应的代码描述了这些女性所体验到的紧张关系。麦康伯的代码描述了那些连接点,并在备忘录中做了详细描述。

在你进行数据处理和生成性分析时,聚焦编码是一个非常重要的步骤。通过处理你的初始代码,并选择聚焦代码,你可以去掉多余的部分(你后面可以再把它找回来,或写成单独的论文或章节)。从初始编码到聚焦编码的转移常常是无缝连接的。对于我的大部分分析,聚焦编码仅仅意味着使用某些初始代码,这些代码更有理论解释力,方向明确,意义集中,可以将其作为初始分析的核心。

在框 6.3 中,罗伯特·桑伯格(Robert Thornberg)提供了一个关于校园霸凌的例子,那是他和同事们一起做的一项研究(见 Thornberg,Halldin Bolmsjo & Petersson,2013),他的聚焦代码是从初始代码中选出来的(见 Thornberg & Charmaz,2012)。

建构扎根理论——质性分析实践指南(原书第2版)

　　注意,桑伯格的聚焦代码是如何紧紧契合于他的数据的。它们具有直接意义。它们还为后续分析提供了一个分析框架。桑伯格等研究者(Thornberg et al.,2013)没有把这些聚焦代码作为最后的框架,而是对"成为校园欺凌受害者并使自我解脱出来"这一过程进行了分析。在摘录中,他们让聚焦代码服务于相关类属。因此,作者注意到被定义为"不正常的人"(deviant)是开始攻击的一部分,并将他们的代码"自我抑制(self-inhibiting)"作为一种自我保护的策略。此外,他们构建了一个有趣的主要类属"双重受害者(double victimizing)",它指的是内部欺压和外部欺压之间的相互作用和循环的过程"(pp.6-7)。

　　我们认为初始编码之后就是聚焦编码。但是从初始编码到聚焦编码不完全是一个线性的过程。一些受访者或事件会使早期陈述或事件不清晰的地方变得清晰起来。一种豁然开朗的经验会提高你对早期数据的研究水平。然后,你可能会返回早期受访者那里,探究那些可能被你草草带过的问题,或者探究那些可能太不清晰以至于早期不能识别或无法表述的问题。

【142】

框6.2

克里斯·麦康伯的聚焦编码

　　在进行聚焦编码的过程中,我对案例和数据中所记录的女性经验的双重性(不仅是复杂性)进行了比较。女性不仅仅是在"批评"男性,也没有简单地对他们的参与犹豫不决。聚焦编码捕捉到了女性如何努力解决这种微观政治的两难困境(micro-political dilemma),男性如何参与这种由他们所产生的问题。一方面她们支持男性参与所带来的好处,另一方面她们也质疑它所再生的特权和不平等。尽管我最初假设女性个体会支持或者反对男性的参与,聚焦编码却表明,对男性的参与,女性既支持也反对。在展示这一两难时,女性对男性参与的评价不断反复(tautological)。

聚焦编码	摘录2:梅尔,女性反性侵教育者、教练
无法解决困境	我会在这个问题上绕圈子。我现在愿意承认,我们在这项工作中需要男性参与。我们谈论男性针对女性的暴力行为,因此我们需要男性。是的,这儿就是这个圆圈开始的地方。然后我对自己说,这难道不令人沮丧吗?
矛盾情绪;环形思维	如果我是一个男人,你是一个女人,我们进入一个班,对班里的男性说同样的事情。你会发现,因为我是一个男人,他们会毫不质疑地
发现前后矛盾的思维	
发现矛盾	相信我的话;但你却会被视为一个敌视男性

质疑男性特权 支持男性参与的好处;矛盾的情绪 环形思维;支持男性参与 质疑男性特权 政治矛盾 意识到情绪冲动	的人、愤怒的人、女同性恋者、女权主义者 或者所有其他的称呼。那难道不是问题的 一部分吗?但是,我会对自己说,如果我们 仍然有机会接触到那些男性,从他们那儿 了解,强奸是如何影响女性的……然后一 遍一遍地绕圈子。是的,我们需要他们作 为盟友。我们需要他们与我们合作。但是 我非常沮丧,坦白地说,对不起,这个交易 之所以成交,正是因为那是他们所说的话。 我们作为女性都说了 30 年、40 年、60 年 了,所以只是因为你是个男人,你说了,这 个大任务你就干成了吗?这真的很让我生 气,因为我刚刚说脏话了。

扎根理论编码的力量来自对过程集中的、积极的处理。你要按照数据的指示
进行行动,而不是消极地阅读它们。通过你的行动,新的分析线索就会变得清晰起
来。你以前从未想到的事件、互动和视角都会成为你分析的范围。聚焦编码会检
验你对问题的先入之见。

框 6.3

聚焦编码:罗伯特 · 桑伯格对校园霸凌的研究 【143】

聚焦编码	访谈记录
        定义异常行为和被同学打击 自我限制	安娜:我想我可能和别人有点不一样, 所以,你知道,他们开始辱骂我。我不记得 到底是怎么回事了。 访谈者:不一样?怎么不一样? 安娜:嗯,我比其他大多数人更外向。 他们认为我不应该是这样的。但是我喜欢 那样,所以他们认为我必须被打击或诸如 此类。所以我就不再说话了。 访谈者:……这种情况持续了多长时间? 安娜:基本上整个小学低年级。在三 年级的时候,我真的不敢和人说话。那时 我很害羞。

	记者:但同时你说,你失去了很多……
自我限制 产生自我无价值感 遭受时间的损失	安娜:嗯,你知道,这些年来我都不敢站起来为自己说话,我只是被动地接受,认为自己一文不值。我失去了这么多时间……我本可以做更有趣的事情,而不是徘徊不定,觉得自己不值得活下去。

摘自桑伯格·卡麦兹(Thornberg Charmaz,2012,p.49)。摘录和代码是来自桑伯格等人(Thornberg,2013)研究结果前所进行的聚焦编码的例子。

和扎根理论的逻辑一致,初始编码和聚焦编码是一个生成的过程。意料之外的想法会生成,而且会不断地生成。在对一组数据进行编码之后,要对照你的代码和数据。你所建构的契合一个事件或表述的、有说服力的代码可能会照亮(illumi-rate)另一个代码。前一个事件可能会提醒你看到具有深刻意义的下一个事件。

[144] 当你进行访谈或置身于研究现场时,你的编码可能会发现这样的事件,或者发现它们进一步展开来(unfolding)。我见过这样一些紧张时刻,当配偶说他们的伴侣由于疾病剥夺了他们以前的能力时,夫妻间出现了一种紧张状态。

看看下面来自安德莱,一名退休大学教授,和他的妻子娜塔莎的实地笔记,他们两个都患有慢性疾病:

我问(安德莱):"你在退休后会继续从事专业工作吗?"他说:"我过去教的是扩展课程,但是因为预算问题,政府没钱再开这些课程了。"她(娜塔莎)插话说:"安德莱曾经是一个极为成功的演讲家,这部分是因为他的激情,部分是因为他的清晰晓畅,但是语言功能出现问题之后,他就做不到了……"(他缓慢地、痛苦地说:)"学校没有钱了……我也讲不好了。"

这时我觉得非常难过。在他们不再请他讲授扩展课程的问题上,不管是不是这两个因素同时发挥作用,当她说出那些话的时候,对他来说都是一个非常可怕的时刻。不管真正的原因是什么,在这个时刻,知道了她对他丧失能力是什么样的想法,对他是最重要的。对这种短暂过程的参与,就好像看到这样一个人,他眼睁睁地看着自己的身份被粉碎了——这对于他和我都是痛苦的,虽然我得到这样的印象,她沉浸在自己看法的准确性中,并没有真正看到这让他多么没面子……承认他不能正常讲话,就好像承认了以前隐藏起来的罪恶或自卑一样。(Charmaz,1983:119-120)

从这些早期的观察中,我形成了"身份认同的时刻"这一代码。在每个案例中,每个判断都会给出一个令人印象深刻的形象,告诉我们这个病人成了一个怎样的人。这些让人不安的意见宣布了一些消极的变化,破坏了他们身份的永恒性。"身份认同的时刻"这一代码提醒我注意,当有人把一种重要的身份放在一个患有慢性疾病的病人身上时,会发生怎样的短暂互动。

通过数据间的比较,我们形成了聚焦代码。然后我们要比较一下数据和代码,这有助于我们完善这些代码。在访谈安德莱之前,我比较了这样两种情境,一种是研究对象已经能够很自由地谈论他们的病情,另一种是他们还不能自由地谈论这个问题。在安德莱认识到他说话困难这件事之前,他的医生告诉我,安德莱受损的说话能力从未被公开谈论过。我也比较了这些事件对他们的影响和冲击。一开始,代码只是表现了消极的身份认同时刻。在我获得了更多数据之后,我发现和定义了积极的身份认同的时刻。"身份认同的时刻"开始作为一个代码,后来我将其发展成为一个类属(Charmaz,1991a)。"身份认同的时刻"这一意义和很多经验产生了共鸣,霍纳德(Hoonaard,1997)把它作为了一个敏感性(sensitizing)概念,其他研究者也可以用它来作为研究的起点。

聚焦编码涉及做出决定,但这些决定是初步的,不是决定性的。你在寻找意义丰富的代码和抛开那些意义不丰富的代码时,要保持灵活性。在许多情况下,你在进行聚焦编码时所用到的代码会成为最后分析的一部分。

你认为数据中必然有一些代码能够传递比初始代码更多的信息吗？如果是这样,选择这些代码,问一下这个问题:这些代码指向什么样的理论类属？

这个问题会激发新的想法,并刺激你对还未理论化的材料进行概念化。因为初始代码会服务于多个任务,其中一些代码可能仍然是描述性的。聚焦编码让你不再沉浸在数据中,而是进一步深入到分析中去。聚焦编码带来的距离感可以使这些代码的概念化更为简单。此外,当你处理这些想法并提出关于数据和早期代码的质疑时,你获得了更多的理论敏感性。 【145】

有时学生会认为,同样的代码必须一次又一次地出现,才能成为聚焦代码,随后成为可能的类属。实际并非如此。如果代码能说明问题,那么就使用它。你有时会想出一个代码,比产生这个代码的数据还更有解释力。它能给你一闪而过的灵感,让你以新的方式看待数据。这是令人兴奋的! 要允许这样令人兴奋的时刻发生。

在框 6.4,这一代码"作为道德地位的受难(suffering as a moral status)"比其他代码更抽象,和数据对应也不严格。注意受访者克里斯汀,她既没有说任何关于受难的话,也没说道德地位之类的词。这些代码是我在解释数据和拼接隐含的意义使之更为清晰的过程中形成的。这个代码是我在克里斯汀的采访中突然想到的,在这之前我已经对许多其他大量访谈进行了编码。在编码时做这样的推论是提高工作分析水平的一种方式,但数据必须支持你的推论。

框 6.4

聚焦编码

聚焦编码	访谈记录
违背医嘱	于是我3月1日回去工作了,尽管医生并不希望我这样。然后当我到了公司,他们开了一个很长的会,然后告诉我,我这些天不能再中途休息了。我唯一休息的时间就是午餐时间,那是我的时间。而我的主管说,我不能再那么做了,我说,"这是我的时间。你不能不让我躺下。"她说,"可是,你躺在那儿的沙发上,干扰了其他的员工。"因此我走去问其他员工,他们都说,"我们没有那么说过,从来没那么提过。"于是我回去说,"我刚刚和其他员工谈过,好像没人对此有意见,除了你。"我说,"而在午餐时间你甚至都不在这里。"她仍然坚持让我不要再那么做。几个月之后,另外一个员工开始在午餐时间躺下睡觉,于是我说,"这不公平,她身体并没有什么毛病,却可以躺着睡觉。"因此,我也开始这么做。
作为道德身份的受难	
提出道德要求 由于身体不适道德地位受到贬低	
争取合法权益	
看到不公正	
要求获得人格的道德权利	

来自卡麦兹(Charmaz,2001)。

【146】 我早些时候的访谈包含了代码比如"被污名化(being stigmatized)""失去自我(loss of self)""失去信誉(losing credibility)""感觉受到贬低(feeling devalued)",尽管我并没有把它们固定在关于不公正、合法性和痛苦的分析中。我早就注意到了污名、失去自我和痛苦之间的关系(Charmaz,1983b),意识到很多痛苦来源于别人对待慢性病患者的态度,但我关注的是失去自我,而不是形成关于痛苦的清晰分析。

然而那些早期的代码烦扰着我。是的,人们经常谈到被污名化、失去信誉、受到贬低等经验。我有很多来自相似经验的相关代码,很契合数据中发生的事情。这些代码反映了所有数据中发生的事情了吗?不。还发生了什么?这些代码能说明什么?从这些代码所代表的故事中暗示了研究对象的什么?这些代码可以用别的代码来替换吗?也许可以,但那是什么呢?

把"作为道德身份的受难"当作代码对我来说是一个突破性的时刻。我立刻意识到这个代码的解释力远远超过我在具体访谈中所说明的内容。我也意识到这个代码回答了之前有关早期代码的一些问题。对于我来说，"作为道德身份的受难"提供了关于我所编码内容的一个更深入、更准确的分析工具。在这种情况下，对于那些我能感觉和理解到，但却还未形成概念的想法，代码使其更为清晰了。在形成这一代码之前，我没有足够的词汇来理解和浓缩我从转录访谈文本中所听到和读到的故事。

通过反复分析对克里斯汀的访谈，我的编码集中在了道德身份与合法性、权利、人格之间的关系上。克里斯汀的访谈给了我分析其他访谈的线索和代码。我发现大量故事谈到了一个人在家庭、朋友以及职业那里的道德身份。我也发现了大量的当一个人认为他或她的道德身份被削弱时的受难证据。

诸如"作为道德身份的受难"这样的代码的理论意义，其成功在于代码本身。代码是在我处理数据中出现的。在编码中体验到重大的理论洞察力，反映了当你进入和数据的互动空间时可能发生的情况。通过与数据片段进行互动，我会以新视角来看这些数据和这些人的经历。我的新视角生成了更为抽象的代码，能够解释前面的大量代码以及那些代码所描述的事件。这个代码也不是我后来引用的，或检索文献所发现的。

在这个案例中，我是在处理很多关于慢性病患者的资料后，在进行关于访谈的初始编码过程中，突然想出这个代码的。很可能你会构造一个新的代码，在聚焦编码时能够具有更强的理论解释力。

这个关于"作为道德地位的受难"的故事，其寓意向你传达了这样的信息：【147】你要**按照数据的指示**，提高代码的分析水平。接下来，检验这个代码是如何契合其他数据的，以及在多大程度上契合其他数据。你可能已经有丰富的数据可以契合新分析代码。如果你没有其他的数据，这个代码可以引导你在研究中提出新的问题，收集进一步的数据，这样你就可以分辨代码的相对有用性。简而言之，当你看到早期的代码需要一个更抽象的代码时，就构建一个。

初始编码和聚焦编码对于许多研究项目来说就足够了。一旦你有了聚焦代码，你就可以使用你在其中所发现的意义及它们所建议的模式。本章开始的编码摘录所展示的分析只使用了初始编码和聚焦编码。编码要保持简洁。如果你已经用少量聚焦编码进行了扎实的分析，那么继续进行分析，并乐在其中。

轴心编码

斯特劳斯和科尔宾(Strauss & Corbin,1990,1998;Strauss,1987)提出了第三种编码类型——轴心编码(axial coding),把类属指向亚类属(subcategories)。轴心编码使类属的属性和维度具体化了。因此支持者将其看作一种使编码及之后的分析,更系统化的形式。轴心编码得到了一些赞誉,也受到相当多的批评。虽然科尔宾(Corbin & Strauss,2008)在《质性研究基础》(*Basics of Qualitative Research*)第三版中没有强调轴心编码,但许多研究人员仍然声称在使用它,所以我在这里也简要讨论一下。

遵循《质性研究基础》早期版本指导的研究人员(Corbin & Strauss,1990,1998)通常采用复杂的编码程序来生成主题(Ball,Perkins,Whittington,Frank,& King,2009;Morrow & Smith,1995;Sakamoto,Chin,Chapra & Ricciar,2009;Ullman & Townsend,2008)。莎拉·乌尔曼和斯蒂芬妮·汤森(Sarah Ullman & Stephanie Townsend,2008)的编码程序生成了如"女权主义/赋权方法的定义(definitions of feminist/empowerment approaches)""控制的重要性(importance of control)""赋权技术(techniques for empowerment)"和"倡导取向与代理取向(advocate versus agency orientations)"的主题,而不是一个理论或概念化过程。

斯特劳斯(Strauss,1987:64)认为轴心编码建立了"围绕类属之'轴'的密集关系网络"。这样,在主要的类属形成之后,轴心编码就出现了,虽然它可能处在发展的早期阶段。轴心编码的目的是分类、综合和组织大量的数据,在开放编码之后以新的方式重新排列它们(Creswell,1998)。

初始编码使数据分裂为不同等级和不同类型的代码。轴心编码是斯特劳斯和科尔宾(Strauss & Corbin,1998)把数据再次恢复为连贯整体的策略。斯特劳斯和科尔宾(p.125)认为,轴心编码回答关于"哪里、为什么、谁、怎样以及结果如何"这些问题。有了这些问题,研究者就能够更加充分地描述被研究的经验了,虽然科尔宾和斯特劳斯认为,要在概念的水平上,而不是在描述的水平上建立类属之间的联系。对于他们来说,分析数据意味着把文本转化为概念,这是斯特劳斯和科尔宾使用轴心编码的目的所在。这些概念使得更大类属的维度具体化了。轴心编码的目的就是把类属和亚类属联系起来,并探究是如何将其联系起来的。克拉克

(Clarke)把轴心编码看作是类属的精细化,并用表格把相关类属整合起来。① 对于她来说,一个整合的表格的目的在于把类属和类属联系起来,形成一个有意义的行动理论。

在进行轴心编码时,斯特劳斯和科尔宾使用了一套科学术语来建立可见类属之间的联系。他们把研究对象的表述聚合起来,使其成为结构框架的组成部分,以此来回答他们上面的问题。斯特劳斯和科尔宾认为,在一个这样的结构框架中,包括了这些内容:1)条件,形成被研究现象结构的环境或情境;2)行动/互动,研究对象对主题、事件或问题的常规性或策略性反应;3)结果,行动/互动的后果。斯特劳斯和科尔宾用"条件"去回答为什么、哪儿、怎样发生以及何时等问题(p.128)。"行动/互动"用谁和怎样的问题来回答。"结果"回答诸如由于这些行动/互动"发生了什么"这样的问题。

轴心编码为研究者提供了一个应用的框架。这个框架是扩展还是限制你的视野,取决于你的主题以及你忍受模糊状态的能力。那些喜欢在一个既定的结构中工作的学生,会欢迎这样的框架。那些喜欢简单、灵活原则的人——能够忍受模糊状态,并不需要轴心编码,他们会追随在经验材料中定义的线索行动。

虽然我没有根据斯特劳斯和科尔宾的正式程序使用轴心编码,但我还是在了解了类属所代表的经验时,发展了类属的亚类属,展示了它们之间的关联。接下来的类属、亚类属和它们的联系反映了我对数据的理解。

对邦妮·普雷斯利访谈所做的早期编码的例子指出,告诉其他人患有慢性病这样的事实会产生情绪和互动的两难。很多访谈中都出现这样的两难,我没有打算去研究这些。我在早期访谈中看到的最初两个类属是"说出病情"和"避免说出病情",也就没什么稀奇。我通过比较同种类型经验或事件的数据,概括出它们各自的属性。通过研究对象故事中出现的明显的痛苦,我把"说出病情"作为一种暴露和冒险。邦妮·普雷斯利的冒险导致病情更加恶化。很多其他人所冒的风险是使自己情绪更加脆弱,情绪变得不可控制。"说出病情"并不是一种中立的说话方式。

接下来,我重新考察了初始编码中我所编码的数据。研究对象既通过"避免说出病情",也通过"说出病情"来处理有关自己的信息。但是当研究对象觉得很受打击时,某些"说出病情"的方式就会产生失控,有时就可能导致病人三缄其口。如果研究对象在说出病情时缺乏控制,他们就会对自己的顾虑担忧脱口而出,而不是通过管理和控制自己的表达方式。

接下来,我就在"自然的陈述(spontaneous statements)"和"有准备的宣告

---

① 个人交流,2004 年 9 月 20 日。

【149】 (staged pronouncements)"这个范围内进行编码。我把研究对象在宣告病情时情绪控制得当或情绪失控的程度,和他们策略的清晰程度联系起来。在发现人们"说出病情"的不同方式之后,我仔细地研究了以下内容:

> · 在说出病情时,他们是怎样陈述自己的病情的,以及又是怎样互动的;
> · 到底要把病情告诉谁,影响这个选择的社会条件和经验条件是什么;
> · 研究对象认为自己说出病情的目的是什么;
> · 研究对象和这些人说了什么;
> · 研究对象是怎样说的。

　　我对研究对象是否、何时、怎样以及为什么改变他们的讲述方式进行了编码。这些策略会引出被观察现象的原因和条件。我对"说出病情"的形式进行了分析(图6.1),通过研究这些数据,我们看到,研究对象在说出病情时对主观得失的衡量远远超过了研究者在简单的连续统上所设计的情况。当研究对象"张扬病情(flaunt illness)"时,主观性和客观性就会遇到一起。显然,当"说出病情"使得研究对象无法解决"自我接受"和"被他人接受"的问题时,有些人会选择"张扬"自己的病情。

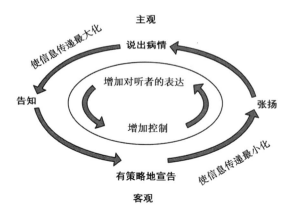

图6.1　说出病情的形式

　　没有清晰的框架引导我对研究对象的陈述及经验进行分析研究,也没有什么框架引起我的重视。虽然轴心编码可能有助于研究者探究数据,但也鼓励他们应用分析框架来处理这些数据。

　　在那个意义上,依赖轴心编码可能会限制研究者对所研究世界的了解及认识的方式,从而会限制他们所建构的代码。

　　轴心编码究竟是会带来帮助,还是会带来阻碍,仍然是个问题(见 Kelle,2005)。它是否以及在何种程度上提供了比认真比较(careful comparisons)更加有效的技术,仍然存在争议。尽管许多作者(例如,Hildenbrand,2007)发现斯特劳斯和科尔宾的编码程序是有用的,但有些作者则不这么认为(例如 Kendall,1999;Urquhart,Lehmann,& Myers,2010)。朱迪·肯德尔(Judy Kendall)说:"我在用这种模型得出结论时,注意力非常分散,以至于不能思考,与研究问题相关的数据到底会 【150】告诉我什么。"(p.753)

　　往最好处说,轴心编码有助于搞清楚并扩展生成想法的分析力量。往最糟说,它把技术覆盖在了数据上,而且可能覆盖在你最后的分析上。虽然轴心编码旨在更全面地把握研究现象,但是它会使扎根理论变得更加繁琐(Robrecht,1995)。

理论编码:应用或生成

　　理论编码是在聚焦编码过程中选定代码后所进行的复杂编码。格拉泽(Glaser,1978,p.72)认为,"实质代码(substantive codes)作为整合在理论中的假设,彼此之间发生联系的方式可以用理论编码进行概念化。像实质代码一样,理论代码也是生成性的。"他重申 2005 年的这一定义,但是,他也赞同菲利斯·斯特恩(Phyllis Stern,1980,p.23)所说的,理论编码"仅仅意味着在数据上运用各种分析方案,以提高它们的抽象性"(见 Glaser,2005,p.5)。正如这些表述所言,理论编码到底是一个应用的过程还是一个生成的过程,还存在一定程度上的模糊。

　　先验知识(prior knowledge)与理论代码的区别变得暧昧不明。如果理论代码是生成的,它们在多大程度上可以依靠先验知识呢? 如果生成性(emergence)推动产生了新的思维模式,而不是复制了旧的模式,理论代码如何反映那些整合代码和类属的崭新的、新式的方式呢? 然而在《理论敏感性》(*Theoretical Sensitivity*)(1978)一书中,格拉泽讨论理论代码时,说到了先验知识。他写道:"扎根理论研究者有必要知道很多理论代码,目的是对呈现在他数据中的微妙关系更为敏感。"(p.72)

　　为什么要使用理论代码? 这些代码的目的是帮助你对自己的数据和聚焦代码理论化。理论代码意味着是综合的(integrative),它们给你收集的聚焦代码提供了形式。这些代码可以帮助你讲述一个连贯的分析性故事。因此,理论代码不仅对实质代码的关联方式进行概念化,也会推动你把分析性故事进一步理论化。理论代码以实质代码为基础,并展示了它们之间的关系,而不能用构成理论的代码取代实质代码。格拉泽(Glaser,1992)认为,这些代码排除了轴心编码的必要性,因为它们"把支离破碎的故事重新聚拢在一起了"(Glaser,1978:72)。

　　通过聚焦编码,你已经形成了若干类属,理论代码使用得当,可以帮助你详细说明类属之间的可能关系。如果只应用理论代码,它们会把分析框架强加在你的分析上,可能会充斥着深奥的术语。盲目地应用理论代码会让你的分析晦涩难懂、令人费解。包含这样代码的文章会将读者拒之门外。尽管如此,一些扎根理论研究者还是在过于频繁地使用它们。

【151】 　　了解理论代码的相关知识会让你在使用它们时变得谨慎。它还可以推动这些代码的应用。在我对"自我价值的失去和重新获得"进行分析时,我没有明确地想要通过理论编码整合聚焦代码。相反,分析的方向来自研究对象的陈述和后续的编码。是的,关于自我和身份的理论观点在分析中处理得还比较表面化,但并没有应用理论代码。我本应该仅仅集中在"自我价值的重新获得"上,它会让我的分析符合格拉泽当前关于扎根理论的观点:研究人们如何解决他们生活中的一个问题。但这个问题必然有其原因。这样,解释"自我价值的失去"就成为我分析任务的一个重要组成部分。在我看来,你所需要做的事情由被研究的经验世界和你对它的意义分析所决定。

　　理论编码的张力恰恰存在于生成(emergence)和应用(application)之间,我相信,这种关系还有待解决。如何处理这一张力呢? 你可以利用下面这些资源:格拉泽的 18 个理论代码谱系(Glaser,1978);他最近补充的代码(Glaser,2005);来自你所在学科的理论;来自其他领域的概念。格拉泽早期的分析类属包括他的"6C:原因(cause)、语境(context)、偶发事件(contingencies)、结果(consequences)、协变量(covariances)和条件(conditions)"(Glaser,1978:74),"程度""维度""交互性""理论性"和"类型"代码谱系,以及来自主要概念如"身份—自我""方式—目标""文化"以及"共识"谱系的代码。格拉泽的一部分代码谱系是具体的分析性类属,但是融合了概念的差异。比如,"单元"谱系包括以下结构单元:群体单元、家庭组织单元、集合单元、区域单元、社会单元、地位单元和角色单元。格拉泽还包括了形势、社会世界和社会情境,这些一定程度上是分析的单元,也意味着是生成性属性,而不是结构性属性。在《扎根理论操作指南》(*Doing Grounded Theory*,1998)一书中,格拉泽扩大了早期的一些代码谱系,增加了更多的代码谱系,比如"成对的反义词"谱系、"表征"谱系、"规模"谱系、"随机游走(random walk)"谱系、"结构—功能"谱系和"单元身份"谱系。

　　如果你巧妙地使用理论代码,它们就会成为锋利的分析利刃,使你的研究更为犀利。它们可以增加精确性和清晰度——只要它们适合你的数据和实质性分析。

　　理论代码有助于使你的分析变得连贯和易于理解。根据你所拥有数据的情况以及你对它们的了解程度,你会发现,你的分析要考虑好几个代码谱系。比如,你可以阐明一个特殊现象出现的一般情境和具体条件。你可以详细说明使现象发生和变化的条件,可以概括出它的结果。你可以了解到它的时间和结构排序,发现研究对象处理它们的策略。你如果了解这些时间序列,就可以把对过程的分析包括进来。这样,虽然没有深入研究实质,仅这个小例子就能带进下面的分析性代码谱系:"6C"、"时间序列"、"排序"(格拉泽还包括了结构性序列,见 Glaser,1978:78)、"策略"以及"过程"。由代码所提供的联系也可以指出你需要加强的领域。

罗伯特·桑伯格(Thornberg,2010 a)表示,孩子关于欺凌原因的解释是社会表征(social representation)。社会表征的意义谈到了关于社会结构和集体表征的理论代码,它是广泛共享、经常被认为是理所当然的真理。在框 6.5 的摘录中可以看到桑伯格对孩子的采访是如何反映和形成两种类型的社会表征的。 【152】

框 6.5

桑伯格论校园霸凌

霸凌被认为是对异常的一种反应

对本研究中孩子受欺凌原因最普遍的社会表征是,认为欺凌是对异常的一种反应……这一社会表征意味着受害者被解释为不正常的、不同的或奇怪的,反过来又激发其他人欺负他或她。

> 访谈者:你认为是什么导致了被欺凌?
> 孩子:和别人不一样。
> 访谈者:不一样? 什么意思呢?
> 孩子:哦,不一样的衣服,不一样的说话方式,看起来不一样。
> 访谈者:你能说得更详细一点吗? 看起来不一样是什么意思?
> 孩子:高,矮,胖,穿衣风格不一样,诸如此类。

(对一个 13 岁男孩的采访)(Thornberg,2010a,p.315)。

霸凌被认为是一种报复行动

第四个霸凌原因的社会表征是,将霸凌解释为复仇、报复或惩罚……例如,他或她说了些不友好的话,取笑,引发斗殴,和小霸王的小兄弟发生冲突,散播谣言,小偷小摸,向老师打小报告,等等。

> 孩子:他(受害者)做了坏事,然后他就得到了报复。
> 访谈者:他做了什么呢?
> 孩子:嗯,他问,他是否能加入一个游戏,他们拒绝了他,然后他……告诉了老师,因此他们就受到了责骂。其他人就会认为,"他可真够蠢的。"后来课上就发生了很多事情,我们就因为这个不能到外面去,不能休息了。
> 访谈者:这就有点像是惩罚?

> 孩子:是的,全班都受到了惩罚。
>
> 访谈者:嗯,好吧,但是是什么导致欺凌发生呢?
>
> 孩子:嗯,因为他(受害者)做了某些事情,或引发了某些事情,或他说了些什么。
>
> (对一个 10 岁男孩的采访)(Thornberg,2010,P.317)。

斯特劳斯(Strauss,1978a,1993)关于社会世界(social worlds)和社会竞技场(social arenas)的研究受到了阿黛尔·克拉克(Clarke,1998)的影响,克拉克后来又发展了这些概念。在下面的过程中,克拉克为理论概念提供了清晰的原则,理论概念作为整合性代码谱系出现在她早期的研究中:

【153】

　　在有关纪律形成的研究中,社会世界和社会竞技场的概念为分析提供了很多帮助。社会世界的分析,在历史研究中具有特殊的重要性,它通过把所有曾经参与并做出贡献的比较明显的社会世界包括进来,在内部问题和外部问题之间建起了桥梁。内部问题和外部问题都可能是相关的。社会世界本身就是分析的社会单元,非常具有弹性和可塑性,可以用不同的方式进行使用。通过考察世界中的多样性,可以避免把集体社会行动者(collective social actors)当成一成不变的事物,与此同时,仍然能够追踪和探索它们所有的集体视角、意识形态、信念和目标。研究者可以轻松地分析对竞技场来说很重要的特定个人的工作,而不局限于个人方法。可能最重要的是,在竞技场的形成中,不仅要考察和分析社会世界内部的协商(negotiation),也要考察和分析社会世界之间的协商,因为这些协商对于竞技场的不断发展具有非常重要的意义。(p.265)

早期的实质分析应该预示出了后来你所使用的理论代码的类型。简单说,像任何其他已有概念一样,理论代码必须以自己的方式进入你的扎根理论(Glaser,1978)。然而扎根理论研究者如何评估哪个理论代码更契合,仍然是模糊不清的。不过,结果比较清晰——扎根理论研究者倾向于从他们的学科选择概念,或者当他们自己学科没有的时候从另一个学科借用概念。当我们观察一个学科的分析风格和概念工具时,发现其中存在某些潮流和趋势。这些潮流和趋势限制了观察的方式,并且可能把数据强行放入旧的盒子中。

格拉泽指出,过分依赖代码谱系的策略可能会让学者把原因归结为有意识的目的,而实际上研究对象并不是那么想的(p.76)。其他理论代码也会产生同样的问题。格拉泽建议,"可能研究中最常出现的题目是社会秩序的问题(通常是无序的)"(p.78)。但是反方认为,使用"无序"概念会阻碍研究者看到其他社会结构形式。马克思主义者长期以来一直认为,共识模式会让人看不到冲突和压迫的存在。

一些符号互动论者就在研究中大量使用诸如"职业""工作""协商"和"策略"等概念(Charmaz,2005)。

如果是这样,已选择的概念可能会妨碍其他潜在理论代码的出现。例如,围绕战略制定(strategizing)形成的理论代码,可能会排除对不以控制他人为目的的行动的关注,也会排除自发性、奇思妙想以及偶然事件。戈夫曼(Goffman,1959,1967,1969)的作品展示了互动的策略模型以及相关的假设,即个人的目的是控制互动(encounters):

> 不管个人心里的具体[互动]目标是什么,也不管他设立这个目标的动机如何,它①都会出现在他控制其他人行动的考虑之中,特别是出现在他们对他的回应中。这种控制很大程度上是通过影响其他人对形势的定义来实现的,他可以通过自己的表达方式来影响其他人的认识,从而给他们一种印象,让他们觉得是在按照自己的计划自愿行动。这样,当一个人出现在其他人面前时,他通常总有自己的行动理由,这样就给其他人一个印象,他是按照自己的利益行动的。(1959:3-4)

在上面这段话中,你可以看到,戈夫曼对策略和控制有着清晰的关注。由理论代码所提供的理论整合在分析中常常是不清晰的。比如,符号互动论是我关于慢性病患者研究《好日子,坏日子:慢性病中的自我与时间》(*Good days, Bad days:The Self in Chronic Illness and Time*,1991a)的一个主要理论支持,但是只是出现在背景中。在该书中,对人们如何体验疾病的实质分析出现在前景中,是给人印象最深刻的部分。由符号互动论的敏感性产生的代码提供了理论基础,或者说概念构架,它将这些叙述整合了起来。来自其他学科的读者可能不会意识到组成某项工作的内在理论框架。比如,时间和自我之间的联系在下面的例子中是清晰的,尽管并不是每个读者都会看到它们的联系来自符号互动论。 【154】

> "重新抓住过去"的渴望反映了对已失去自我的向往。这种向往来自由于疾病而累积起来的痛苦。这个时候,人们会界定损失,确认病情。虽然,诗人梅·萨顿(May Sarton)写道,她学会在生病后一分一秒地过,同时她也渴望过去的自己:"现在我极为孤独,因为我不是我自己了。我只要超过半个小时不能见到朋友,我的精神会像撒气的气球一样渐渐枯竭。"(1988,p.18)

> 当人们相信他们不可能再回到过去时,由于过去自我而产生的悲痛就会不断增长。即使病愈,以后能否重新找回过去的自我、重新抓住过去也仍然是难以预料的。萨顿写道:"管理这样一种消极等待的生活有好多个月,我本来

---

① 译者注:指控制互动的策略。

应该把真正的自己埋葬掉的——我现在意识到,回到真正的自己比埋葬它更加困难。"(1988,p.78)(Charmaz,1991a,p.194)

萨顿的悲伤反映了这样一种观点:一个人的自我概念是有边界和内容的,就像符号互动论者所主张的那样。自我概念提供了一种认识我们自己的方式,一种区分什么是我们自己和什么不是我们自己的方式。萨顿告诉我们,她的自我概念仍然停在过去,现在和处在当前困境中的自我形象是不一致的。

哪些有可能作为理论代码谱系呢?格拉泽(Glaser,1978,2005)并没有提供标准,以确定我们应该接受哪些作为代码谱系,以及解释我们为什么应该接受他对它们的描述。他认为,他的代码谱系清单包含了重叠的类属,并指出,一个新的代码谱系能够从以前的代码谱系中产生。社会科学家常常同时从几个代码谱系中吸取同代码。正如格拉泽所言,代码谱系既不会穷尽,也不会相互排斥。它们也并不反映同样水平和同样类型的抽象。一些代码谱系指可识别的分析术语,而另一些则依赖于社会学概念。一些代码谱系的名称,如"交互式""阅读""传统"显得武断而含糊。它们的意义以及其他术语的意义仍然植根于叙述中(见 p.76-81)。"交互式"指"相互影响""互惠的""互相依赖的"等等,而不仅仅是互动本身。"阅读家族"包括"概念""问题"和"假设"。"传统家族"包括广泛的结构性概念和关注,如"社会制度"和"社会秩序",以及"社会化""社会互动"和"社会世界",这也是格拉泽在单元谱系中所列出来的。

【155】 在格拉泽的清单中,一些概念谱系显然是缺席的,包括对主体与行动、权力、网络以及叙述与自传等的关注。诸如"不平等"等概念仍然掩埋于更大的单元中。冲突被归入更大的共识家族,处于从属地位,对此,冲突理论家会提出合理而有力的争辩。最近,诸如女性主义理论和后现代概念之类的理论潮流形成了其他的理论谱系。格拉泽认为,新的代码谱系可能来自以前的谱系。他最近补充的很多概念似乎来自过去的实证主义概念传统。

日常的扎根理论编码如何与轴心编码及所使用的理论代码进行比较呢?想一想之前的讨论以及名为"说出病情的形式"的图(图 6.1,p158)。"说出病情"的类型可以被看作更大的讲述类属的维度。每一个类型都有特定的属性,反映了有关自我和身份的观点以及直接的互动环境。在一种意义上,这些类型反映了从主观到客观的连续变化。在下面的领域中,这些类型在程度上是不同的:觉得情绪紧张、难以启齿,讲述中的情绪控制和信息控制,计划的数量和类型,以及目标听众的影响。很多研究对象发现,他们讲述的形式在病情的不同时间段上是不同的。在确诊或病情的第一阶段,他们会感到震惊,会情不自禁地说出这个消息。如果他们觉得因为说出了这个消息而感到低人一等或失去价值,就会在说出病情时更加审慎,可能会从冲动地说出变成富有策略地告知。这些插曲发生以后，人们发现了说出病情的代价，可能就会诉诸特定场合的策略性宣告。虽然很多人关于如何、何时、哪里及向谁透露存在策略性的考虑，但很少有人会去故意张扬。从这个简短的讨论中，你可以看到研究过程是怎样形成这一分析的。注意，如果一个人了解了某种说出病情的形式所产生的后果，他或她在选择其他讲述形式时会把这种形式作为一种参考依据。

在我研究关于"说出病情"的数据时，这种联系类型在以前的例子中就出现过了。关于"说出病情的形式"更深入的数据或者其他更全面的数据会形成更多的联系。但是有一点要注意，这些理论代码可能会给分析带来具有客观性的感觉，但是代码本身并不代表客观标准，不代表学者们会同意或者不加批判地去应用。当你进行分析时，使用理论代码有助于澄清和加强你的分析，但要避免把强制性框架施加在它身上。它有助于你反思，这些理论代码是否解释了所有的数据。我的建议是什么呢？如果你使用理论代码，那么就让它们通过分析来发挥作用，而不要直接施加给数据。

警惕先入之见

通观扎根理论文献，都要求研究者避免把数据强行放入预先设定的代码和类属（preconceived codes and categories）中。首当其冲的是现有理论（extant theories）。在我们编码的每个阶段，我们也要警惕把先入之见（preconception）放入编码的数据中。对先入之见进行反思，在聚焦编码中具有特殊的重要性，因为这些代码形成了我们的分析。前面曾提到一个学生，他把自己关于残疾的观点强加在他的访谈数据上，把社会学家所谓的"常识的理论化"放在了他的分析中（Schutz, 1932/1967）。他的推理来自自己关于世界如何运作的观点，来自他自己作为残疾人的经验。如果他更加密切地关注他的代码，他本可以发现他的先入之见。 【156】

扎根理论研究者也会像其他理论家一样，无意中从自己的先入之见开始，如某一特殊经验意味着什么以及必须承受什么。来自诸如阶级、种族、性别、年龄、身份及历史时期的立场所产生的先入之见，可能会在研究者没有意识到的情况下就渗透到了分析中。如果这样，这些看不见的立场就会游荡在分析讨论的框架之外，对于持这些先入之见的研究者来说，从根本上是没有问题的。这些研究者甚至会否认它们的存在。①

　　每个研究者都持有一些这样的先入之见,可能影响但并不决定我们关注什么以及我们怎么理解它们。资本主义、竞争和个人主义的阴影可能在我们没有意识到的情况下就进入了西方社会科学研究者的分析中,因为它们构成了我们认识世界的框架。欧文·戈夫曼细致的田野调查、敏锐的观察以及强有力的类属使他成为 20 世纪最敏锐的社会科学研究者之一。但是,戈夫曼的策略互动模型关于人类本质的假设是个人主义的、竞争性的、策略性的和等级性的,这些模型适合的是 20 世纪 50 年代北美白人、向上流动的中产阶级男性的文化概念(Charmaz,2004)。这些想当然的假设影响了我们所关注的内容以及我们对它们的理解。在下面的这段话中,戈夫曼对进行卓越的人类学研究提出了敏锐的建议。虽然他的建议非常深刻,但我们还是能够瞥见他的先入之见。

　　　　作为研究生,我们只想表现得聪明,突出自己,为自己辩护——就像人们通常的那样——形成正确的关联,诸如此类。而如果你要做好田野工作,在我看来,难免要落空……

　　　　你必须呈现你在日常生活中所不呈现的一面,以此打开自己。你必须展现自己通常被压抑的一面。你不能再强调自己是如何地聪明。这对于研究生(特别是东海岸的研究生②)来说是极为困难的。你必须情愿做一个蠢笨的人。(Goffman,2004,pp.127-128)

只有当我们习以为常的立场受到挑战的时候,我们才可能看到自己的先入之见。罗莎娜·赫兹(Hertz,2003)曾经进行过一个关于以色列集体农场的民族志研究,直到 20 年之后她才遇到这样的挑战。最近,这个以色列农场一对夫妇的儿子过来要求和她一起生活。他的出现让她意识到,这个家庭把她和他们的关系看作是"家人"的关系,而她只把这种关系看成是她在以色列农场所度过的一段漫长时光里的一次"交易"。赫兹说,她意识到,"感觉是多么地奇妙,假设和意识形态的偏好是多么地根深蒂固,哪怕是最热心的开放努力也会受到挑战"(p.474)。

　　在你进行往复迭进的编码、记备忘录、收集数据的时候,意识到你的先入之见,能够使你的分析更加丰富。吉玛·卡尼(见 Conlon et al.,2013)讲述了在爱尔兰一个团队研究项目中,她的先入之见是如何浮出水面的。团队已经进行了 23 个采访,这是卡尼的第八个访谈。此时,团队正在同步进行数据收集、编码、撰写备忘录,已经形成了代际连接(solidarity between generations)的一些初步想法。卡尼写道:

---

　　① Dorothy Smith(1987)、Nancy Hartsock(1998)以及 Patricia Hill Collins(1990)等女性主义立场的理论家对于隐含假设(hidden assumptions)都有非常有力的论断。
　　② 译者注:指来自美国追求贵族气质精英教育的常青藤名校。

　　是在与一个精力充沛的年轻女人（她曾经参加过抗议运动）的谈话后,我才开始质疑我关于爱尔兰移民的先入之见。移民比我最初以为的更狡猾吗？罗莎琳德帮助我把爱尔兰人的幻灭与他们离开祖国的倾向（propensity）联系了起来。我开始把她的观点解释为,在爱尔兰建立一个永久性临时社会契约以证明其移民角色。移民将家庭单元分裂了,把"是爱尔兰人"从"生活在爱尔兰"中分离出来。移民这一选择总是存在的,在这个国家的心理中变得根深蒂固,他们一再通过移民来度过危机,包括殖民主义、饥荒、很多次的经济衰退以及近来全球化最严重的负面影响。没有像罗莎琳德这样作为永久选民的公民愿意为改善社会、经济和政治条件而进行努力,我开始看到,两代人之间的团结比我曾以为的更强,也更弱。它更强是因为尽管家庭住得比较远,但仍然保持着密切的关系。然而,爱尔兰移民社区也留下了一些残留物:垮掉的一代,国家和被抛在后面的公民之间那种受挫的和临时的关系。（p.11）

　　卡尼对先入之见的发现不仅丰富了她的理解,也有益于团队正在进行的分析。如果运气好,你能够在研究过程中就发现自己的先入之见,启发你的新认知。你的分析将从中受益。

　　在研究过程中,我们的先入之见可能会一次又一次动摇。在莫妮卡·卡斯珀（Monica Casper）博士论文的实地研究及随后出版的著作《未出生病人的形成:对胎儿手术的社会剖析》（*The Making of the Unborn Patient:A Social Anatomy of Fetal Surgery*,1998）①中,她意识到胎儿手术可能给母亲和胎儿带来风险。她看到,外科医生把胎儿当作"真实"的病人,而母亲只是一个容器,她不同意这个立场。在下面这段表述中,卡斯珀让她的起点和观点更为明确了:

　　　　我花了大量的时间和精力来阐明这一观点,胎儿手术及其主刀医生是政治性的。但我也对我自己的政治立场以及我的政治立场如何影响这一研究进行了反思。正如赖特·米尔斯所说:"没有哪个社会科学家可以避免价值选择,避免将其用到自己的工作中。……没有人能够置身'社会'之外,关键问题是,每个人站在社会的哪个位置。"……我的深层使命是对女性健康问题的关注,我对生育权利的关注形成了对胎儿手术的最初兴趣。这个项目开始后,我意识到,从"活动家（activist）"到"分析者（analyst）"的转换并不容易,一旦进入研究现场,我就不能"关掉"政治立场。断言我能设法让我的政治立场从 【158】

---

　　① 卡斯珀的著作展示了如何为受过教育的大众读者写一部杰出的扎根理论研究著作。她写了一部复杂的但可读性很强的分析性作品,而且没有使用扎根理论术语和结构。另一个可以作为对比的例子,是苏伦·米勒（Suellen Miller,1996）的作品,同样写作清晰,分析卓越,反映了清晰的扎根理论逻辑,对重返职场的新妈妈的策略做了了不起的研究。米勒采用了策略这一概念来整合她博士论文研究中关于护理的分析。她的报告提供了一个很好的例子,如何让一个经常被滥用的代码"策略"契合于研究数据。因此,除了这一特殊贡献,她的研究还对评估理论代码和数据之间的契合度提供了参考。

我的研究剥离开,而同时能揭示研究对象的政治立场,这在方法论上是高度虚伪的。(1997,pp.240-241)

从一开始,卡斯珀关于胎儿手术对女性生育健康的影响的角度就与胎儿外科医生的角度是冲突的,外科医生的观点和工作构成了她研究的重要组成部分。和大多数质性研究者的经验不同,卡斯珀所批评的人,对于她的早期分析工作已经非常熟悉了。她与她所采访的一位女医生分享了一篇论文,之后那位医生就把论文发给了自己的手术团队。这些外科医生面对卡斯珀时,已经很了解她的观点和行动了,这就迫使她必须采取反思的立场。使卡斯珀的研究中分析如此有力的原因恰恰是使研究非常艰难的原因。她置身于精英控制的一个有争议问题的研究中,而当时她还只是一个年轻的女研究生。

在她的著作中,卡斯珀指出了她反思性探究的深度,她说:"在研究过程中,我一直在多种方式之间移动和切换,胎儿手术是这本书出版之后很长一段时间我都在不断思考和谈论的问题。我的政治立场和知识假设曾经一次又一次动摇。"(1998,p.25)这本书出版很久之后,卡斯珀(Casper,2007)仍然质疑在她的研究过程中发生了什么,以及后来许多胎儿外科医生对她的著作所做的野蛮回应:

> 我所说的或我所做的,怎么那么遭人反感?我一直批评外科医生,说他们缺乏道德反思,这是可以肯定的,但是我也深切关注胎儿的健康和福祉。在这一点上我们大体上是一致的。但我也将自己定位为一名孕妇支持者,为她们的安全、健康和自主呼吁,但这挑战了程序本身的许多方面。最后,我意识到我的作品已深深陷入我所写的政治立场中。在这场正在进行的关于"谁有资格谈论胎儿和孕妇"的战斗中,《未出生病人的形成》仍然是一个异类。(p.25)

卡斯珀的质疑过程告诉我们,我们的先入之见会持续受到挑战,不断反思可以教会我们怎样对工作保持谨慎。她关于胎儿手术的问题尽管在研究介入的这些年里发生了变化,某些主要的医疗机构还是尊重地吸纳了她的政策建议,在该书出版后不久,她就获得了本学科最负盛名的图书奖。

揭示先入之见的策略

一些策略有助于揭示这些先入之见。对**被研究现象**的深入熟悉是前提条件,正如卡斯珀和卡尼的例子所说明的那样。这种熟悉不仅包括人们应对这些现象所用到的深层知识,还包括渗透在他们经验中的理解水平。这种理解水平会使你超越研究对象对同样事物所持有的想当然的态度。初始编码会引导你了解研究对象的解释框架,并使你沿着这个方向进行探究,但研究对象的解释框架可能并不是你的框架。正如赫兹上面所做的那样,对于挑战要采取一种反思的立场,这会让人对人们的观点和实践持一种质疑的态度。

扎根理论准则认为,每个先入为主的观念都会以某种方式进入你的分析,包括你以前的研究所得出的观点。那意味着你首先要做全新的、繁重的分析工作。我曾经主张,以前的理论概念可能会为你提供观察数据的起点,但是并不会自动为你提供分析这些数据的代码。比如,问一问自己,阶级、种族、性别或年龄这些需要分别关注的问题是否曾经出现过? 如果你完全应用来自学科的理论概念,那么你必须保证这些概念是能够发挥作用的。一些防止强制使用学科概念的方法可能会有所帮助。思考下面的问题:

- 这些概念是否有助于你理解数据?
- 如果答案是肯定的,那么它们是如何发挥作用的?
- 你能用这些概念来解释这一行或这一段数据中发生了什么吗?
- 如果没有这些概念,你能否解释这部分数据?
- 这些概念增加的是什么? 遗漏了什么?

如果现有概念对于理解你的数据不是必不可少的,那么它们就不应在你的代码或后来的分析中占有一席之地。对于你,最好的方式是首先确定你的数据反映了什么事情。

先入之见会影响我们的思考和写作。那些把自己看作客观的社会科学家的研究者常常认为,他们对研究对象的判断是正确的。这种立场会把一个人未加检验的假设作为事实。应用目的性、动机或策略语言时要小心,**除非数据支持你的判断**。你不能假设一个人脑子里想什么——特别是他或她没有告诉你的情况下。如果人们告诉你他们"想"什么,就要记住他们提供的特定表述,反映了什么样的社会背景、时间、地点、个人历史以及听众是谁。研究对象在告诉你他们想什么时未曾说出的目的可能比他们说出来的想法更重要。如果你重新构造对象的表述,使其适合某种目的,你就把数据强行放入已有的类属中了——是你的,而不是他们的类属。然而,把人们所说所做的相关数据进行比较,会强化对隐含意义的判断。

解释数据和把已有框架强加在数据上,存在细微的差别。在编码时,可能出现以下问题:

- 编码层次太过笼统;
- 识别主题,而不是识别行动和过程;
- 忽视人们建构行动和过程的方式;

·注重的是学科或个人的关注点,而不是研究对象的关注点;

·脱离背景进行编码;

·用代码去概括而不是去分析。

在一个扎根理论研讨班上,同学们在进行编码练习,都使用同样的关于临床背景中专业人士的数据。一个同学几乎对每一个陈述都进行了编码,并把数据中的事件描述为"压力"——未加区分的、未经检验的压力。她重视压力是可以理解的;然而,这个编码过于笼统,却没有考虑实地笔记中的行动和观察。研讨班其他同学的代码更接近数据,他们产生了更加细微的代码,综合了他们在数据中所看到的事情。

你的代码反映了什么观点,会指向什么样的类属,以及应该在什么时候引入抽象的观点,都要采取审慎的立场。这样一种编码的立场会让你对自己的观点以及研究对象的观点提出疑问。用下面的问题检查你的编码方式:

·我的编码是怎样反映事件或所描述的经验的?

·我的分析性建构是否从这一点开始?

·我是否在数据和代码之间建立了清晰而明显的联系?

·我是否曾警惕不要把被研究的经验改写为一种死气沉沉的语言,只为更适合我们学术世界和科层世界,而不是更适合我们研究对象的世界?

显然,我们把不同的观点带入了我们所看到的数据中。我们看到了研究对象可能没有看到的事物。随着代码越来越抽象,我们逐渐用越来越具有分析性的术语来表达,而这是研究对象所不了解的,但是可能会和上面所讨论的诸如"认同时刻"之类的观点产生共鸣。通过解释经验,代码在被描述事实和分析之间架起了一座桥梁。

最后,与早期扎根理论观点有关的另一个词是消除先入之见。扎根理论早期版本的显著特点之一是,坚持认为研究人员要摒弃任何先入之见,包括与研究问题、相关的早期概念、关于该问题的研究以及可能用到的理论等相关内容。不带任何先入之见地进入研究领域成为一个宣言。但这些版本的扎根理论仍然对来自他们其他定位和立场的先入之见格外沉默。对以上研究问题保持开放是对探究的基本态度。然而,没有先入之见地进入调查这一观念本身就是一个先入之见。这些宣言可以成为不去检查基本的先入之见——研究者对于自我、环境和世界视若当然的理解是什么——的借口。

小结

正如我在以前章节和本章节中所描述的那样,初始编码和聚焦编码提出了挑战,但编码也为快速分析带来了机会。积极进行编码是扎根理论过程一个重要的部分。起初编码似乎很吃力,但是可能很快你就会惊讶于你进展的迅速。随着初始代码获得分析形式,聚焦编码也会加快速度。对照大量数据检查你的聚焦代码,会让分析过程更为有用和高效,而且形成的一些聚焦代码很可能是你所需要的。

发展理论敏感性将使你有能力让自己的分析更为精确,不论你是否追求理论建构。理论敏感性和编码彼此之间会相互影响。理论敏感性是用抽象的术语来理解和定义现象的能力,也是展示研究现象之间抽象关系的能力。有了这种敏感性,扎根理论研究者能够辨别生成模式的意义,定义他们所建构的这些模式相关类属的独特属性。这样,理论敏感性使扎根理论研究者能够构造分析代码,引导形成抽象概念,让这些抽象概念有着明确的经验指向,可以区别于其他概念。 【161】

理论敏感性能够使研究者深入到被研究世界的深处,并详细说明它是怎样构成的。理论敏感性提高了代码的分析能力,而且进行编码也会进一步刺激发展理论敏感性。编码不仅分解数据,也可以通过编码了解这些数据是如何形成的,以及你可以选择哪个理论方向。内隐过程会变得可见,代码之间的连接也会出现。关于数据的问题会变得越来越精确,越来越深入。

我最后的评论是对早期指导方法的回应,但添加了一个承诺。要让你的初始密码尽量短、简单、自然,并具有**分析力**,剩下的事情自然水到渠成。

第 7 章

撰写备忘录

当我们停下来撰写非正式的分析笔记（一般称之为备忘录）时，研究的旅程就要在这里停下做一次分析性修整了。备忘录能够对研究过程的主要分析阶段进行制图、记录和详细说明。我们从关于代码和数据的写作开始，将其上升到理论类属，并在整个研究过程中坚持写备忘录。备忘录可以服务于多个目标，虽然我强调的是它在建构理论类属中的核心作用。撰写备忘录能加速分析过程，提高工作效率。我提出了一些如何撰写备忘录的建议，介绍了一些作家的策略，让备忘录撰写更易于操作。然后，我将介绍了一些通过备忘录把聚焦代码提升为概念类属的方法。

撰写备忘录是数据收集和论文写作之间的关键中间步骤。在撰写备忘录的时候，你要停下来，分析你在这个时候产生的关于代码的任何一个想法（也见 Glaser，1998）。备忘录撰写构成了扎根理论的一个关键方法，因为它鼓励你从分析研究过程早期就开始分析数据和代码。在整个研究过程中不断撰写备忘录能够使你参与到分析中来，有助于提高你的想法的抽象水平。在你不断撰写备忘录的时候，一些代码会凸现出来，以理论类属的形式出现。

备忘录能把握你的思想，保留你所做的比较和联系，使你所追求的问题和发现清晰化。通过写备忘录，你可以与自己进行交谈，新的想法和洞见会在写作的过程中出现。把事物记在纸上会使工作变得具体而便于管理，使事物更加令人兴奋。一旦写了备忘录，你就可以马上使用它，或者保存起来以备以后进行修改。简单来说，备忘录写作提供了一个空间，使你能够积极地思考你的资料，发展你的想法，调整你以后的数据收集，并致力于批判性反思。

通过撰写备忘录，你可以建构分析笔记，可以用来说明和填充类属。你可以通过形成聚焦代码来开始备忘录写作。备忘录给你时间和空间，让你能够在数据与数据、数据与代码、代码与其他代码、代码与类属以及类属和概念之间进行比较，并解释与这些比较有关的猜想。你可以用备忘录来帮助你思考数据，发现关于这些数据的想法。

以下备忘录是我对特蕾莎失去声音的描述进行编码之后，第一次写的相关备忘录，这个故事曾经在第 5 章出现过。

框 7.1

　　一个早期备忘录的例子：关于失去声音与自我之间的联系

自我的失去和重新获得

　　手术负责将一些东西摘除，从那时起，一切都变了。这是个很艰难的过程……治愈身体上的疾病，学着去接受事实，未来从此之后会大不相同……以后我甚至再也不是我自己了。我的声音没了，所以我也不存在了，没有我的声音，我什么都不是。（强调"我的"）

上面的话语中，特蕾莎（4 号受访者）回顾了 11 年前一个决定性的时刻。她形容这一刻好像就发生在昨天。这一事件几乎击垮了她。"我的声音没了。"声音与自我是结合在一起的，难以从自我——她所有的自我中——分离出去。特蕾莎知道，在这一刻她的生活彻底改变了，她曾经的自我留在了过去。当特蕾莎回到决定性的那一时刻，时间就崩溃了。我们看到已经 30 岁的女人再次成为那个 19 岁的少女，她正面临着失去她所熟悉和珍视的唯一自我。

时间的意义渗透到了特蕾莎的故事中。随着特蕾莎故事的展开，过去、现在和未来的意义越来越强烈。她在故事中讲述了早些时候发生的事件。在她上面的表述中，她把手术描述为一个时间点。特蕾莎把患未分化癌作为一个决定性事件，把过去和现在分割开来。手术成为一个时间基点，将发生变化的自我区分开来。它标志着失去声音的现实，重新定义着她并影响着她的生活。当特蕾莎与失去声音这一现实斗争时，她将过去和未来的事件并列在了一起。她的故事不仅仅是一个"不幸事件"。（这个故事来自特蕾莎在质性方法心理学研究生课程的一项作业。老师要求学生写一个他们生活中的不幸事件，然后彼此之间进行采访。）实际上，特蕾莎讲述了一个遭遇毁灭性损失、而后重新调整并获得自我价值的故事。

对于特蕾莎，她的癌症、手术以及失去声音融合成一个压倒性的体验，迫使她失去了自我。过去影响了事件本身，也影响了随之而来的让生命历程发生的一系列改变。然而，她在过去的经历中不仅获得了立场，也获得了技能，这使其悲剧叙事成为迈向积极新方向的开始。（Charmaz，2011，p.175）

【164】　　我在这个备忘录中试图完成什么任务呢？我的目的是探讨特蕾莎叙述中的隐性意义与显性意义。注意，我把她的表述带到了备忘录中，开始分析，从中构建代码，包括"意味着痛苦""定义永久性损失""经历被强加的损失""声音和自我的融合""失去有价值的自我"和"承认痛苦"。许多慢性病患者可能会感到同样程度的损失，但没有表达出来。然而，特蕾莎的表述揭示了声音和自我之间的明确关系。我对声音、损失和自我以及它们的程度之间的关系进行了分析。考虑到更隐含的意义时，我会提出，那么时间到底扮演了什么样的角色？她的过去怎样影响了她的现在？在多大程度上她用她所经历的损失来定义和重新定义她的过去、现在和未来？

　　扎根理论研究者描述他们类属的属性，并用这些属性来定义类属。在这一案列中，构成特蕾莎故事中声音和自我之间关系的属性包括：1)声音和自我基本融合的本质；2)融合的程度——声音和自我无法区分；3)声音对于自我完整和自我表达的必要性。① 我相信特蕾莎的全部自我都失去了吗？不。但我可以相信，特蕾莎那时的确是这样觉得的。特蕾莎的故事还谈到了重新获得另一个有价值的自我，她当歌手时养成的专注力、技能和坚持不懈等品质发挥了作用。我看到了这两个过程之间的联系，但这些表述也提供了关于"失去自我"的更多资料，所以我也对其进行了关注。

　　备忘录可以做什么呢？写备忘录鼓励你停下来，集中注意力，把你的代码和数据分开进行比较，并定义它们之间的联系。停下来把握意义和行动。把它们写在纸上，写进你的电脑文件里。

　　关注你的代码和数据所给你的信息，以及建议。把你的代码分解，看看它们的构成。扎根理论是这样一种方法，能够引导你分析代码的组成部分，并用这些组成部分构造类属。通过检查细节，你会对研究现象形成整体了解，而且常常是以新的方式。

　　备忘录记录了理论建构的路径。它们记录了你一路上的努力与收获。正如罗拉·伦珀特(Lora Lempert, 2007, p.345)所说，"备忘录写作是方法论的链接、提纯过程，通过这个过程，研究人员将数据转换成了理论。"

---

　　① 　这些属性定义了特蕾莎所经历的"自我失去"，有助于定义类属"失去有价值的自我"。我选择不把它作为正式的属性，因为我希望在写作中再现这种经验的力量。

撰写备忘录的方法

备忘录写作要自然流淌,而不要机械堆积。在了解扎根理论之前,你很可能认为备忘录就是正式的业务交流,官方用它来表述政策、程序和提案,常常是不透明的、科层式的。实际上正好相反,扎根理论研究者写备忘录是为了分析,正如你在前面的例子中所看到的那样。我们用非正式的语言写备忘录,是为了自己使用,而不是为了让公众阅读。 【165】

撰写备忘录并不神秘,只要让你的备忘录越来越具有分析力就行。备忘录可以是自由的和流动的;也可以是短小的和蹩脚的,特别是当你进入新的分析领地时。重要的是把东西记在纸上,存储在你的电脑文件中。要坚持写备忘录,不管你怎么写,不管以什么方式,只要能够推动你的思考。①

要将所有的备忘录形成一个"备忘录银行"(Clarke,2005),其中包含每个版本的备忘录。在你完善自己想法的过程中,可以交叉使用这些备忘录,但是一定要保留一个"备忘录中心银行(a central memo bank)"。早期备忘录中通常包含着具有深刻洞察力的金矿,即使将其从最近的工作中删除后,还可以挖掘很长时间。在我们最初开始分析的时候,我们不能预见到哪些会成为最重要的。

坚持记方法论日志

加快备忘录写作的一个方法就是写方法论日志,记下方法论困境、方向及决定。你会发现,你的日志不仅能够给你写作"方法和数据"部分、写作论文的各章节提供具体细节,还会给你的备忘录提供观点。

我建议保持日志的反思性,避免对你的数据先入为主。遵循这一习以为常的格言,"不忘初心"(Lofland et al.,2005;Lofland & Lofland,1995),它会指出,与受访者共享未加置疑的假设,以及不对数据进行批判性观察会产生什么样的潜在问题。一些扎根理论研究者在写关于他们自己的职业时过于理想化,对根深蒂固的、未经

---

① 进行快速的初步评论,以及和合著者交流的相关备忘录,见 Anselm Strauss (1987:111-112)备忘录。

检验的价值立场常常不加反思。①

　　理查德·麦克格拉斯(Richard McGrath)参加我的一个扎根理论研讨会,听从我的建议坚持记录方法论日志。他想避免把他以前的体验——假设——放入数据中。在开始记日志的时候,他正在为博士论文研究收集数据。框7.2展示了他的日志是怎样激发论文备忘录的灵感的——他的论文对澳大利亚当地政府机构管理的混乱状态进行了研究(McGrath,2012)。编码是写备忘录最常见的用途,然而,写方法论日志也可以启发实质性问题。

框7.2

理查德·麦克格拉斯的反思和方法论日志条目

　　我所研究的焦点是澳大利亚地方政府当局。选择这一关注点纯粹源于个人兴趣和个人背景。我之所以能获得本科学位,与我个人参与某个地方当局的研究工作有关。随后我一直作为研究助理与澳大利亚、新西兰各地方政府进行合同式研究。因此我与地方政府实践形成了一种密切关系。然而,我意识到与研究距离"太近"会有问题,这对数据分析产生了潜在影响。为了避免过分熟悉产生的潜在影响,我决定坚持记研究日志,在整个研究过程中都记录下个人观点。为说明研究日志的使用,以及它如何被纳入后来的数据分析,我选择了这样一段记录,来说明地方政府文件如何被工作人员用来证明其行为和决定的合法性。

日志条目

　　非常有趣的采访。再一次显示,行动是和文件联系在一起的。与其他访谈相比,政府职员会表明,他们是由相关的计划和战略来证明其行为的。文件,尤其是正式文件……被批准的文件被用来作为做事的理由。政府职员似乎更关心的是,要确保他们的行动被看作是和文件相联系的。

　　以前的日志已经注意到这一点。重读……这些条目。想想哪些文件是重要的。

　　虽然我知道这一切。

　　地方政府"需要"研究报告来确证他们的决策……作为证据来支持行动,这在我的工作(研究助理)中发生过无数次。

　　我在数据中看到这个现象是因为我自己的个人经历吗?

---

①　与受访者分享专业意识形态的研究人员,可能会提出与不向受访者分享专业意识形态的研究人员相反的观点。一个突出的例子是社会学家丹尼尔·钱布里斯(Daniel Chambliss,1996)在一项获奖的民族志研究中所做的关于护理实践的观察。对于护士如何做她们的日常工作,他持批判观点。当然数据收集的形式也会导致这种差异。钱布里斯的分析是建立在10年的民族志研究基础上的,而当时大多数质性研究还主要依赖于交谈和有限的一次性访谈。塞德曼(I. E. Seidman,2006)指出,专业人员擅长表达他们领域有说服力的但理想化的观点。他提倡对专业人员访谈要至少进行三次,这样才可能挖掘他们在初始访谈中所呈现出来的社交套话之下的东西。

> 我需要检查一下，确保我不会为了把文件和行动联系起来，而把疑问放到访谈中。
>
> 需要检查一下以前的录音，看这个想法是来自访谈对象，还是由我引导所致。

我按照这个日志条目的提示回顾了录音，做了下面这些简短的日志条目：

> 检查记录，在行动和文件之间似乎有一致的联系。讨论是由受访者引导的……不是我。
>
> 在未来的访谈中需要牢记这一点。文件是一个关键过程。这是什么意思？需要研究一些关于科层制实践方面的文献（韦伯？）。想想它的重要性。

在后来的研究过程中，文件明显成为生成扎根理论不可或缺的一部分。我的学位论文在发展扎根理论过程中，发现了一个概念，集中关注一些地方政府工作人员是如何把"规定"的要求落实到工作实践中的。以下备忘录说明了这个概念最初是怎么被发现的。备忘录还展示了前面提到的日志条目是如何被用来协助进行数据分析的。

麦克格拉斯的方法日志完成了五个目的。首先，在参与当地政府活动中，坚持 【167】写日志帮助他退后一步，以新的视角分析熟悉的组织的偏好和实践。第二，它给麦格拉一个反思的场所，捕捉他转瞬即逝的感受和观点，在访谈进行后不久就立刻进行反思。第三，日志条目提炼了他从访谈收集数据所形成的想法。第四，这些想法刺激麦克格拉斯回顾早期的数据，并把它们与最近的访谈进行比较。第五，这个日志条目产生了一个有用的备忘录，为他的分析带来了启发。

框 7.3

理查德·麦克格拉斯关于文件的备忘录

作为行动过程的文件

地方政府工作人员使用文件来确保其行动的正当性。但更重要的是，文件为行动提供了一个方向。……文件对他们来说具有规范的性质。文件告诉当地政府工作人员需要做什么……他们的工作目的和重点是什么。为残障人士提供休闲娱乐机会需要符合一个过程，这个过程可以在文件里找到。这符合韦伯的理想科层式组织。明确、客观、正式的过程在文件中得到了详细说明，以确保后续行动的合理化。要确保这一过程是有依据的，确保行动不是心血来潮、

> 突发奇想的,要通过正式的、公开可得的文件来证明。当地政府需要被认为是公正的,并不偏袒社区内的任何特定代理主体。
>
> 在访谈中出现了大量引用,与遵守各种内部和外部文件的需要相联系,这往往优先于行动。文件就像神一样,在为社区提供休闲机会的过程中,它们似乎拥有一个被重新安放的地位。
>
> 对残疾人行动计划和体育与娱乐政策的分析也揭示了这个过程,在这个过程中,行动是被激发的。文件提供了评估清单,可以评估进展情况,证明支出的合理性,分配人员和资源。这发生在所研究的各类文件中。
>
> 需要从文件中提取例子和原型来支持这些想法。需要确保这不是来自我自己与当地政府合作经验的个人观点。继续回顾访谈,确保把文件概念作为一个行动过程不是生硬加在上面的。

框 7.3 中的简短备忘录涉及大量的工作。其中,麦克格拉斯对当地政府工作人员如何使用文件进行了探究和定义。通过写备忘录,他识别了文件使用的关键属性:使行动合法化,对行为进行指导和规定,对工作进行集中和组织,以及对绩效进行评估。在这个特殊的组织中,这些文件通过工作人员提供服务而变得具体化了。因此,他们的文件提供了现成的免责声明来证明员工行动的合法性。这样工作人员依靠文件可以回避或转移潜在的批评。

【168】 备忘录让麦克格拉斯明确了下一步去追踪的领域以及可以发展的观点。如果麦克格拉斯决定,他需要进一步检验这些属性来创建一个密集的分析的话,关于"工作人员如何使用文件"的每个属性都为他进一步的分析提供了诱人的可能性。此外,他可以在工作人员那里寻找相关的表述和行动,表明他们是如何使用和讨论文件的,进一步发现这些文件本身是如何指引或规定其使用的。想一想,这个备忘录是如何引导研究人员去看待与文件相关的话语的。

麦克格拉斯把地方政府工作人员如何使用文件作为一个重要结果进行了定义:他们使文件具体化了。这样,工作人员就会认为文件是固定的、稳定的,而且认为它们是不可改变的。因此,文件就成为他们自己的生活,从而超越了工作人员的具体行动。

如果引用一个早期理论又会怎么样呢?麦克格拉斯指出,这些文件契合了马克斯·韦伯的科层制理论。他没有直接运用韦伯的理论,只将其看作以后审查时进行比较分析的一个来源。与韦伯的理论相结合表明麦克格拉斯在他的分析中存在着先入之见吗?不一定。如果他以新的视角重新检查他的数据,先把他的想法具体化,然后把韦伯的理论看作是存疑的,而不是必须接受的真理,那么麦克格拉斯的分析就可以展示韦伯理论的局限性以及其中的先入之见了。

最后,麦克格拉斯用备忘录来指导他的研究,并简单提到如何检验他的想法。像麦克格拉斯对文件的讨论一样,备忘录可以指导、引导和承诺研究者的行动,以及检查研究参与者的行动。

林赛·普里奥尔(Lindsay Prior,2003,2008,2011)是对的:备忘录是指引扎根理论研究者的文件。

撰写备忘录的路线

职业作家一直以来都建议,要把笔记本随时带在身边。他们建议什么呢? 只要你一有想法,就赶紧把它记录下来。同样,格拉泽(Glaser,1978,p83)也建议,想法一来,马上写备忘录。在你定义了所追踪的代码后,备忘录撰写就构成了下一个逻辑步骤。然而,最好从研究一开始就要写备忘录,如同理查德·麦克格拉斯所做的那样。

让撰写备忘录成为一个习惯,会让你对材料有更多的思考、探索、修改和排序。扎根理论研究者有不同的撰写备忘录路径。思考这些路径,可以让工作更顺利地进行。卡罗琳·维纳(Carolyn Wiener,2007)和安塞尔姆·斯特劳斯及其研究小组的其他成员在很多项目上进行了合作。卡罗琳写道,最关键的备忘录想法是在他们的小组会议上出现的(p.302)。直到斯特劳斯职业生涯末期,他都一直把小组讨论记录作为备忘录。如果这些研究人员耳目聪敏,小组讨论记录就能够加快研究进程,否则他们可能会迷失在大量细节里。小组讨论记录保存了一闪而过的思想灵光,让你辨别和发展那些微妙的意义。如果能这样做,你的备忘录就会越来越成熟。

框 7.4 给出了一些建议,但不是死规定。要选择适合你的思维和工作方式的写作路径。梅兰·比尔克、依珊·查普曼和凯伦·弗朗西斯(Melanie Birks,Ysanne Chapman,& Karen Francis,2008)发现,在分析阶段的早期,把备忘录按照"操作型(operational)、编码型(coding)和分析型(analytical)"(p.72)进行分类,可能会非常有帮助。**操作型备忘录**记录研究步骤以及决策和行动的原因,它与方法论日志有相似之处。他们把**编码型备忘录**定义为,探究编码,对实践进行分类的备忘录,并**把分析型备忘录**作为检查、解释和概念化数据的备忘录。如果这样对备忘录进行分类编目对你有帮助,那么很好,但是也要对你的备忘录按照时间顺序制成表格进行归档,这样,你就可以很容易地进行复制,并在后期进行跨文件比较了。【169】

早期备忘录和高级备忘录的区别只是在于,相比后来,研究人员在早期阶段拥有的数据更少,可以处理的编码和类属更少而已。此时,我们的备忘录可能更多是

建构扎根理论——质性分析实践指南(原书第2版)

试探性的,理论化程度也不高。在你一开始了解你所研究的世界时,你可能就会有一些炫目的发现。如果是这样,尽可能多写备忘录,并让它们具有越来越强的分析性。

框7.4

如何撰写备忘录

前提条件:研究你的生成数据!

确定你谈论的是什么,并给你的备忘录选择一个尽可能具体的标题。这些词可能有时候言不及义,那么就标示出来,再想想,以后再完善。那么现在就写起来吧。

早期的备忘录

记录下你在数据中所看到的情况。使用早期的备忘录来探究和填充你的质性代码。用它们来引导和聚焦进一步的数据收集。下面一些基本问题可能会有所帮助:

· 在研究现场或在访谈记录中发生了什么? 你能把它变成一个准确的类属吗? 例子:"避免说出病情""向疾病屈服",以及"失去有价值的自我"。

· 人们在做什么?

· 这个人在说什么或试图说什么? 他们对哪些事情保持了沉默? 保持沉默的原因是什么? 如果有隐瞒的话,这些秘密什么时候会影响事情的发生?

· 从研究对象的行为和言语看,他们认为哪些东西是理所当然的?

· 结构和环境是怎样支持、保持、阻止或改变他们的行动和言论的?

· 你进行了怎样的关联? 你需要对哪些内容进行检验?

· 你进行了怎样的比较?

你发现诸如"活一天是一天"、"蒸发"(Morrill,1995)、"跳圈"(Doig et al., 2009)之类的原话代码,会对其进行剖析和检查吗? 扎根理论研究能让你找到"过程"。下面的问题有助于你对过程进行聚焦:

· 这里有争议的是一个什么样的过程? 你如何定义它? 它在多大程度上是清晰的,在多大程度上是模糊不清的?

· 这个过程在什么条件下会进一步发展?

· 在参与这个过程时,研究对象是怎样思考、感受和行动的?

· 什么会减慢、阻碍或加速这个过程?

·这个过程是在何时、为什么以及怎样变化的？

·这个过程的结果是什么？

让备忘录更为结构化，能够勾勒出数据中生成类属之间被观察到的和可预测到的关系。

高级备忘录

·用你的话题（topic）对数据进行跟踪和分类。

·描述你的类属是怎样出现和变化的。

·发现那些支持类属的信念和假设。

·对类属如何说明行动和经验进行具体化。如果相关，说一说从不同的立足点出发，它看起来和感觉上各是什么样的。

·把类属放在命题中。

·使比较更为尖锐：

　　*比较不同的人（比如他们的信仰、处境、行动、言论或经验）。

　　*比较来自同一个人不同时间点的数据。

　　*比较代码。用初始类属使关系更为具体化。

　　*比较数据中的类属和其他的类属——例子："'接受'生病的事实"和"向疾病妥协"怎样进行比较？哪个类属应该成为主要的部分？哪个应该放在次要的位置？

　　*比较子类属和一般类属哪个更合适——例子："'接受'生病的事实"会怎么发展？什么时候它会成为一个问题？在什么情况下它适合生病的过程？

　　*比较一般类属中的子类属——例子："确认身份的时刻"和"重要事件"之间有什么区别？

　　*比较概念或概念性类属——例子：说明"过去的自我"和"现在的自我"之间的差异，比较"侵入性疾病（intrusive illness）"的体验和"沉浸在疾病中（immersion in illness）"的体验。

　　*用你的分析和已有文献或研究领域的主要观点进行比较。

　　*完善你的分析结果。

改编和更新自 Kathy Charmaz（1995b）。

撰写备忘录会迫使你停下其他的活动，专注于一个类属，让你对这个类属的各个方面、各个角度、各个层次进行探求，并把你产生的所有想法都记下来。这就是撰写备忘录会为探索和分析创造时间和空间的原因。你会花时间对所看、所听、所

建构扎根理论——质性分析实践指南(原书第 2 版)

想以及所编码的内容形成你自己的想法。

【171】　　备忘录会让你在分析过程的早期就通过写作充分发展你的想法。备忘录有助于引导和澄清后来的编码。撰写备忘录会推动完善代码或类属所涵盖的过程、假设和行动。它们鼓励你把生成的类属区分出来,把它们分成若干部分。备忘录也有助于识别哪些代码可以作为分析性类属,如果你还没有对它们进行定义的话。然后你就可以通过写更多的备忘录来进一步发展这些类属了。)

　　没有什么单一的机械程序能够定义一个有用的备忘录。对你所拥有的资料要进行尽可能充分的处理。备忘录可以有各种形式,不过你可以在一个备忘录中进行下面的工作:

- 用分析性的属性来定义每个代码或类属。
- 详细说明包含在代码或类属中的过程。
- 比较数据与数据、数据和代码、代码和代码、代码和类属、类属和类属。
- 把原始数据放到备忘录中。
- 提供充足的经验证据来支持你对类属的定义以及对类属的分析论述。
- 提供可以在研究现场进行检验的假设。
- 对代码和类属进行分类和排序。
- 发现分析中的漏洞。
- 通过提出相关问题来考察代码或类属。

　　使每个代码具体化,并给备忘录添加标题,会相应地聚焦于代码的来源、内容和方向。使你的代码具体化,能够有助于在备忘录中检验它们,使其更清晰,并看出它们是否契合其他数据和代码。然后你可以对备忘录进行修改、发展,或将其放在一边,正如你的数据和分析所指示你做的那样。

　　扎根理论研究者要寻找模型,即使关注的只是一个单一的案例(见 Strauss & Glaser,1970)。因为我们重视模式的识别,所以扎根理论研究者的特点就是要用研究对象的故事来说明观点,而不是对他们的生活提供完全的描述,或者提供对经验的全面叙述。① 当你把原始数据放到备忘录中时,从一开始就保存了对你的分析观点有用的具有说服力的证据。你要提供大量的逐字资料作为抽象分析的基础,并为做出关于分析的论断提供基础。不同来源的逐字资料使你能够在备忘录中做出准确的比较,这些比较能够让你对经验世界的模式进行定义。这样,撰写备忘录就使你的研究超越了个体的案例。

------

① 在这个意义上,比起其他质性方法来,扎根理论研究者所涉及的研究现场的奇闻逸事更少,描述也更少。我们常常为了分析而把行动、事件和研究对象的故事分割成若干部分。格拉泽(1998)认为,要发展理论,进行切割很有必要。叙事分析者、现象学家和一些后现代主义者反对把故事进行分割,因为他们相信故事需要以完整的形式进行保存(尽管常常是以浓缩的形式),而且故事所采用的内容和形式也会为故事的意义提供重要的见解。

框 7.5

【172】

代码：在收容所访谈工作人员 P-D（脑损伤幸存者 319s）

最初的目的	访谈记录
	我:(3)下一个问题是,想一想为什么,嗯,脑损伤患者会表现出挑衅行为,关于大脑的过程,你曾经聊过一些。你还有什么想要补充的吗?
承认多种原因:重复无所不包的委婉语——"挑衅"	P-D:患者表现出具有挑衅性的行为可能有很多原因。失去身份,损失,他们遭受了巨大损失,因为人格的变化,他们可能
描述原因——强调损失的程度:遭受拒绝;发现因为人格变化,失去了身份,失去了孩子、家庭、工作	会失去他们的家人,家人不能应付这些,你知道,这对人改变很大。他们可能会失去孩子,他们可能会失去住所,你知道,他们会失去,失去工作。我认为,我认为对这一
失去自己的生活,失去在世界上的存在方式	事实强调得还不够,这些人失去了他们的生活。基本上,他们经历了极大范围的损
遭受巨大损失;疏远了其他人	失,而且因为他们的行为,他们可能已经疏
过激行为是用来掩盖损失的:对行为的误读(被工作人员);行为反映的是损失	远了人们,以至于这成为所有损失中最严重的方面。我一再认为,没有人理解这些,他们这样做只是因为他们出了毛病,或者
面对不断的损失;了解可能的过去	当他们不断想他们已经失去了多少的时
解释无所不在的损失	候,他们这么做实际上只是因为他们想要
意识到毁灭性的损失;失去以前的生活;一无所有了	些什么东西,你知道。我的意思是,嗯,你知道……病人,嗯……病人失去了她的一切,你知道,她本来有一个平稳的生活,你
比较自我与他人	知道,她有一个很好的工作,精彩的社交生
对情绪反应的解释	活。她现在一无所有,你知道,这样,你知
对小题大做的理解	道,在当她情绪低落,看到人们去做事情,她不能做。她的敏感度会上升,甚至于,你对她说等一下,对她都是很重要的。我认
忘记设身处地理解病人的行为;工作人员忘记病人的经历	为这是人们忘记的另一件事,尽管它似乎是一个很小的请求或很小的事情。人们忘 |【173】
承认失去了生活	记了,对于他们(患者),这一点很重要,他
指出工作人员忽视了病人遭遇的损失	们没有太多的生活,嗯。我认为一旦人们

建构扎根理论——质性分析实践指南(原书第 2 版)

	在这里时间长了,有些人就忘记了,这些患者已经失去了一切。坦率地说,如果这意味着我请求别人跟我说话,我可能会极为尴尬。嗯,如果他们不能和人交流,你知道他们多数会失去说话的能力,你知道,他们会受挫。如果他们不能走路,你知道,很多方面都会影响他们的心理健康,或者他们可能会,你知道,他们可能会变得沮丧(2)。身体的问题,导致他们不能做这些事情。你知道,他们曾经是很骄傲、很独立的人,现在自己不能洗澡,为此他们变得非常愤怒。人们不可能通过每天和病人一起工作而了解这些。我不认为人们真的……我不认为人们总能抱有同情心……
设身处地理解病人	
理解病人由于不同的损失所产生的挫折	
把病人的损失与当前的心理健康联系起来	
理解自主权、尊严的丧失	
设身处地理解病人的愤怒	
未能理解损失的意义	
缺乏同情心——工作人员	

来自:Tweed 和 Charmaz(2011,pp.138-140)。

撰写备忘录的立足点和出发点

我们的立足点和出发点影响着备忘录的形式和内容,以及书面报告。当我们在早期就一个陌生的话题写作备忘录的时候,我们的优势是有新鲜的观点,缺点是缺乏背景知识。为展示不同的立足点和出发点的差异,以及我们备忘录的差异,我会提供两个来源不同的备忘录进行比较。

第一份备忘录解释了我曾经对数据所进行的编码和分析——"无所不在的损失(Explaining All-Encompassing Loss)"(框 7.6),在这个案例中,我站在一个远距离分析者的立场,没有参与到研究现场中。印加·斯图尔特(Inga Stewart)收集的数据来自治疗脑损伤收容所的工作人员。她为我贡献了一部分数据,我在与艾莉森·特威德合著的作品中对其进行了分析(Tweed & Charmaz,2011)。我没有直接接触任何一个研究对象。我对访谈进行了编码,在没有任何相关背景知识及脑损伤患者护理概念的情况下,撰写了备忘录。我将来自受访者 D 的访谈(框 7.5)的数据摘录备忘录和代码备忘录进行了比较。我看到了受访者 D 关于损失的观点,病人把损失表达得非常清晰,并提供了丰富的细节,可以用来和其他工作人员在看待病人及其工作上的态度进行比较。

框 7.6

早期备忘录：解释无所不在的损失

"解释无所不在的损失"意味着,将病人损失程度这一未知的或被遗忘的含义变得清晰起来。这里的解释意味着,指出患者所经历的损失的类型,描述其程度,并使其被人所知和被人理解。"解释无所不在的损失"意味着,从病人的角度观察,看到底失去了什么。损失存在于过去生活和当前存在之间的鸿沟里。受访者 D 指出,"我认为对这一事实强调得还不够,这些人失去了他们的生活。基本上,他们经历了极大范围的损失,而且因为他们的行为,他们可能已经疏远了人们,以至于这成为所有损失中最严重的方面。"因此,损失可能导致螺旋式恶化。意识到失去了自己的生活——一个人在这世界上的存在方式,造成患者巨大的痛苦,他们可能会通过受挫感、愤怒和侵犯来表达这种痛苦,而这又导致被拒绝和进一步的痛苦,以及随后更多的过激行为。过激行为是为了掩盖损失,然后,工作人员误解了病人的行为。加剧这一过程的条件包括:病人受损的性质及其相对可见性,它使日常生活复杂化的程度,以及医疗机构条件本身。受环境制约,多大程度上能够传递出这样的信息:自我控制失效是日常事件,因此要让病人以及工作人员对那些麻烦行为不再敏感?

"解释无所不在的损失"不仅要求听者去想象已形成的损失,还要想象病人在经历大脑损伤之前他是谁。因此,工作人员对病人的印象就会不同于他们在日常工作中遇到的其他人。解释连接了过去与现在,并说明了现在。(与受访者 D 通过回看过去解释当下形成对照的是,受访者 B 认为损伤只专注于现在,既不关注损失的大小,也不关注它可能引起的痛苦。)受访者 D 用老师的角色,向访谈者解释了为什么病人会那么做。她可以在多大程度上让她的观点被理解,被听到? 她如何面对那些未能领会损失的这些含义的同事呢?

通过解释"无所不在的损失",与同事相比,受访者 D 呈现出的是一个具有同情心、洞察力、与众不同的——独立的? ——自我形象。她的同情心是如何改变她与病人的关系的? 她的见解是如何以及何时影响她对病人的工作的? 她把自己和她一起工作的同事区分开来会有什么影响呢,如果有影响的话?

来自:Tweed 和 Charmaz(2011,pp.141-140)。

这段摘录中充满了关于损失的表述。然而,试图了解受访者 D 在表述中的行 【175】为,让我有了更多进行比较和发展分析的素材,而不局限于我原来对损失的编码。

使用数据中的代码和表述,我开始对"解释无所不在的损失"意味着什么做了操作性定义。然后我开始讲明它的属性,去发现,对于那些和受访者 D 观点相同的工作人员,什么是关键的:选择病人的视角,从他们的角度来观察他们的生活。受访者 D 的表述及其相应的代码除了让人意识到现在的痛苦和行为之外,也进一步关注了多种损失、生平和时间。我认为,病人对其损失的认识会导致螺旋式恶化的后果,这一观点的依据是受访者 D 的表述及其代码。这些代码让我有了一个工具,可以用来把握它们是如何契合于"解释无所不在的损失"的,并揭示与受访者 B 的表述所存在的鲜明差异——受访者 B 更强调身体上的巨大变化。

我的分析正确吗?一个远距离分析者是置身事外的,其风险在于他对行为和事件的看法可能会断章取义。当数据仅仅由现有文本和文件构成时,此类风险会进一步加剧。

备忘录最后的问题显示,工作人员的观念意识会影响他们的人际关系以及对病人的工作关系。这些问题解释了早期分析线索怎样引领你走向新的方向——如果你可以找到指引方向的数据的话。如果是这样,即使从远距离立场来看一个备忘录也会产生卓有成效的分析,尽管存在语境限制。

相反,我在写下一个备忘录之前,对这个话题"作为道德身份的受难"(框7.7)、研究对象以及环境类型已经具有了相当丰富的背景知识。我的立场和出发点反映了"内部人"的知识。在对激发备忘录写作的具体访谈进行编码之前,我已经收集了很多数据,多次采访了研究对象,参与相关研究课题多年。多种形式的数据为进行比较分析提供了直接的来源。

正如我在第 6 章所说的,这份备忘录写得很快,但是我的思路却很慢。我会经常想到欧文·戈夫曼(Goffman,1963)关于污名(stigma)的分析。他的概念已经被社会科学、慢性疾病和残障护理文献广泛应用。我的研究对象的确也讨论到了这种情况,他们觉得被贬值了,名誉扫地,但一定程度上污名的概念并不能代表我的所有所见所闻。他们脸上和声音中的痛苦和悲伤,在他们的故事中投下了深深的阴影。关于他们自己,很少有人提到"受难"一词,但他们的故事又充满了这一意义。受访者也没有使用"道德身份"这一概念,虽然它清楚地解释了他们的经验。

新代码"作为道德身份的受难",激发了新的分析思路,清晰解释了大量的数据。反过来,早期访谈记录给了我建构代码和撰写备忘录的语境。如果没有这些数据,我就会错过这些潜在的线索和微妙的表述。通过把"作为道德身份的受难"作为一个类属,我把代码提高到概念水平,使其更具分析性。我认为它是独特的,它所包含的很多属性我可以在数据中辨别出来,并通过审查和编辑初始代码将其综合出来。因此,我建构了这个类属,发展了关于它的抽象分析,使其紧密贴合我的数据。

框 7.7

一个备忘录的例子：作为道德身份的受难

受难不仅是一种身体经验，也是一种复杂的道德体验。受难的故事反映并重新定义了道德身份。

当受难被认为合法时，道德权利和权益以及道德定义就随着受难一起到来了。这样，这个人就能够提出某种道德宣称，并把某种道德判断放在自己身上。

　　值得

　　依赖

　　需要

受难能够提升一个人的道德身份。这里，受难具有神圣的地位。这是一个处在神圣地位的人，是曾经见普通人未曾见，知普通人未曾知的人。他们的故事被人们带着敬畏和好奇致意。自我的地位也得到了提升。这个人是特别的，这个引人注目的故事为故事讲述者投上了引人注目的光环。

比如，贝茜和她的女儿。贝茜坐在餐桌旁的轮椅里，给我讲了她怎样突如其来地得了这种要命的疾病。在她开始讲起那次危险的手术时，她已中年的女儿西尔玛正在隔壁房间收拾橱柜，此时也停下来加入了我们。贝茜讲了当她的心脏停止跳动时的濒死经验。西尔玛全神贯注地充满敬畏地听着。尽管她之前已经听过这个故事很多遍了，这个故事还是带来了一个新的时刻。贝茜说，她通过一条狭长黑暗的隧道，然后看到一道美丽明亮的光。贝茜相信这道光来自上帝的面孔。当西尔玛再次听到她母亲的故事时，她充满敬意地注视着自己的母亲。之后，西尔玛强调，这个事情极大地提高了贝茜的精神，改善了她对自己疾病的看法。

受难也为上演英雄神话（他总是能够在抗拒所有厄运时获得胜利）提供了机会。这样，受难的地位再次提升了，当这个人被认为是从战场凯旋时，就变得引人注目了。这个人通过危险的行为抗拒了死亡，而且还可能抗拒了医生。英雄的地位常常伴随的是比他的同辈更早地面对疾病和死亡。然后这样的故事就变得引人入胜并让人深信不疑了。它们吸引着听众，宣告着变化了的身份。人和环境都通过英雄式的斗争得到了改变。

虽然受难可能最初传递了一种被拔高的道德身份，但是观点还是会发生变化。来自受难的道德宣称一般都限制在一定的范围和权力中。重要性的圈子是在逐次缩小的。在这些道德宣称中自我的故事可能会在一段时间里成为人们的谈资，但随着时间的推移，人们对这些故事会逐渐淡漠——除非某些人有着相当大的影响力。这个圈子会收缩到对他们而言最重要的人那里。

受难的道德宣称可能只对于那些健康人,那些整体处在危机中的人,并且在事后不久,才具有明显的效应。否则,这个人就变得没那么重要了。价值越来越小(WORTH LESS)。当疾病和衰老要人付出代价时,他们就可能从价值变小开始,最后以"无用(worthless)"结束。

受难的道德身份带来了得体与尊严的标准。一个人不得不去符合这些标准,或者忍受最后的结果。然而,标准通常是想当然的,是相对于群体以及之前的经验而言的。使用一个群体的标准会疏远其他的标准。

【177】 克里斯蒂娜开始沉默,最后爆发了。沉默在有些背景中并不起作用;而在另外一些背景中却是唯一的策略。爆发引起了别人的注意,但也导致了疏离。

病人也可能把那些共享的没共享的标准认为是理所当然的。一个人的道德身份可能私下里出现在配偶、父母或成年子女那里,也可能作为一种地位下降出现在公共场合。一个球场管理员作为保养组的一员已经和同样一批人工作很多年了。他们共享了团队精神。但是现在他的工作搭档在那些需要两三个人干的工作上拒绝帮助他。一个人手不足的系里,一名教授身体状况突然变糟了,于是不得不让他的同事接管了他的班级。尽管他们说愿意这么做,他还是感觉到他们很有压力,觉得他让他们失望了。同时,他的同事去敲系主任的门,说,"我们怎么才能让他离开这儿?"

克里斯蒂娜提出的道德宣称,不仅适合那些受难的人,也适合人的一般状态。她有权利要求别人听她说话,有权利在医疗和工作场所获得公正公平的对待。(备忘录 1-04-98)

框 7.7 中的备忘录简要谈到了一些想法,并引起不同想法之间的比较。我努力快速地把我脑海中出现的任何关于类属、代码和数据的东西记录下来。我编码时正乘飞机穿越美洲大陆,关于类属的一些想法在我脑海中出现了,我于是把它们记了下来。在我草草记录时,受难和道德身份之间的关系变得越来越清晰了。我对自己说,当然,这是我一直在努力获得的;我为什么没有早一点想到呢?我草草地做了一个备忘录,回到家之后我把它打印了出来。我复制了原来用大写字母和加倍行距所书写的备忘录,用黑体字取代了我的黄色标签(我从一开始就用一些视觉直观的形式强调这些观点)。这样,有了这些提示和标志性线索,我以后就可以继续去追踪了。另外,我又补充了一些内容,使备忘录变得更加清晰。

在备忘录中,我第一次提出了"作为道德身份的受难",将其作为我要分析的类属。我认为我们应该超越身体的痛苦和折磨来考虑,看到道德生活和道德价值。由此,我形成了一个操作化定义,受难让一个人的道德身份成为问题。研究对象详细地讲述了身体损伤的道德故事及其屈辱的结果。他们讲故事的声调和身体语言表达了这种受难和意义,有时还超越了他们的语言。研究对象的故事也包括了不言而喻的对道德权利和合法道德身份的要求。

"作为道德身份的受难"这一类属包括了哪些代码?这些代码是怎样在这个类属下组合起来的?我看到,该类属包括了大量的初始代码,这些代码意味着贬值,以及研究对象面对身份贬低、不被信任或被歧视时的反应。我开始把权利、要求和不公平的概念与受难和道德身份联系起来。写备忘录有助于我搞清楚道德身份是如何在受难中变化的。它促使我进一步看到道德身份上升以及下降的条件。我开始排列出一个受难的等级,发现内在的规则怎样影响某些人在道德等级中的地位。备忘录鼓励我在数据和生成的分析之间来回移动,把该类属和其他类属联系起来。

这份备忘录包含了一些想法和一些故事,但是它的目的还需要进一步充实。我曾经对不同研究对象之间的处境进行过多年的比较。回忆第 6 章克里斯蒂娜·丹福斯的故事。在框 6.4 中逐行编码产生了几个潜在的类属,"作为道德身份的受难""提出道德宣称",以及"道德地位贬值"(Charmaz,1999,2001)。在过去的几年里,克里斯蒂娜一直在不停地讲,她怎样努力保持独立,怎样控制病情并得以生存下来。有几个主要事件激起了克里斯蒂娜的屈辱感,并让她对道德权利产生了越来越强的关注。这些事件不仅引起了她的不公平感,也破坏了她的自我感觉。 【178】

在备忘录中,我开始把社会反应放到受难的定义里,并认为这一定义与自我是有关系的。和我交谈过的很多人都发现,其他人——包括专业人员和家庭成员——否定或怀疑他们症状的存在和程度。这些研究对象表示,他们曾经希望别人正常关注他们。正如第 5 章中推迟说出病情的邦妮·普雷斯利的故事(框 5.2)所表明的那样,一个人是否以及何时说出病情会影响到其他人看待和对待他们的方式。受难可能会进一步扭曲。获得二手信息会伤害被爱的人,让他们不舒服。这样,合法、说出病情、得体以及受难交织在了一起。

"作为道德身份的受难"类属应该属于哪种类型的理论分析?备忘录表明了什么类型的概念联系?它当然涉及结构、过程和经验。身份的意思是结构。在这个案例中,它的意思是社会价值的等级分层。结构在备忘录中仍然是不清晰的,但是我认为它是存在的,而且有所暗示。要注意,高道德地位是怎样和低道德地位进行比较的。我指出了高道德地位的脆弱性,并指出它是怎么衰弱下来的。这个过程包括关于自我和身份的复杂意义。它激发了人们的情绪,影响了他们的身份,重新定义了他们的处境,并且改变了人们之间的关系。"作为道德身份的受难"这个类属不仅整合相同的经验,也整合完全不同的经验,指出了时间顺序和转折点,产

建构扎根理论——质性分析实践指南(原书第 2 版)

主了特定的行为,契合一定条件并在一定条件下出现,还产生了结果。

备忘录能暗示敏感性概念是怎样在长期沉默之后在编码和分析中开始发挥作用的。对塔尔科特·帕森斯(Parsons,1953)、欧文·戈夫曼(Goffman,1959,1961,1963,1967)以及启发了戈夫曼灵感的埃米尔·涂尔干(Durkheim,1893/1964,1912/1965,1925/1961)的微弱回应通过备忘录得到了反映。帕森斯关于病人角色的概念始终只在我的研究背景中发挥作用,不过对道德立场的概念有所影响,道德期待和要求就是从道德立场产生出来。毫无疑问,戈夫曼通过他的作品所表现的对道德生活和道德意义的解释启发和推动了我对道德等级、其中的道德地位以及受难之间关系的思考。我在写备忘录前没有回顾这些理论,在写备忘录时也没有考虑过这些理论。戈夫曼和涂尔干都在积极探究道德法则、道德权利和道德责任。戈夫曼广泛地处理了人们怎样把自我呈现给他人,怎样管理其他人对自我的印象,以及怎样在互动中表现自己。对于戈夫曼来说,环境有自己的道德法则,人们的目的建立在道德环境中的道德存在上。涂尔干对法则的道德力量的分析,对神圣和亵渎意义的分析,说明了社会纽带和共享价值的隐含力量。

[179]

```
          高道德地位——合法化的道德宣称

              突发的身体疾病

              非自愿的疾病发作

           外界条件导致,本人无过失


         维持性的道德身份——被接受的道德宣称

                 慢性病

             经过协商提出要求

            现在或过去的权力及互惠


        低道德地位——有问题的道德宣称

                个人价值

                价值减小

               价值减小

              价值减小

             没有价值
```

图 7.1 受难中道德身份的等级

因为我选择这个备忘录作为演讲稿,所以我希望听众能够听到我的观点和我所讲故事之间的联系。我也希望他们能够想象出道德身份失去之后的受难。到我写了这个备忘录五周之后,再次呈现这些资料时,我已经拿出了一个清晰的道德等级图了。图 7.1 描述了作为结构的道德等级,并展示了沿着这个等级进行的移动。

当道德地位下降时,无用感会通过不断让人衰弱的慢性病压垮很多人。

初始备忘录会比最后的出版物更长久。观念的进一步分析和发展会产生更多的作品。一个备忘录能够激发很多观点,服务于不同的目的。备忘录会出现在期刊论文中,后面会发展成为著作。自从研究发表以来,我完善了关于受难的一些观点,反映了病人对差异的定义怎样加速了他们在等级中的下降。当我比较数据中的事件时,我更加了解了关于阶级和年龄差异怎样在互动中表现出来,以及怎样出现在等级之中(见 Charmaz,2005)。当你进一步收集数据的时候,你会发现未曾预料到的有价值的可以进行比较的素材。我的数据包含了很多这样的例子,当医护人员不认为病人所描述的症状真实的时候,他们失去了作为可靠的成年人所应有的可信度。在框 5.4 中,一个病人讲述了她寻找自我的故事,她的精神病医生对于她所声称患有红斑狼疮因此需要戴墨镜的说法并不重视。她的故事是一个例证,在一定条件下,一个人会迅速失去信誉和价值(见 Charmaz 2005,p.36)。

简而言之,早期备忘录可以丰富和完善后来的分析。通过撰写备忘录,你会变得更加熟悉数据中的行为和表述。

你可以从给备忘录加标题开始。这很容易,因为你的代码让你有了进行分析的题目,这样你就有了方向和焦点。对你要处理的类属进行定义。注意我是怎样定义受难为什么会成为以及怎样成为一种道德地位的。尽可能充分地利用你的定义。从你的代码和数据那里形成定义会使你透过表面深入本质。尽管你可能已经形成了初步的有效的定义来把握现象,但对资料的审查会使定义不再停留在描述的水平,而能够进入分析中。这样,你对类属的定义就从说明类属的属性或特征开始了。 【180】

接下来考虑,类属和类属所包含的数据会把你带到哪里。不论它们走到哪里,你都要追随这些线索。我要寻找潜在的而且——通常——是未曾言明的嵌入在类属中的假设。此外,我试图展示类属是怎样以及何时形成和发展的,以及它在研究环境中为什么会具有相关性以及对谁具有相关性。我发现人们在遭遇疾病或面对持续的不确定时会"活一天是一天"。最后,我开始问,"活一天是一天"对于他们来说是什么样的。我开始从他们的回答以及自传中的描述来定义类属和它的属性。"活一天是一天"浓缩了一系列内在的意义和假设。它成为控制难以驾驭的情感、对现在无法控制的生活进行控制、面对不确定性、控制可见未来的一种策略。

备忘录写作能够激励你去挖掘内在的、未曾言明的以及浓缩的意义。要寻找那些包含浓缩意义的代码。这些代码有利于你进行分析,并使你更好地处理其中的概念。看一看我是怎样在框 7.8 中这段比较长的备忘录中获得这些意义的。

框 7.8

把原话代码作为一个类属

活一天是一天

"活一天是一天"意味着一天一天地面对疾病，当病人面对病情时，未来计划甚至是日常行为都会暂停。在"活一天是一天"的情况下，这个人觉得自己的未来仍然是不确定的，不能预见到未来是什么或者说是否有未来。"活一天是一天"让一个人集中于病情、治疗以及调养，而不会由于恐惧或未来的可怕暗示而变得无所适从。通过关注当下，病人能够避免或者少去考虑死亡以及死亡的可能。

与时间观念的关系

觉得有必要"活一天是一天"，常常会极大地改变一个人的时间观念。"活一天是一天"把一个人放在当下，忘记过去所设想的未来（得病前或在这次疾病发作前病人所设想的未来），这样他们就会在不痛惜［他们的损失］的情况下进行让步。这些过去所设想的未来就可能在几乎不知不觉中消失。［然后我比较了三个研究对象的处境、陈述和时间观念。］

---

[181]　备忘录写作让你自由地探究你关于类属的想法。备忘录写作是写作的发现阶段，在这里，你第一次通过写作来学习。把备忘录当作是部分的、初步的和临时性的，因为它们可以随时修改。只是要注意，你的坚实基础在哪里，你的假设就在哪里。然后回到现场去检验你的假设。

只要有了一些想法和类属，你就可以开始写备忘录了。如果对写什么存在困惑，就先详细说明一下你最常用到的代码。然后继续收集数据，进行编码，并继续通过写更多的、更深入的备忘录来完善你的想法。使用扎根理论方法的一些研究者在数据收集的早期就有了一些有趣的发现，然后就截断了他们的研究进程，于是他们的研究就缺乏对环境或经验"深入的熟悉（intimate familiarity）"，洛夫兰德和洛夫兰德（Lofland & Lofland, 1995）认为好的质性研究要满足"深入的熟悉"这个标准。巴尼·格拉泽（Glaser, 2001）非常赞同马丁·扬科夫斯基（Jankowski, 1991）关于群体成员中"反抗的个人主义（defiant individualism）"的概念，因为扬科夫斯基比较了几百个这样的事件。① 要通过研究充足的案例，详细考察类属来深入谈论你的问题。

---

① 格拉泽（2001）在本书中表明了他对比较不同事件的立场，他认为，小样本并不意味着有限的事件，因为人们可以非常详尽也谈论而且可以被多次访问。他的逻辑在实际活动中是否奏效或者多大程度奏效是一个经验问题。在数据收集和数据分析过程中，典型事件会越来越明显地呈现出来，而且典型事件可能并不会涉及所有研究对象，因此要限制用来比较的资料来源。因为很多扎根理论研究依赖的仅仅是单一访谈，研究者可能只了解一个研究对象的一个主要事件，而不能提供用来比较的一系列事件。研究者也失去了提出更多问题、了解最初感兴趣事件的机会。小样本的扎根理论研究很少，但是很多研究也能产生大量可比较分析的事件，比如，柯蒂斯·杰克逊-雅克布（Curtis Jackson-Jacobs, 2004）对大学里可卡因使用者的研究。

　　备忘录可以是私人性的,用不着和人分享。在这个意义上,你尽可以快速清晰地记下你的想法。不用担心动词时态、前置短语的过分使用或者句子过长。你写备忘录是为了提供数据,而不是和读者交流。写备忘录是为了发现和探究观点,你可以以后再修改这个备忘录。

　　文不加点的快速写作有助于产生和保留最自然的声音。这样你的备忘录读起来就更像是一个鲜活的思考着、感受着的人所写的,而不是一个古板的社会学学究写的。你可以在不同的抽象水平上写备忘录——从具体到高度理论化。你的一些备忘录会直接成为你分析性初稿的一部分。把主题不同的其他内容放到一旁等以后再作处理。

　　与格拉泽和斯特劳斯连续比较法一样,你的大部分备忘录写作也要关注比较的方法。通过连续比较法建构类属,是进行扎根理论研究的基础。利勒摩尔·哈尔伯格(Lillemor Hallberg,2006)表示,进行连续比较是“扎根理论”的“核心类属”(p.141)。她写道,连续比较法意味着:

【182】

> 　　每一部分的数据,即生成代码、类属、属性和维度以及数据的不同部分,都要不断地与所有其他部分的数据进行比较,探索数据中的差异、相似点和不同点。扎根理论的连续比较法足够严格,可以帮助研究者探索数据的内容和意义,但又不被太多严格规则所束缚,以致限制了扎根理论研究者。(p.143)

　　通过备忘录写作,你可以对较早进行的比较做进一步发展,并进行新的比较。通过备忘录写作进行连续比较,可以引导你定义和发展核心类属,否则它有可能被忽视。在你连续的备忘录中,你可以比较由每个类属所指称的事件,通过比较它们、说明它们的关系来整合类属,通过比较类属和概念来限定生成理论的范围和界限,并写出这个理论,而关于这个理论,你可能在同样的研究领域已经把它和其他的理论进行过比较。因此,一开始时你就要认真处理这些代码,你要在这些代码中比较这个研究对象和其他研究对象的信念立场和行动,或者比较这个经验和那个经验。如果你有纵向的数据,你要比较研究对象在某一时间点上与其他时间点上的反应、经验或处境。然后当你的分析能力变得更强,并有了一些尝试性的分析类属时,拿这些类属和新的数据进行比较。这一步骤有助于你限定自己的类属,定义它们的属性。

　　当你发展类属时,你可以通过写更深入的备忘录来使类属之间的对比更为具体,这些备忘录有助于你进行比较,从而使你对资料的处理更加有力。这些备忘录也有助于你确定类属彼此之间的关系。通过写作备忘录,你区分了哪些是重要的类属,哪些是次要的类属,并说明它们是怎样建立联系的。这样,你就开始把它们发展为理论陈述了。备忘录就引导你形成了分析的内容和形式。

　　在使你的备忘录更具分析性、更为抽象的过程中,要恰如其分地把你的数据放

到你的分析中。在每个备忘录中,你都要展示你是怎样把分析建立在数据的基础
上的。把你的数据放到连续的备忘录中最终会为你节省很多时间,因为这样你就
没必要翻箱倒柜查找那些能够说明你的观点的数据了。

在框7.8的备忘录片段中,注意我开始是怎样定义类属"活一天是一天",然后
勾勒出它的重要属性的。我进一步丰富了"活一天是一天"很多方面的内容,比如
它和时间观念的关系(我在摘录中对此有所体现),以及它和情绪管理的关系。备
忘录也涉及人们是怎样"活一天是一天"的,问题是怎样解决的,如何提出的,以及
这么做的结果是什么。

备忘录写作有助于你:

【183】
·停下来想一想你的数据。

·把质性代码作为分析的类属。

·形成写作者的声音和写作节奏(让你的备忘录读起来好像是写给一位
好友的信;没必要恪守学术成规)。

·激发灵感,在研究现场进行检验。

·避免把数据强行放到已有的概念和理论中。

·形成新鲜的想法,产生新的概念,发现新的关系。

·展示类属之间的关系(比如,经验事件和社会结构,大的群体和个人,信
仰和行动)。

·发现数据收集存在的漏洞。

·把数据收集和数据分析、报告写作联系起来。

·形成论文的整体部分和各章节。

·深入到研究过程和写作过程中。

·保持分析的动力。

·提高你的信心和能力。

学习作家们的策略:构思练习

埋头写备忘录是一种解脱。备忘录写作能够让你摆脱学术写作的责难、传统
研究的程序限制以及教师和审查者的控制。但是能完全摆脱吗? 答案是否定的。
因为困难有的来自研究者自身,有的来自研究者外部。一些研究者发现,备忘录写
作的自由产生了信念和实践之间一种令人不安的跳跃。备忘录写作要求我们容忍

含糊不清。那些根据最初设定的开始、中间和结尾的框架来写作的研究者可能会直接进入报告写作,忽视写作过程中出现的新发现和新解释。(而备忘录写作则能够很好地展现这个发现的过程。)最后,这些研究者要等到胸有成竹才肯下笔写作,于是他们等啊等啊,等待这个时刻的降临。而其他研究者则把写作作为一件烦人的苦差事,尽量拖着,不肯下手去写。①

如果你也喜欢拖拖拉拉,或者害怕写作,那么试着在分析实践中进行一些构思练习,帮助你容纳含糊状态——并享受写作过程。构思练习是作家们常常使用的一个策略,它和扎根理论方法本身没有太多直接的关系。不过,这些练习有助于你探究扎根理论备忘录的写作。你可以将其作为无关的热身练习,或者作为帮助你开始备忘录写作的工具。

教师和研究审查者常常把扎根理论备忘录作为临时的但是可分享的报告,而不是作为一种私人的分析探究。如果是这样,那么其他的因素就可能会压制你写备忘录的努力:也就是,他们会对备忘录的质量进行评价。当他们的存在成为个人分析的障碍时,你怎么能写出既服从于审查又是自发的备忘录呢?你的备忘录很可能会失去自发性和创造力。当一双监视的眼睛盯着你的时候,你的备忘录写作始终会被制约着。【184】

从教师和研究审查者的角度来看,他们有正当的理由来评价你的备忘录。如果老师把项目分解成若干步骤,很多学生是能够把握一个大的难的项目的。这种教学策略适合传统的量化研究设计和大部分质性研究,但不适合备忘录写作。

问题现在扩展到了专业领域。越来越多基于大型资助项目的研究团队选择扎根理论方法。合作的研究项目依赖于共享的任务和观念。主要的调查者期望团队成员能够证明他们的价值。还有什么比备忘录更好的让团队成员展示他们价值的方法呢?如果团队成员并不分享他们所生成的分析,他们怎么进行合作呢?但是这种情境给你产生了其他紧迫的问题。你怎样避免被压制、按时完成任务并保留你分析的自主性呢?

再说一次,可以考虑从进行构思练习开始。它们能使你的备忘录写作变得更容易些。你可以以后再修改你的备忘录,让它更为清晰和条理。在过去的 10 年里,我介绍了两种构思练习,在扎根理论研讨班中进行聚集和自由写作(clustering and freewriting)。不管是在进展不顺的研讨班还是在进展顺利的研讨班②,参与者都发现,这些方法对于他们产生和反思自己的想法以及组织这些想法都非常有用。

---

① 不要对自己太苛刻。一些优秀作家也拖拉,然后逐字逐句地慢慢进展。你可能在潜意识中吸收了一些资料,需要一些时间才能把你的想法集中起来。试着跟着这个过程走,发现你的模式,如果需要的话,按照那些能够帮助你前进的步骤和策略进行。

② 我们讲授常规写作课程的老师通常都会提到这些技巧。更多的观点和建议,参阅 Ede(2011)及 Flower(2003)。

彼得·爱尔堡的自由写作的方法(Elbow,1981)和备忘录写作的方法有相似之处,但是又没有把你限制在数据那里。聚集式写作和自由写作都不是线性的,这样就把你从线性逻辑和组织中解放出来了。

聚集式写作

聚集式写作(clustering)是为开始进行写作而采取的一种速记式的构思技巧。正如里科(Rico,1983)所说的,聚集式写作给你一种非线性的、直观的和灵活的技巧来理解和组织你的资料。使用这些技巧可以对你的研究产生一个尝试性的和可以改变的图表或地图。像自由写作一样,聚集式写作的一个目的就是解放你的想象力。写出你的中心想法、类属或过程,然后围绕它,从中心画辐射线,形成更小的圆圈来展示它的定义属性、它们的关系以及重要程度。

因为聚集式写作提供了关系的图表,所以它和扎根理论中的概念或形势地图有一些共同之处(见 Clarke,2003,2005;Clarke & Friese,2007;Soulliere,Britt,& Maines,2001)。聚集的构型提供了一个如何组合你的问题以及如何和其他现象联系的图式。聚集式写作是积极的、快速的和可变的。对于一次聚集式写作来说,你可以是不求成果的。尝试几次不同的聚集,把你的拼图以不同的方式进行组合。这一构思形式能【185】够使你对自己处理观点的方式进行更快的自我更正。对于那些害怕写作的人,聚集式写作会使写作变得不再那么费力,并让那些享受写作过程的人加快写作速度。新手会发现,聚集式写作能够让他们更快地对备忘录的形式和内容进行安排。

通过聚集式写作你会获得一种控制能力,因为你在深入写作之前就已经有一幅关于片段的图景了。一个明智的聚集会让一个新手有信心开始各个部分的写作。聚集会为你的备忘录形成一个初步的框架。之后,你可以使用聚集来展示论文的各个部分是怎样彼此结合的。

你可以用聚集式写作来进行不同类型、不同分析水平的写作任务。聚集的一般方法包括下面一些方向。你可以在第一次探索你的代码时遵循其中的一些方向。

- 要从中心问题或中心观点开始;
- 快速工作;
- 从中心转移到更小的次级中心;
- 把所有相关资料放在同一个次级中心;
- 在每个观点、代码和/或类属之间建立清晰的联系;
- 不断扩展范围直到穷尽了你的知识;
- 尝试在同一问题上进行若干不同的聚集;

・用聚集式写作的方法处理你的资料。

一个核心词语比如一个代码,会形成最基本的聚集。试着建构聚集,看它能给你带来什么启示。围绕"过程"进行聚集会比仅仅围绕"结构"聚集更能推进你对行动的研究。试着在你生成模式的各部分之间建立联系,然后,你会有一个前进的计划。不管是否遵循这个计划,你都已经形成了进入并穿越已有资料的方法。为了实践,试着把与你的研究或写作无关的问题聚集起来。探究你对一个事件、一部电影或一部书的想法。

别把聚集式写作当成太重要的事,这样可以减轻写作的严肃性。如果它能帮助你处理资料就更好了。作家们使用聚集式写作来克服写作中的障碍。聚集式写作能够让你起步,也能让你继续前进。聚集式写作中的自发性和想象力能够让你在写作过程中推动感情、意象和节奏的发展。

聚集式写作能够让你对本质进行定义。它允许混乱的存在,能够使你通过聚集产生研究的路线。在你产生关于你的类属、围绕你的类属以及通过你的类属的模式(a pattern about, around, and through your categories)时,你就获得了对资料进行筛选和分类的方法。聚集式写作会让潜伏在背景中的东西跳到前景中来。使用聚集式写作能够使事物更为清晰,并使你的想法得到整理。聚集提供的不仅是头脑中的想象,而是清晰的直观图像。因此,你可以评价聚集中各个要点的相对重要性,以及要点之间的关系。

聚集技巧是快速的、流动的、富有成果的,并且是有趣的。如果它们对你有用,那么就用它们吧。我已经修改了这些技巧,使之可以作为扎根理论的方法。你可能希望从一个代码开始,再转向代码之间关系的聚集,然后是代码和类属之间的聚集。无论如何,试试像上面概括的或下面我所改良的这个通用的聚集方法。在聚集 8~10 分钟之后,你会理解如何开始关于类属的写作。然后你就可以开始自由写作或写备忘录了。

下面是聚集式写作的指导原则,图 7.2 是一个例子。

【186】

・围绕一个主要代码画个圈,要大到能够包括它所说明的对象。
・使这个核心的代码成为这个聚集的中心。
・把这个圈的内部分开,展示代码的定义属性。
・从你的代码到它所包含的任何代码,画辐射线,以展示它们的关系。
・使用关系丛结构(configurations)来建构一个图像,展示你的主要代码是怎样组合的,以及怎样和其他类属发生联系的。
・用中心代码圈的大小来反映它们相对的经验强度(relative empirical strength)。

· 用行距来说明代码之间关系的强弱。

· 让关系丛成为非线性的关系。

· 工作要快速,并要始终关注过程。

· 尽可能采用一个关系丛。

· 让聚集灵活、可变和开放。

· 继续聚集。对同样的代码试着进行不同的聚集,并进行比较。

【187】

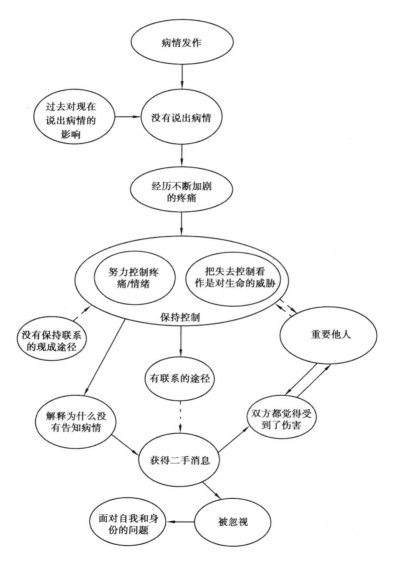

图 7.2   聚集式写作的例子

自由书写

自由书写(freewriting)意味着用笔和纸,或者用手和键盘,先写 8 分钟,然后逐渐延长写作时间。自由书写鼓励你:把最新的资料组织起来,忘记过去一成不变的习惯,而且以自然的声音写作。自由书写解放了你的思想和感情。它提供了一个有效的热身练习,并有成果产生,即一份自由书写的文稿。一次 10 分钟的快速自由书写可能会让你减少很多盯着空白屏幕发呆的时间。

写作老师常常鼓励学生用自由书写的方法来获得自由的想象——写任何出现在他们意识中的东西。这种类型的自由书写让我们打开了思路,释放了想象力。这样的自由书写让我们能够更为开放地接受世界,更自在地进行写作。它解除了其他人施加给你而你可能已经内化了的顽固限制。自由书写的这一特征能够让你的写作更为流畅,并使你能够更加清晰地意识到自己的感情和想象。

如何进行自由书写呢? 试试下面的方法:

- ·尽可能快速充分地在纸上写下你的想法。
- ·写给自己,并为自己而写。
- ·允许自己自由地书写,即使写得很糟。
- ·别管语法、结构、逻辑、证据以及读者。
- ·好像说话似的进行书写。

在自由书写时要有一种接受的态度。接受任何出现在你脑海中的东西。不停地写——把能够引向其他事物的东西写在纸上。让过程自然呈现。追随那些转瞬即逝的想法,以及突然迸发的不成熟的念头——现在就开始。你可以以后再评价它们,只关注你现在所知道和理解的东西。

正确的语法并不重要。完美的拼写、合理的结构以及清晰的论点也不重要。重要的是你要习惯把你的想法放到纸上,不管它们以什么形式出现。自由书写就像一本秘密日记,自己制作自己享用。

一旦习惯了自由书写,你就可以试着进行聚焦式自由书写,以此来处理你的数据和类属。试着用上面的方法让你保持开放的状态。进行聚焦式自由写作能够使你避免僵化,而且可以作为写备忘录之前的辅助方法。你要认真研究这些自由书写的东西,因为它们可能包含了一个能萌生伟大的备忘录的种子。通过增加一两个写作步骤,你很快就可以为研究项目写出流畅的备忘录了。

用任何适合你自己的风格进行工作——用便笺纸和铅笔或者用电脑都可以。

在框 7.9 里,我对来自邦妮·普雷斯利的访谈摘录进行了聚集式写作,用了大　【188】

概12分钟。要注意,我把其他数据也带入了自由书写之中,写作关于代码的备忘录,激发了我比较不同对象的动力。可想而知,聚焦式自由书写常常比自由书写要连贯,一方面是因为我首先完成了聚集,另一方面是因为我发现来自数据的写作比其他形式的写作要容易。聚集帮助我得出了几个启发性代码和邦妮处境之间的关系。聚集对于我们这些容易被形象所吸引的人特别有帮助。很多作者首先使用自由书写,或者同时使用这两个技巧。体验一下自由书写和聚集式写作吧,看看它们对你有什么作用。

框 7.9

对代码进行聚焦式自由书写的例子:来自邦妮·普雷斯利的访谈

危机产生了一系列关于“说出病情”的事件和两难。但是亲人之间过去的关系以及围绕“说出病情”产生的问题都反映在当前的危机中。没有告知病情可能是一种清晰的选择或其他行为的一个结果。不同的研究对象会对一个人为什么没有说出病情做出不同的猜测,这种情况会持续多久以及它真正意味着什么。在邦妮的例子中,没有说出病情是因为她的疼痛在不断加剧,而她在努力地管理、处置和控制正在发生的情况。如果说出病情,那么就有失控的危险,即所有过去的冲突、失望以及缺乏情感支持可能再次出现。在鲍勃的案例中,说出病情意味着可能重新激活了所有过去为寻求或获得帮助而产生的尴尬,以及屈辱。“说出病情”中的这些问题产生了各种各样棘手的亲属关系问题以及新的关系义务。鲍勃认为亲属关系的义务就是,除非绝对必要,否则绝不寻求帮助;邦妮把避免让女儿产生剧烈的情绪波动作为自己的亲属关系义务。

那么在某种意义上,鲍勃只有有限获得帮助的可能,只有有限保持联系的机会,它不是一种确定的状态。而邦妮能够保持这种联系,尽管她需要早点知道这一点。艾米只是偶尔拜访或打电话;她不是邦妮日常生活的一部分,像琳达那样。邦妮的这个事件说明了对双方的感情伤害是怎样产生的。彼此对对方都有误解。

从家庭或朋友的角度,获得二手消息传递了他或她的位置和重要性。被忽视是很让人痛心的。它得出一种不受欢迎的自我印象和关系。它可能会再次强化家庭等级和家庭不和,正如安的例子那样。身份问题出现了。

用备忘录把聚焦代码提升为概念类属

　　如果你从一开始就写关于代码的备忘录,那么你会比较容易搞清楚研究现场发生了什么。在扎根理论中,备忘录撰写依赖于把代码当作概念类属进行分析。格拉泽和斯特劳斯(Glaser & Strauss,1967:37)把类属定义为"理论中的概念因素"。但是,什么是类属? 那意味着什么? 你没有必要担心,因为你已经有聚焦代码了。【189】

　　通过进行聚焦编码,你已经开始勾画初步分析的内容和形式了。把聚焦代码作为初始类属会推动这些代码的形成以及对它们的审查。然后你就能够评价这些初始类属了,确定它们是否能够作为类属。如果你把这些代码接受为类属,你就要澄清它们包括了什么,并把它们之间的关系具体化。

　　首先,你要评估哪些代码能够最恰当地表征你在数据中所看到的东西。在备忘录中,让它们提升为分析框架的概念类属——在备忘录中对它们进行概念性定义和分析性处理。这样,代码对于你就不仅仅是一种观察和综合数据的描述性工具了。

　　类属可以做什么? 类属能够说明你数据中的观点、事件或过程,而且是用具有说服力的语言来说明。一个类属可能把共同的主题和模式包括在几个代码中。比如,我的类属"恢复有价值自我(regaining a valued self)"包括了"吸取过去的教训(drawing on lessons from the past)""发现可听到的声音(discovering an audible voice)""学会面对不确定性(learning to live with uncertainty)"以及"实现梦想(realizing the dream)"(Charmaz,2011a,pp.189-195)。

　　再说一次,尽量把你的类属作为具有抽象力量、普遍作用、分析方向和准确表述的概念。同时,要和你的数据保持一致。要让你的聚焦代码变得活跃、准确(反映人们在做什么或者发生了什么)而且简洁,这样你就有了将其作为潜在类属的资料。在编码过程中,你要询问这些数据指示的是什么类属? 现在你要问:这个代码指示的是什么类属? 与数据收集和初始编码保持一定的时间距离和空间距离,有助于你进行另一个概念步骤。保持代码的活跃,能够让过程变得更为清晰。简洁的聚焦代码会产生敏锐清晰的类属。那样,你就为你的类属建立了标准,以进行进一步的比较。

　　扎根理论研究者要寻找实质过程,而实质过程从它们的代码发展而来。上面提到的"离开街道(Getting off the street)"(Karabanow,2008),"管理'被宠坏'的国民身份（managing "spoiled" national identity）"（Rivera，2008）和"活一天是一天"就是这样的过程。当扎根理论研究者创造概念工具，对环境中发生的事情进行解释的时候，他们也要定义一般过程（generic process）（Prus，1987）。一般过程缩短了不同经验背景和问题之间的距离，能够被应用到不同的实质领域。"恢复有价值的自我"的过程不仅是逃避疾病和伤害，它也发生在人们失去工作、亲密伴侣和家庭的时候。在社会学家看来，一般过程对于社会生活是基本的；在心理学家看来，一般过程对于心理存在是基本的；在民族志学者看来，这个过程支持地方文化和全球文化。因为它们是基本的，一般过程能够应用在不同的专业和领域。扎根理论研究者可以从不同领域收集更多的数据来阐述和完善这个普遍的过程。要集中精力分析你在代码中定义的一般流程；然后，你就可以将相关代码提升为理论类属，从而 **【190】** 对与这些类属相关的过程和预测进行解释了。① 当你将代码提升为类属时，你也可以在备忘录中开始写叙述性命题了：

- ·定义类属。
- ·说明类属的属性。
- ·具体说明类属产生、存在和变化的条件。
- ·描述结果。
- ·展示这个类属和其他类属的关系。

类属可以包括原话代码（本土概念），即你直接从研究对象谈话中发现的，或者它们代表着你对数据中所发生事情所进行的理论的或实质的定义。我的术语（Charmaz，1991a）"好日子和坏日子"以及"活一天是一天"就直接来自研究对象的谈话。相反，我的类属"重新体验过去（recapture the past）"和"处于沦陷中的时间和时间中的沦陷（time in immersion and immersion in time）"则反映了对行为和事件的理论定义。进一步说，诸如"拖入（pulling in）""面对依赖（facing dependency）"以及"权衡取舍（making trade-offs）"说明的是研究对象与严重疾病进行斗争的真实写照。我创造了这些代码，并把它们作为类属，但它们反映的是研究对象的问题和行为。新手研究者可能发现，他们依赖更多的是原话代码和实质代码。结果经常是一个扎根的描述，而不是一个理论。但是，研究这些代码怎样组合在类属中，有助于我们以更加理论化的方式对待它们。

通过写关于聚焦代码的备忘录，通过检验所有它所涵盖的数据，通过发现存在于其中以及其他类属之中的差异，你会建立和澄清你的类属。你也会在你的分析中意识到其中的漏洞。比如，当我发现我的类属"活一天是一天"并没有涵盖穷困

---

① 戴伊（Dey，1999）认为扎根理论中的类属化比原来预想的更加复杂和更加成问题，这是对的。我同意戴伊所说的，类属化不仅涉及分类，也涉及推论。

者的绝望程度时,我形成了类属"朝不保夕的生活(existing from day to day)"。简言之,我有了关于为了生存而每天挣扎的数据,而第一个类属"活一天是一天"并没有将其包括进去。框 7.10 是已完成的备忘录的第一段:

框 7.10

　　通过研究早期备忘录发展备忘录的例子:类属"朝不保夕的生活"

　　当一个人陷入把生活搅得一团糟的持续的危机时,"朝不保夕的生活"就开始了。它反映了身体健康失控,以及使生活恢复正常的必要努力。

　　"朝不保夕的生活"意味着为日常生计进行不断的挣扎。贫穷和失去支持会使挣扎加剧,并更为复杂。因此,比起那些有家人关心的富裕者,贫穷和孤苦伶仃的人通常生活境况会更快地一落千丈。失控扩大到不能维持生活必需——食物、住所、取暖和医疗保健。

　　为生存而挣扎使人们活在当下,特别是当他们在获得中产阶级认为必不可少的必需品始终存在问题时。但是对于这些人来说,他们认为其他问题比他们的疾病更加严重——暴虐的丈夫、走失的孩子、酗酒的配偶、到期的债务。

　　"活一天是一天"不同于"朝不保夕的生活"。"活一天是一天"提供了控制情绪、管理生活、淡漠未来和度过艰难时期的策略,还包括管理压力、疾病或身体调养以及每天处理这些事情,尽可能地控制它们。它意味着关注此时此地,放弃其他目标、追求和义务。(Charmaz,1991a:185)

【191】

　　注意上面两个类属之间的比较。为了通过聚焦编码产生类属,你需要比较数据、事件、背景和类属。试着用框 7.4"高级备忘录"部分所介绍的方法进行比较。

　　一些例子会有所帮助。卡罗琳·威纳(Wiener,2000)比较了专业服务提供者(professional providers)、卫生保健管理人以及行业监管者如何定义优质护理和责任。我比较了个人对事件的描述以及他们在不同时间对这些事件的反应(对来自系列访谈的资料进行比较的好处就在于,你可以编辑整理出研究对象所讲述的近期故事,而不是对久远的事件进行重新编排)。除了比较事件,我也比较了人们如何经历他们疾病的不同阶段。

　　当我比较不同人的经验时,我发现,一些人的处境迫使他们停在了当下。然后我看到我关于"活一天是一天"的描述并不能应用到他们身上。我重新看了早期的访谈,开始在已发表的作品中寻找能够澄清这个差异的描述。在上面两个类属"活一天是一天"和"朝不保夕的生活"的比较中就很明显,聚焦编码能够促使你看到类属之间的关系和模式。

小结

  备忘录会形成扎根理论的核心。写备忘录时,你要追随那些不断出现的观点和问题,不断推动研究工作向前发展。现在,把那些你认为已经完成的备忘录放在一边,开始处理那些产生烦人问题的备忘录。备忘录提供了一个关于研究过程和分析过程的记录。一定要有一个备忘录资料库,保存着你的每个备忘录,这样你就有了时间顺序,能够检索到早期曾经被你抛弃的想法。在这个过程中,你能够用批判的眼光来重新阅读、评价和修改你的备忘录。像我一样,你也会发现隔一定的时间和空间,备忘录中的缝隙和漏洞就会呈现出来。再回到这些备忘录时,你会立即明白你的下一步骤是什么,并把你的观点发展到更加抽象的分析水平。

  研究我们的备忘录,特别是早期的备忘录,可能比解决分析性问题更常见,它能让我们发现需要填补的缝隙。我们的观点是尝试性的,备忘录表明,我们需要做更多的工作去强化我们的类属。当意识到我们的类属还很薄弱和不完备时,我们能够寻找更多的数据,但是我们怎么能够做到呢?我们应该寻找什么数据?这些新的资料怎样解决我们的分析性问题?下一章会给你展示,扎根理论研究者怎样面对这些问题以及通常怎么解决。下面要回到经验世界。同时,继续写备忘录。

第 8 章

理论抽样、饱和与分类

研究旅程中的坎坷曲折会带来很多问题,比如要选择什么方向,要进展多
快,在到达目的地时,你会获得什么。理论抽样会让你回顾所走过的路程,或
者在你已经有了一些尝试性类属,有了新产生的却还不完整的观点时,能够选
取新的路径。通过回到经验世界,收集与你的类属属性有关的更多数据,从而
让研究中的这些数据更具分析性。最后,你就可以对有关理论类属的备忘录
进行分类和整合了。你可能会发现用图表和地图来画这个过程是很有帮助
的,它们可以解释你拥有什么以及你要去哪里。

假设你已经有了一些初步的——也许是尝试性的——类属,在对数据进行初
步比较时,你选择了一些聚焦代码,并撰写了关于这些代码的备忘录。现在,一些
类属似乎很有希望成为有用的抽象工具,可以使你的数据更具分析性。快速浏览
这些备忘录,你会发现:这些类属很有意思,但是很单薄。你还没有清晰地定义这
些类属以及它们的属性。太多的内容仍然只是假设、仍然未知或存在问题。而你
需要的是有力的类属,可以屹立不倒,而不是摇摇欲坠。你要做的是什么呢? 扎根
理论策略怎样才能提高你在这个研究阶段的分析性思考呢?

答案是收集更多关于这个**类属**及其属性的数据。这个策略就是**理论抽样**,
理论抽样是指寻找和收集相关的数据,来加工和完善研究中出现的类属。

理论抽样的逻辑使扎根理论和其他类型的质性研究区分开来。理论抽样给你
的数据带来清晰的系统检查和完善。理论抽样就是通过抽样形成类属的属性,直
到没有新的属性再出现。这样,你就用数据使你的类属饱和了,最后进行分类,并
且/或者对它们进行绘图,从而整合你所生成的理论。① 进行理论抽样能使你避免

---

① 斯特劳斯(见 Strauss,1987;Strauss & Corbin,1990,1998)强调把绘图作为排列概念关系的一种方式。从那时起,这
一方法在阿黛尔·克拉克 (Clarke,2003,2005)的著作中得到了最好的发展。我在研究生阶段写了一篇关于概念地图的论
文,通过展现概念之间的关系,提供它们相对意义的视觉再现,探讨了概念地图对理论分析的整合过程。

陷入未聚焦的分析中。格拉泽和斯特劳斯(Glaser & Strauss,1967;Glaser,1978,1998,2001;Strauss,1987)创造了理论抽样、饱和和分类的策略。尽管格拉泽不断努力阐明理论抽样和饱和的局限性,斯特劳斯和科尔宾(Strauss & Corbin,1990,1998)也对此进行了解释,并且对这些策略的讨论也越来越多(Birks & Mills,2011;Thornberg & Charmaz,2012,2014),研究者一般还是会误解扎根理论研究者对这些策略的使用。

本章包括了进行理论抽样、使类属饱和、对类属进行分类使其成为整合性的理论命题的指导原则。为了更好地解释理论抽样和饱和,我选取了最近詹妮弗·洛伊斯(Jennifer Lois)所做的反思①(私人交流,2012 年 3 月 14 日),她研究了那些坚持在家教育(homeschooling)的母亲,她从当前的数据及已发表的资料中建构了类属。因为质性研究者通常都使用"饱和"这个术语,所以我在扎根理论中限定了它的意义,表明它和标准理解的差异,指出一些扎根理论研究者自己使用有误的地方。本章最后介绍如何进行理论分类。

从数据、编码、撰写备忘录到理论抽样,似乎是无缝连接的,但实际上你应该停下来,然后再开始沿着这条路径前进。并不是你的所有拼图都可以拼合在一起。然而追求令人费解的问题,能够获得理论的回报。重要的理论类属只有在研究人员已经做了相当多的研究后,才有可能出现。通过对数据保持开放,研究人员可以感觉到,什么时候隐含的意义、规则和行动在发挥作用,即使他们还不能定义它们。

在下面的评论中,洛伊斯回忆了她 2010 年的获奖论文《母亲的时间情感工作:在家上学孩子的时间管理策略》(The Temporal Emotion Work of Motherhood:Homeschoolers' Strategies for Managing Time Shortage)中理论类属的发展过程。她展示了她所掌握的令人费解的数据和随后新生的想法。她回忆道:

> 从 2002 年开始我对坚持在家教育的母亲进行实地研究,我很快了解到,在家教育会花费过量的时间。母亲们常常多次提到她们的倦怠,所以我这项研究的第一篇论文就是关于母亲在家教育所投入的时间量,以及她们克服情感倦怠(emotional burnout)的策略。她们最有效的策略是降低家务标准以及要求丈夫为家务贡献力量。这样她们就能够找到足够的时间来完成她们不同的角色期待:母亲、妻子、家庭主妇和老师。

【194】

> 这是我这项研究发表的第一篇文章(Lois,2006),但并不是所有与"时间"有关的编码都契合数据。剩余的数据集中在这个观点上,即使找到足够的时间来完成这些不同的工作,大多数母亲仍然表示,她们没有属于自己的时间。

---

① 詹妮弗·洛伊斯《使用扎根理论了解在家教育的母亲的经验:回顾方法论叙事》(Using Grounded Theory to Understand Homeschooling Mothers' Experiences:A Retrospective Methodological Narrative)(Jennifer Lois,2012)。

我认为这个概念很突出——不是突出在"不可思议",而是突出在"未解决"。我把它看作是一个未被锚定的代码,漂浮在我的数据之上,等待一个归宿。我知道这意味着我还没有穷尽数据中的"时间"概念。

所以我回到数据,因为那儿是可以找到答案的地方,那儿是我寻找人们如何体验所研究现象的地方。我对"时间牺牲(time sacrifice)"和"我—时间(me-time)"进行了编码,我看到一些母亲对"没有属于自己的时间"表示不满,但其他母亲认为时间牺牲是可以接受的——这是坚持在家教育的母亲愿意做的。访谈中的一段话冒了出来,在我脑中萦绕。(我总是告诉我的学生,你应该回到总是萦绕在你脑中的访谈那里。如果它们是戏剧性的,独特的,引人注目的,即使你不能解释为什么会这样,如果你发现自己说"我就是喜欢这句话",那么就把它写下来,不停审视它,不断回到它那里。)击中我的那段话来自一位坚持在家教育、拥有 12 个孩子的母亲,当我提出"在家教育中最难的部分是什么"时,她如是回答:

我每天都待在家里!被那么多孩子围绕并不是那么容易。孩子们也不容易!处理关系也很难。把他们送上校车,让他们上半天或一整天学,然后说,"这段时间是我的!啊!他们走了!"这很容易⋯⋯但我的时间还能用来做什么呢?嘿,我下午的时候可以坐下来看肥皂剧,但是,还有什么比把时间奉献给孩子更好的呢?

这真的让我很困扰,这段关于母亲时间的话并不契合那篇家务劳动的论文,因为我知道有些很重要的东西在那儿。似乎是说,母亲的需要(事实上,是她自己)应该服从孩子们的需要。如果这意味着母亲没有自己的时间,那么可以这么说。然而,并不是所有让孩子在家上学的母亲都这么觉得——一些母亲比另外一些母亲在缺乏个人时间上会挣扎得更厉害——但这一事实——有些母亲以这种方式评价她们的时间牺牲——引起了我的兴趣。但是我没有足够的数据来支持我对"时间牺牲"这一主题做更深入的分析。(重点补充。)

注意洛伊斯的建议,"你应该回到总是萦绕在你脑中的访谈那里。"非常明智的建议。我们可以扩大她的观点,把任何令人困惑——或者困扰——的数据包括进来,无论它是一个访谈内容、实地笔记、文档或是统计。洛伊斯一直记着这段话及其他类似的信息。她认为这段话是还未解决的数据,因而她还尚未对其进行分析性解释。这里还有一些情况,但那是什么呢?

六年之后,洛伊斯已经成为两个孩子的母亲和另一篇关于"在家教育"文章的作者。然而关于时间牺牲的数据在概念上仍然未曾锚定,尽管她还想解释母亲的时间牺牲。她写道:

我作为一个母亲的经验越丰富,我就越经常地想到这段话,就越少地付诸情绪。作为母亲确实要消耗大量时间,关于对12个孩子进行在家教育的思考还是会时常进入我的脑海里。在家教育的母亲为什么会这么选择? 她们愿意把所有的时间牺牲在哪里呢?

【195】 随后,洛伊斯进行了后续采访,目的是了解更多关于这些母亲"时间牺牲"的信息,详细阐释这一类属,并揭示其复杂性。以下就是她所提出的一些问题:

· 你如何给自己找时间呢? 你觉得这重要吗?
· 在你自己的时间,你会用来干什么? 你喜欢做什么?
· 随着时间的推移,那些习惯改变了吗?
· 你自己的时间只有这么多,你曾经为此痛苦过吗?
· 你觉得未来你自己的时间会变化吗?
· 你未来的时间会用来做什么?

洛伊斯第一个后续采访的是一位有4个孩子的母亲,他们的出生日期跨越了15年。洛伊斯发现,这个研究对象用了几个原因来解释自己已经约25年没有自己时间的情形。洛伊斯认为,这位母亲最有说服力的理由来自她自己的解释:"行使母职只占一个阶段(Motherhood is a season)。……我以后有的是时间去追求任何我感兴趣的东西。"这句话也让洛伊斯很好奇,她说:

现在我不能从我的脑海中摆脱这句话。如果我能接受这种极端的关于时间和母性的观点的话,即使我可以在一定程度上和它联系起来,我也无法与这种自我消融(self-obliteration)的经验联系起来。那句话在我的脑海里翻腾了好几天,我问自己,"为什么母亲会觉得这种程度的牺牲是一件好事? 这种信念是如何影响她们的?"

洛伊斯的问题使她找到了新的答案。她没有把自己关于母亲的假设排除掉,而是让它们更为明确,试图理解这些母亲不同的信念。她的问题"这种信念是如何影响她们的?"很能说明问题。它不仅显示了洛伊斯对她的研究所保持的探究立场 还揭示了把访谈评论问题化的态度,虽然访谈对象自己可能不会这样。在框8.1中,可以看到洛伊斯是如何获得关于"时间牺牲"的新见解的。

框 8.1

摘录：詹妮弗·洛伊斯对建构生成性类属的反思

我还记得一个想法明确起来，并催生出了几个主要新代码的那一刻。当时我正在游泳，"以后我有的是时间"这句话像旋律一样一直在我的脑海里循环。"以后有的是时间"意味着什么？这意味着，就像其他母亲在第一轮访谈中说的，"孩子们只有一次童年"和"你只有这么多时间陪伴他们"。我一直认为这些话是陈词滥调，但如果这是对这些母亲最有意义和最有驱动力的信念呢？她们为什么会使用这些语言？它们是如何发挥作用的？

突然我想到：因为她们的"时间"意味着别的东西！我意识到所有关于母亲的时间量的问题只触及时间经验的表面。有一个时间的主观成分我没有研究，此外，母亲们用它来管理对"没有完全属于自己的时间"的不满。没关系，因为以后"我有的是时间"。 【196】

这是顿悟。"时间的主观感受"在这些数据中是一个重要主题，我开始有了一个"关注点（A Watched Pot）"，米歇尔·弗莱厄蒂（Michael Flaherty）解释了我们时间的主观经验是怎样取决于其他情境因素的。随后的研究探究了我们管理时间经验的方式。这就是我想要的！它引导我走向你的作品《好日子，坏日子》，这是另一个巨大的进步，考虑母亲的时间经验，以及如何管理它们使其帮助构建一个特定的自我意识：具有牺牲精神的母亲。而且，这个想法现在才刚刚爆发——她们不仅通过操控时间经验来管理她们的自我，也用来管理自己的情绪——从而平息由于时间匮乏而产生的抱怨和不满，会使她们由于想要属于自己的时间而感到内疚（并损害她们关于好母亲的观念）。

所以我有了新代码"主观时间体验（subjective experience of time）""时间管理""通过操控情绪来管理时间""通过操控时间来管理情绪"，我返回数据进行编码，同时在后续访谈中探索这些代码。当我回顾这些数据时，它们引导我找到了一个新的代码，我称之为"时间情感工作"，并定义为一种情感工作类型，它既影响"对时间的态度"，也被"对时间的态度"所影响。

然后我再次回到数据，对"时间情感工作"做更深一轮的编码。我看到母亲们表现为两种类型，所以我创建了两个代码。第一个类型是"排序（sequen-cing）"，"在家教育"的母亲面对过去时产生的怀旧情绪，以及面向将来时可能产生的遗憾情绪，这样来管理现在的情绪："我以后有的是时间。"第二种类型我称为"品味（savoring）"，这些母亲强烈关注当下，目的是减缓时间和享受此刻——"他们很快就长大了"。我能够使用数据来解释"排序"和"品味"这两个概念的情感意义，而以前它们只是用来解释时间现象。

通过将视角集中在这些女人的"时间牺牲"上,洛伊斯把时间的主观意义带入了视野,因此改变了探究的方向。她的第一个新代码将时间主观意义上的广泛领域和更具体代码"通过操控情绪来管理时间""通过操控时间来管理情绪"来表示的时间经验结合了起来。使用行动代码使她变得更加精确了,并使数据碎片之间建立了联系。洛伊斯援引了关注时间意义和经验的重要研究,但又不局限于此。这些研究给了她一个进入自己理论方向——"时间情感工作"的广泛视角。

注意洛伊斯再次返回数据从她的新视角重新编码的过程。她开始了对"在家教育"的家务劳动的研究,并转向女性的时间情感工作。在这个过程中,当她的工作越【197】来越理论化、普遍化和原创化时,她在社会、主观和时间性空间之间不断移动。它使这一研究思路理论化了,使时间坐标在过去和未来之间交叉。洛伊斯的研究展示了扎根理论的往复迭进过程,正如我下面要解释的,扎根理论远不仅仅是归纳。

关于理论抽样的思考

理论抽样与其他抽样的区别

为了理解和使用理论抽样,我们必须消除关于抽样涵义的先入之见。研究者通过抽样形成自己的理论类属,使理论抽样和其他形式的抽样区分开来。有时一些质性研究者声称使用了理论抽样,但是并没有遵循扎根理论的逻辑。他们把理论抽样误以为下面类型的抽样:

- 处理初始研究问题的抽样;
- 反映人口分布的抽样;
- 寻找相反案例的抽样;
- 直到不再有新数据出现的抽样。

这些抽样策略把理论抽样误以为是传统的质性研究方法了。当然,任何写了研究设想的人都要寻找数据来解决他们的研究问题,但是这种抽样是一种最初的类型。初始抽样提供了一个出发点,而不是理论的加工和完善。不能认为我们可以提前知道类属,也不可能一开始就在研究问题中把它们包括进来。詹妮弗·洛伊斯在其研究过程中形成了关于时间牺牲的类属,并逐渐形成新的类属。当我(Charmaz,2011A)加入心理学示范项目中,对"不幸事件"的经历继续进行分析时,我也无法预料我的分析会是"自我价值的失去和重新获得"。我也没有想到我以后会比较"失去有价值的自我"与"人生被打断的自我"之间的差异。这些类属是通过编码和备忘录写作出现的。比较来自不同陈述的代码,让我对"人生被打断的自我"的属性进行了定义。

初始抽样的标准和那些在理论抽样中产生的标准是不同的。扎根理论中的初始抽样是你要开始的地方,而理论抽样则是指你的目标所在。对于初始抽样,在进入现场之前,你要建立人、案例、环境以及/或者背景的抽样标准。你需要为你的研究找到相关的资料,不管那是否把你引向对人、背景或更大的机构如政府机构或组织的抽样。假设你选择了一个主题,如多发性硬化症患者。你知道,患有这种疾病的人有一些共同的人口统计学特征,所以你可能希望你的初始抽样能够反映这些特征。那是可以理解的。这是一个很好的开始,但那不是理论抽样。

初始抽样依赖于标准的建立,以及获得数据的途径。看似简单的话题可能很快就会变得复杂。如果你想探究残障人士的酗酒情况,那么开始时你必须至少有一个关于"残障"的临时定义。然后,你需要弄明白,对于你的研究对象而言,酗酒和残障意味着什么,也许还要确定你是否需要和他们的家人或朋友谈谈。你必须决定是否包括那些认为自己已经戒酒的残障人士。推动你接触这些人而不是其他人的那些主题已经限定了你所要谈论的内容。尤其是在你最初的任务中,你应该明确并检查自己对残障和酗酒的先入之见。你可以做一些复杂的初步区分,但那仍然构不成理论抽样。 【198】

一些研究者会把理论抽样和传统定量研究的抽样逻辑混淆。但是,比较这两种不同形式的抽样,你会发现显著的不同。理论抽样的目的是获得数据来帮助你澄清类属。当你的分类充分时,它们会反映出研究对象经验的质量,并为你理解这些经验提供一种有用的分析工具。简言之,理论抽样只是为了概念的理论化发展;它并不代表一种人口类型,也不能提高你的结论在统计方面的普遍性。很多定量研究要求对所研究的具有代表性特征的人口进行随机抽样。但是,定量研究者是想用他们的数据形成目标人口的统计学推论,而扎根理论研究者的目的是让生成的理论去适合他们的数据。定量研究者要检验他们预先设定的假设;扎根理论研究者有时也会为定量研究者可能追求的生成性假设提供一些线索。

那些引用定量研究逻辑的同事或教师们常常给新手错误的建议——要使抽样代表更大人口群体的分布状况(也见 Hood,2007)。这一建议的错误不仅在于对理论抽样的定义,也在于认为质性研究的目的和定量研究一样是普遍化。用代表性抽样取代理论抽样会导致研究者收集到多余并且概念上单薄的数据。

对反例(negative cases)的寻求会产生更为模棱两可的问题。反例是指那些和能够解释大部分数据的主要模型形成鲜明反差的数据。因为这些数据和主要模型相反,所以使得模型的稳定性变得不确定起来。反例的逻辑认为,要追问数据是否包括不符合你分析的个人、情境或主题。这样你会问,我找到反例了吗? 弗吉尼娅·奥利森(Virginia Olesen)提出了进一步的问题:你努力寻找那些反例了吗? (个人交流,2005 年 6 月 5 日)。在这种情况下,你要寻找那些能够反驳你的类属属性的例子。

【199】 反例的定义很简单,但在研究实践中反例代表什么仍然不太清楚。可能正如詹妮弗·洛伊斯所发现的,我们更频繁地找到的是无关的或令人费解的数据。抽取反例是补充还是反驳了扎根理论,要视具体情况而定。质性研究者经常使用反例来识别新变量,或为他们所发展的理论提供替代性解释,正如洛伊斯最后对她的元关数据所做的处理那样。

反例的来源以及研究者对这些案例的使用方式,影响着反例对扎根理论的契合度。这些案例是否会像它们能够推动理论抽样似的出现在数据中,或者研究者是否把它们包含在了研究过程当中? 如果研究者并没有在对数据的比较分析中对这些反例进行定义,那么对反例的寻求就可能导致把反例包括进来。然而,如果反例出现在数据中,那么这些案例就可能让你觉得有必要完善你的生成理论。对反例的检验接近于对类属或过程中变量的重视,以及对扎根理论分析密度(analytic density)的重视(Strauss & Corbin,1990)。贝克尔(Becker,1998)指出,一些研究者会考虑假想的反例,或者依赖于对可能性的虚构。这些行为一定程度上会导致研究者远离他们所研究的经验世界,因为扎根理论强调分析要来自数据,所以他们仍然和扎根理论的这个特点背道而驰。

可能最普遍的错误就是,研究者把理论抽样当作是,收集数据直到发现同样的模式一再出现。这一策略和理论抽样是不同的,因为这些研究者收集数据的目的并不是放在明确发展从所研究世界的分析中得出的理论类属上。相反,这些模式描述的是他们所研究世界的经验主题。

理论抽样的逻辑

理论抽样包括:从数据出发、建构关于数据的初始想法、然后通过进一步的经验探究来检验这些想法。想想洛伊斯在她的整个研究中是怎样进行数据收集和数据分析的。早期的类属是建议性的,但还不是定义性的。进一步的数据收集会完善这些类属,从中形成的看待另类数据的新视角,引导她更新了概念方向。在这一过程中,洛伊斯与她的数据和生成的思想互动,随后获得了新的类属。

备忘录撰写会激发理论抽样。理论抽样是策略性的、具体的和系统的。因为你想用它来充实和完善你的理论类属,所以进行理论抽样要依赖于已经确定的类属。这一关键的扎根理论策略能够帮助你描述和形成类属的属性以及变量的范围。

　　写备忘录使你能够发现不完善的类属,发现分析中的漏洞。进行理论抽样会促使你去预测在哪里以及怎样才能发现必要的数据来填充漏洞,使类属饱和。洛伊斯对不符合她早期分析的在家教育的母亲进行了后续访谈,探讨她还不够完整的类属——时间牺牲。你的预测也来自直接的分析工作。它们不是突发奇想,相反,它们来自你对早期数据扎实的比较分析。追随直觉,它会告诉你哪里能够收集到可以解释这些类属的数据,然后去收集这些数据。如果你正在进行访谈研究,那么修改你的访谈提纲,将探究你类属的一些聚焦问题包括进来。接下来,对新数据进行编码,对你的代码进行相互比较,比较早期的代码以及你所生成的类属。在你继续记录新的比较,以及所有那些你在填充类属中产生的灵感时,撰写越来越抽象和概念化的备忘录。洛伊斯突然意识到时间对于在家教育的母亲不仅仅意味着时间的匮乏。这一发现重塑了她的研究,后来引导她调整了理论抽样。【200】

　　理论抽样能够确保你建构充分坚实的类属,并帮助你澄清类属之间的关系。理论抽样不仅有助于填充你的主要类属的属性,还能够让你对一个基本过程如何发展和变化了解更多。当你进行理论抽样时,你会寻找那些能够解释你的类属的命题、事件或案例。你也可以增加新的研究对象,或者在新的环境中进行观察。你也很有可能向你以前的研究对象提出进一步的问题,或者探究你以前未曾涵盖的经验。

　　怎样才能让你的分析从一开始就受益于理论抽样呢? 从研究过程早期比较不同的数据时,你就要检查新出现的问题。当洛伊斯发现缺乏实质性意义与行动时,她最初关于"想要自己时间的沮丧母亲"和"愿意牺牲自己时间的母亲"的比较,形成了更为细致入微的比较。理论抽样可以帮助你对表面上看起来相似的经验做出明确的区分。洛伊斯的反思表明,她是如何通过形成新问题——这些新问题推动她进一步对时间牺牲的意义进行了分析——来进行理论抽样的。

理论抽样与溯因推理

　　理论抽样涉及一种特殊的推理形式——溯因推理(abduction),它使扎根理论与众不同。什么是溯因推理呢? 简而言之,它是当研究者不能解释某种奇怪的、令人费解的现象时所激发出的富有想象力的推理。之后,它们会进行推理跳跃(inferential leap),思考关于所观察数据的所有可能的解释,然后形成和检验每个解释的假设,直到得出最合理的理论解释(见 Reichertz,2007)。在 19 世纪晚期,查尔斯·皮尔斯(Charles S. Peirce,1878/1958)创造了溯因推理这一概念。他认为,对于那些令人费解的数据,它能够推动研究过程找到新的理论解释。皮尔斯看到了归纳推理的局限性,在归纳研究中经常会出现那些令人费解的、与众不同的情况,需要对其进行解释。最后,当研究者发现难解的现象,既不符合其他发现的模型,也不能用同样的方式进行解释时,溯因推理就在归纳探究中出现了。鲁迪·理查德森和艾瑞克·克雷默（Rudy Richardson & Eric Hans Kramer,2006）使得溯因推理和实用主义根基之间的联系更加清晰了:"溯因推理是一个形成有用解释的过程,因此本质上是一个实用主义的概念。这个从被观察事实发现有用解释的过程本质上是一种推论。"(p.498)

【201】

溯因推理让扎根理论研究者超越了归纳。凯伦·亨伍德和尼克·皮金（Karen Henwood & Nick Pidgeon,2003）的理论不可知论(theoretical agnosticism)概念很适合这里。关于你的数据,你要考虑所有可能的理论解释,但要对这些理论保持一种批判的、怀疑的立场。你所使用的任何理论必须通过自身的理论力量来解释数据,从而获得进入分析进程的资格。

溯因推理为你的扎根理论之旅提供了一条重要路径,让你能够与你的数据和生成的分析进行互动。这意味着要关注那些不适合现有解释规则或早期归纳概括的数据。皮尔士把溯因推理假定为一种推理类型,包括随归纳发现而来的具有想象力的解释和推论。因此,正如理查德森和克雷默所表明的,关于如何解释意外的发现,研究者要进行推理,这些推理需要依靠理性的想象力。这些推理并不存在于意外发现中,而是来自研究者苦思冥想中所作出的富有想象力的假设。赖希茨（Reichertz）认为,溯因推理包含了一次"头脑跳跃(mental leap)",因为研究者对以前从未关联在一起的事物进行了联系:发现的认知逻辑(A cognitive logic of discovery)(Reichertz,2007,p.220)。

然而,溯因推理并没有以头脑跳跃为结束。相反,你要回到你的数据,重新审视它们,或者,尽可能收集更多的数据,使你的新理论解释经得起严格的经验审查。在溯因推理中,你的新理论解释必须适合意外的经验发现。因此,溯因推理是建立在解决问题的实用主义传统基础上的,支持科学发现和论证之间存在模糊边界的观点。赖希茨（Reichertz,2007,p.221）把溯因推理看作是"对待自己的数据和知识的态度:数据都要认真对待,以前形成的知识的有效性要存疑。因此,这是一种未雨绸缪的状态"。

为什么扎根理论是一种溯因推理方法?因为扎根理论包括了为了进行理论预测以及通过进一步经验来检验的经验推理。[①] 在这个意义上,扎根理论方法是溯因式的(Deely,1990;Kelle,1995,2014;Richardson & Kramer,2006;Rosenthal,2004;Peirce,1878/1958)。简言之,扎根理论依赖推理,作出关于实证经验的推论。因

---

① 扎根理论中溯因推理的创造性认知维度可能是斯特劳斯及其追随者最为重视的。

此,扎根理论方法的主要力量在于,这些萌芽的概念可以引导研究者沿着最有用的、自发的、常常是意料之外的理论方向去理解他们的数据。

溯因推理是如何成为扎根理论的一部分的呢?斯特劳斯深受皮尔士和约翰·杜威以及乔治·赫伯特·米德的影响。赖希茨(Reichertz,2007)好奇斯特劳斯是否了解溯因推理,因为斯特劳斯和科尔宾(Strauss & Corbin,1990,1998)的文本中包含了与溯因推理一致的元素。是的,他了解溯因推理,理解皮尔士关于溯因推理的逻辑。我记得早期(1968—1972)安塞尔姆在加利福尼亚大学旧金山社会学研究生课程中多次讲到扎根理论是一种溯因推理方法。[①] 在他的著作《社会科学家的质性分析》(Strauss,1987)中,他认为扎根理论的根基包括皮尔士,虽然他仅在一个脚注里向读者提到溯因推理的概念(p.12)。理查德森和克雷默(Richardson & Kramer,2006)认为,溯因推理影响了安塞尔姆·斯特劳斯关于扎根理论的观点,因为科学家试图验证这一假设,即哪个理论能够解释意外的事实。溯因推理也许可以解释为什么斯特劳斯认为扎根理论是一种验证的方法。[②] 根据皮尔士的逻辑,你可以为每个可能的理论解释设计可检验的假设,并对这些假设分别进行实证检验。

乌多·克勒(Udo Kelle,2014)认为,溯因推理限制了创造性,因为它会束缚于以前的知识。然而,正如克勒所指出的,溯因推理也推动形成了新的假设。此外,当研究人员把不同来源的先验知识放在一起,对那些令人困惑的发现进行理论化时,那些富有想象力的备用解释也会多起来。凯伦·洛克和凯伦·戈登-比德尔(Karen Golden-Biddle,2008)就如何产生具有想象力的解释提出了建议。他们审视了怀疑在溯因推理中的核心作用,及其在引发思维转变中的生成性潜能。怀疑会破坏一个人当前的知识,而且,当我们去培育而不是去排除怀疑时,就表示需要重新评估以前的理解。因此,抱着这样的怀疑可以产生某些直觉,想象出可能的情况,创造新的连接。简言之,在溯因推理中,怀疑会产生新的发现。

詹妮弗·洛伊斯的研究充分说明了那些令人困惑的数据是如何让她对时间的主观意义进行重新评估,并形成新的推论的。她学会了以新的方式看待情感工作。但她为了将时间情感性工作的角色理论化,使用了大量的数据和分析,这一情感性工作作为建构自我连续性的一种方式,在过去和未来之间进行了时间穿越。随后,她进一步推理,提出时间敏感性身份(time-sensitive identities)的观点。

溯因推理是怎么推动洛伊斯的分析之旅的呢?她对尚存疑的数据的顿悟使她

---

① 在1969年一个雾蒙蒙的下午,我碰巧在帕纳塞斯大道附近的社会与行为科学系办公室遇到了安塞尔姆。我们就扎根理论谈了几分钟,然后他眨着眼睛问道,"你知道扎根理论是种什么样的方法吗?"我还没来得及回答,他就说道,"就是溯因推理!"然后就跳着舞走开了,他很高兴我和他分享了这个启示。但我早就知道他会这么说。

② 溯因推理依赖这一信念,即研究人员对于意外数据发现了最合理的理论解释。扎根理论中的过程是什么,我和安塞尔姆的意见不一致。我曾断言,与统计方法相比,扎根理论不是一个验证的方法。我承认我们要检查我们的推论,但不同意我们要验证推论,但对于安塞尔姆来说,扎根理论是一个验证的方法。

找到了新的理论解释。她意识到对于在家教育的母亲来说,时间绝不仅仅意味着量上的匮乏,而需要对其重新解释。于是,她将研究转向了对时间的理论化,去收集可以解释"时间牺牲"类型的线索。她会只用一套新的理论代码去整合自己的新生理论吗?不,她把这些代码作为一个观察的视角,而不是用来解决或整合数据中的谜题。洛伊斯的方法依赖于理论的敏感性。她追求建立一个对费解数据(puzzling data)的理论解释。随后,重新审视她的数据,寻找进一步的数据来解释她迄今为止尚未能解释的数据,这引导她走向新的方向和思路。通过满足所有可能的理论解释,并对其进行经验检验,洛伊斯引入了溯因推理的逻辑。

洛伊斯的推理肯定了克勒(Kelle,2014)的观点,即溯因推理依赖旧知识以及所创造的新知识。正如克勒所指出的,研究人员用已有知识将意外的、未能解释的数据拼在了一起,不过可以修改、重构或者重新整合这个先验知识,使其与意外的观察结果保持一致。[①] 洛伊斯留意了与时间主观意义有关的现有研究,然后把我的时间框架(timeframes)观点和阿莉·查尔德(Arlie Hochschild,1982)的情感工作(emotion work)概念作为基础。她对时间情感工作的分析穿越了"时间框架",描述了它所发生的条件,"时间敏感性身份(time-sensitive identities)"代表了一个新的、创造性的贡献。下面是她已发表文章的几个简短摘录,表明她是如何建构扎根理论,并创建理论观点的。

框8.2

排序:诱发怀旧和预测后悔

詹妮弗·洛伊斯发表文章的节选。

在家教育的母亲依赖两种情感帮助她们证明排序的合理性:怀旧和后悔。具体地说,她们通过这些情感超越当下——跨越"时间"(Charmaz[1991])——进入过去和未来。(Lois,2010,p.435)

唤起过去的怀旧和预测未来的后悔是情绪管理的策略,母亲们用它们来操控她们的时间经验,从而用来管理她们的一些不良情绪,如沮丧和抱怨。怀旧和遗憾是跨越时间表进入到过去和未来的路线,这是一个根本的转变,使母亲们在"更大的格局"中看待她们的生活、孩子、家庭。这样,对于母亲来说,排序就成为时间情感工作的一种重要形式,因为它帮助她们跨越了现在,并调整了她们的不良情绪。(p.437)

---

① 洛伊斯的意外发现表明,那些在这一时点上令人困惑或费解的,可能在另一时点却并非如此。她认为,某些在家教育的母亲牺牲的大量时间导致了她们的自我消亡(self-obliteration)。20世纪50年代,中产阶级妇女为家庭做出的时间牺牲对于她们的角色而言是理所当然的。如果在家教育是一种选择,那么她们已经做出的时间牺牲就是进一步的延伸。

品味：停在当下和创造优质时间

　　一旦母亲做了有必要列入时间排序(sequence)的"时间情感工作"，她们就会进入另一个类型的"时间情感工作"：品味。在时间层面上，品味是排序的对立面。当时间排序帮助母亲转到过去和未来，获得看待自己母亲生涯的更广泛的视角时，品味则帮助她们停在此时此地，缩小她们的关注点，极度关注当下。然而，在感情层面上，它们是复杂地联系在一起的：品味来自排序。在接受排序策略的过程中，母亲们得到了情感上的教训：孩子们的童年每天都在消失，她们会后悔没有充分利用这些时间。即使专注于过去和未来，排序也是基于这样一个假设，当下充满了宝贵的情感时刻，应该充分体验，因为它们是构成未来家庭怀旧情绪的基础。品味成为时间情感工作的主要形式，以应对当下转瞬即逝的本质。(pp.437-438)

【204】

　　在结论中洛伊斯把分析的理论意义放在了一起：

　　本研究……揭示了情感工作和时间之间所存在的理论联系，不仅引入了时间情感工作概念，也表明它可以作为一个自我建构的工具。卡麦兹(Charmaz,1991)表明，思考"时间中的自我"是身份的一个重要部分。她关于慢性病患者的研究表明，人们使用时间的方法之一就是将自我放在不同的时间段内——过去、现在或未来。(p.440)

　　我的研究表明，可能有一个情感子类，我称之为"时间情感(temporal emotions)"，只能通过穿越时间来感觉到……怀旧、遗憾、幻灭、野心、希望、乐观和恐惧……如果不能把当下带入过去或未来，就不能感觉到……这样有可能，我们使用时间情感的方式对随着时间的推移构建一个持续的自我有着特别重要的影响。尽管学者表明，过去的情感经验可以作为理解当下情感的模板(例如，Charmaz[1991a]；Mattley,2002)，我还是做了更进一步的研究，发现"时间情感"这一类属，要求一个人通过回到过去或想象将来，超越当下……(p.441)

　　身份变化会带来情感的混乱，而对时间边界的控制可能是影响其情感混乱程度的重要因素之一。因此，有理由认为，因为时间敏感性身份破坏了个人对入场和出场的控制，所以它可能比有时间边界的身份需要更多的(也许是一种不同类型的)情感工作。(p.443)

　　总之，洛伊斯发表的文章证明了溯因推理带给研究领域的创造力。她构建了一个逐步抽象化的扎根理论，在其中，她的新生代码与更高一级的抽象概念联系了起来，但又不是可以相互替代的指标。在前进的任何一步，洛伊斯都可以停下来，写出一篇关于她新想法的有趣文章，如"时间的牺牲""通过操纵情感来管理时间"

"通过操纵时间来管理情绪""牺牲的母亲""在家上学的职业轨迹"。但实际上,她提出问题,推动观念的发展,返回数据,进行理论抽样。最终,洛伊斯建立了一个密集的扎根理论,将时间、情感、自我和身份以富有洞见的形式结合在了一起。

使用理论抽样

【205】对于扎根理论,你既可以在研究早期做理论抽样,也可以在晚期做——如果有类属来指引你。主张从数据收集的一开始就进行理论抽样的研究者,可能会混淆理论抽样与扎根理论的往复迭进过程。当然,当你获得思路并定义模式的时候,你会在往复迭进的过程中不断聚焦你的数据收集。但这并不一定是理论抽样。你必须要有试探性的分析性类属。当你检验和编码了更多的数据时,你的类属可能会变得越来越抽象,具有更大的理论范围,展示出更具理论性的连接。在对艾滋病妇女的生育决策进行的研究中,唐娜·巴尔内斯和希格拉·墨菲(Donna Barnes & Sheigla Murphy,2009)表示,连续比较的分析改变了他们的抽样策略,最终形成了他们的理论抽样:

> 我们在4年的数据收集过程中,不断修改抽样目标。例如,一旦我们发现当前的 HIV 治疗对妊娠决策有影响,我们就专门对已怀孕或计划怀孕的妇女进行抽样……

> 随着时间的推移,当我们对相关条件和经验变得更加敏感时,我们也用理论抽样修改了访谈的问题。(p.483)

理论抽样作为一种策略可以让你把焦点集中在生成的类属上,并作为一种技术进一步发展和完善这些类属。当你有了一些初始类属时,就可以开始理论抽样了。理论抽样有助于检验、限定和详细阐述类属的边界,并使这些类属的关系具体化。开始时,理论抽样有助于填充类属的属性,从而形成关于该类属的分析性定义和解释。接下来,理论抽样有助于展示类属间的联系。

某些理论抽样的方式可能并不够特别理论化。这时,研究者追求的是有趣的发现,因此有可能没有把它的意义进行理论化。他们没能拓展实质性发现的边界,回答"那又怎样(so what)"的问题。在更大、更抽象的理论类属或问题中,这个发现只是部分现象吗?理论抽样不仅仅意味着继续推进早期的代码,虽然这是好的研究者通常会做的事情。你要发现更多值得探究的领域,在你进行了相关定义,并进行了初步概念化之后,就可以进行理论抽样了。但是,早期的理论抽样可能会导致一些共同的扎根理论陷阱:

· 过早地封闭分析性类属;

·陈腐的或多余的类属；

·过分依赖那些明显的陈述来阐述和检验类属；

·没有对类属进行聚焦或具体化。

教科书作者常常把理论抽样作为研究者通过访谈来进行的一个程序。理论抽样与其说是一个清晰的程序，不如说是由你产生并适合你的具体研究的**策略**。因而理论抽样的方法相应地也会有所不同。理论抽样需要你带着对理论类属的关注 【206】 进行访谈或重新访谈，也需要你去研究文献、观察或者参与到新的社会世界中。

通过理论抽样找什么以及怎么找，都看你这么做是为了什么。和扎根理论逻辑一致，理论抽样也是生成性的。你正在形成的思路会决定你所做的事情、你涉足的领域以及你在理论抽样中所提出的问题。

下面的研究案例介绍了理论抽样是怎样进行的。我想解决慢性病病人如何定义时间流逝的问题，于是我回到以前曾采访过的一些研究对象那里，向他们提出更为聚焦的问题，即他们如何感受早期危机状态的时间，什么时候时间慢，什么时候时间快，什么时候放任自流，什么时候度日如年。因为这些问题和他们的经验产生了共鸣，所以他们对这些深奥的问题做出了回应，对于时间的双重性意义发表了大量见解。比如，当我研究他们的故事时，我意识到患有慢性病的成年人暗暗把他们的自我观念放在了过去、现在或未来。① 这些时间框架反映了自我的形式和内容，反映了自我的希望和梦想，也反映了关于自我的信念和理解。② 因此，我使"时间中的自我（the self in time）"成为一个主要类属。之后，我提出了更多的问题，进一步了解人们如何看待与过去、现在或未来有关的自己。一位工人阶层的老年女性毫不犹豫地说：

> 我现在看到的是未来的自己。如果你 8 个月前问我看到的是什么时候的自己，我会说，"过去"。那时我非常愤怒，因为我曾经是那么活跃。情形一落千丈——我觉得生活对我太残忍了。现在我看到的是未来的自己，因为还有一些上帝想让我去做的事情。现在我全身蜷缩在椅子里，什么都不能做，但我在这里仍然是有目标的。（笑）我想知道它会是什么。（Charmaz，1991a，p.256）

通过理论抽样，你可以详细阐明你的类属的意义，发现它们之中的差异，定义**类属之中的漏洞**。类属中的漏洞指的是，当前类属不能解释的相关内容。理论抽样需要用比较的方法来发现这些漏洞，发现弥补这些漏洞的方法。当你试图分析

---

① 我选择把疾病体验作为本书的关注点（Charmaz，1991a），因为它会比一本关于时间的书拥有更广泛的读者。然而，这个关注点可以发展出关于时间和自我的分析。

② Gubrium（1993）发现，疗养院病人也同样地把自己放在时间之中。一些人把他们的生命放在过去，而另一些人则放在疗养院的经验之中，还有一些则越过他们当前的处境投向未来。

建构扎根理论——质性分析实践指南(原书第 2 版)

最初的经验和默认的观点时,这些方法特别有用。比如,当我写关于"时间中的自我"属性的备忘录时,我发现过去的意义是非常不同的(Charmaz,1991a)。对于有些人来说,时间就是一张纠结的网,他们被困在了其中。他们试图去解释和说明把 **【207】** 他们带到现在来的事件。其他一些人把自己放在熟悉的过去,因为现在是陌生的和无法解释的。还有一些人把自己放在重新建构的过去,那里闪耀着欢乐、幸福、满足和活力,这些一起对抗着他们并不认同的现在。当我比较人们把自己放在过去的方式时,我的子类属描述了他们的过去,"作为纠结的网的过去""熟悉的过去和无法解释的现在"以及"重构的过去",这些类属重新定义了"过去的自我"这个宏大的类属,展现了过去生活的不同。

发现差异

在进行理论抽样的时候,多样性会变得明显起来。比如,在承受身体的损伤时,人们的行为方式和态度都存在不小的差异。对于身体损伤,他们可能会忽视它、缩小它、对抗它,也可能向它妥协、包容它或适应它。① 不仅不同的人承受身体损伤的方式不同,即使同样一个人在不同的时间承受的方式也会不同。我想看看,随着时间推移发生了什么变化,因此我和一部分研究对象保持了很多年的联系。对你要寻找的数据以及你所寻找数据的场所都要有所选择,它会帮助你看到研究过程中的差异。你关注一定的行动、经验、事件或问题,本质上关注的不是个体,而是为了理解你的理论类属是怎样、在何时以及为什么会有所差异。但是,你可能会获得有关那些经验、事件或问题更多的知识,通过观察或者和特定个体交谈,你能更加理论性地(theoretically)对待它们。比如,我的一个主要类属是"陷入疾病(immersion in illness)"(Charmaz,1991a)。"陷入"的主要属性包括:围绕疾病重新安排生活,陷入疾病的日常琐事中,进入自己的内部圈子,正视对别人的依赖,感受变化了的(放慢的)时间观念。所有类型的行为都会持续很长时间,但是并不是每个人的时间观念都会变化,尽管也都抱病在身。

我怎么来说明这一现象呢?什么会有助于保持以前的时间观念?通过回顾数据,我找到了一些线索。然后我和更多的人谈论影响了他们时间观念的具体经验和事件。理论抽样帮助我完善分析,使其更为精细。然后我增加了一个类属"陷入的差异"来强调和说明"陷入疾病"的不同经验。

我早期的访谈包含了这样一些线索,"陷入疾病"是有差异的,影响着所体验

---

① 我从研究对象的陈述和行动描述中形成了这些子类属。因此,它们比心理学上的接受和否认概念包含了更少默认(implied)的判断,尽管心理学上的这些概念在关于疾病和损伤的专业术语中很流行。

的时间,但是这些差异的重要性只有在我形成了关于"陷入疾病"的更大的类属后才对我发生作用。当我对突出事件以及有着不同疾病、不同生活条件和不同年龄人的具体经验进行比较时,我开始观察"陷入疾病"的差异。后来,理论抽样帮助我对更为具体的差异形式进行了定义。比如,我通过抽样研究了对于那些把时间消磨在黑屋子里的人来说,疾病和时间有什么不同,以及当人们预计到病情后来会好转或预计到会面对持续的不确定时,这两者有什么不同。当人们活动很少、缺少陪伴以及很少承担责任时,时间界限就加长了。通过对连续的备忘录进行清晰的比较,我发现了最初未曾察觉的联系。备忘录(框 8.3)成为某一章的开头——如下文所述,之后将相关要点进行了进一步的具体化。 【208】

框 8.3

关于差异的备忘录的例子

陷入疾病的差异

长期陷入疾病会成为一个人的日常生活,并影响他或她对时间的体验。相反,时间体验的方式也反过来影响陷入疾病的状态。上面对陷入疾病和时间体验的描述已经给我们形成了一幅清晰的画面。哪些差异会削弱或改变关于陷入疾病和时间体验的画面呢?这幅画面可能根据一个人以下因素的不同而不同:1)疾病类型,2)治疗方式,3)以前的时间观念,4)生活条件,5)目标。

疾病类型形成了和时间相关的经验和方式。要控制糖尿病,就需要强调一种使日常生活规律化的意识。但是这种病的影响可能会更为微妙。比如,对于干燥综合征(Sjögren's syndrome)①患者来说,当他们觉得和周围世界完全不合拍时,他们可能会有一段心理混乱的时期。对于他们来说,自己的身体和头脑运转太慢,而事物却发生太快。最后,他们退回到日常事务来保护自己。狼疮(Lupus)②患者通常必须蜷缩在家,因为他们不能晒太阳。萨拉·萧(sara shaw)在病得很严重的时候,用一块黑毯子遮上了窗户。这样,当白天和黑夜连在一起成为一种永无休止的疾病之流时,她对漫长时间的感受就变得更为扭曲了。(Charmaz,1991a,p.93)

发现变量的属性和起限定作用的因素,会让接下来的备忘录撰写变得更为精确、更具分析性、更为深刻。理论抽样时,你会在目标数据收集和分析性备忘录撰写之间不断往返。你需要遵循一些线索,检验预感,完善你在连续备忘录中的思路。因为理论抽样要求你检查那些和直接经验事实不符的观念,所以,你必须拥有

---

① 译者注:是一种以泪腺和唾液腺功能降低为特征的慢性炎症性疾病。
② 译者注:是一种自发性免疫组织疾病,主要表现为日光照射到的皮肤会呈现一片或者数片鲜红色的斑状皮损,带有黏着性的鳞屑。

可靠的资料和可信的观念,并以此为基础继续研究。

理论抽样中的问题

理论抽样的逻辑包含了一种快速的、聚焦的收集关键数据的方法。一些扎根理论研究者将其作为完善理论一个不可缺少的步骤。但是进行理论抽样需要的不仅仅是技术和分析的程序,它会要求你回到有着自身含糊性和张力的经验世界。

【209】 经验世界有自己的规则和传统,理论抽样可能并不适合它们。教科书对理论抽样的解释很少考虑互动互惠和情境的要求。这些技术性解释忽视了研究现场的人际关系和互惠,忽视了为获取信息渠道而做的所有实际工作。你也许不能迅速写下来、抓住需要的数据并飞奔回自己的书桌。在实地研究中,在参与和保持距离之间的界线常常是模糊的,可能需要不断重新调整。要记住,人们不可能喜欢被当作抽取信息的客体。互惠是重要的,聆听和待在那里都是要走到他们中间。一些研究者可能基于他们项目的权威和声望要求进入研究现场。其他更多的研究者并不范这么做。我们通过信任得以进入现场,通过建立持续的关系和互惠,信任才会慢慢建立。忽视这些互惠不仅会削弱你得到数据的机会,更重要的是,使你的研究对象以及你自己非人性化了。

合法性的逻辑、正式进入的渠道以及实际的进入都会出现问题。在最近一次做扎根理论报告时,一位研究者问我,"当你不得不获得机构审查委员会的支持时,你会怎么进行理论抽样?"①这是一个非常好的问题。如果有机构审查委员会,进行理论抽样可能需要进一步清晰化,这要依赖于研究对象的情况和你自己的情况。生物医学的实验模型会很好地引导这些委员会。通过决策,他们试图实行这样的原则:不损害研究对象,预测潜在的伤害,明确使任何可能的伤害最小化并对其进行控制的相关策略,这些原则适用于个人,也适用于机构。受资助的研究计划要求主要调查人在收集数据之前就接受详细的审查。那些进行非资助研究的研究者和学生也必须在进行研究之前得到机构审查委员会的同意。他们是怎样在扎根理论研究的"生成性"与机构对研究的限制之间进行协调的呢?②

当寻求机构审查和监督委员会批准时,玛丽·凯瑟琳·奥康纳、艾伦·耐汀和罗瑞·汤姆斯(Mary Katherine O'Connor, Ellen Netting, & M.Lori Thomas, 2008)就是否使用实证主义或解释性扎根理论提出了明确建议。他们指出,"扎根"这个术

---

① 她在一个题为《通过扎根理论建构质性研究》的报告中提出了这个问题,地点是加州大学旧金山分校艾滋病预防研究中心·CAPS),2004 年 9 月 7 日。

② 在很多学科和专业中,质性研究者在挑战限制他们研究的制度规定。他们试图让那些坚持生物医学模型的同事认识到,这一模型对质性研究产生了不少限制。这些应该导致伦理政策和机构审查的变化。

语在每一种方法中都有不同的含义。有趣的是,他们提出,实证主义者寻求有用的语言数据,以增加"未来客观研究的精确度(fidelity)"(p.39),这样对有效性和可靠性的关注就实现了最大程度的普遍化。实证主义扎根理论研究者很少使用这些术语,虽然奥康纳等人的区分有助于他们获得机构审查委员会和监督委员会的批准。对于大多数审查委员会来说,对普遍化的追求仍然代表着一种常见的方法论要求。奥康纳等人认为,解释主义者在其产生的文本中寻求了解具体的意义,而并不期待普遍化,这一语境使他们的方法更为突出。强调意义和语境是正确的,虽然建构主义扎根理论研究者反对脱离时间、地点和研究环境的普遍化,但不反对普遍化本身。无论哪种方法,仔细定义的术语,详细说明的方法论原则,以及深思熟虑的方法论原理都会很好地服务于研究者,并让这些委员会真正理解扎根理论。 【210】

　　由于当前存在机构审查委员会的制约,所以很多质性研究者试图预测所有可能的意外,并在他们的研究计划中对其进行解释。从表面来看,理论抽样可能会对你通过审查带来障碍,因为你不能提前预测你的核心类属是什么。但是,你能提出一种让以后使用理论抽样具有合法性的原则,而不需要去解释理论抽样的逻辑,或提前确定核心概念。所以需要从一开始就努力获得进行第二次以及(可能的话)第三次访谈和观察的许可。把访谈现场以及实地研究中研究对象的经验包括进来,作为你方法论步骤的一部分,是有用的。多次访谈和观察会让你获得这样的进入机会。如果你的研究计划语言足够清晰确定,那么你肯定会通过审查。通过描述扎根理论的关键步骤,你会说明怎样提高新思路的概念精确性,以及怎样把数据收集集中在获得这些精确性上。这样,你后来的观察、访谈、案例或其他数据就都是解决概念问题了。简言之,制订返回研究现场的计划,以及把关键"信息提供者"放入你最初的研究计划中,都会让你有余地来收集进一步的信息,从而发展类属的属性。同样,当你设计一个访谈研究时,会有对主要观点进行追踪访谈的计划,这个计划要把理论抽样考虑在内。

　　在研究计划中采用成员检验(member-checking)的方式可能也有帮助,因为大量关于成员检验的文献已经使其成为一种被接受的——有时是被期待的——实践了。虽然成员检验一般指把观点带回研究对象那里寻求他们的确证,但是你也可以通过回访来收集资料,从而进一步加工(elaborate)你的类属。谢里尔·阿尔巴斯和丹·阿尔巴斯(Cheryl and Dan Albas)在他们研究的后期设计了一种检验和完善他们类属的聪明办法(私人交流,2004 年 3 月 29 日)。① 他们向某些曾经的研究对象解释了他们的主要类属,然后询问这些类属是否符合以及在何种程度上符合

---

　　① 阿尔巴斯发现,用这一方法找到了最有说服力的数据,同时,他们也加速和强化了他们的分析。也见 Albas 和 Albas(1988,1993)以及 Albas 和 Albas(1988)。

每个研究对象的经验。阿尔巴斯观察了研究对象在对话中的表现和那些无意识透露出来的信息。当一个研究对象对他们的分析不以为然时,他们得出结论,他们的类属并没有渗透到研究对象经验的核心中。接下来,阿尔巴斯让这个研究对象参与到产生类属新属性的讨论之中。他们在报告中说,他们从这一技术中获得了一些最好的数据。

阿拉苏塔瑞(Alasuutari,1992,1996)使用了同样的策略,但是刚好相反,他的目的不是发现可能忽视了什么或哪些分析还不够——就像阿尔巴斯一样,他所做的是让研究对象面对自己的缄默行动(tacit action)。这样,阿拉苏塔瑞的目的就是找出研究对象所忽视或未曾言说的东西。当他指出信息提供者主要提供了有意义但是片面的解释时,他是从研究者的立场来说话的。研究者必须挖掘得更深,以使解释更为全面。阿拉苏塔瑞建构解释的策略和理论抽样一样。看看他是怎样把他的发现带回到信息提供者那里的:

【211】

> 在一次特殊的对话中,我提出了这样一个问题,为什么研究对象总是热衷于争夺酒王(酒量最大的人)的头衔,同时又轻视其他成员的酒量呢?
>
> PA:不知什么原因,我觉得在这个圈子中就有这样一种感觉,总是有一些人酒量不行,或者说总有一些人比其他人更快喝倒,你会轻视那个人的酒量,你知道那是小菜一碟,我比他喝得多多了。
>
> A:你从哪儿听说的?
>
> PA:我听说过。
>
> B:我明白。
>
> PA:这里就是这样啊。
>
> C:你越早知道离开并找人帮忙,就越好,不是吗?
>
> A:没错。
>
> C:喝酒时间越长,就会越愚蠢,这是毫无疑问的。
>
> PA:变得更蠢? 你是在夸大其词吗?
>
> C:我喝酒时间要比你长。你只喝了一年,而我已经喝了两年了。所以那些喝了一年的人会意识到,有那么一个时点,你需要起身离开,并找人帮忙。我就很愚蠢,我并没有这种要找人帮忙的感觉,我不得不继续。因此这就是我对情况的描述,所以会有你说的那种情况,我酒量要好一些,*因为我知道这些,所以酒量要好一些。*

当我提出这个问题时,这个群体的成员首先想否定我的解释,即使我在实地笔记里有这类情形的清晰记录。之后这个说法又被接受了,这种现象是真的存在的,成员 C(在他说话的斜体字部分)进一步支持了我的解释,强调一个

人早期酗酒的严重性,和成员对实际情况的尊重有关。(1995,pp.170-171)

在这个例子中,阿拉苏塔瑞向原来的研究对象提出了他的解释,并进行了关于这个解释的谈话。[①] 在同一访谈中他的观点获得了确证,并在后来获得了进一步发展。在我看来,阿拉苏塔瑞的有效性来自两个方面:和群体成员的密切关系,以及用来得出结论的坚实数据。密切的关系建立了信任,使其能够就平常不曾谈到的领域与研究对象展开公开的谈论。坚实的数据使问题根基扎实——尽管它们本质上容易引发争议(*provocative nature*)。由生疏的观察者所提出的带有先入之见的问题,老练的民族志研究者可以将其转变为具有启发性的策略。有趣的是,阿拉苏塔瑞没有采用那些人表面价值上的支持。相反,他采取了进一步的分析。他把确证了的解释放在群体文化的语境中,做出这样的总结:它也反映了群体成员和工作人员的矛盾关系,以及对专业人员的不信任。 【212】

理论抽样的优势

进行理论抽样会推动你的分析。它既可以让你避免陷入无焦点的数据收集,也会让你避免在分析中受挫。你可以使用理论抽样来推动这些目标的实现,如:

- ·描述一个类属的属性;
- ·检验关于类属的直觉;
- ·使一个类属的属性饱和;
- ·区分不同的类属;
- ·厘清新出现的类属之间的关系;
- ·发现过程中的变量。

理论抽样是生成性的。你进行理论抽样的具体原因取决于你正在努力解决的分析性问题,以及随后所出现的想法、漏洞、歧义以及问题。

分辨这些问题以及寻求这些问题的解决方法需要一种坦率的态度,并与其保持一定的距离。你的类属在分析上单薄吗?得到的支撑充分吗?你对类属之间的关系清晰吗?它们是模糊但具有启发性的吗?好的研究者会学着分辨这些分析性问题——而且努力去解决这些问题。扎根理论中的理论抽样为发展你的分析和纠正错误之处提供了有价值的工具。对分析性问题的捕捉是研究过程的一部分。觉得迷惑和不确定——但是学着容忍这些模棱两可——表明作为一个研究者,你成

[①] 阿拉苏塔瑞的策略让我想起安塞尔姆·斯特劳斯曾经给我的建议,即不要太认真地对待教科书上关于进行中性访谈的规定。他发现,有时候挑衅性的问题是有效的,现场研究人员可以这样提问,只要不被轰出门外。

长了。那些认为研究过程是显而易见的研究者,常常进行的只是表面的分析。

进行理论抽样需要遵循一定的分析思路。最后,你可以通过下面的方法完善你的研究:

·使类属的相关属性具体化;

·增加类属的精确度;

·提供实质性内容,推动你的资料从描述走向分析;

·使你的分析更为抽象和普遍化;

·使预测扎根于数据;

·说明数据间或数据中的分析性关系;

·增加理论命题的精炼度。

要注意,理论抽样会让你发现一些资料,可以用来对理论类属和类属进行比较。想想你是否把一些属性堆在了一个类属下面,而实际上它们需要建构独立的、不同的类属。

描述观点和行动之间的联系是让你的观点更为敏锐的一种方法。接下来,对一个环境中普通经验的描述会变得更具分析性、更抽象、更具潜在的普遍性。把你的类属锚定在一个可靠的实质领域基础上,首先就会给你一些思路,让你知道在其他领域应该向哪里行进以及如何行进。

[213]

理论抽样会进一步提升你研究分析的深度和精确度。通过进行理论抽样,你的研究会超越直接问题获得更强清晰度和普遍性。通过关注你的**理论类属**而不是简单的经验问题,理论抽样让你能够在整个实质领域进行抽样。这样,进行理论抽样会让你把理论提升到一个正式的、更为抽象的水平上,它会涵盖不同的实质领域。

使理论类属饱和

什么时候停止收集数据呢?应该使用什么样的标准?扎根理论对标准问题权威而简短的回答是:当理论类属的属性在数据收集上"饱和"时就可以停止了。换句话说,你的数据足够"强壮",因为你已经不能再发现这些类属的新属性了,而且你建立的属性已经足够解释数据中的模型(Glaser, 1978; Holton, 2007; Wiener, 2007)。更长一些的回答做了进一步的补充:你已经定义、检查和解释了类属之间的关系,以及类属之间变量的范围。

不幸的是,很多研究者对"饱和"一词的理解背离了它在扎根理论中的理论基地(theoretical moorings)①(见 O'Reilly & Parker, 2013)。一些研究者(Bowen, 2008;Higginbottom, 2004;Morse, 1995;Stern, 1980, 2007)把饱和与扎根理论中的理论抽样结合在了一起,很多研究者却并不如此。"饱和"一词的一般意义是,没有新情况发生了。"同一个故事我听了一遍又一遍。"你如何处理这些故事呢?如果你进行的是数据收集的重复过程,而不是通过概念化以及越来越聚焦的数据收集和分析而进行的迭进式数据分析,那么你很可能会听到同样的故事。如果你说"我发现的是同一模式",那么我会问,"什么模式?这些模式指的是理论类属吗?"研究者会在不同的分析水平上建立模型,很多模型是描述性的和平淡无奇的,有些模型则是描述性的和富有洞见的。扎根理论研究者要建立的目标模型是富有洞见的,而且能够展示分析的精确性,并建立抽象的理论关系。

理论饱和不仅仅是看到同样的事件或故事重复出现,尽管很多质性研究者混淆了饱和与被描述事件、行动和陈述的重复。与此相反,格拉泽(Glaser, 2001)对饱和有着比一般研究者更为复杂的见解:

> 饱和不是一而再地看到同一模式。它是这些事件对照之后的概念化,这些事件产生了模式的不同属性,而且再没有模式的新属性出现了。这就产生了概念的密度(conceptual density),在被整合进假设中时,概念密度构成了具有理论完整性的扎根理论的主要部分。(Glaser, p.191)

格拉泽关于饱和的观点形成了扎根理论中处理理论概念的基础。当提升类属的理论性时,你就把它们提升到了抽象的、普遍的水平,同时把这些具体的关系保留在了数据(你从这些数据中建构了这些类属)中。要评价你的类属是否饱和,可以考虑一下下面的问题:【214】

- 你在数据内部和类属之间进行了怎样的比较?
- 你怎样理解这些比较?
- 它们给了你什么样的线索?
- 你的比较是怎样解释你的理论类属的?
- 如果有其他方向的话,它们把会你带向哪里?
- 如果有新的概念关系的话,你可能看到什么样的概念关系?

扎根理论逻辑要求把饱和作为标准应用到你的类属上。一些扎根理论研究者(Glasser, 1992, 1998, 2001;Stern, 2007)认为,在类属饱和之前你要一直进行抽样,这个逻辑代替了样本规模——符合饱和逻辑的样本规模可能非常小。马克·梅森

① 译者注:mooring 为系泊区,指船只牵系停靠以免漂走的区域,这里有理论基础、理论基地之意。

Mark Mason,2010)认为,样本规模和饱和标准需要考虑研究目标和数据质量。他举例说,一个有经验的访谈者进行10次访谈所形成的分析可能比一个新手进行50次访谈所形成的分析还重要。鲍文(Bowen,2008)将饱和作为理论抽样的一个结果。他写道:

> 在抽样策略中,研究者并不追求"普遍性"或"代表性",因此很少关注样本规模,更多关注样本充分性。样本规模只有在这种情况下才是重要的,即当它与判断饱和度问题被仔细考虑的程度有关时。(Bowen,p.140)

其他考虑可能要取代对样本规模的考虑。想一想,你对饱和的判断是怎样影响研究的可信度的。有着最谨慎判断的小型研究可能允许早早判定样本饱和。那些提出强烈观点的研究者应该对他们数据的充分性以及分析的严格性持谨慎态度。拥有25个访谈的研究对于某些小的项目来说可能足够了,但是当作者的言论是(比如说)关于人的本质或与已有研究相矛盾时,就可能招致怀疑。

根据常规,**理论饱和**是扎根理论研究者的目的所在,或应该追求的目标。但是扎根理论研究者常常不加批判地使用这个术语"饱和"。关于饱和的意义,存在很多不同意见。阿兰·布莱曼(Alan Bryman,2012a)指出,使用扎根理论的研究者不可能预测到,为获得理论饱和他们将需要多大的样本规模:

> 当制定研究研究计划时,或制定预算时,它会有一些问题。可能就是这种施加在研究者身上的压力,导致观察的一般化:在还没有多少证据的时候就宣称已经饱和,而且成为决定何时停止抽样的标准。(Bryman[2012b];Guest et al.,2006;O' Reilly & Parker[2013],p.18)

卡罗琳·维纳(Carolyn Wiener,2007)清楚表明,饱和是一个判断,但也要考虑研究的情形,包括时间或资金是否用完(p.306)。正如在讨论中明显表现出的,一些研究人员只是宣称达到了饱和,而不是深思熟虑的判断,正如莎莉·索恩和菲利普 邓巴夏尔(Sally Thorne & Darbyshire,2005,p.1108)对理论饱和的重命名所揭示的那样。他们称之为"湿尿布"(the wet diaper)①,但要注意,关于理论饱和的滥用超出了扎根理论的边界。索恩和邓巴夏尔尖锐地指出,健康研究的理论饱和"仅仅是为了方便忽略那些与人类健康相关的复杂体验"(p.1108)。

【215】

关于理论饱和的判断需要依赖研究者所采用的质性方法。赖利和帕克(O' Reily & Parker,2013)认为要求谈话分析实现饱和是不恰当的,并对此表示失望,虽然他们承认饱和是扎根理论不可分割的一部分。

珍妮丝·莫尔斯(Janice Morse)自从1995年发表她的经典论述以来,一直在

---

① 译者注:指水分已经吸满,此处戏谑对饱和度的不恰当强调。

不知疲倦地质疑饱和及其对发展理论类属的意义（例如，Morse，2002，2008b，
2011）。1995 年，她发现研究者常常"宣告"饱和而不是证明已经达到饱和。在
2011 年，她质疑道，"什么是饱和的特点，我们如何识别它？"在这期间几年，莫尔斯
一直在每个分析阶段把饱和和理论抽样联系在一起。这样，饱和就意味着不止一
次的检查。另一种做法是像詹妮弗·洛伊斯，研究者们需要在概念发展的多个水
平上对饱和进行自我批判。当然，很少有研究能够达到洛伊斯作品的理论复杂度、
解释范围和抽象层次，但扎根理论学者可以以进一步发展分析为目标，并深入理解
饱和的要求。然而，像其他质性研究者一样，扎根理论研究者可能存在这样的风
险，即类属还没饱和却说它们饱和了。

最初研究问题的类型以及之后类属的分析水平都很重要。普通的研究问题可
能很快就会出现这样的情况，类属虽然饱和，但却平庸或微不足道。不加批判或有
限地分析处理可能也会导致类属的过早饱和。新颖的问题可能要求更复杂的类属
和更具持续性的探究。

戴伊（Dey，1999）认为"饱和"这个术语是"不精确的"，因为它与"在没有对所
有数据进行编码的情况下就停止"这一方法不一致（p.257），而且主要依赖于研究
者对类属属性是否饱和的推测。戴伊认为，扎根理论家并不是通过数据建立类属
的饱和，而是通过数据来表明类属。

戴伊并不判定是否达到饱和，而是认为术语**"理论的充分性"**（*theoretical suffi-
ciency*）（p.257）更适合研究者所进行的扎根理论实践。此外，戴伊想知道，类属饱
和本身是否是扎根理论研究者为控制聚焦和数据收集而人为产生的。这些关注引
出了进一步的问题。我们对类属饱和的判定是否具有合法性？如果有的话，什么
时候具有合法性？这个方法是一种技术封闭的系统吗？当研究者把扎根理论方法
当作秘诀（recipes）时，他们就在没有对数据进行探究的情况下提前封闭了创新的
可能性。斯特劳斯和科尔宾（Strauss & Corbin，1990，1998）的轴心编码矩阵可能会
把数据强行放入预先设定的框架中，就像格拉泽的任何一套理论代码那样。采纳
和应用这些框架会导致选择扎根理论固有的焦点，使它具有更强指向性和规定性。
最后，研究者会破坏他们分析的价值和合法性。

通过扩展，戴伊的主张补充了我对提前关闭分析可能性以及形成表面分析的
研究。我的解决办法是什么呢？对现场所发生的事情保持开放态度，愿意为此殚 【216】
精竭虑。当你深陷其中时，返回去对早期的数据重新编码，看你是否发现了新的线
索。扎根理论指导原则给你的是把握资料的工具，而不是为你进行工作的机器。

理论分类、绘图和整合

对备忘录进行分类、绘图和整合是交互相关的过程。你的分类可以整合分析,图表可以同时分类和整合分析。图表的直观图像不仅可以展示分析的形式,也能展示分析的内容和方向。所有的质性研究者都会用到诸如分类、绘图和整合这些万法策略来对他们的资料进行处理,然而,扎根理论研究者用这些策略则是为了让他们的分析获得理论方面的发展。为了说得更清楚,我下面分别介绍分类、绘图和整合,尽管它们在扎根理论实践中是纠缠在一起的。

理论分类

分析备忘录会为论文或章节形成第一份草稿。在每个分析阶段撰写备忘录会让你的分析逐渐变得越来越有力、清晰和理论化。你已经在自己的书面备忘录中形成了类属,而且已经尽可能地将其命名为具体的、特别的和分析性的术语。现在你可以对它们进行分类了。

在扎根理论中,分类不只在构建论文、章节或著作的第一步发挥作用:分类服务于你的生成性理论。它还给你一种形成和完善理论连接(theoretical links)的方法。你可以通过分类对你的类属进行理论整合。这样,分类使你能够在抽象的水平上比较类属。

想一想你的生成性理论的逻辑。当你分析一个过程的时候,你的分析可能假设了一个基于关键事件或过程阶段的顺序。在心理学示范项目中,我是从特蕾莎手术后所发生的事件开始的。在这一时点上,潜在损失已经成为实际损失,于是这成为我的分析核心。实际损失就与"重新获得有价值的自我"联系了起来。在这种情况下,特蕾莎意识到潜在损失超越了她的实际损失,但我想讨论损失的具体经验和人们对它的处理方式。因此,我想对"失去自我"这一更大类属进行概念化,并对更为具体的严峻事件(precipitating event)进行分析。我的分析工作具体到对"失去自我"的概念分析。然而,在对备忘录排序中,我将这一材料放在了论文导言后面的第一个主要部分。我在导言部分介绍了"自我的失去与中断""时间"和"受难"。关于"失去自我"部分内容见下文。

对失去自我的定义

"失去自我"比身体上的损失象征着更多东西。它意味着失去了人们对自己进行了解、定义和感觉的方式。他们的身份特质消失了。他们生活的基础削弱或崩溃了。"失去自我"改变了人们对自己和他人的比较方式,改变了在世界上定位自己的方式。这意味着失去了在世界的存在方式——而且,以其最强烈的形式,失去了他们的个人世界和集体世界(Ciambrone,2007;Charmaz,[1983b],1997;Mathieson & Stam,1995)。世界突然陷入了混乱。共同体消失了,生活不可逆转地发生了改变。

"失去自我"处于自我重建连续体的一端,另一端是"重新获得有价值的自我"。两者都在同一情境的确定性和不确定性范围之间(图 8.1)。自我的失去让生活变得不确定和混乱;重新获得一个有价值的自我会让人觉得生活变得更加可预测和可管理。因此,"重新获得有价值的自我"也意味着这个人重新建立了一个稳定的自我概念,尽管它可能是基于新的属性和价值观。

损失的深度、广度和存在意义形成了对"失去自我"的定义。这样的损失是灾难性的、无法控制的——势不可挡。这些损失带来了不确定性:预示着永久性,破坏了自主性,并导致了悲伤和痛苦。特蕾莎所讲述的痛苦失落的故事表明了她所承受的痛苦。她失去了使她与众不同、给她慰藉并形成她生活方式的东西。当她的采访者问起她与上帝的关系时,特蕾莎讲述了失去声音在她的生活中所产生的反响:

> 唱歌是我的祈祷。这就是我和上帝的联系。那是我最大的馈赠。从我记事起我就是一个没有朋友的胖小孩……但我可以唱歌!这就是我"存在于世界"的方式。当我失去了它,我就失去了与上帝的连接,失去了我所有的朋友,失去了生命中的召唤,失去了生命中的激情,失去了我的王牌……失去的东西曾经让我从那个胖小孩身体里解脱出来,不管怎样……这是我要打出的牌。我的牌丢了!所以我失去了与上帝的联系。一去不复返了。

> 随着她失去社会关系、激情和目标,以及一个又一个的身份,声音的失去延伸到特蕾莎的整个生命。(Charmaz,2011a,pp.178-180)

在上面的叙述中,我阐述了"失去自我"的属性,并把它作为走向自我重建连续过程的终点,其间充满了各种问题。然后我将"失去有价值自我"与"经历自我中断"放在一起,继续进行"有价值自我"的有目的的重建,这意味着要面对损失。通过分析,这些研究对象如何利用他们过去的优势来"重新获得有价值的自我"变得清晰起来,即使当"过去的自我"不得不被放弃时。

研究者建构了他们分类和编辑备忘录的方式。分类越贴切地反映你对现实经验之流(the flow of empirical experience)的描述,你和你的读者阅读起来就会越顺畅。当你有一个有意义的逻辑时,对备忘录的分类和整合就能够成为现实。当你的研究涉及好几个过程或追求多个类属时,备忘录的分类和整合就不可能总是那么清晰。尝试几种不同的分类,思考每种分类分别是怎样描述你的分析的。当你考虑每种分类方式的含意时,它会帮助你把这些分类用图画的形式表现出来。

对备忘录进行分类、比较和整合似乎是个简单的步骤。一个类属的每个备忘录都可能成为草稿的一个部分或一个次级部分。如果是这样的话,对备忘录的整合就可能只是再现了分析的理论逻辑,或者一个过程的几个阶段。然而,对备忘录的分类、比较和整合可能更为复杂。选取一个备忘录,和其他的备忘录进行比较,【218】逐次比较下去(也见 Glaser,1998)。如何比较备忘录?你的比较会产生新的观点吗?如果能产生,那么再写一个备忘录。你能发现备忘录之间新的关系吗?通过对备忘录进行分类,你会获得什么思路?如果这么做有用,选取相关的备忘录,并形成一个关于这些思路的快速检索资料串。它们放在一起是否适合?哪些最有意义?一些备忘录结合起来会更好,会使答案清楚起来。但是对于很多分析来说,你必须建立秩序,并为你的读者建立联系。你论文的第一个草稿要展示你如何分类、比较和整合一组备忘录,使其具有某种连贯的秩序。

应该怎样对备忘录进行分类、比较和整合呢?

- 根据每个类属的名称对备忘录进行分类;
- 比较类属;
- 小心地使用你的类属;
- 想一想类属的顺序是怎样反映被研究经验的;
- 现在考虑一下它们的顺序是否契合类属的逻辑;
- 在被研究经验、你的类属以及关于这些类属的理论陈述之间建立最大可能的平衡。

一些操作性建议会对你有所帮助。在一个有充足空间的地方手工整理一下你的备忘录。现在把电脑关掉。一张大桌子会很有用;如果没有猫或孩子来打扰的话,地板也不错。我曾经把写着备忘录题目的卡片贴满了我的餐厅。通过对不同备忘录进行组合来进行实验。要以一种实验性的态度来对待这些组合,和它们玩游戏。把你的备忘录用几种不同的方式排列出来。画几幅图画来把它们联结起来。当你产生一个新颖的分类时,迅速把它记下并画出来。

在你对备忘录进行分类时,继续比较类属。分类会推动你完善类属之间的比较。分类的结果可以让你更清晰地看到不同类属之间的关系。比如,通过对关于时间和自我的备忘录进行分类,我对严重慢性病患者对他们自己看法的变化有了更为清晰的认识。我看到,当病人的现在变得越来越有问题时,他们很容易从试图"活在现在"变成"回到过去"。类属间的关系形成了你要涵盖内容,以及你涵盖这些内容的方式的框架。它们会给未来的读者提供重要的信息。而且通过对这些类属进行研究和分类,你可以发现你是在什么时候以及在哪里误入歧途的。

图表化

图表可以为我们的观点提供具体图像。图表的好处在于提供了一幅直观的关于类属及其关系的图画。很多扎根理论研究者,特别是那些受克拉克(Clarke,2003,2005)、斯特劳斯(Strauss,1987)以及斯特劳斯和科尔宾(Strauss & Corbin,1998;Corbin & Strauss,2008)影响的人,把形成生成理论的直观图表作为他们扎根理论固有的一部分。他们在建构自己的分析时使用不同类型的图表——包括地图、表格以及图形——来描述关系,并在他们的作品中展现这些关系。

图表不仅能让你看到类属之间的关系,也能让你看到,在你的分析中类属的相对力量、范围以及方向(relative power,scope,and direction)。你会发现,在分析的所有阶段,图表都会服务于有用且多元的目的。当一个图表解释了一个类属的属性时,你可能会修改关于这个类属的资料串,使其成为更加严格的形式。你会形成一幅概念地图,定位你的概念并指引它们之间的运动。 【219】

赛恩·威廉姆斯和约翰·基迪(Sion Wiliams,John Keady,2012)提出了"中心舞台图表"(center stage diagrams)作为发展建构主义扎根理论的一种方式。经过一段时间,他们和研究对象一起建构了这些图表,接受每个研究对象的语言以及他们主观经验的可视化表达,以此呈现他们的生活。最后,他们的图表回答了这样两个相关的问题:"1)研究中被呈现在生活现象中心舞台上的故事情节是什么?2)谁在那个生活经验的中心舞台上?"(p.224)当他们从"发现故事,定义描述故事和形成'故事情节备忘录'"(p.233)出发时,威廉姆斯和基迪发现,中心舞台图表能够让研究对象跟着研究者的思路向前走。

地图展现的是位置和过程(Clarke,2003,2005)。概念地图能够绘制关系的相对强弱。它们也能展示你的扎根理论是否能够组合在一起(fit together)。图8.1展示了我对"自我价值的失去"和"重新获得"之间主要关系的分析。

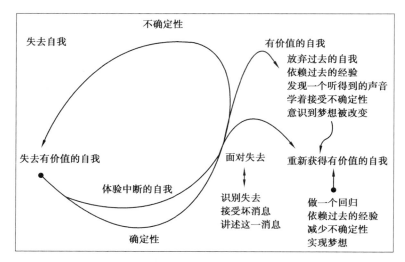

图 8.1　有价值自我的失去和重新获得

　　图 8.1 表明,自我失去之后,有意识的重构过程是发生在从确定到不确定的范围之间的。它描绘出了"有价值自我的失去和重新获得"的过程,勾勒出了获得有价值自我的条件,并对"人生中断"的经历进行了比较。"失去有价值自我"在"确定性"和"不确定性"之间徘徊,可能会出现进一步的失去。重新获得有价值自我可能意味着在不可更改的变化之后建构一个不一样的自我。一个人可能被迫放弃了他/她过去的自我,但是建构另一个"有价值的自我"要依赖过去的经验、禀赋以及技能。经历"人生被中断的自我"是"失去有价值自我"的变体。它意味着损失,【220】但具有暂时性,因此接近于确定性。

　　你可以通过地图来形成你的分析以及报告。阿黛尔·克拉克(Clarke,2003,2005,2012;Clarke & Friese,2007)通过地图来创建复杂的情境分析,为早期强调基本社会过程的扎根理论提供了新的选择。情境分析将后现代主义的假设和方向与扎根理论相结合,强调话语数据(discursive data)的分析。克拉克(Clarke,2005)认为,在正式收集数据之前,我们已经对我们的研究地点和研究问题有了很多了解,而地图是有效利用这些知识的方式。

　　克拉克没有诉诸简化的分析,或者说没有完全依赖格拉泽(Glaser,1978)长期以来一直坚持的基本社会过程模型,而是通过对情境、社会世界及它们的竞技场,以及话语中的位置绘制地图,保留了经验现实和复杂性,从而发展了扎根理论方法。除了说明社会竞技场和社会世界的分析水平外,还可以想一想弗里斯(Friese)是如何使用克拉克为常规扎根理论备忘录设计的分类技术的(图 8.2-8.4)的。克拉克的情境地图(situational maps)认真地采用了格拉泽(Glaser,1998)的格言"一切都是数据",因为她把结构属性放到了地图中,在社会世界和它们的竞技场中设定了它们的位置。研究一开始,研究者就可以通过绘制他们需要检验的一切来建构情境地图（Clarke，2005，2012）。这一方法超越了传统扎根理论版本，因为它解释了影响和决定被研究环境的物质环境、非人为因素、话语以及结构性因素。

克拉克的策略让我们把分析从微观发展到组织的水平，使不直观的结构关系和过程变得直观了。同样，这一方法使得不同的社会世界和其竞技场之间的关系和过程变得直观了，而它们通常则是深藏不露的。下面的情境分析对被研究的社会世界结构进行了解释，提供了临时的、灵活的、解释性的理论。

斯特劳斯和科尔宾（Strauss & Corbin，1990，1998）引入了条件/结果矩阵，让它更清晰地呈现经验世界的交易（transaction）以及它们的互动和相互关系。特别是，他们把这个矩阵作为思考宏观和微观关系的分析工具，而这些关系对研究者所研究的情境具有重要影响。他们提供了对条件/结果矩阵的描述，作为同心且彼此联系的圆圈，在 1998 年的版本中，他们把个人放在了核心位置（在 1990 年版本中他们是把行动放在核心位置）。同心圆代表了越来越大的社会单位。

图 8.2　弗里斯关于克隆条件下印度野牛和爪哇野牛的混乱地图

正如布鲁诺·希尔登布兰德(Bruno Hildenbrand, 2007)所解释的,条件/结果矩阵的主要目的是帮助研究者超越微观社会结构和直接互动去思考,进入更大的社会条件和结果中。斯特劳斯和科尔宾提出,条件/结果矩阵不仅有助于定位条件发生的环境和条件之间的路径,也有助于研究者进行理论抽样。他们把矩阵作为发展理论的一种途径,它能够使研究者的研究工作超越现象的描述。这个条件/结果矩阵是一种应用的技术;因此,它会让你推动自己的数据分析沿着预先设定的方向前进。但是,如果你的生成性分析表明,以这种方式绘制的条件、情境和结果地图符合你的数据,你就会希望使用这个矩阵。

【222】

组织/制度因素
动物园
生物技术工业
实验室
农场
濒危物种
高级细胞技术
经卵细胞基因
圣地亚哥动物协会
圣地亚哥动物园
圣地亚哥动物协会濒危生物研究中心
圣地亚哥动物协会冷冻动物园
印度野牛物种保护计划和血统簿
爪哇野牛物种保护计划和血统簿
有蹄动物分类咨询委员会
美国动物园及水族馆协会(AZA)
屠宰房
大众传媒
科学杂志

人类行为话语构建
发展迅速的克隆技术
建立"勇敢新世界"的科学家

政治经济因素
濒危物种
野生/圈养数量
公共关系
濒危物种法案
旅游工业

非人类因素
克隆印度野牛
克隆爪哇野牛
家养牛卵细胞
家养牛代替品
来自已死印度野牛的纤维原细胞

来自已死爪哇野牛的冷冻纤维原细胞

人类因素（个人&集体）
科特·本尼施科特
奥利弗·赖德
菲利普·达米亚尼
罗伯特·兰萨
基因学家
生殖科学家
物种保护计划协调员
动物园共同体
生物技术工业
先进细胞技术
经卵细胞基因学
圣地亚哥动物学协会
圣地亚哥动物园协会濒危物种研究中心
有蹄动物分类学咨询小组
美国动物园与水族馆协会(AZA)
AZA生殖科学咨询委员会

空间&时间因素
濒危物种
野生/圈养数量
动物园
农场
实验室
生物银行

流行话语及其他
生物多样性
物种保护
濒危物种
"好的"圈养生殖
克隆不好
灭绝
侏罗纪公园
杂交
嵌合体
纯度
干细胞争论

多利羊
人类/动物区分

象征因素
成功活产
物种保护
灭绝
熊猫
长毛猛犸象
动物园
农场
实验室
多利羊

社会文化因素
物种保护
野生/圈养数量
牲畜
动物园动物
灭绝

实践因素
生物多样性保护
辅助生殖技术
细胞核移植
冷藏储存
人类染色体核型分析
圈养生殖
公共关系
发展中的技术
研究
研究资料交换
评估/生产基因多样性
野生/圈养数量

逻辑框架
使用辅助生殖技术的等级逻辑
维恩图解

主要争论问题
细胞核移植技术是否已能应用于动物园动物
存活率是否已算成功
后代健康

图 8.3 弗里斯关于克隆条件下印度野牛和爪哇野牛的有序地图

THEORETICAL SAMPLING, SATURATION, AND SORTING

【223】

图 8.4 弗里斯关于爪哇野牛的相关地图

整合备忘录

如何整合备忘录呢？显然,对过程进行排序是整合片段的一个好办法。如果你把论文建立在一个主要类属上,那么你必须判断,有关这个类属的备忘录怎样组合起来效果最好。过程分析有一个内在的逻辑秩序,但是分析性类属可以有一个对读者更有意义的微妙秩序。比如,我在关于"说出病情"的分析中发现,开始时避免说出病情,之后估计说出病情的后果,然后说出病情,这个秩序就是有意义的。

把这个例子放到另一个领域,避免公布消息以及冒险公布消息——个人、职业以及组织的公布——可以发生在所有类型的工作环境中。公司的经理知道,要使信息最小化就要限制传播的范围,首先他会避免公开,然后试着告诉他所信任的员工,最后具有策略地进行一般性公告。在这个例子中,披露信息面临的两难处境与信息公开披露的类型和程度(或者隐藏信息被发现的可能性)以及影响信息披露的其他条件有关。

很多扎根理论文献强调,要充分展开对单个类属的写作。但是,你可能需要斟酌好几个类属。如果是这样的话,排序时就要注意这些类属怎样才能彼此协调,或者它们是怎样不协调的。之后的整合可能反映了你在经验世界所发现的内容。整 【224】 合会让关系变得更加好理解。早期的扎根理论研究强调因果关系,但是现在很多学者的目标是解释性理解。这种理解要视环境条件而定。

通过对备忘录进行排序和整合,你可以解释那些你无意识中接受的、意义含糊的理论代码。此外,这些策略会迫使你通过类属间的理论联系来进行思考,即使那些联系可能还不很清晰。画图使理论类属之间的关系更为清晰了。写作书面报告、形成导论和撰写理论框架,这三个策略都会激发你的思想灵感。

小结

像编码和备忘录撰写一样,理论抽样在扎根理论中处于一个关键位置。它所阐明的这种实践,即使最优秀的质性研究者也只可意会不可言传。理论抽样过程中,通过在类属和数据之间来回往返,你会提升类属的概念水平,并扩展它们的范围。在形成类属时,你可以判断把哪个类属作为分析的主要概念。

通过理论抽样、饱和和分类,你形成了可靠的类属和深入的分析。在连续的越来越抽象的备忘录中,你会捕捉到很多你所需要的东西,这些东西会让你最后的作品获益匪浅。分类和绘图会给你带来最初的分析框架。现在,你可以开始撰写报告的第一稿了,不过也许你希望首先对扎根理论中的理论化进行更多的思考。

第 9 章

在扎根理论研究中重构理论

扎根理论研究者谈了很多理论,也谈了很多理论的建构,但是这到底是什 【225】么意思呢? 在本章,我们停下来逗留片刻,思考理论意味着什么,以及扎根理论研究者是如何进行理论化的。我从一个扎根理论研究的理论化案例开始,然后退一步问:理论是什么? 理论的一般定义可以从两种不同的传统来看,这样建构主义扎根理论和客观主义扎根理论的发展历程会更为清楚。我们会比较客观主义扎根理论和建构主义扎根理论,这样你就可以评估你的研究和它们的关系。重新思考对扎根理论的批评对于我们重新思考和确定我们的理论任务很有帮助。为了提升理论敏感性,我介绍了一些方法,在扩展理论范围时你可以用这些方法探测自己思想的深度。最后,我们看看三种不同的扎根理论是怎样在实践中进行理论化的,同时,对于扎根理论研究者是如何成为理论化过程的一部分的,我们也会进行反思。

我们从讨论扎根理论研究中的理论建构开始吧。下面是我从关于"失去和重新获得有价值自我"分析中所摘录的部分内容(Charmaz,2011a)。在这篇摘录中,我开始对这一问题进行理论化,当一个人经历了"失去自我"时,"自我的有意识重建"意味着什么。明显的理论逻辑是建立在对"变化中的自我(a changing self)"的概念化上。潜在的理论逻辑将自我与时间视角以及"时间的主观体验"联系了起来。如下所述:

> 30 岁时,特蕾莎对声音的反思更清晰了,从而放大了由于失去声音而失去自我的故事。她失去声音是不由自主的、不可控制的、无可挽回的。她觉得自己失去了对生活的控制。特蕾莎的肿瘤、外科手术以及失去声音融合成一场生存危机,迫使她失去了自我,并产生了极大的痛苦(Charmaz,1983b,1999,[2002c])。过去塑造了这场危机的力量,以及随后迅速发生的改变生活的事

件,这些事件至今仍影响着她的生活。癌症潜伏在她的生活背景中,一直存在,通常是静止的,但一直在那儿。然而,特蕾莎在过去所获得的见识和技能,将悲剧叙事变成了希望、勇气和积极成长的故事。

时间的意义渗透在特蕾莎的故事中。她通过现在的棱镜回看过去(Mead,1932;Ross & Buehler,2004)。随着特蕾莎故事的展开,过去、现在和未来的意义更加强化了。她的故事也给我们讲述了关于时间的意义。决定性时刻(telling moments)标志和象征着剧烈的变化。特蕾莎早些时候在叙述"失去自我"的难忘经历之前,讲述了她所经受折磨的过程。当特蕾莎得知她可能会失去她的声音时,那成为她生命中的决定性事件。它把她的现在和过去分开了。这一刻标志着特蕾莎自我的破灭。不能唱歌,生活会是什么?……

对特蕾莎故事的社会心理学分析揭示了"失去一个有价值自我、一个具体自我"的过程,并展现了"重新获得能够面对不确定性的有价值自我"的方式。为分析得更清楚,在她的故事中我呈现了:(1)把"失去自我"和"重新获得自我"作为一个"自我重建"连续过程的两端;(2)强调了"失去自我"得到发展的条件;(3)描述了影响"自我的有意识重建"的必要条件;(4)把意向性与时间的意义连接起来。随着时间的推移,当我使用类似的数据来跟踪传记时,我发现,这些过程很少是单一的和线性的。相反,病人随着健康和生活的变化无常不停地在这些过程之间、两端、周围移动(Charmaz,[1995a])。(Charmaz,2011a,pp.177-178)

以上叙述为分析"失去和重新获得有价值自我"设置了舞台。与这一示范项目的结构一致(Wertz et al.,2011),我在用自己的数据进行分析并做进一步比较研究时,强调了特蕾莎和盖尔的故事。① 通过对共享项目数据进行分析,我关注了有价值自我的有意识重建过程。特蕾莎和盖尔在身体功能丧失后都积极努力进行恢复。不是每个人都以这种系统的方式去面对疾病或受伤所带来的损失。两个年轻的女性都在挣扎,她们各自的情况都影响了她们可以成为谁,以及其他人如何认识她们。她们的身份目标非常清晰。

我的分析在相对不确定和确定的条件下追溯了自我的有意识重建过程(图8.1)。盖尔最终恢复了。即将到来的手术和可能产生的身体机能衰退最初曾让她恐惧,但后来恐惧平息了。盖尔的不确定性产生了这些问题:会很快康复吗?她能及时恢复体力、耐力和灵活性以便及时参加球队比赛吗?对于特蕾莎,不确定性笼罩在前景中,并持续潜伏在背景中。尽管特蕾莎决心努力恢复她的声音,但在手术后的

① 为与心理学示范项目的结构保持一致,这段摘录,以及分析所关注的数据,都来自特蕾莎和盖尔。如果要了解更多该项目的信息,请阅读本书第5章相关内容。

几个月里并没有实现。她谈道,她所崇敬的声乐老师对她说:"你为什么还来呢?"她说:"您说得对。"那是她最后一次去工作室。(Wertz et al.,2011,p.118)她放弃了成为一名歌剧演员的希望,通过新的追求寻找自我的价值。放弃希望真的像特蕾莎说的那样简单吗?不仅她的职业希望崩溃了,她还很快意识到,她也失去了她的声乐老师和盟友,以及她所熟悉的生活和她自己。她回忆道:

> 声音一消失,我就不得不找点什么别的东西,否则我就要死了。我真的觉得我必须死,或者自杀,或者屏住呼吸,直到它结束。除了这些什么都无法想。这是可悲的,痛苦的,可怕的……我无法用语言来解释它是多么可怕……我失去了我的身份。我失去了自我。(p.119)

特蕾莎所遭遇的损失和持续的不确定性,使得失去和重新获得有价值自我变得问题重重,远远超过了盖尔。注意她们两人各自的主客观因素。特蕾莎的疾病危及生命,可以预见到之后情况不妙。盖尔的伤病和当时的衰弱是暂时的。当然,在新的常规训练中盖尔由于跳向高杆时判断失误,摔到了地上。这次事故破坏了盖尔作为体操运动员的身份。但事故并没有使其终结。 【227】

通过比较不确定性和确定性的经验条件,我解释了不同类型的损失,这反过来又让自我有了不同的含义。我构建了一个主要的类属——"体验被中断的自我(experiencing a disrupted self)",它证明了盖尔的叙述,分析了特蕾莎故事所反映的"失去和重新获得有价值自我"的过程。盖尔和特蕾莎的目的都是重新获得她们早期的自我和身份。当比较她们的行为和我以前关于身份等级①(包含着身份水平的渐变层次)的概念(Gail & Teresa,1987)时,我发现她们每个人的目标都是"恢复自我"。她们两人都试图东山再起。然而,即使付出非凡的努力特蕾莎也无法恢复她早期的自我。放弃她的梦想,意味着放弃她以前的身份目标。通过在另一个社会世界找到了一个新的位置,她把巨大的损失转化为重新获得一个有价值的自我。

这些摘录把"重新获得有价值自我"的过程理论化了。它们构成了理论吗?还没有,但通过使用其他数据进行比较分析,它们在走向理论建构。是什么构成了分析理论或理论性呢?扎根理论分析对于理论采用的是什么样的假设呢?在理论化和建构扎根理论的富有创造性——同时常常带着混乱——的过程,与已完成报

---

① 这些身份等级反映了病人所偏爱的、反映着他们的梦想和目标的不同身份。这些身份等级水平包括:(1)非凡的社会身份,在常规世界要获得这种身份必须有非同寻常的成就;(2)康复后的自我,患病前身份的重构;(3)偶然的个人身份,由于病情的进一步发展,一种假设性的可能身份,尽管是不确定的;(4)被救治的自我,在变得必须依赖别人时,在有价值的行动或特征的基础上,保持过去的自我。身份等级的所有水平都代表着慢性病患者将他们自己和被认为无价值的个人分离开来。有人逐渐在身份等级上下降,而其他人则随着他们健康状况的变化在身份等级上上升或下降。降低身份目标意味着获得更低价值的身份目标。(Charmaz,1987:285)

告和发表文章的谨慎表述之间,我们应该怎样进行协调呢?我们应该怎样用建构主义方法写作扎根理论呢?为了让理论化过程更为透明,我们需要看看扎根理论研究者是怎样建构他们的理论的,但是首先我们需要深入思考理论是什么。

什么是理论?

【228】

作为扎根理论研究者,我们如何定义"真正的"理论呢?我们如何使扎根理论分析理论化呢?我们如何从分析过程过渡到形成扎根理论?扎根理论常常采用什么样的路线?为了评估扎根理论研究是否、怎样、为什么以及何时提供了真实的理论,需要后退一步问一问:什么是理论?

要思考扎根理论中理论的含义,先看看社会科学中对理论更宽广的定义是有帮助的。我们可以利用这一理论的定义作为出发点:理论是指抽象概念之间的关系,目的是解释或理解。(Thornberg & Charmaz,2012 p.41)

"理论"一词在扎根理论话语中仍然是难以捉摸的,反映了整个社会科学和专业领域关于"理论意味着什么"还存在很大的模糊性。很多扎根理论研究者谈论理论,但很少有人去定义它。许多扎根理论研究者认为他们建构了理论,但他们真的建构了吗?

如何使用扎根理论方法,完整的理论应该是什么样的,对这些问题,扎根理论研究者之间往往存在分歧,原因在于"理论是什么"这一问题还没有解决(也见Abend,2008)。这些分歧反映了整个社会科学领域所充斥着的抱怨和意识形态冲突(也见 Abend,2008)。扎根理论在没有意识到它们的认识论基础时,也存在着同样的分歧。这些不同意见可能会在关于如何建构扎根理论的讨论中表现出来,并得到强化。

在本章中,我会谈到理论的两大方向,实证主义和解释主义,它们都对扎根理论产生了重大的影响。古典社会学理论和文化研究的理论视角有助于我们澄清这些理论方向上的问题,所以我要简要进行讨论。如果我们透过表面,就会发现,扎根理论研究者对理论的不同定义取决于他们的定义采用的是实证主义理论还是解释主义理论。有些对于理论的定义很严格,有些则很灵活。不要把实证主义、解释主义理论看作是独立的非此即彼的定义,新手扎根理论研究者会发现,把扎根理论放在一个连续统上可能更有帮助,这样你就可以说明,关于理论你站在哪个位置上。

理论要试图回答问题。对于发生了什么,如何发生的,理论要提供解释,目的是解释为什么会发生。理论化过程包含了建构这些解释的行为。正如我以上摘录所指出的要解释与观察到的行为"为什么"有关的问题,往往会引发存在主义的问题(existential issues),如意义和道德价值等。贾贝尔·F.吉布利姆和詹姆斯·A.荷尔斯泰因(Jaber F. Gubrium & James A. Holstein,1997)提出,质性研究可以"通过思考社会生活的'什么'和'如何'之间的可能关系"来解决"为什么"的问题(p.200)。因此,我们把人们在特定情况下"做什么",和他们"如何做"联系起来,当作偶然关系(contingent relationships)。这种分析形式让我们有可能了解后续行动及事件发生的原因。杰克·卡茨(Jack Katz,2002)补充说,对"为什么"的回答总是与社会生活维度有关,能够激发超越具体情境的解释。扎根理论既提供了分析具体行动的方法,也提供了分析超越具体行动的方法。相比之下,大多数质性研究涉及"什么"和"如何"的问题,并坚持即时行动(immediate action)。

扎根理论有一个悠久的历史,不仅提出并回答"什么"和"如何"的问题,也提出并回答分析性的"为什么"的问题。我们对"为什么"的问题的回答范围涉及解释的普遍化——使因果关系理论化,也涉及抽象理解——使概念之间的关系理论化。为展示扎根理论研究者如何解决"为什么"问题,并进行理论化,我在本章总结部分剖析了几个扎根理论研究,并和你一起重建它们的逻辑。

实证主义关于理论的定义 【229】

可能最流行的理论定义来自实证主义。实证主义关于理论的定义是对抽象概念之间关系的陈述,这些抽象概念涵盖了经验观察的广泛领域。这一对理论的定义与阿本德(2008)关于理论的六个定义中的第一个一致。在这种情况下,理论意味着"一般命题,或一般命题逻辑相关的系统,它建立了两个或多个变量之间的关系"(p.177)。实证主义者把理论概念作为变量,并关注可观察的事实。他们对概念进行了操作性定义,并通过精确的、可重复的经验评估来验证假设。因此,实证主义植根于经验主义,但又绝不局限于归纳。

这一实证主义的定义产生了非常大的影响是因为两个原因:它的影响遍及各个领域;研究类教科书的作者广泛接受并对其进行宣传,并常常当作理论的唯一定义和理论化的唯一方法。

在这种看法中,理论的目的是**解释**和**预测**。实证主义的目标是简约(简短、准确的解释),寻找原因,寻找解释,强调一般性和普适性。简言之,实证主义理论包括一组内在相关的命题,目的是:

- 把概念作为变量;
- 发现概念的属性;
- 使概念间的关系具体化;
- 解释和预测这些关系;
- 使知识系统化;
- 通过假设—验证来证明理论关系;
- 为研究产生假设。

　　实证主义逻辑依赖于事实和价值的分离。实证主义者试图使他们的价值观脱离研究,以免污染(contaminating)结果。事实—价值分离的观点支撑着研究人员关于公正性和客观性的主张,因此,实证主义者断言其研究设计和发现的力量就在于事实与价值的分离。同样,许多实证主义者,尤其是20世纪的实证主义者,都在避免让理论具有价值立场。

　　实证主义理论强调简约,目的是追求形式的优雅和表述的直接。然而,在社会科学中,这些理论可能会导致用简单化的行动模式进行狭隘的解释,比如,当解释个人的经济行为时,理论排除了情绪和文化背景。在这种情况下,研究人员在概念的基础上建立起理论,可以简化为定量的变量。乔纳森·特纳(Jonathan A. Turner,2006)是实证主义支持者,长期以来一直阐述其原则,并提供了一个重要的修正。他指出,评论家们经常错误地指责实证主义的目的是把所有概念转换为变量和数字。特纳告诫道,实证主义要建立社会生活的一般和通用属性,"要阐明其关于动态属性的规律;无论这些规律是用文字表述还是用数学表达,它们都要比社会世界主导的操作性动态抽象规律具有更少的差异性。"(p.452)特纳关于阐明抽象规律的主张与19世纪古典社会科学著作保持了清晰的联系。并非所有认同实证主义假设的研究者都追求阐明抽象规律,包括大部分从实证视角进行理论化的扎根理论研究者。相反,他们的目标是对一个有限经验问题进行一般化。

　　形式各样的实证主义深刻地影响了20世纪的社会科学,那时定量研究和质性研究之间有着鲜明的界限。不久前,定量方法学家和质性研究人员还都在关注实证主义的前提和知识积累的承诺,虽然是以不同的方式。坚持实证主义的定量方法学家进行问题研究,都遵从定量研究的方法。因此,他们倾向于减少实证对象和事件指标,以便可以将其包含在可操作性概念中。质性研究者为了使他们的工作不被指责为有偏见的,且没有达到传统的可靠性和有效性的容量标准,他们往往沉浸在数据收集中,并经常强调一些明显的行为。定量研究人员和质性研究人员都试图尽量减少主观性,做冷静、中立的观察者。

　　实证主义假设仍然影响扎根理论吗?是的。也许比起其他类型的质性研究,在扎根理论中来自实证主义的前提和观点可能更透明一些。这种透明度是否表明，问题在其他形式的质性研究中已经解决？不是。但因为它的透明度，凯伦·亨伍德和尼克·皮金（Karen Henwood & Nick Pidgeon，2003）指出，扎根理论提供了一个有用的节点，围绕这个节点，质性研究问题可以被解决。

仍然存在的一个问题是认为实证主义及其理论和方法与科学和科学方法可互换。但实证主义只是代表了一种科学工作的方法，而不是所有科学工作方法。

特纳（Turner，2006）同意这一经常出现的批评。他写道："有一个合理的担忧是，当规律是来自特定时间、空间、条件下的经验规则时，它们并不针对一般和普遍的过程，而是让来自具体时间的事件听起来比它们实际更具普遍性和一般性。"（p.453）像安东尼·布莱恩特（Bryant，2002；Bryant & Charmaz，2007a，2007b）、阿黛尔·克拉克（Adele Clarke，2005）和其他人一样，我对非文本化（decontextualized）扎根理论研究也有同样的担忧。

解释学关于理论的定义

理论的另一个定义更强调进行解释（interpretation）和给出抽象的理解（understanding），而不只是说明（explanation）。这个定义的支持者认为，理论理解是通过理论家对被研究现象的解释获得的。解释理论允许不确定性，而不追求因果关系，不需要把模型和关系理论化。

虽然社会科学的解释主义路线由来已久，但解释学理论经常只是作为实证主义的替代选择。这些理论包括一系列的视角，如符号互动论、社会建构主义以及许多其他理论如现象学、女性主义理论、文化理论、某些后结构主义的方法。解释学理论旨在理解意义和行动，以及人们如何构建这些意义和行动。因此，这些理论带来了行动者的主观性，也有可能发现研究者的主观性。解释学理论要求对被研究现象进行具有想象力的理解。这种理论类型假定现实是生成的、多元的；事实和价值的联系是无法截然分开的；真理是临时的；社会生活是过程性的。因此，从解释学角度进行理论化是一个生成的过程，完全符合乔治·赫伯特·米德符号互动论的哲学实用主义。米德以一种复杂的行动观作为分析的起点，包括人们在互动中对其他人角色和反应的想象理解。

从解释学的方法看，我们在解释研究对象的意义和行动，他们也在解释我们的意义和行动。随着社会建构主义原则在不同学者那里得到支持，特别是自 20 世纪60 年代以来，理论的解释学转向也已经开始获得关注。这一理论方向强调实践和行动。社会建构主义不是解释现实，而是看到多重的现实，因此提出这些疑问：人

【231】

们认为什么是真实的？他们如何建构现实,如何按照对现实的评价开展行动？知识和理论都存在于特定的立场、视角和经验中。简言之,解释主义理论旨在：

· 对被研究现象进行概念化,以抽象的术语理解它；

· 从分析的范围、深度、力度以及相关性来进行理论阐释；

· 承认理论化过程中的主观性,承认经验、立场和互动的作用,包括自己的经验、立场和互动；

· 提供一个富有想象力的理论解释来理解被研究的现象。

表 9.1 对实证主义和实用主义、解释学的理论基础进行了比较,建构主义扎根理论与解释学的理论基础是一致的。解释学理论常常和实证主义理论放在一起比较,正如我在表9.1以及后面对建构主义和客观主义扎根理论讨论时所做的那样。但是现在,想一想,扎根理论作为一种理论,既包含实证主义因素,也包含解释主义因素,因为它依赖于经验观察,也依赖于研究者对它们的建构。

【232】

表 9.1　扎根理论的认识论基础

实证主义	实用主义
· 遵从科学方法	· 强调问题解决
· 接受外部现实	· 认为现实是流动的,一定程度上是非决定性的
· 无偏见的观察者	
· 发现抽象的一般性	· 定义多元视角
· 解释经验现象	· 研究人们的行动,以解决出现的问题
· 区分事实和价值	· 加入事实和价值
· 真理是临时性的	· 真理是临时性的

文化理论学家佩蒂·阿拉苏塔瑞(Pertti Alasuutari,1996)澄清了这一点。他区分了人们理解世界的通常方式和理论的概念意义之间的差别。阿拉苏塔瑞采纳了舒尔茨(Schutz,1967)关于理论的复杂观点,认为理论家检验了外行人的解释规则,因此超越了外行人的概念。

　　我们要和成员的视角拉开一步距离,不是为了争论他们的视角是狭窄的或不对的,而是为了研究它是如何在构成社会现实方面发挥作用的。理论就这样解构了我们建构现实和社会条件的方式,解构了我们建构作为现实主体的自我的方式。它们不能和外行的思维竞争,因为它们的目标是在不同的形式和不同的情况下理解它。(Alasuutari,1996,p.382)

阿拉苏塔瑞显然不是把理论定义为关于世界的普遍化命题,不认为研究者可以从这里由假设推论出对当地具体现象的解释。相反,对于他来说,理论提供了解释的**框架**,通过这些框架来看待现实。虽然阿拉苏塔瑞认识到外行人和研究者持有不同的解释框架,不过我们可能会发现,他们都理解外行人的观点和行动。阿拉苏塔瑞进行了理论化。

阿拉苏塔瑞对当地现场和具体事件进行了理论化,并进行了认真解释,这给他的研究工作带来了理论的广度和深度。他的研究工作体现了成熟民族志学者的敏锐和一流扎根理论研究者所具有的理论敏感性的结合。这样,通过在具体事件中敏感地意识到意义和行动,阿拉苏塔瑞在细节的基础上,随后建立了超越时间、空间的一般性命题。

建构主义扎根理论接受同样的逻辑。我们从细节出发,将其放在它们所建构的语境中,从而得出一般化命题。

理论化的修辞、范围和实践

不管是实证主义的理论还是解释主义的理论,都是修辞性的——尽管解释学理论家比实证主义对手更有可能承认这一点。一个理论家试图让读者相信,某些结论来自一组假设(Markovsky,2004)。这样,理论表现了关于世界的命题以及世界中的关系,虽然有时会消除背景因素,只剩下似乎中立的陈述。对于那些支持实证主义客观性观念的人,这种消除和中立只是增加了他们的说服力。而解释主义者则非常不同意。 【233】

在思考实证主义或解释学理论时,我们需要考虑在学科内、学科外以及学科之间理论的范围(reach)和力量(power)。有说服力的理论是不可抗拒的。兰德尔·柯林斯(Randall Collin,2004a)说,"理论就是你所记着的东西"(也见 Davis,1971)。理论闪烁着具有启示性的见解,理解着那些复杂的问题和模糊的线索。这些观点是适合的。比如,我们同意詹妮弗·洛伊斯(Lois,2010)所说的:

> 当所有的当下情感都能感知,过去的情感都能记得,将来的情感都能预料时,总会有一些——如怀旧、后悔、幻灭、野心、希望、乐观和恐惧——不能被感知到,不能带到过去或未来。(p.441)

你以前只能感觉的现象以及现象之间的关系现在变得更直观了。

理论还能做更多的事。一个理论能够转变你的观点,改变你的意识。通过理论,你能够从不同的立场看这个世界,产生关于世界的新的意义。理论有着内部的逻辑,基本上能够结合成连贯的形式。

我所偏爱的理论化——是理论化,而不是理论——是自然而然的(unabashedly)

解释。理论化是一种实践。它需要参与世界的实践行动以及对世界及其内部建立抽象理解的实践行动。扎根理论方法的基本贡献在于为解释性理论实践提供了指导,而不是提供了一幅理论化产品的蓝图。

解释学理论来自社会建构主义假设,支持符号互动论、民族志方法、文化研究和现象学话语,以及叙事分析。这些理论不只局限于个体行动者或微观情境,它也不应当如此。相反,解释学理论能够超越个人处境和直接互动,包括集体与机构。海因斯(Maines,2001)提出了关于符号互动论的论题,阿拉苏塔瑞(1995,1996,2004)以其在文化研究中的优势指出了在集体层面进行理论化的一种方法。

安塞尔姆·斯特劳斯的职业生涯中很大一部分精力都放在行动研究的理论化上,特别是在组织层面。他关于社会世界(social world)和社会竞技场(social arenas)的概念启发了大量的研究,尤其是影响了阿黛尔·克拉克和她的学生。斯特劳斯对于协商秩序(negotiate orders)(1978;Strauss,Schatzman,Bucher,Ehrlich,& Sabshin,1963)以及社会世界(1978a)的分析引发了组织和集体层面上的解释性探究。斯特劳斯和他的同事(1963)不是把医院的结构作为静态来研究,而是通过对医院不同组织水平的人和部门进行分析,揭示了它的动态过程本质。他们把医院的解释作为一个协商秩序,并对这个秩序进行分析,这具有相当大的意义,因为斯特劳斯等人展示了研究者如何研究个人以及具体行动的结构以及他们之间的关系。

【234】

柯林斯(Collins,2004b)站在古典理论家阵营的主场,主张把情境而非个人作为从 19 世纪古典理论到当代理论问题之间理论化连续统的起点。他从个人角度看待社会,探究了不同强度的仪式怎样在地方层面上影响社会参与及思想的形式,而这些形式又在集体层面上涉及更大的社会结构。

解释学理论可以为网络分析提供工具,使意义得以呈现。柯林斯(Collins,2004b)和克拉克(Clarke,2003,2005,2007,2012)都为进行中观和宏观水平分析的研究提出了方法论策略。柯林斯也认可用网络分析来研究环境的方法,不过扎根理论研究者会发现克拉克的方法让他们有更多的途径来了解具体环境和互动类型。当研究者使用这两种方法时,他们会发现克拉克的情境分析(situational analysis)和位置映射(positional mapping)能够拓宽网络分析,并使其更具解释力。

客观主义扎根理论和建构主义扎根理论

在本书中,我把扎根理论方法的使用和理论化都视作社会行动(*social actions*),研究者与当时当地的其他人一起建构了这些社会行动。除了我们的研究对象,直接的同事、机构审查委员会以及目标受众都可能活跃在我们的头脑中,并影响我们进行研究的方式。我们和数据互动,产生了关于数据的理论,但是我们并不生活在社会真空之中。

我们关于理论和研究的概念是存在社会起源的,它影响了我们做什么,我们会忠诚于什么,以及可能会不同意什么。正如我所提到的,很多扎根理论研究者之间的争论和其他学者的批评都源于作者立场的不同,他们或者处于解释学传统之中,或者处于实证主义传统之中。

不同的作者站在实证主义和解释主义的对立面所产生的差异,在客观主义扎根理论和建构主义扎根理论这里也显露了出来(Charmaz,2000a,2001,2008a),我会在这里一起讨论。在实践中,研究者可能既来自客观主义立场,也来自建构主义立场。很多学者把斯特劳斯和科尔宾(Strauss & Corbin,1990,1998)极为畅销的《质性研究基础》第一版和第二版当作后实证主义扎根理论的代表作——后实证主义扎根理论方法是存在于客观主义和建构主义两端之间的第三种主要方法形式。当代许多研究人员仍然使用《质性研究基础》的早期版本进行研究,尽管科尔宾在第三版中已明显远离后实证主义,走向了建构主义(Corbin & Strauss,2008)。

由于《质性研究基础》前两版仍然有着持续的影响,回忆一下斯特劳斯和科尔宾在 1998 年所表达的立场,看看科尔宾在第三版中的几大变化,应该是有帮助的。他们 1998 年的版本包含了一些实证主义的倾向,但强调概念之间的关系。当时,他们把理论定义为"一组通过关系命题彼此联系的完备概念,它们一起形成了一个可以用来解释或预测现象的综合框架"(p.15)。然而,斯特劳斯和科尔宾(Strauss & Corbin,1998)关于建构理论的立场,也承认他们坚持符号互动论,并强调把扎根理论作为思考数据的一种方式。然而,当时对于解释学理论,他们提供了一个矛盾的立场。例如,科尔宾在 1998 年的一篇文章中提到,分析意味着研究者要解释数据,但同时暗示,这种解释具有不可避免的局限性(p.123)。 【235】

然而,到了 2009 年,科尔宾提到了多元现实(multiple realities),以及通过理解多元观点来建构知识,但又说,研究者建构了概念和理论。她直接把研究者放在研究情境中,认为数据是研究者与研究对象共同构建的。这样,科尔宾提供了一种与过去几十年方法论发展相一致的进行扎根理论研究的方法。在这本书的修订版中,她当前的观点与建构主义立场更加接近了。

科尔宾(Corbin,2009,pp.36-37)指出,对于研究者来说,方法论是有生命的东西,研究方法以及相关研究者会随着时间而变化。科尔宾坚持扎根理论的哲学基础是符号互动论和实用主义,但现在认为影响了《质性研究基础》早期版本的方法论前提已经过时了。从本质上讲,科尔宾对方法论立场所进行的反思,使其深入到社会建构主义之中,并更明显地进入了解释学理论中。

建构主义扎根理论是广义解释学传统的一部分,而客观主义扎根理论来自实证主义。为更清晰地进行比较,在图 9.1 中,我把这些方法放在了一起。然而,<u>判断一个具体的研究是建构主义的还是客观主义的,你需要看它的关键性特征所遵照的是哪个传统</u>。

客观主义扎根理论

巴尼·格拉泽及其同事是客观主义扎根理论最具代表性的学者。其主要发言人之一薇薇安·B.马丁(Vivian B. Martin,2006)将这个传统中的理论定义为"由一个核心概念整合而成的一系列概念"(p.126)。

格拉泽(Glaser,1978,1992,1998,2001,2003,2009)关于理论的论述包含了强烈的实证主义倾向。他强调要发展理论类属,将其作为变量,使用指标—概念的方法 追求脱离语境(context-free)但又可以修改的理论命题,目的是"实现简约,并扩大解释的范围"(1992,p.116)。格拉泽强调比较方法的使用,并将理论的分析发展归功于这一方法。然而,他几乎把生成性类属当作是其自动的结果。相比实证主义因素,他对解释性理解的定位仍然还不太清晰。

采取客观主义扎根理论立场的研究者会接受所有的实证主义教义(tenets)吗?不,他们所采用的原则和做研究的方式决定了他们的工作。与实证主义一致,客观主义扎根理论从根本上说是经验性的(empirical)。这种形式的扎根理论关注真实的数据本身,并不关注数据所产生的历史、社会及具体情境。因此,客观主义扎根理论抹去了数据出现的社会背景、研究者的影响以及扎根理论研究者和研究对象之间的相互作用。请注意,2005 年以前所发表的报告中大多数访谈摘录,包括我的,都不会给你这样的感觉,即访谈者在和他们的研究对象一起生产数据。客观主义扎根理论研究者认为,数据代表了可知世界的客观事实。数据已经存在于世界上,研究人员找到它们,并从中"发现(discovers)"了理论。

【236】

客观主义扎根理论	建构主义扎根理论
基本假设 ·假设外部现实； ·假设数据的发现； ·假设概念化从数据分析中产生； ·认为数据的代表性是不成问题的； ·假设观察者是中立、被动和权威的。	**基本假设** ·假设多元现实； ·假设数据通过互动共同建构； ·假设研究者建构类属； ·认为数据的代表性是有问题的、相对的、情境性的和片面的； ·假设观察者的价值、偏好、立场和行动会影响观点。
目的 ·目的是获得脱离语境的一般化； ·目的是超越历史和情境,获得简约和抽象概念； ·目的是产生适切、有效、相关及可更改的理论。（格拉泽）	**目的** ·认为一般化是片面的、条件性的,是处于时间、空间、位置、行动和互动中的； ·目的是形成对历史情境中数据的解释性理解； ·使变量的范围具体化； ·目的是建立具有信度、原创性、共鸣和有用性的理论。
数据分析的意义 ·认为数据分析是客观过程； ·认为生成的类属构成了分析的组成部分； ·认为反思性是数据的一个可能来源； ·研究者的分析性类属和声音具有优先性。	**数据分析的意义** ·通过数据分析发现主观性； ·把共同建构的数据看作研究方向的起点； ·在整个研究过程中都进行反思； ·寻找和呈现研究对象的观点和声音,将其作为分析整体的一部分。

图 9.1　客观主义扎根理论和建构主义扎根理论:相似与不同

对 Kathy Chamaz(2007)"重构扎根理论"(p.470)进行了修改和扩充。

【237】　在这种方法中,扎根理论研究者用来理解数据的概念意义来自数据自身;意义内在于数据中,扎根理论研究者发现了它(比如 Corbin & Strauss,1990;Glaser,1978;Glaser & Strauss,1967)。这种观点认为存在着外部现实和无偏见的观察者,会记录下关于它的事实。客观主义扎根理论研究者相信,对他们方法的认真应用,以及对所出现的理论观点的信任,会产生理论性理解(theoretical explanations)。因此,他们的角色要求按照方法中的指令去开展研究。有了这样的假设,客观主义的支持者会比建构主义者更严格地要求坚持扎根理论步骤。

　　客观主义扎根理论研究者会与研究对象以及他们的现实分离开,并保持一定的距离,尽管他们可能采用了观察的方法。吊诡(paradoxically,似非而是)的是,价值无涉的中立立场是一种价值立场。与他们关于中立的假设一致,这些扎根理论研究者认为他们在书面报告中描述研究对象的方式是毋庸置疑的。他们承担着权或专家的角色,把客观主义的观点带进了研究。马丁(Martin,2006)在对本书第一版的批评意见中写道:"我认为,护理、管理、信息系统以及其他领域的日常世界(the daily worlds)非常重视一个'客观'现实,在这个现实中现象被定义和测量。"(p.20)她指出,专业实践世界快速发展,需要依赖这一概念对问题进行管理。

格拉泽(可参见 Glaser,1978,1992,1998,2001,2003,2005,2009)说明了客观主义立场的重要方面,尽管他轻视对精确数据的追求,并坚持认为扎根理论并不是一种验证(verification)方法。我同意格拉泽关于验证问题的看法。在我看来,检验猜想和确证新生成的观念(confirming emergent ideas)并不等同于验证,特别是把验证当作进行系统定量研究的程序(定量研究假设,在研究现象之前要形成关于现象的确定定义)时。

客观主义理论家的目的是对数据进行概念化,但不采取解释学立场。他们强调的是变量概念(variable concepts)。格拉泽在几个地方提到,解释学表达仍然停留在描述性层面,但理论概念化不会如此。他写道:"所有知识都没有特定视角(perspectival),而描述是有特定视角的。适切而有效的概念就是变量。"(2001,p.48)因此,他认为,描述来自价值立场,但因为概念是变量,它们超越了具体视角。建构主义者不同意这个观点。

【238】格拉泽(Glaser,2002)把数据作为独立于研究者的东西,认为数据并不受研究者解释能力的影响。格拉泽认为,如果研究者偶然解释了他们的数据的话,那么这些数据是通过观察很多案例而"获得的客观性(rendered objective)"。这一观点和格拉泽积极捍卫饱和问题中的小样本形成了矛盾。显然,案例数量可能并不总等同于样本规模,但是在很多扎根理论研究中它们是很接近的。

研究很多案例很重要,部分原因是研究者可以由此意识到他们对问题的先入之见。但是,这样的研究不会挑战他们对于世界的基本假设、认知世界的方式或者在世界中的行动。研究者根深蒂固的假设会削弱观察世界的多种视角,过滤掉这些视角产生的对于世界的印象。我们给数据所下的定义以及我们看待数据的方式都很重要,因为这些行为决定了我们会看到什么和了解到什么。如果不进行反思,研究者就会把他们自己默认的假设和解释提升到"客观"的地位。我们的假设、互动——以及解释——影响着构成研究各个阶段的社会过程。

观察很多案例对理论家来说很有用,包括那些被未经检验的假设限制了视野的人,因为丰富的案例加强了他们对于经验世界复杂性的理解,发现了类属中的差异。当然,我们在研究过程中都会不断地去了解,特别是当我们努力发现研究对象在说什么、做什么以及他们的世界是什么样时。

客观主义方法的一个总体目标是,从时间、地点和情境的特殊性中抽象出理论一般性(theoretical generalizations)。然而理论化——扎根的或其他形式的——发生在特定的历史、社会和情境条件下。有一个少见地使用了扎根理论每种主要形式——客观主义、后实证主义和建构主义——的第一手例子,杰奎琳·芬特在完成她的大部分研究工作之后,和弗拉迪米尔·萨克斯(Jacqueline Fendt & Wladimir Sachs,2008)通过检验芬特扎根理论博士论文的研究经验,以及萨克斯作为她博士论文指导老师的观点,提出了对客观主义版本的主要批评。此外,他们还在了解欧洲管理学领域博士论文研究形式的过程中,探讨了扎根理论研究的情况。芬特对欧洲首席执行官如何处理企业并购后相互冲突的要求进行了研究,她把丰富的管理经验带到了她的这项研究中(p.433)。她从格拉泽实证主义开始,接下来试图追随斯特劳斯和科尔宾的编码方案,最后在研究过程中遇到了建构主义扎根理论。在罗列了大量批评意见之后,芬特强调指出:

> 对于术语 GTM(扎根理论方法)我也有一些哲学困惑,一个"扎根"于数据的"理论"是"出现"的还是"被发现"的。所有这些术语暗示,存在一个客观的、基本的真理,就躺在数据之山里。这再次与我自己的建构主义认识论立场矛盾了。如我所理解,它也与 GTM 作者们存在的理由相矛盾,即提供了检验某些"客观主义宏大理论"的另一种选择。这让我很恼火,因为这一方法承诺要使质性研究合法化,并为现象学、解释学研究的有效性进行辩护。不管我多么仔细地记录这个过程,不管我多少次检查原始数据及研究者与研究对象之间的不同抽象水平,从我的研究中得出的结果显然都是,它是由我自己构建的。我相信,毫无疑问,构建的真理是特殊的,而且经历同一旅程的任何其他研究者发现的必定是另一个真理。如果是这样,那又有什么问题呢? 当质性研究需要在一个实证主义主导的环境中进行合法性证明的时候,这些清规戒律和听起来科学客观的术语难道不是时间的残留物? 或者说它们代表了方法自身的认知非连续性。同样地,我也怀疑我的研究结果是否符合理论。然而,我认定它们就是理论,因为质性研究的理论定义具有广泛的多元性,包括解释、论证、反思、导向原则、技术性知识、认识论前提及更多(例如 Cicourel,1979;Martindale,1979;Thomas & James,2006)。我和我的导师对 GTM 的说法提出了更严肃的质疑,GTM 声称这一理论由其他人建立,并代表着某种宏大统一的管理学理论的基石。(pp.440-441)

【239】

芬特和萨克斯(Fendt & Sachs, 2008)发现在扎根理论中存在"方法论的民族中心主义(methodological ethnocentrism)"(p.447),它会导致严苛的方法论程序和无可置疑的认识论,他们反对这种方法论倾向。芬特质疑,扎根理论中的客观性术语是否代表着过去合法性的残余,或方法中的认知非连续性。这一问题的答案,说明了斯特劳斯和格拉泽之间存在的分歧。对于斯特劳斯,《扎根理论的发现》一书代表了进行归纳性质性研究(inductive qualitative research)的合法性。对格拉泽来说,这本书阐明了他正在研究的一种方法。芬特和萨克斯的论点主要集中在方法上,但也表明理论化可以采取灵活的(fluid)、特殊的(idiosyncratic)方向。而这毕竟可以为理论建构开辟一条道路。

建构主义扎根理论

和对实证主义的其他解释学回应一样,建构主义扎根理论是作为客观主义形式的一种替代(alternative)出现的。和我在前面章节的立场一致,建构主义方法优先考虑的是被研究的现象,并认为数据和分析都是从与研究对象及其他数据资源所共享的经验和关系中创造出来的(见 Bryant,2002,2003;Bryant & Charmaz,2007a,2007b;Charmaz,1990,1995b,2000a,2001;Charmaz & Mitchell,1996)。

建构主义研究的是对象在具体环境中"怎样"——有时是"为什么"——建构意义和行动。在我做抽象分析时,我是把自己的研究放在具体的研究环境中的。建构主义方法不仅仅意味着要观察个体如何看待他们的环境。建构主义方法要对研究对象的解释进行理论化,但也要认识到,最终的理论只是其中的一种解释(Bryant,2002;Charmaz,2000,2002a,2008a,2009b)。

理论要依赖研究者的观点,理论不会也不能处于研究者的观点之外。阿黛尔·克拉克(Clarke,2005,2006,2007,2012)全面发展了这一点。她把研究现实作为一个环境——在那个环境中有谁,有什么,从它所在的更广阔的环境看,什么影响了它。当然,不同的研究者也可能会提出相似的观点,尽管他们对这些观点的理论表达可能不同。

扎根理论研究者可以从西尔弗曼(Silverman,2004)关于对话分析(conversational analysis)的评论中借用一些观点。西尔弗曼认为,分析者只有在发现人们如何建构意义和行动之后,才能知道他们为什么会那么做。当然,对人们建构行动和意义的方式进行细致的分析,能让扎根理论研究者发现其中的一些原因,尽管"为什么"可能会和"如何"一起出现。

【240】

建构主义方法的逻辑扩展意味着,要了解被研究的经验如何、何时以及什么程度上植根于更大的、经常性的、隐蔽的结构、网络、环境和关系中(比如 Clarke,2005)。接下来,不仅人们之间的差异和区别变得明显起来,甚至产生和延续这些差异和区别的权力等级、沟通等级以及机会等级也变得明显起来。建构主义方法意味着对产生和保持这些差异和区别的条件保持警惕。要拥有能够把握经验的足够材料,需要丰富充足的数据,还需要有充分的知识,这样人们才能看到和表达这些差异和区别。当扎根理论研究的数据规模非常小的时候,它们的风险在于和社会背景、情境失去联系。这样,研究者如果把经验作为分离的、片段的和孤立的内容,就会削弱他们分析的潜在力量。

建构主义扎根理论研究者对研究过程和结果都采取了反思的立场。我们要思考我们的理论是怎样进展的,这就涉及对我早期观点的反思,即研究者和研究对象都会对意义和行动做出解释。建构主义扎根理论研究者认为,数据和分析都是社会性建构(social constructions),反映了他们生成的条件(the conditions of their pro-duction)(也见 Bryant,2002,2003;Charmaz,2000;Hall & Callery,2001;Thorne,Jensen,Kearney,Noblit & Sandelowski,2004)。这样看来,我们建构了研究的过程和产品,但这些建构是发生在现有结构的条件(pre-existing structural conditions)下的,出现在不断变化着的环境(emergent situations)中,并被研究者的观点、特权、地位、相互作用及地理位置所影响。同样,立场和出发点也很重要,并可能在调查过程中发生变化。在很多研究中,所有内在于研究环境的这些条件,仍然是未被发现的、未提及的,或被忽视的。当我们进行后续扎根理论时,我们所做的观察、做观察的方式、我们据此形成的观点,都反映了这些条件。做研究和写作研究报告都不是中立行为。

因为建构主义研究者认为事实和价值是相互关联的,所以他们认为,他们所看到的,以及看不到的,都依赖于价值。这样,建构主义者试图发现自己的先入之见,并努力发现它们是怎样对研究产生影响的。我们试图避免在对自己最初的假设缺乏认识的情况下把先入之见引入研究。这样,建构主义让研究者不仅反思研究对象的解释,也反思他们自己的解释。

在建构主义看来,现实是多元的,是视角多元化的结果。观察者仍然嵌入在他们的世界中,很难与其分离。观察者可以从多个角度来看世界,他们的观点可能与研究对象观点及现实是相冲突的,当然,研究对象的行动可以揭示它们之间的尖锐差异。

建构主义强调要进入研究对象意义和行动的世界。我们能看到什么,何时看,如何看,以及看到何种程度,都不是直截了当的。许多是心照不宣的,沉默无言的。我们所存在的世界不仅受其他人和环境所影响,也受研究对象和我们自己的解释所影响。我们也试图把研究对象的意义和作用放在更大的社会结构和话语中,而这些他们可能都没有意识到。他们的含义可能反映了意识形态,他们的行动可能重现了当前的意识形态、社会习俗、话语和权力关系。当然,如果我们不反思,我们的研究分析也可以再现当前的意识形态、传统、话语,以及权力关系。我们寻找构

【241】

建了研究对象意义和行动的假设。例如,关于个人对自身健康的责任的假设,往往存在于人们对生病的解释中。这种假设可能会招致责备和进一步相信,即个人能够——而且应该——改善自己的问题。因此,疾病的社会原因以及处理疾病的集体解决方案仍然是看不到的。通过这种方式定位研究对象的意义和行动,我们展示了分析的微观和宏观层次之间的联系,从而连接了主体和社会。

当我们从事研究和进行写作的时候,认识到我们对经验世界以及我们分析的相对性,可以培养我们形成一种反思性的立场。反思性意味着研究人员必须公开他们私人生活的细节吗？不。但它意味着我们需要考虑这些细节。艾米丽·马丁（Emily Martin,2007）描述了她自己的躁郁症（bipolar condition）,她想知道,她是否应该预先警告她的读者,轻率的披露可能带来的伤害。她总结道,对于秘密和恐惧最好的选择是,由看到披露行为的监护人来做这件事情（p.xviii）,它意味着要保护那些披露者,并使披露行为限定在有限的听众群体中。无论意图如何善意,这样的承诺还是很容易被破坏。公开披露是一种传播方式。处于有名望的安全位置的教授可以披露一次危险的与其研究对象的私人接触,其负面后果会少于其他学者。

建构主义方法通过把方法论的发展与该方法的初始命题相结合,促进了扎根理论的更新和复兴。这种方法挑战了创建一般抽象理论的假设,并将我们引向了情境性知识（situated knowledges）（Haraway,1991）,同时把扎根理论进一步发展到解释学社会科学。

在扎根理论中进行理论化

批评与更新

扎根理论的理论在哪儿？虽然声称使用了扎根理论方法的研究者要比承认建构了实质性或形式理论（substantive or formal theories）的人要多,但是大部分人还是持有某种类型的理论观念。如果你细读那些声称坚持扎根理论的作者的文章,你就可能发现理论意味着各种各样的假设:1)经验的普遍化,2)一个类属或核心变量,3)一种倾向（a predisposition）,4)对过程的解释,5)变量间的关系,6)解释,7)抽象理解,8)描述。最近几年,格拉泽（Glaser,2001,2005）继续强调对核心变量进行分析,也将扎根理论描述为"解决主要问题的理论",它可以以很多方式进行

【242】

理论编码。强调变量时，他是站在实证主义立场上，而关于解决主要问题的理论，
又符合实用主义立场。①

　　关于扎根理论中的理论是什么，存在大量不同的主张，这使得评估扎根理论研
究者在多大程度上产生了理论变得更为复杂。一些观察者看到了研究者在扎根理
论之名下所做的事情（比如，可见于 Becker，1998；Charmaz，1995b；Silverman，
2001），并指出大部分的研究是描述性的而不是理论性的。当然，描述使得概念化
成为可能，但是对数据的理论呈现应该是分析性的和抽象的。

　　其他观察者解决的是扎根理论的逻辑问题。当然很多批评（比如，可见于 At-
kinson et al.，2003；Bendassolli，2013；Bulmer，1984；Charmaz，2000a，2008a，2009b；
Clarke，2007；Dey，1999，2004，2007；Emerson，1983，2004；Kelle，2005，2014；Layder，
1998；Locke，2007；Strübing，2007；Thomas，2010；Thomas & James，2006；Thornberg，
2012）发现并挑战了与先入之见、归纳以及程序有关的扎根理论预设和要求（pre-
suppositions and prescriptions）。例如，理查德·斯威德伯格（Richard Swedberg，
2012）指出，扎根理论使理论化过程中的发现和合法化更加模糊不清，随后导致理
论抽样错误和归因偏差。当然，不同流派的扎根理论研究者相互批评对方的方法，
这在本书中可以明显看到（比如，可见于 Birks & Mills，2011；Bryant，2002，2003；
Charmaz，2000a，2001，2005；Clarke，2005，2007，2012；Corbin，1998；Glaser，1992，
2002，2003a；Melia，1996；Robrecht，1995；Stern，1994a；Stern & Porr，2011；Wilson &
Hutchinson，1996）。

　　作为"理论"的扎根理论出现了哪些批评呢？记住，一些评论家评论的基础是
最早的作品，而且可能只提到《扎根理论的发现》一书（例如，可见，Burawoy，1991，
2000；layder，1998；Reed，2010）。把早期的作品作为出发点或作为现在不断发展的
方法的历史陈述会更有意义。同样，批评者攻击的假设和方法，往往只涉及一个版
本的扎根理论，而不是所有的版本。一个明显的不再广泛适用的例子是这样一个
批评，扎根理论产生的经验一般性，是从特定时间和地点抽象来的（Burawoy，1991，
2000）。而且，当然，客观主义扎根理论研究者把这一点看作是一个值得称赞的目
标，而不是一个弱点。在每个扎根理论版本中，主要优势都在跨实质领域的理论化
（theorizing across substantive areas）中。不过，我们应该评估"如何"以及"何时"让
我们的分析跨越领域，并询问我们在迁移分析（transporting an analysis）之前，是否
对现象非常熟悉。②

---

　　①　关注一个主要问题（concern）会带来一些问题。谁的主要问题呢？例如，有些金融顾问认为，欺骗客户只要不被抓
住，对他们来说就不是问题。然而，他们的行动可能会给他们的目标客户带来巨大的问题。从更大的层面上讲，白人种族主
义对那些言行带有种族主义色彩的人来说不是问题，除非他们的言行本身有问题。然而，研究那些深陷问题的人如何处理
这一问题，就改变了研究的焦点，减少了对权力的审查。

　　②　我在此处的观点是对希尔曼（2001）以上所引观点的补充。

【243】一些批评家把归纳看作是不确定的,因为我们不知道经常观察到的现象是否会继续发生(Bendassolli,2013;Bryant & Charmaz,2007a,2007b;Haig,1995)。这是没错的,但归纳的理论打开了新的认识,而且研究人员越来越认识到:1)他们的观察包括他们如何看待和定义所观察到的现象;2)他们在创造归纳性类属和对归纳类属进行演绎之间来回移动;3)明确使用溯因推理。

扎根理论由于关注个人及产生非结构性分析而被批评(Burawoy,1991,2000)。易多·塔瓦里和斯蒂芬·蒂默曼斯(Iddo Tavory & Stefan Timmermans,2009)认为,布拉瓦里(Burawoy)的批评源自关于什么是理论的假设,以及理论在质性研究中的位置。他们是正确的,布拉瓦里的方法是从现有理论的理论化开始的,并对研究案例的参数进行了定义,而相反,扎根理论是从对研究对象的叙事(就是我所说的情境)开始的。总之,布拉瓦里的方法是从结构和演绎开始的,而扎根理论则是从归纳和过程开始的。

拉尔斯·英吉特(Lars Mjøet,2005)认为,扎根理论解决了布拉瓦里的企业与宏观环境紧密联系的问题,而不是布拉瓦里的"扩展个案方法"解决了扎根理论的问题。除了利用已有理论为民族志研究提供信息之外,扩展个案方法的目的是把微观分析放到更大的分析单元中,特别是全球背景和历史背景中。认为扎根理论不能超越微观分析的观点是错误的。扎根理论能够,实际上也提升到了更大的分析单元,而且表现得越来越明显(见,例如,Clarke,1998;Clarke & Montini,1993;Michel,2007;Rivera,2008;Santos & Buzinde,2007;Sheridan,2008;Star,1989,1999)。

罗伊·加勒特·彼得斯(Roy Garrett Peters,2009)在对失业的分析中,从微观分析开始,但把它放在一个结构化的背景中。他发现,失业工人受损的自我效能感会通过以下方式进一步强化:(1)重新定义失业的意义;(2)取得成就;(3)重组时间;(4)形成可问责制的伙伴关系;(5)帮助他人(p.453)。加勒特·彼得斯通过观察"遭遇失业后的自我和身份"开始,转向了对这一问题的理论化,即中观结构和社会资本如何以及为什么会产生不同程度的经济不安全感。

一个情境化扎根理论可以先从调整这样的敏感性概念开始,这些概念涉及更大的分析单元,诸如全球范围、权力以及其他不同的地方。这种方法可以以归纳分析结束,它对本地世界与更大社会结构之间的联系进行了理论化。扎根理论并不排除构建中观和宏观分析。

去情境化(decontextualized)分析的问题引发了更多的问题。扎根理论研究者可能在没有注意到情境,或是对情境不知道、不清楚的时候,不知不觉进行了去情境化的分析。这些分析掩盖了扎根理论中建构主义因素的意义。具有讽刺意味的是,当扎根理论研究者跨越不同领域建构去情境化分析的时候,他们可能会把数据强行放到他们早期的概括中,因为他们缺乏足够情境去放置新数据。同样,寻求去情境化的共性也会减少产生理论复杂性的机会,因为去情境化会导致过度简化,并缩短比较过程。早产的分析是扎根理论研究中的一个问题。

去情境化概括在什么情况下会被赋予理论的地位呢?谁赋予它们理论的地【244】位,或者谁不能给予它们理论的地位?为了什么目的?对理论化的强调让我们考虑,谁在进行理论化,以及代表什么类型的权威,或进行的是什么类型的权威化。

对扎根理论的一般批评通常会错过关于该方法的五个关键点:1)理论化是一个进行中的活动;2)扎根理论方法提供了进行这一活动的建设性方法;3)方法不仅涉及归纳,还包括溯因推理;4)研究问题和研究者兴趣的展开会影响理论化的内容,而不是假设内容的方法(the method presupposing the content);5)理论化结果反映了研究者对这几点的践行情况。评论家们对扎根理论本质的具体化也进一步产生了对扎根理论假定局限(presumed limits)的具体化,从而影响了该方法的其他的解释者、实践者和学生。关于扎根理论可以解决什么问题的误解也产生了扎根理论研究内容边界限定的具体化,比如认为,不能用扎根理论方法来对权力进行理论化。对于扎根理论探究形式的局限性观点,也产生了其他形式的具体化。比如,把扎根理论仅作为变量分析(a variable analysis),这会导致简化分析框架(reductionist frames),并鼓励选择那些随时处在可掌控范围内的"变量"("variables"within ready grasp)。因此,由此产生的研究可能会绕过一个类属的边界,而不是对其明确说明。

理论生成仍然是扎根理论未实现的希望和潜能。丹·米勒(Miller,2000,p.400)在十多年前所阐述的仍然成立:"尽管扎根理论(Glaser & Strauss,1967)经常被用作方法论策略,但讽刺的是,真正的扎根理论却少得可怜。"

通过理论化发展理论敏感性

像其他扎根理论作品一样(见 Birks & Mills,2011;Corbin & Strauss,2008;Glaser,1998;Goulding,2002;Locke,2001;Oktay,2012;Stern & Porr,2011),本书使扎根理论方法的逻辑和序列更为清晰了。早期扎根理论研究者预测到了建构理论对发展"理论敏感性"的作用(Glaser,1998),但是扎根理论研究者怎样才能实现呢?通过研究扎根理论研究者的行动,我们能够获得什么线索?理论化的行动需要什么样的条件?

理论化意味着停下来、沉思和重新思考。我们把所研究的经验之流停下来,分解开来。要获得理论敏感性,我们要从多元的立场观察被研究的生活,进行比较,遵循某些思路,并建立在某些观点之上。因为你在通过理论化来确定自己的方向,所以你可能无法预测到终点,或者何时在这条路上停下来。

理论化过程中的这些行动会让你看到可能性,建立联系,并提出问题。扎根理论方法会让你保持理论的开放性,让你避免引入或施加固有的印象或未经思索的回答。如何进行理论化以及如何建构理论化的内容,会根据你在这个领域所发现内容的不同而不同。在你进行理论化的时候,你向下要抓住基础,向上要进行抽象,并要深入经验之中。理论化的内容要切入被研究生活的核心,并提出关于它的新问题。

虽然工具可能帮得上忙,但建构理论并不是一个机械的过程。理论的游戏性要加入进来。奇思妙想和好奇心会让你看到平凡中的新奇。对意料之外的事物保持开放,会扩展你关于被研究生活的想法以及随后的理论可能性。你要努力让你的想法适合数据,并使其产生成果。

在本书中,我一直强调要在编码和备忘录撰写中使用动名词,使其尽量契合你的数据。接受动名词有助于产生理论的敏感性,因为这些词会提醒我们摆脱静态的问题,进入动态的过程。动名词推动了关于大小行动的思考。如果你能让代码关注行动,你就有可能看到结果,并产生联系。如果你的动名词很快就让位于主题的主编码,那么你虽然可以综合和概括数据,但是它们之间的联系可能会更加不清晰。因此,我强烈建议重新重视行动和过程,而不是把个体当作独立的分析单元,作为构建理论和超越个体类属类型的关键策略。

仔细观察其他扎根理论研究者的过程分析,有助于你建构理论。① 对过程的研究有助于你建构理论,因为你会对经验和事件之间的关系进行定义和概念化。然后你就能够定义主要阶段,并关注阶段之间的关系了。当你研究一个可识别的过程,比如作为某个职业的一名成员,重大事件和通常的步骤可能是清晰的。比如 社会工作的研究生学位项目就有清晰的开始和结尾,你可以识别存在于两者之间的过程和先后顺序。从一开始,你就知道这个路径,能够注意到这个过程中的标志和转折点。其他过程,比如从工作岗位上被辞退或癌症患者的垂死状态,可能就不那么清晰,至少对于经历这些过程的人和研究他们的研究人员来说是如此。如果这样的话,你就不得不做很多观察和分析工作来定义这些阶段,使其具有经验意义和理论意义。

霍根、莫尔斯和坦森(Hogan,Morse & Tason,1996)在其对亲人丧亡问题的实质扎根理论(grounded theory of bereavement)中,描述了面对一个主要家庭成员死亡的过程。他们把自己的理论作为一系列连续的主要过程,可能重叠或重复:

---

① 大量扎根理论研究对主观经验或组织过程提供了富有见地的观点(比如,可见于 Hogan, Morse, & Tasón, 1996; Jacob & Cerry, 2005; Jacobson, 2009; Kolb, 2011; Lempert, 1996; Leisenring, 2006; Melia, 1987; Schrock & Padavic, 2007; Thulesius, Håansson, & Petersson, 2003; Tweed & Salter, 2000)。

1.得到信息；

2.确证事实；

3.面对现实；

4.沉浸在悲痛中；

5.从悲痛中走出；

6.继续生活；

7.体验着个人成长。

　　这些作者根据死者是患病死亡还是突然死亡，界定了这个过程。其亲人是突然 【246】
死亡的话，他/她会进入第二个主要阶段，而那些经历亲人死于疾病的人会有一个对
最终诊断感到震惊并进行看护的过程。霍根等人把对痛苦的描述、这个过程的具体
阶段以及构成特殊阶段的次级过程联系了起来。这样，他们把"忍受着绝望""存在
于当下"和"沉湎于过去"作为"思念、渴望和怀念"的一部分，这些是沉浸在失去亲人
的痛苦中的人们所具有的特征。注意，这些过程与 1991 年我对严重慢性病体验的分
析之间存在强烈的呼应。这两个研究都把基本阶段放在痛苦和意义丧失上。

　　如果扎根理论研究者用这个方法来建构理论，那为什么很多研究仍然是描述
性的呢？对主题而不是对行动进行编码是停留在描述水平的原因。相反，扎根理
论研究者用这些工具来解释构成一个过程的那些行动，正如克拉克在《规训再生
产》(*Disciplining Reproduction*, 1998)中所表明的那样。克拉克坚持在这个双重过程
的每个阶段对行动进行分析，即科学家把他们的研究领域建成为一个合法学科的
同时，也将控制施加在了女性身体上。这些工作保持了**分析的动力**(analytic mo-
mentum)，也就扩展了它们的理论范围，而不仅仅只是确定一个过程、勾勒其阶段，
然后描述这些阶段了。扎根理论方法的一个风险就是，建构了一系列相互联系却
分析不足的过程。

　　为了保持分析的动力，尽量对理论的可能性保持开放。回忆一下格拉泽(Glaser，
1978，1998)给你的建议，要从问"这些数据是关于什么的研究"开始分析过程(Glaser，
1978：57)。如果我们在分析过程的每个阶段提出这个问题，并寻求适合问题的最基
本答案，就可能发现，我们所研究世界的特殊意义和行动会与具有说服力的观点之间
存在怎样的理论联系，而这些观念可能是我们并未想到的。在寻求理论可能性时，我
们可能在理论类属和人们经验的核心思想之间建立联系。如果是这样的话，我们的
研究可能是关于基本观点和价值的，比如那些与人的本质、自我、自主和依附、道德生
活和责任、合法性和控制，以及确定性和真理相关的内容。比如，对在身份等级中寻
找自我的研究就和自我、自主、合法性以及控制有关。

　　任何领域都包含基本的关注点和彼此不同的观点，无论它们是否被理论化。

在对数据进行编码,撰写备忘录时,我们可以思考,我们的资料能够说明什么,已完成的理论是怎样解决这些问题的。在我的社会学领域,关注点包括:

· 表现和意识;

· 个人行动和集体行动;

· 合作和冲突;

· 选择和限制;

· 意义和行动;

· 立场和差异;

· 礼节和仪式;

· 位置和网络;

· 权力和声望;

· 结构和过程;

· 机会和不平等;

· 权利和资源;

· 道德生活、道德行为和道德责任。

【247】

识别和这些关注点的关系,会为理论化提供可能性。什么会让它们发生偏向?分析起点非常重要。早期的扎根理论规定要发现一个单一的基本过程。如果大量的"基本"社会过程发生在一个环境中,那么确定哪个是最基本的过程就会让人觉得非常棘手,即使对于一个客观主义扎根理论研究者也是如此。在我早期关于慢性病体验的研究中,我很容易就把"失去自我"(Charmaz,1983b)作为比"管理疾病"或"说出病情"更基本的主题了,但是我却不能确定这样一个基本过程,把我所了解的任何事情都统一在其中。几年以来,我都绞尽脑汁地想解决这个问题。最后我发现把很多不同的过程折叠进一个过程会导致过度简单化。人们在体验着很多不同的过程,从学会接受慢性病到以新的方式体验时间,再到重新产生或建立一个他们能够接受的自我。最后,我写了所有这些过程,因此揭示了体验重大疾病的复杂变量。

一旦分析工作开始,所有上面提到的潜在问题都可能发生。这样,一些扎根理论研究者在质性研究中感受了约翰·洛夫兰德(Lofland,1970)称为"分析中断(analysis interruptus)"的痛苦。分析工作开始了,但却中途停止。中断产生于这些扎根理论研究的分析层次和更广泛理论化目标之间。凯西·厄克特(Urquhart,2003)把她在信息系统领域的中断归因于编码中的主观因素。她说:"使用 GTM(Grounded Theory Methods,扎根理论方法)的经验表明,它基本上是一个自下而上的编码方法。因此,研究者发现 GTM 给他们的是一个低水平的理论,这并不奇怪,他们会发现很难对这个理论进行相应的提升。"(p.47)

厄克特敏锐的评论可以应用于各个学科的很多扎根理论研究者,他们在描述的水平上编码,编码后就停止了分析,然后开始建构基本类属。但是,我和厄克特相反,我认为,<u>当研究者对数据提出分析性问题时,自下而上的方法给予扎根理论以力量</u>。观察者的主观性提供了看待、分析和审查数据的一种方式。

研究者不能在编码阶段就急于进行分析,而要形成能够产生概念的类属。

类属可大可小。研究者要为理论概念产生什么样的类属呢? 你要和扎根理论逻辑一致,要产生能够使数据更为有效的类属。凯西·厄克特、汉斯·莱曼和米歇尔·梅耶(Cathy Urquhart,Hans Lehmann,& Michael D. Myers,2010)建议将更高级别的类属(scaling higher-level categories)扩展到更广泛的主题(p.369)。在可能的范围内,我建议进行比较,并构建一个更抽象但更有说服力的类属,把这些高级类属包括进来。随后你可以解释它的属性,以及它与这些类属及数据的关系。如果准确地进行扩展(scaling up),就能放大理论的范围(the scope of the theory)。

克拉克(2005 年 2 月 28 日私人交流)认为这些高级别类属具有"承载能力(carrying capacity)",因为它们能够承载实质分析的分量。词语的选择非常关键。清晰、引起共鸣的(evocative)词语要比那些模糊、平淡的术语拥有更强的承载能力。这些强有力类属包含了关键的属性,能够赋予数据以意义,并推动分析的发展。我们要根据它们的理论广度、深刻性、普遍性以及与其他类属的关系,有选择地提出一些能够产生概念的类属。把类属提升为概念,包括使它们的分析进一步完善,以及说明它们与其他概念的关系。对于客观主义者来说,这些概念是核心变量,具有解释和预测的力量。对于建构主义者来说,理论概念是解释框架,提供对 【248】
关系的抽象理解。理论概念很容易包含较小的类属,相比之下,会包含更丰富的意义,解释更多的数据,而且使关键过程变得更为明显。在比较了这些类属和其他类属以及数据之后,我们会做出关于这些类属的一系列判断。我们的行动形成了分析的过程。与其说我们是要发现数据内部的秩序,不如说要产生对数据的解释、组织和再现(Charmaz,1990)。

检验扎根理论

在考虑理论意义和理论化实践的同时,我们可以重新看一看我在以前介绍的几个扎根理论的理论建构。每个理论都带有作者兴趣和观点的印记,反映了它的历史背景,也反映了观点——和扎根理论——在其母学科中的历史发展。以下三项研究代表了三种不同类型的扎根理论。在教育研究者伊莱恩·基恩(Elaine Keane)的文章《出于自我保护的疏远:高等教育中的不平等通过社会关系的分离或参与不断延续》(Distancing to Self-Protect:The Perpetuation of Inequality in Higher Education through Socio-relational Dis/engagement)(2011b)中,她构建了一个复杂的实质理论,不仅为政策和实践提供了多重意义,还发展出了有用的类属,可以跨越不同的实质领域。社会学家米歇尔·沃克密尔(Michelle Wolkomir)在她的文章《意义天使的斗争:基督教同性恋者和前同性恋者的意识形态修正》(Wrestling with the Angels of Meaning:The Revisionist Ideological Work of Gay and Ex-Gay Christian Men)(2001)中,建立了一个理论概念——意识形态操纵。她的概念扩展了对意识形态的理解及其运作方式。在第三项研究中,苏珊·李·斯塔尔(Susan Leigh Star)关注了相关利益群体是如何联合起来建立关于大脑功能理论优势地位的,并且,随后在其论文《大脑的构造:大脑研究与科学确定性的寻求》(Regions of the Mind:Brain Research and the Quest for Scientific Certainty)(1989)中阐述了科学理论化过程的本质。这些扎根理论都描述了各自作者的学科和专业兴趣。虽然一个简短的分析不能再现这些研究,但从中你不仅会了解到最终扎根理论的逻辑和意义,也会了解到作者各自的理论化过程。

为实质理论形成类属:伊莱恩·基恩

框 9.1 中伊莱恩·基恩的反思绘制出了她研究中主要类属的分析路径,她在一所爱尔兰大学进行了为期 3 年的研究(Keane,2011a,2011b,2012),主要关注了被称为"预科生"(school leaver-aged access)的低收入工人阶级白人学生和传统学生(traditional entry)。两种类型的学生都为充分利用他们的大学经验制定了策略,因此策略就变成了她的核心类属。但他们是怎么做到的呢?基恩关注了他们的策略,这些策略讲出了获得教育及校园生活的不同意义。

> **框 9.1**
> ### 伊莱恩·基恩对疏远和自我保护式疏远所进行的反思
> 我的研究主要关注一所爱尔兰大学两组大学生在学术和社会文化上的经历,"预科生(SLA)"来自低收入家庭,他们完成了预科课程(re-entry preparation course),"传统学生(TE)"来自比较富裕的家庭。我的研究对象主要关注的是他们高等教育经验的最大化,或者"最大限度地利用"他们高等教育经验的情况。他们通过制定策略——我的核心范畴——实现了目标最大化。这一反思描述了我形成"疏远"(distancing)——策略的亚类属——这一概念的过程。

我的数据包括两轮半结构化访谈和几封电子邮件。所有数据都进行了逐字转录。分析包括非正式的分析,访谈过程和转录阶段的备忘录,对第一轮访谈手工进行的开放编码及聚焦编码,理论抽样和参与阶段(第二轮访谈)的备忘录和设计,在 NVivo[计算机辅助质性数据分析软件]辅助下对两轮访谈所进行的编码,进一步撰写备忘录,绘图,撰写概念备忘录。

初步分析:编码和临时类属

在手动编码阶段,我从重要且频繁出现的代码中形成了备忘录。通过随后的备忘录和自由写作,我基于这些代码构建了一个临时类属,"看出[社会]阶级特征(seeing a [social] class thing)",包括"交朋友",待在自己群体里的学生,"穿衣打扮","把大学看作一个社会性的事情(或不看作社会性的事情)","暴露入学途径",我看到了阶级差异的行为证据:研究对象解释了不同学生群体之间缺乏整合的原因,表明存在一些防御性因素。

理论抽样与参与阶段

为填补临时类属之间的缝隙,我进行了理论抽样。我也希望和研究对象讨论我所做的分析和解释,让他们也参与到分析中来,这与建构主义扎根理论一致。在第二轮访谈中,我从初步分析中总结了主要的发现,并要求所有研究对象对总结和几个解释做出回应。我提出进一步的问题,使分析中的"疏远"概念进一步得到了澄清。接下来,我在 NVivo 中对两轮访谈的所有数据进行了编码,通过编码,我对临时性类属"看出阶级特征"的因素也就是属性进行了确认、澄清和加强。这些因素包括:(1)"暴露入学途径",(2)"交朋友,与人交往(或不交往),(3)"看到社会阶级的差异",(4)"看到群体/派系和'穿衣打扮'/'不自然(plastic)'"。然而,我发现将类属命名为"看出阶级特征"是不恰当的,所以我缺乏一个整体的概念来整合所有这些因素。

描述性备忘录与概念备忘录,以及绘图

在这个过程中,我提出了描述性备忘录(用关键属性和所确定的维度、相似性和差异性对所有相关数据进行了概括)和概念备忘录(从描述性备忘录获得关键要点,通过自由写作和图表形成了更抽象、更概念化的层次)。在概念备忘录中,我形成了关于一个类属的不同属性,以及不同类属之间潜在关系的可能性、问题及"假设"。在备忘录中经常被提到的问题包括:"什么因素可能导致这种情况发生?"和"似乎产生了什么结果?"这样的问题最初集中在可能的因果关系类型上[包括格拉泽(Glaser,1978)的"6 C"——原因、语境、偶发事件、结果、协变量,以及条件]。为考虑这些问题,我又重新回到原始数据。我也通过绘图来考虑可能的概念关系,使其与形成的理论更契合。事实证明,这对于更概念化地思考和写作非常有帮助。备忘录和绘图基本上架起了编码和概念发展之间的桥梁。

【250】

通过在关于上面四个因素的概念备忘录中进行自由写作,"疏远"成为对研究对象表述进行描述和概念化的一种方式。我注意到预科生会从预科课程、身体及符号疏远学生群体(通过分组/拉帮结派和穿衣打扮),通过区隔大学和非大学生活来进行疏远,甚至通过否定社会阶级存在来疏远社会阶级概念本身。

基恩(Keane,2011b)解释说,一个由"出于自我保护的疏远(self-protective distancing)"所构成的策略,显示了特权学生和弱势群体学生分别是如何实现它的。她的其他策略包括"区分优先级""协商过渡""思考并实施学术实践"和"记忆"。[①]基恩将疏远定义为:

> 故意远离那些与自己不同的事物,或那些使自己与众不同的东西。还涉及将自己定位为比其他人低或高的社会地位,其依据的是所感知到的相对社会地位。(p.453)

基恩对"疏远"的分析揭示出,对于那些隐藏社会阶级出身或炫耀阶级出身的学生来说,自己所感知的社会地位非常重要。一项只涉及低收入家庭学生的研究很可能会错过这一现象,即他们出于自我保护而疏远富裕的学生。基恩(Keane,2011b)认为,疏远行为降低了工薪阶层家庭的学生建立必要社会资本的能力,从而限制了一些政策的有效性,比如扩大他们的参与机会,以及提高他们获得平等的机会。(p.441)

核心的理论见解可能出现在研究过程的任何阶段。注意,基恩在她的反思中说,她最初的主导类属"看出阶级特征"并不适合她所定义的因素(或属性)。通过
[251]继续写概念备忘录,以及自由写作,她初步把疏远定义为"学生们用来管理大学经验的一个主要策略"。她写道:

> 我注意到不同的疏远行为(通过撰写备忘录和绘图持续进行解释)根据所感觉到的社会地位可以分成两种类型,"被动的疏远(subservient distancing)"和"维持地位/提升地位的疏远"。通过进一步分析我发现,不同类型疏远行为的潜在动机是出于自我保护,当在某一特殊情境中感受到某种类型的威胁时,疏远行为就会被激发出来。两方面的例子可以通过"拉帮结派(clique-ing)"这一概念看出来,拉帮结派是指来自同一社会阶级背景的特定学生以特殊的形式聚集在一起。被动疏远的一个例子是预科生的"坚持自己(stick to their own)",而那些有钱而势利的学生的社交炫耀(social peacocking)

---

① 如果基恩以著作的形式发表她的分析,每个服务策略都可以作为一个章节。基恩的反思反映了一位敬业的研究者的时间表,她一直在以多种方式和她的数据及分析进行互动。

行为是他们维持地位/提升地位而进行疏远的例子。（私人交流，2012 年 4 月 16 日）

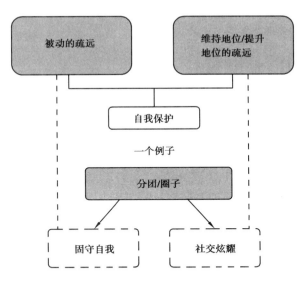

图 9.2　自我保护式疏远的逻辑——伊莱恩·基恩

引用自伊莱尔·基恩，2009，《一所爱尔兰大学的"预科生"和"传统学生"：充分利用高等教育的策略》。爱尔兰国立大学教育学院博士论文。戈维尔市。由伊莱尔·基恩授权。

通过对疏远涉及的内容及学生疏远的行为方式进行概念化，基恩对她的数据进行了解释，并让她的分析有了理论方向和中心。基恩（Keane，2011b）将密集的分析编织在一起，保留了研究对象的行为，同时也呈现了这些行为的动机。这样她的分析详细说明了研究对象做了什么以及怎么做的，并进一步对他们为什么以这样的方式行动进行了理论化。基恩揭示了学生们自我的等级地位是如何影响他们行为所透露出来的疏远形式的。这两类学生都在寻找其他同类，能够分享同样的阶级背景，形成自己的小圈子。基恩（Keane，2011b）提供了能够完美解释她类属的数据。她写道：

对于大部分预科生（SLA）来说，处于从属地位是他们共同的感受。吉玛（3SLA）认为"这是大学生里一个不同的阶级"，她说她"觉得有点低人一等"，并且"感到有威胁感"。他们有一种家庭背景与别人不同的意识，正如杰米解释的：

……大学生中有很大比例的学生来自与自己不同的家庭背景。你会觉得不舒服……并非你所能掌控。和周围那些……他们觉得更舒服的人在一起。（杰米，2SLA）

【252】

……他们(SLA)觉得"低于"其他学生的进一步证据是,他们看到预科生最初疏远那些通过传统入学方式入学的学生。他们担心,如果说了自己的入学方式,会被视为是"被施舍的对象"(邓肯,2 sla),或"没有能力待在这里"(布伦达,3 sla)。少数这样做的人遇到了负面反应:……会对预科学生……有很多怨恨……很多女生很恶毒……(p.455)

有大量感情潜伏在"疏远"概念下面。SLA 学生害怕暴露自己入学身份因而隐藏它,以避免尴尬和羞辱。特权学生流露出对身份的骄傲,轻松展示自信及在大学校园自由驰骋的能力。基恩认为,至少从预科学生的角度来看,特权学生可能会刻意炫耀自己的财富来显示他们更高的社会地位。因此,基恩认为他们的目的是展示身份差异。她的数据支持这一论点:

迪尔德丽(3 sla)认为,那些"……衣着光鲜、满身名牌的人,那些来自更高阶级的人……肯定想让人们知道这些"。艾琳(3TE)说,"你很明显是上层阶级的人",穿的都是"名牌服装……好像徽章一样"。(p.459)

基恩的反思严格记录了她研究的过程。很显然,她持续地沉浸在数据中,与数据互动,并形成了自己的分析。注意,她的初步类属"看出阶级特征"并没有被作为主要类属,她一直撰写概念备忘录和绘制图表,她用自由书写的方式写概念备忘录,这让她的概念取得了突破。如基恩在图 9.2 显示的,这些分析组合在一起是合适的。

从她的言论,我们可以发现,基恩对阶级的关注是与数据吻合的。然而,通过精确分析学生如何表现,她拒绝了分析的表面化。基恩继续分析数据的方法和溯因推理的逻辑是一致的。当一个理论解释不成立或缺乏深度和彻底性时,扎根理论研究者会寻求其他方式进行理论化,使分析进一步深化。在基恩的案例中,深入分析揭示了预科项目中存在的矛盾。她表明,通过参与 SLA 项目所引发的情绪可能会破坏政策设置的初衷(即增加这些学生的机会,促进平等)。

"出于自我保护的疏远"这一概念是可以迁移的。你可以在从亲密伴侣到公司实体的不同的关系中找到"疏远"的实例。基恩对疏远的定义和分析具有一般化的适用性(generic applicability),因此代表了一个一般化的过程(Prus, 1987; Schwalbe et al.,2000)。因此,这个概念可以给其他研究提供理论向心力和方向。

【253】基恩指出,她收集数据是在爱尔兰"凯尔特之虎"时代("Celtic tiger" era)①的顶峰时期,她的研究对象大多是文科女生。她告诉读者,必须要把她的分析放在这一背

---

① 译者注:指爱尔兰 20 世纪 90 年代后 10 多年的经济飞速发展期,爱尔兰一度从西欧一个微不足道的小国,一跃成为全世界最富强的国家之一。

景下,她还指出,"出于自我保护的疏远"值得在其他类型的教育机构甚至在教育机构之外做进一步的研究。基恩(Keane,2011 b,p.462)表明,这个概念可以帮助我们理解,个人和集体感知不同地位的情况。因此,"出于自我保护的疏远"也可能出现在微妙的、无法言明的形式中,比如,体育器材公司由于运动员被指控吸毒而悄悄取消广告合同。正如基恩的分析所表明的,按照这种情绪行动可能会破坏政策设置的初衷(即增加机会,促进平等)。

此外,我认为,基恩的分析使我们能够区分"出于自我保护的疏远"和由于排斥或轻视所产生的疏远。这两种疏远的其他形式也发生在多个层次中,从个人之间的互动到政府之间的互动。因此,基恩所作出的这一理论化能够产生进一步的研究、理论抽样和理论化。她的分析能够产生进一步的比较研究,解释不同的疏远形式,以及比较"出于自我保护的疏远"与她的其他类属。值得注意的是,基恩展示了扎根理论如何从日常生活中容易识别的行为开始,逐渐发展出复杂分析的过程。

用新概念拓展现有理论:米歇尔·沃克米尔

米歇尔·沃克米尔(Michelle Wolkomir,2001)对基督教宗教激进主义者中的男性同性恋和前同性恋的支持者及圣经学习小组进行了研究,对男性所进行的"意识形态操纵"方式进行了概念化(p.407)。这种操纵让他们得以逃避和颠覆谴责他们的性取向,并将他们视为"恶名昭彰的罪人"的基督教意识形态,(p.408)。她认为这样的意识形态修正需要持续的努力,特别是由没有权力的边缘群体去操作时更是如此。她这样开始她的文章:

> 意识形态让我们的文化领域稳定。它们给予身份、身份所依赖的关系以及更大的社会世界以意义和秩序。进一步而言,费恩和桑德斯罗姆(Fine & Sandstrom,1993:24,29)指出,构成意识形态的共享信念和态度,既包括评价的成分,也包括情感的成分。评价的成分允许我们解释人们以及他们所做的事情是好是坏,情感的成分帮助我们选择"觉得正确"的行动路线。当人们要放弃旧的想法并全力以赴应对新的想法时,需要付出时间去进行认知和情感干预,这样,意识形态的改变就会是威胁性的和艰难的。在什么条件下这种变化可能发生,以及它是如何实现的呢? (p.407)

和扎根理论强调社会和社会心理学过程的分析一致,沃克米尔的主要概念范畴"意识形态的操纵"是一个过程。这个概念不仅是有意义的,还让她的研究工作找到了理论中心和方向。她从男性的关注点和视角出发开始研究,研究了他们面临压力时的观点和行动,从而发展了关于意识形态操纵的分析。当他们的教会谴责同性恋时,他们是如何避免耻辱,并保持他们的基督教道德身份的? 沃克米尔提出了这些问题,变化是在什么条件下发生的,以及变化是如何完成的,沃克米尔给她的分析注入了精确性。此外,她的研究还挑战了把意识形态当作拒绝变化的具体信仰体系的概念。

[254]

沃克米尔的文章揭示了她的扎根理论基础,同时提供了关于整个过程和主要概念类属的深刻分析。她表明,意识形态操纵的过程包括三个子过程:"(1)选择性拆除现有的意识形态,开放新的解释空间;(2)构造一个新的确定的意识形态;(3)验证新的自我意义。"(p.408)她把这些子过程当作分析类属,展示了构成每个类属的行动。注意,沃克米尔的类属是活跃的、具体的、根植于数据的。她的类属描述了这些男人是如何应对谴责并排斥他们的基督教意识形态的。沃克米尔发现,对于一个支持群体,拆除现有的意识形态其实明确包含了"对'罪'的重新定义"(p.413)。这些男人发现了新的圣经教义,即认为同性恋的罪恶被夸大了,并得出结论,"他们同性恋的罪恶不会比自私或流言蜚语的罪恶更大"(p.414)。

沃克米尔在她的分析中,第一次展示了这些人是如何挑战和改变主导思想和等级关系的,然后她将变化发生的条件进行了具体化。沃克米尔的分析并未停留在成功的意识形态操纵上。相反,她把分析放在与她研究相关的更大意义上。她观察到,不平等限制了这种意识形态的修正,反过来,意识形态操纵又荒谬地再生产了不平等,因为它允许更大的压迫性意识形态保持不变。沃克米尔(Wolromir,2006)发现,同性恋和前同性恋研究对象的意识形态操纵使他们解决了基督教信仰与同性恋倾向的紧张关系,但代价是欺压他们的结构仍然一成不变。她写道:

> 如果边缘群体继续保留他们对于主导观念合法性的信仰,那么他们就倾向于在试图修正压迫性意识形态的过程中用这些观念来添砖加瓦。这样做可能改变了外观,但基本的主导结构仍然纹丝不动。使用主人的工具来促进社会变革,可能导致建成的不是一所新房子,而是更舒适的仆人的营房,尽管也许比以前的建筑更舒适。(p.197)

简而言之,沃克米尔的扎根理论分析提升了我们对意识形态变化的理解,让我们了解到,意识形态变化是如何通过微观过程发生的,同时说明了宏观结构如何限制了意识形态变化的发展。

沃克米尔的过程分析展示了实践中的扎根理论。她的方法揭示了人们如何赋予其所处环境以意义,并按照意识形态立场行动。然而沃克米尔的分析做了更多。由于她的分析的一般化以及对抽象概念的贡献,它从实质理论化(substantive theorizing)走向了形式理论(formal theory)。沃克米尔的分析包含了详细的民族志描述、实质性过程的类属以及生成性理论概念"意识形态操纵"之间的紧密联系。随后,她把她的概念和文章放在了关于意识形态的更大理论话语中。通过这样做,沃克米尔把关于主体与结构关系的动态分析作为她的结论:

> 套用戈夫曼的话来说,从裂缝、意义碎片、社会砖块之间开始发挥作用的 【255】
> 意识形态工作,可以推动大规模的社会变革。
>
> 在砖块之间的工作,这些成员……创造了他们想看到的更高形式的基督
> 教。在这样做的过程中,他们产生了新的思想,创建了相应的形象,形成了新
> 的修辞。这些象征资源的形成允许创建关于自我定义的更多文化空间,也就
> 是说,用多种方式来表现一个可信的基督徒自我。从这个意义上说,精英和从
> 属群体为控制文化意义而进行的斗争,也是改变我们文化领域的过程之一,通
> 过斗争为自我创造了可能永远不会存在的合适位置。(2001,p.423)

像她的研究对象在意义的砂浆裂缝之间工作一样,沃克米尔围绕着这些男人的处境在"是什么"和"怎么样"的问题之间也构造了理论意义。她的分析挖掘了这些男人生活中"是什么"和"怎么样"问题之间的可能关系,并回答了"为什么"的问题,解释了他们的行为。但是对这些问题的回答出现在了更大的语境中。本研究中的意识形态操纵正好发生在美国和其他地方对争取同性恋权利做出公开回应之前。沃克米尔的分析肯定了把具体的扎根理论放在它们所出现的社会和历史条件下所具有的意义。

沃克米尔微妙的理论解释对她所在学科的实质领域和理论观点贡献了知识,为社会正义学者、活动家以及组织权力动力学贡献了有用的理解。她提供了一个理论概念,可以在其他经验研究中进行迁移和检验,并进入到关于意识形态的理论话语中。她的"意识形态操纵"概念不仅扩展了我们对意识形态如何运作的理解,也丰富了我们关于意识形态变化或再生产条件的理解。

挑战现有理论: 苏珊·李·斯塔尔

苏珊·李·斯塔尔(Star,1989)的著作《大脑的构造:大脑研究与科学确定性的寻求》,提供了一个分析,从回答"是什么"和"怎么样"的问题转移到解决"为什么"的问题。从这个意义上讲,斯塔尔的著作展示的是一个扎根理论研究,她不仅使用了理论化,而且还创建了一个从强有力的分析到理论化的清晰过程。她研究了 19 世纪大脑研究的一个小分支"功能区域特定论者(localizationists)",他们在争议激烈的大脑功能研究领域建立了理论优势地位,尽管他们所使用的证据存在争议。功能区域特定论者坚持认为,大脑分为不同的区域,分别控制特定的功能,如

语言功能。与此形成鲜明对比的是,传播论者(diffusionists)认为,大脑是整体运作的。通过翻阅 1870—1906 年的文献,如病人记录、实验室报告和笔记、信件、杂志投稿和评论,以及其他档案文件和书籍,斯塔尔再现了发生了什么、怎么发生的,并最终回答了"为什么"的问题。简而言之,她构建的理论解释不仅回答了科学理论是怎么发生的,还回答了为什么我们需要反思科学理论化的本质。

【256】　　斯塔尔把功能区域特定论者构建他们理论确定性(certainty)的过程拼合在了一起。和扎根理论强调研究过程一致,斯塔尔这样定义过程(process),"创建和维持确定性"(p.87),并通过构成主要过程的个人和集体的行动来确定子过程。功能区域特定论者把他们在实验室和诊所看到的不确定性进行了转换,斯塔尔称其为"制度层面的全球确定性(global certainty at the institutional level)"(p.87)。她在这里的"是什么"和"怎么样"问题是:到底发生了什么,以及它是如何发生的。通过检查转换的机制,斯塔尔详细检查了功能区域特定论者所做的事情——过程——以及他们是如何做的。因此,她分析了功能区域特定论者完成这一制度转换的日常行动(ordinary actions),同时,呈现了不可见的局部矛盾。

　　扎根理论对研究数据的强调,强化了斯塔尔的研究基础。斯塔尔从对数据的检验中,定义了一组行为,它们合起来确立了大脑功能区域特定理论的主导地位。为了创建和维持确定性,功能区域特定论者进行了以下行为:1)从其他领域借用证据;2)评估他们的操作程序,而不是实际的技术故障;3)用理想临床图片代替异常发现;4)从有限的案例结果进行概括;5)把认识论问题归结为技术的讨论(pp.87-93)。斯塔尔对功能区域特定论者如何用理想类型代替无规律案例的描述,揭示了她重建他们观点和行动的关键维度。她指出,医学研究人员和临床医生要求准确的教科书和典型的神经疾病图谱。斯塔尔写道:

　　　　在解决分类不确定性的过程中,研究人员创建了疾病的典型照片,它被医学界急切地采用了。这些表现包括功能解剖图,如可以显示大脑丧失语言能力来源的解剖点的地图。在建立大脑功能区域特定论的过程中,这些解剖图替代了包含不规则或异常发现数据的案例。医学教育、诊断和文本中对功能解剖表征的需求,代表了市场对模棱两可和个体差异的不容忍。这一理论被明确地打包进了疾病图谱。这些图谱所表示的理想类型被预先设定为是脱离具体情境的(也就是说,是大脑,而不是一个具体大脑)。(pp.89-90)

　　在上面的摘录中,互动和行为与随后的结果之间的关系是很清晰的。首先是需求,随后是一个神经学课本,带着删除了异常、模棱两可、差异内容的功能解剖图。广泛采用的教科书使得功能区域特定论者的观点成为这一领域的标准——黄金标准。功能区域特定论者的理想化类型已经不仅仅是可比较的对象,而是成为唯一权威的尺度。因此,斯塔尔指出,这些早期的神经学家已经完成了重要的划界工作,从而阻止了其他大脑功能理论的进入。

斯塔尔对行动序列的关注揭示了,功能区域特定论者所遇到的棘手问题(knotty work problems)与他们试图解决这些问题的努力之间存在着密切的联系。通过教科书图谱建立一个理想的典型临床图像,只是功能区域特定论者进行的一种行动。斯塔尔同样追踪了功能区域特定论者通常建构各种上述行动的方式。这些行为出现在解决工作中紧急问题时的状态中。功能区域特定论者的其他行动反映出他们是如何实现他们的专业意识形态的,通过明显地构建策略来击败那些反对大脑功能区域理论的大脑功能传播论者。【257】

注意摘录中斯塔尔是怎样从行动过渡到结果的。在其著作的前面,她提供了历史、专业和工作的相关背景介绍,读者可以由此定位她所描述的行动。因此,她可以直接描述行为产生的条件,把它们的意义和后果理论化。临床医生迫切需要做出明确的诊断。大脑研究者需要准确地对疾病进行分类。两个群体都在寻求确定性。对模棱两可容忍度的缺乏使得功能区域特定理论非常吸引人。之后,斯塔尔告诉我们,功能区域特定论者的经济赞助商也要求其通用化和标准化。当赞助商发现功能区域特定论者的实验报告中存在不规则的发现时,他们要求功能区域特定论者规范他们现有的结果,而不是重做实验。在这里,重要的外部团体支持了特定"事实"的建构。随后,他们书面报告的出版许可,也使这一建构具体化了,并可能推动获得进一步的资金和支持,使研究沿着同一研究方向进行下去。

斯塔尔做了一个很有力的案例,对功能区域特定论者所做的,以及如何做到的,进行了她的解释。她通过可以支持她论点的叙事,把具体的证据和具有说服力的事件编织在一起。她证据的广泛性和彻底性让她的论点令人信服。斯塔尔详细说明了行动是如何建构过程的,回答了"是什么"和"怎么样"的问题。在这个水平上,她对扎根理论逻辑的使用以及对类属的建构是很清晰的。然而,斯塔尔并没有止步于"是什么"和"怎么样"的问题。

相反,当斯塔尔把读者带回到她的核心主题,把它们放在中心舞台上时,她把"过程"合并到主要类属和章节标题中。随后,扎根理论的风格和逻辑退到了后台。斯塔尔不是对抽象类属之间关系提供一个极简洁的命题,而是把功能区域特定论者所做的,以及他们如何做的,综合在一个清晰、直接的陈述中:"功能区域特定论者最终把现象的本质、整合信息和资源的策略,以及政治承诺(political commitments)交织在了一起。"(p.196)然后在其著作的最后,她提出了"为什么"的问题,并在下面的讨论中——即把科学作为一种工作类型来分析,会具有什么样的意义——进行了回答:

关于科学理论的研究很少考虑上述所描述的过程维度,特别是这些过程具有复杂多元的维度,且彼此影响又不断发展。从这一角度观察,理论的含义是什么呢?在一次和安塞尔姆·斯特劳斯的谈话中获得了部分答案。当我向他描述功能区域特定论讨论中的许多研究对象、工作的不同类型,以及研究对象所面临的不确定性时,我开始构建这一概念——"惰性(inertia)"。我看到问题变得异常复杂,与此同时,研究对象却认为理所当然。在解释这些问题的过程中,当我对所有这些问题的复杂和相互纠缠感到不知所措的时候,斯特劳斯问我:那么要推翻这个理论需要什么?(p.196)

通过思考"推翻一个理论需要什么"以及"它何时可能发生",斯塔尔回答了为什么这种情况并没有发生。此外,通过展示大脑功能区域特定论如何确立并保持稳固地位,她为科学理论化中的变化和稳定提供了一个新的解释。斯塔尔对"怎么样"问题的回答,有力地奠定了回答"为什么"问题的基础。在本书中,她把不同来源的证据拼合在一起,于是她可以沿着时间表,建立行为、实践及结果之间的联系。

斯塔尔基于数据提出了一种充分的分析。她关于数据的排序和分类非常有意义。她创造了简单、直接的中间类属(intermediate categories),如"交际手段(diplomacy)"(p.134)、"编辑信誉(compiling credibility)"(p.138)、"操作信誉等级(manipulating hierarchies of credibility)"(p.140)、"组织策略(organizational tactics)"(p.144)、"控制辩论的焦点(controlling the focus of the debate)"(p.145)和"辩论和隐性辩论的模式(modes of debate and tacit debates)"(p.152)来构建一个抽象分析。斯塔尔描述并解释了每个类属,并描述了一系列行动的细节,这些细节构成了上面所勾勒的类属,"创建和维持确定性"。大多数这些中间类属都是动名词,它们描述的是行为。这样,她的类属不仅让读者了解了人们的意图和关注点,也对分析进行了具体化和锚定。当斯塔尔使用动名词时,她的类属比局部类属(topical categories)提供了更多的信息和更清晰的观点。因此她的叙述更生动,并能告诉读者叙述的方向。综上所述,斯塔尔的中间类属概括了她章节的内容,组织了论证,并形成了理论化的基础。

斯塔尔在记录功能区域特定论者的行为,并创建类别"操作信誉等级"时,追踪了他们不断增长的权力。功能区域特定论者利用他们不断上升的地位,发表具有个人偏好的观点,排挤与他们形成竞争的科学家的论点,过滤他们自己研究中的反常现象。他们的地位和权力授予他们权威,通过这种权威他们可以忽略、审查,并嘲讽地无视其他研究人员和他们的报告。

斯塔尔在构建这一类属的结构时,展示了功能区域特定论者是如何构建他们论证结构的。因此,她深入到数据中,并展示了功能区域特定论者是如何证实他们"比你更科学(more scientific than thou)"的,作为支持更一般化类属"操纵信誉等级"的一个策略。随后,她把"比你更科学"与其他功能区域特定论者的策略结合起来,支持和说明了更大的类属,包括"来自权威的论点(arguments from authority)"和"忽视、审查和嘲讽(ignoring, censorship, and sarcasm)"。在每种情况下,她都展示了功能区域特定论者如何运用这些策略,并解释他们为什么使用这些策略。同时,功能区域特定论者加强了他们的组织联系,控制了争论的焦点。斯塔尔指出,如果大脑功能传播论者得到了颇有声望的赞助商的慷慨资助,那么这场争论可能会有不同的转向。然而,在赞助商的帮助下,功能区域特定论者比传播论者更有效地操纵了信誉等级,稳步获得了在医学和生理学领域的专业和理论影响力。

像其他质性研究人员一样,扎根理论研究者往往因为从具体研究上升到一般水平的速度太快,而受到批评。斯塔尔的分析展示了扎根理论研究者的理论是如何逐步提升到一般水平的。斯塔尔的分析是建立在数据基础上的,其分析力度允许她从功能区域特定论的特殊案例,进一步对"科学理论如何以及为什么会改变或不改变"进行了理论化。斯塔尔挑战了托马斯·S.库恩(Thomas S. Kuhn, 1970)的解释,即大量的异常发现会迫使范式发生变化(paradigm change)。他认为,在特定【259】的临界点,科学家们再不能忽视,必须面对大量现有理论无法解释的异常发现。对于库恩,这些异常的发现迫使范式发生变化,从而推翻占据统治地位的科学理论范式。相比之下,斯塔尔表明,科学家们在日常工作中的常规行动,或多或少都在让理论获得流通性(currency)。她反对库恩的理论,她说:"与库恩不同的是……与异常事件的实践协商构成了科学在组织上的各个层面。"(p.64)在该书的最后,斯塔尔这样解释了她的研究的意义:

> 对"理论如何立足,并被视为'自然'"的研究,在回答知识社会学和认识论的一些基本问题时是非常重要的。这本书认为,问题/理论/事实/观点是集体行为的一种形式,我提供了一些数据,对主义集体行为的过程和条件进行了说明。隐含在这种方法中的是,将认知等同于工作(an equation between knowing & working)。这两种事件并不是平行前进的:它们是同样的活动,但表达形式不同。(p.197)

斯塔尔的分析形成了关于科学理论变化与稳定的一个新解释。从这个意义上讲,斯塔尔的分析预示了吉布利姆和荷尔斯泰因(Gubrium & Holstein, 1997)的建议,即要发现社会生活中"什么"和"怎么样"之间的可能关系。此外,她证明了扎根理论研究者具有产生结构性分析的能力。

斯塔尔在她的研究中,对隐含的过程保持了敏感,并提出了与其相关的更大问题。因此，她不断提升其分析的理论意义。一个过程或类属的属性和后果可能是隐含的，直到理论抽样、比较分析和解释性呈现让它们明确起来。我们对隐性经验研究越深入，就越需要更长的时间来实现这种经验和概念上的飞跃。解释的任务之一就是，随时警惕自己的分析是否超越目前掌握的确凿证据，是否超越最明显的应用。

小结

在本章，我在实证主义和解释学探究之间、在建构主义扎根理论和客观主义扎根理论之间，以及它们的特性与方向之间画了一条明显的界线。然而，在研究实践中，这条界线可能并不那么清晰。实证主义研究者可能探究的是一些只有短期意义的含糊问题。建构主义扎根理论研究者可能试图在复杂的细节中发现明显的过程。在研究实践中，理论化意味着折中，依赖有用的资料，定义合适的概念（也见Wuest，2000）。

芬特（Fendt & Sachs，2008）提出，理论建构是否是种特质（idiosyncratic）？从建构主义者的角度来看，理论不仅反映了作者给他们的研究带来了什么，也反映了他们用它来干什么。是的，在同一领域的一些理论，尤其是那些没有经过太多抽象的理论，可能彼此相似。然而，解释隐性现象并构造关于抽象类属的理论，可以生成独特的解释。理论抽样和解释性呈现的成果可以让读者和研究者品味到思想原创所带来的喜悦。

【260】 无论是客观主义研究者还是建构主义研究者，都不希望读者把他们的书面扎根理论看作是笼罩着神秘色彩的理论，或是一种理论化的行为。相反，他们只是在以他们理解的方式去做扎根理论研究。

然而，像斯塔尔所研究的早期大脑研究者一样，扎根理论研究者有时所进行的比较也会招致不满——"比你更具理论性"。一个优雅精练的理论可能会提供清晰的命题，但适用范围却十分有限。一个富有想象力的松散（diffuse）理论可能会激发思想的火花，但提供的却是模糊不清的框架。每一种都假设了不同的目标，支持特定的认知方式和知识类型。理论使我们能够超越日常的解释和理解，关注这个现实而不是那个现实。理论不能像银行报表那样去精确衡量，虽然我们能够为不同类型的理论化建立标准。"如果—那么"式的理论陈述要与抽象概念的数量和密度保持平衡，就不仅取决于扎根理论研究者的理论倾向，也取决于读者和目标。如我在前面讨论扎根理论中的理论化时所提到的,理论服务于不同的目的,因而在包容性、精确度、水平、范围、一般化和应用性上都会有所不同。

我在建构主义扎根理论中所描述的主观性和含糊性也渗透在客观主义方法中。这些客观主义方法通过分享关于世界的假设、建立研究的模式,掩盖了主观性和含糊性。结果,探究使我们出乎其外,而反思又让我们入乎其中。接着,扎根理论把我们带回这个世界做进一步的观察和更深层的思考——一遍又一遍。富有想象力地呈现所见所闻就是解释,这样的解释源自思想和经验的辩证法。不论坚持客观主义传统还是坚持解释学传统,我们并不会自动获得理论,虽然这个理论还必须经过修改。我们是自己所建构理论的一部分,这个理论反映了我们各种内在经验中占主导的观点,不论我们是否意识到它们。

第 10 章

符号互动论与扎根理论

旅行至此,让我们做一次穿越符号互动论的简短旅程吧。符号互动论是和扎根理论相关的一个主要理论视角,也正是这一视角构成了安塞尔·斯特劳斯扎根理论版本的基础,也推动了他对理论与研究的贡献。斯特劳斯把符号互动论的逻辑和假设带入了扎根理论,使这一视角成为扎根理论方法的一部分。你可以用符号互动论来对你的数据提出理论问题。理论化的思考能够把你带入新的分析阶段,让你发现新鲜的观点,并用新的视角观察被研究的世界。符号互动论会怎样启发你形成的新理论观点呢?怎样比较你的新理论与过去的理论概念呢?在第2章,我建议用一般概念开始研究,但是我们必须对未知的事情保持开放的态度。如果你选择这一思路,那么我现在倾向于把扎根理论研究与符号互动论两者整合起来。为了更好地理解符号互动论能给我们带来什么,你需要熟悉它,了解它的起源。可能有人会从这个角度找到形成理论的路径,而对其他人来说,它可能就是进入其他可能路线前的一次简短逗留。不管这一视角是否把你吸引到这条道路上来,停下来从符号互动论的视角看看风景,也会让你一窥将理论与方法统一起来的力量。

符号互动论对我反思和重新叙述下面这个故事提供了支持:

这是一个46岁女人的故事,她的慢性病把她从社会生活的中心拖到了边缘。在早些年,玛丽莲·雷默远离家乡上大学,在以色列集体农场当志愿者,在塑料厂工作,后来成为一个蒸蒸日上的家族企业中一位不可或缺的、资产丰厚的经理。后来一家新公司收购了这家企业,玛丽莲就离开了。她旅行,上大学,在石油泄漏事件发生后,在一个野生动物救援中心为鸟清理环境。在她进入野生动物救援中心9个月之后,玛丽莲出现了不明原因的症状,接下来是几个月的门诊以及保守的医学检查。玛丽莲回忆起她刚刚知道诊断结果时的情境:

我的丈夫被诊断为肺癌,而且不能动手术,就在当天我被诊断患有慢性疲劳 【262】
综合征、纤维肌痛,几周后他死了。我一直觉得他是我们两个中间幸运的那个。

这些过去构成了玛丽莲故事的背景。她得知消息的那一天,成为一个象
征性标志,把她的生活分成了两个部分,一部分是一切未改变之前,一部分是
改变之后。玛丽莲想让访谈者知道在生病之前她是怎样的,而生病之后她又
是什么样的,正是这场疾病将她边缘化了。玛丽莲对比了当前永无止境的病
痛和她的成功过往。(Charmaz 2008g,p.7)

在我讲述玛丽莲故事的时候,我比较了过去和现在、健康和疾病、广泛人脉与
边缘化。那个事件承担了被放大的意义,那个日期成为失去、变化及自我的清晰标
记。因为是通过符号互动论的视角来观察玛丽莲的故事,所以我会努力发现她的
经验对于她自己意味着什么,她的经验和意义是如何改变的,它们是什么时候、为
什么以及如何改变的。

符号互动论的传统

符号互动论是什么? 简而言之,符号互动论是一个动态的理论视角,它认为人
类行为是对自我、环境以及社会的建构。它认为语言和符号在形成和分享我们的
意义和行动方面起到了至关重要的作用。符号互动论认为解释和行动是一个相辅
相成的过程,两者互相影响。这一视角认为,我们的行动是我们对环境理解所做出
的反应。反过来,我们和其他人的行为也影响环境,随后对于曾经发生什么、现在
发生什么以及将来发生什么,我们的解释也会发生改变。个人和集体的行动和意
义随之产生。有了符号互动论对时间的关注,你可以分析现在是怎么来的,以及现
在如何解释过去。从上面玛丽莲·雷默的表述可以看出她是怎样从她现在的状态
来看待丈夫的突然离世的。

符号互动论视角包含了大量概念和指导假设。像任何理论视角一样,符号互
动论也有一些问题和方向,这可能比它的具体概念更有意义。符号互动论给理论
驱动的研究(theoretically-driven research)带来了灵感,并带来了新的理论意义。扎
根理论方法为理论创新提供了分析工具。

符号互动论是由观察社会现实的前提假设和概念组成的抽象理论框架。因
此,符号互动论是一种视角,不是一种描述变量和预测结果的解释性理论。这个视
角给你一种认知的方法——一种不断发展的方法——打开了你对你所研究的世界

的意义、行动及事件的看法。符号互动论鼓励你像你所研究的世界中的成员那样

去理解那里的人和场所、时间和烦恼、行动和成就。符号互动论认为人们是主动的
存在者,积极参与着他们所在世界的实践活动。符号互动论重视他们完成这些行
动的方式。这一视角形成了一种对行动和事件的动态理解。

实用主义与符号互动论的芝加哥遗产

和大多数的经典理论传统不同,符号互动论有着美国哲学的基础。这一理论
采源于实用主义传统,它主要形成于 20 世纪早期的芝加哥大学。实用主义认为,
理论或信仰的价值在于有效的实践应用。意义是在通过实际行动解决问题的过程
中出现的。人们通过行动去认识世界。实用主义认为,现实是流动的,一定程度上
是不确定的,是存在多种解释的。在这一视角下,事实和价值是彼此联系的,而不
是彼此分离的,科学真理是相对的、暂时的,并通过在经验世界的应用来进行检验。
关于约翰·杜威(John Dewey,1925/1981),实用主义考虑的是未来,指向“进化永
无止境的世界(a universe whose evolution is not finished)”,用詹姆斯的话来说,这个
世界仍然是“正在形成中(in the making)”的,“正在变化过程中(in the process of
becoming)”的,在某种程度上还是可塑的。

除了约翰·杜威(Dewey,[1919]1948,[1925]1958,[1929]1960)、威廉姆斯·詹
姆斯(William James,1906),早期实用主义思想家还包括乔治·赫伯特·米德(George
Herbert Mead,1932,1934)、查尔斯·S.皮尔士(Charles S. Peirce,1878/1958)。皮尔士
将这一传统命名为“实用主义(pragmatism)”,并提出了很多主要观点,尽管后来他自
己也偏离了这些观点。社会学家威廉·艾萨克·托马斯和弗洛里安·兹纳涅茨基
(W. I. Thomas & Florian Znaniecki,1918-1920 / 1958),以及查尔斯·霍顿·库勒
(Charles Horton Cooley,1902)也贡献了与符号互动论相关的概念。哲学家乔治·赫
伯特·米德的观点构成了符号互动论的基础,他那本引用率最高的著作《心理、自我
与社会》(Mind,Self and Society,1934)提到,他的讲座吸引了众多社会学的学生。米
德的社会自我发展(the development of a social self)理论已经在社会学取向的社会心
理学(sociological social psychology)中占据了核心地位。他的著作也包含了关于行动
与时间的创新理论,这在斯特劳斯(1956,1978,1993;Corbin & Strauss,1987,1988;
Glaser & Strauss,1968)那里得到了保留。

芝加哥学派遗产让符号互动论充满了对行动主体、语言和解释的强调。它认

为社会生活是开放式的(open-ended)、生成性的(emergent),鼓励研究行为和过程,并把时间维度考虑了进来。因此,符号互动理论强调语言对于自我和社会生活的重要意义,并认为,人类世界是由有意义的客体构成的。在这一观点中,主观意义来自经验,并随着经验的变化而变化(Reynolds,2003a)。因此,芝加哥学派传统认为解释与行动之间是一种动态的、相辅相成的关系,认为社会生活是人们把不同形式的行动组合在了一起(Blumer,1979,p.22)。因为社会生活是互动的、生成性的,所以它的特征是由大量不确定性决定的(Fisher & Strauss,1979a,1979b)。

　　大多数社会科学家都是通过米德的学术继承人赫伯特·布鲁默(Herbert Blumer)来熟悉符号互动论的,布鲁默创造了"符号互动论"这一术语。① 布鲁默成为【264】调查研究的一个主要批评家以及"芝加哥社会学学派(Chicago school sociology)"的领军人物。"芝加哥社会学学派"这一概念意味着致力于在自然的环境中进行符号互动论和人类学实地研究(field research),尽管研究者(Abbott,1999;Bulmer,1984;Musolf,2003;Platt,1996)后来修正了这一含义过于一般化的概念。芝加哥大学社会学系也有很多著名的定量研究社会学家,并不是所有芝加哥的社会学家们都致力于符号互动论方面的实地调查。尽管如此,"芝加哥社会学学派"这个名称还是被贴上了符号互动论、实地调查的标签。在研究实践中,芝加哥学派启发了城市民族志(urban ethnographies)和案例研究(case studies)(比如,Park & Burgess[1925]1967;Shaw[1930]1966;Thomas & Znaniecki[1918-1920]1958;Thrasher,1927)。吉尔·姆索夫(Gil Musolf,2003)指出,芝加哥学派社会学家把第一手研究和理论观点结合起来,并因此使他们的作品独树一帜,使他们的社会学系卓尔不群。罗伯特·帕克(Robert Park)是一手资料研究(first-hand research)及城市场景(urban scenes)精细分析(incisive analyses)的主要支持者。帕克看到了城市社会结构的支配性影响(hegemonic effects)。正如朗尼·阿瑟(Lonnie Athens,2007,2009)所指出的,如果有更多的社会学家使用帕克的方法,那么符号互动论很可能会选择更激进的方向,开始研究支配关系(domination)。但是,帕克对研究生的影响显然比教科书作者通常所认为的还要大,虽然他对斯特劳斯的影响是明显的。布鲁默(个人通信,1982)跟我谈过米德和帕克对他产生的巨大影响,并提到,比起米德,他和帕克有多得多的知识关联。

　　布鲁默(Blumer,1969)通过几篇重要的文章,成为建立符号互动论的主要力量,使其成为一种社会学取向的社会心理学。然而,布鲁默关于劳资关系的其他作品,却无法将他的作品和符号互动论仅仅归结为社会心理学。可能许多社会科学

① 一些对符号互动论感兴趣的主要学者如汉斯·约阿士(Hans Joas,1985)和安东尼·帕迪法特(Antony Puddephatt,2009)曾经对布鲁默阐释米德的核心思想产生过质疑。然而,布鲁默对米德的阐释在其他主流的符号互动论学者如戴维·R.梅因斯(David R. Maines,2001)和托斯·J.莫里昂内那里获得了坚定的支持(Thomas J. Morrione,2004)。

家都忘记了,芝加哥学派的研究从其一开始就强调既进行宏观分析,又进行微观分析。库尔茨(Kurtz,1984)和姆索夫(Musolf,2003)都强调 20 世纪早期最重要的实证研究——托马斯和兹纳涅茨基的《身处欧美的波兰农民》(*The Polish Peasant in Europe and America*)(Thomas & Znaniecki,1918-1920/1958)就包含了宏观分析和微观分析。许多符号互动论学者是社会学取向的社会心理学家,但社会世界和社会运动的研究者(Benford & Hunt,1992;Benford & Snow,2000;Clarke,1998;Clarke & Star,2008;Hall,1987;Strauss,1982,1984,1993;Strauss et al.,1963)已经超越微观社会学进入了符号互动论。此外,其他学科和专业领域的学者也采用这一视角,比如本章所列举的几个卓越的研究所呈现的那样。

【265】 为什么符号互动论的实用主义基础对扎根理论非常重要呢? 第一,这些基础形成了一个开放的理论视角,扎根理论研究者可以由此开始他们的研究。第二,扎根理论方法与实用主义者对过程和变化的强调是相契合的。"生成性"这一具有米德特征的核心概念承认,当下现实与形成它的过去是不同的(Strauss,1964)。① 当下经验的新的方面产生了新的解释和行动。这一生成性的观点可以使研究者更敏锐地以新的方式研究变化,扎根理论方法可以给他们提供相关工具。第三,扎根理论引用了皮尔士(Peirce,1878/1958)的溯因推理逻辑(abductive logic),特别是斯特劳斯和建构主义的版本(见第 8 章)。

通过使用扎根理论研究方法,符号互动论可以给宏观社会学研究带来启发。巴巴拉·巴丽思·拉尔(Barbara Ballis Lal,1990)不仅表明早期芝加哥学派符号互动论观点对当代学者研究种族和民族的作用,也指出它们对于当前政治行动和社会政策的重要意义。戴维·梅因斯(David Maines,2001)表明,符号互动论者对行动三体、行动和协商秩序(negotiated order)的重视,长期以来所具有的宏观社会学意义。他认为,社会学学科不正确地——而且非常具有讽刺意味地——与符号互动论割裂着。但同时,该学科在研究假设和方向上正变得具有更多互动论的特点——尽管是在不知不觉的情况下发生的。在芝加哥学派遗产的支持下,扎根理论正沿着服务社会正义研究领域(the area of social justice)的方向发展。这一遗产涉及许多致力于社会改革的先行者们,其中有简·亚当斯(Jane Addams,1912)对芝加哥霍尔馆(Hull-House)②贫困移民的研究,帕克和伯吉斯(Park & Burgess,1925)对城市的分析,以及米德和杜威对民主改革的兴趣。

---

① 关于生成性,美国的实用主义学者米德和法国的结构主义学者涂尔干持有一致的看法,这一看法反映了他们关于社会优先于个人的(society preceding individuals)现实主义假设,可能受到亨利·柏格森(Henri Bergson)思想的影响。威廉·詹姆斯把柏格森的思想带给了实用主义,涂尔干从他在巴黎师范学院的学生时代就知道柏格森了。更多关于柏格森的贡献,参见他 1903/1965 年和 1921/1965 年的作品。

② 许多曾与简·亚当斯一起工作的女性学者对于研究城市环境都做出了方法论的贡献,而当时男性学者并不认同这些研究(Deegan,1988)。

作为理论视角的符号互动论

互动、解释和行动

作为理论视角,行动主体一直是符号互动论的一个鲜明特点,行动主体是指解释自己情境的人。布鲁默(Blumer,1969)在介绍这一理论时特别强调了解释(interpretation)的重要性。许多学者对于符号互动论的全部了解就是解释的重要性,而且早期的批评者常常把这种重要性误解为非结构偏见(astructural bias)。符号互动论并不否认社会结构的存在,不过主张社会结构是人们所构建和再生产的。互动(interaction)是关键,无论我们讲述的是重构的过去、活生生的现在,抑或是想象的未来,解释和行动都来自互动。

符号互动论认为,先前的相互作用构成了社会和集体生活,先于个体存在,并形成了行动和解释得以发生的环境。布鲁默认为社会现实是冰冷无情的——很顽固,而且抗拒变化。个体的愿望和幻想可能不会改变现实,但新的条件和集体行动是可能改变现实的。 【266】

正如布鲁默(Blumer,1969,p.8)所强调的,社会互动形成(*forms*)了人们的行为,而不仅仅是作为一种表达或释放的手段。互动是一个符号性的过程。它由说出的或未说出的共享语言与意义构成。因此,互动是在社会、文化和历史的环境中发生的,它们影响互动,但并不决定互动本身。符号互动论的实用主义遗产认为,观念是通过实践形成、变化以及变迁的。

米德(Mead,1934)认为,主观意义来自与经验互动的斗争(grappling with experienced interactions),通过语言获得形式,并随着重新评估形势而发生变化。因此,符号互动论把社会互动看作是动态的,一定程度上又是开放的。对于符号互动论来说,人类生活从根本意义上来说是由过程和变化组成的,而不是稳定和连续的。然而,结构和过程本质上是互相指涉(implicate each other)的。结构和过程之间的理论张力可以简单表述为:符号互动论假定社会是个过程,并解释稳定性。因此,符号互动论为社会提供了科学视角之外的另一种可能,而科学视角假定社会是稳定的,并试图解释变化。

米德(Mead,1934)认为,语言对于自我发展和社会生活行为非常关键。在米德看来,自我和心灵同时发展,并依赖于对所在共同体语言以及符号意义的学习。因此,意识与拥有自我(possessing a self)密不可分。反过来,拥有自我意味着我们可以象对待他人那样对待我们自己。

库勒(Cooley,1902)的镜中自我(the looking-glass self)概念揭示了我们与自己进行对话的微妙性。别人为我们提供了我们的样子,如同我们在镜中看到自己的模样。随后我们会出现骄傲感或羞耻感,这是我们对别人反应的一种感受。但这些只是加入了我们所想象的形象,是我们认为的其他人对我们的印象。

镜像反映(mirrored reflections)投射出形象,但并不是再现现实。然而我们会想象我们出现在某个人或群体前的形象,并根据这一想象来做出我们对其他人的反应。我们根据这一想象的形象去检查我们的行为,评价其意义,塑造我们的反应,我们的反应可能是明显的——或者并不明显的行动。一个普遍的看法是,我们把想象的自己内化为自己的真实写照。但是也不尽然,例外的情况也常常发生,正如下面这个故事所揭示的那样,它来自我对慢性病体验的研究。

【267】

> 多年来,蒂娜变得越来越衰弱。在她年轻的时候,男人们欣赏她的美丽,渴望她的陪伴。最近,蒂娜爱上了布鲁斯,一个年轻得多的老熟人。蒂娜没有得到她所期待的认可和接受,反而意识到布鲁斯的态度带给她的污名化和边缘化(stigmatized and marginalized)。

> 我能读懂别人的想法,你知道,即使他们只是看着我。所以关于布鲁斯的事情真的很奇怪,因为他会像看一个怪物那样一直看着我,而我也会一直看着他看我的样子。

> 我:那你感觉怎么样呢?

> 蒂娜:我想要他离开我的房间……我觉得不自在,我觉得他不是我的朋友。……[布鲁斯会说,]"你知道,你真的很迷人,但是我不想和你结婚。"……我想,你知道,那是一种侮辱,他总是提起这件事,他不想娶我。这真让我生气……我甚至觉得他在歧视我,因为我老了,而且有关节炎。但他仍喜欢这么装腔作势。(Charmaz,2008G,pp.12-13)

蒂娜认为她能准确地读懂布鲁斯所投射出来的她的形象,但她不能接受她所读取出来的他对于她的价值判断。蒂娜对布鲁斯的怒气表明,她发现这些形象是不公平的。注意,她是如何看待这些遭遇的。她接收到了一定的形象,解释它们,体验由此产生的情绪,并对由此引发的解释和情绪做出反应。像许多人一样,蒂娜相信她自己的解释,她的日常经验也证实了她的解释。她抗拒她所认为的布鲁斯关于她的形象。这并不总是如此。在一定的条件下,人们可能会对自己的解释缺乏信心,不会接受他们所认为的别人眼中他们的负面形象。

别人也不总是会同意这个人所认为的他人关于他或她的形象。例如,很瘦的女孩可能会认为所有的人都觉得她们"胖",尽管其他人觉得她们的形象正好相反。苏珊·霍沃思-霍普纳和戴维·梅因斯(Susan Haworth-Hoeppner & David Maines,2005)研究了顽固性厌食症患者。一个受访者说:

> 我从来不称体重,你知道,就是这样,因为对于我自己来说,我看上去仍然太胖了。在我买衣服的时候,我会拿起十二码的衣服,或者我拿起一件八码的衣服,问,"你们有十二码的吗?"销售人员会对我说,"你什么意思? 十二码的不适合你。八码可能都太大。"我会说,"哦,不,不,八码太小了吧。"他们会奇怪地看着我,但你知道,那对我来说没有任何意义。(p.12)

这位女士回忆了她以前得厌食症时的自我,看到她接收到的别人对她的印象并不符合她的自我概念。

为分析得更清楚,我区分了自我形象(self-images)、自我(self)和自我概念(self-concept)(Charmaz,1991a)。自我形象包括个人在过去和现在的经验以及在互动中所给予的稍纵即逝的反应。这些反应依赖于我们使用语言去理解、分类和处理经验,无论别人是否在场。那些患有慢性疾病的人常常会在获得医生确诊之前,就自己定义了症状。

人们学习如何定义自己的含义,有些事物反映了这个人定义的"真实"自我。其他事物则不是自我,也没有反映自我。我们还有可能接受或定义那些并不属于我们自己的形象。就像我之前解释的: 　　　　　　　　　　　　　　　　　　　　　　　　　　　　　　【268】

> 例如,我们身患急性病时,我们的感知方式和行为方式——暴躁乖戾,牢骚满腹,含糊不清——可能就与我们定义自己的方式无关,虽然我们实际的行为方式与标签完全一致。暴躁乖戾、牢骚满腹、含糊不清并不反映我们自己;我们相信,这些都是暂时的行为,那与真我无关。(Charmaz,2002b,p.35S)

符号互动论区分了过程自我(self as process)和客体自我(self as object),从而揭示了这些表面的差异(Gecas,1982)。符号互动论既把自我作为一个不断展开的过程,也作为一个越来越稳定的对象——自我概念(self-concept),或是特纳(Turner,1976)的"真我(real self)"。我认为,一个人习惯性的存在方式及行为方式(habitual ways of being and doing),能够连接起过程自我和客体自我的流动性(Charmaz,2002b)。新存在方式的形成,有助于身份丧失或变故之后,过程自我以及身份的重建。正如特纳所概括的,自我概念包含了相对稳定的、有序的特征、价值以及判断,一个人正是通过这些来定义他或她自己。如果是这样,自我概念是有边界,有范围,有内容的——包括情感内容和价值内容。自我概念不是中立的

（Charmaz,1991a）。以上摘录中,这位女士以前认为自己很胖,而且牢牢地陷在她的自我概念里,因此,她拒绝接受和这个形象相反的形象。

但是,当一个人的自我概念边界可渗透时,这个人就对他或她可能忽略或拒绝的自我形象保持了开放的态度（Charmaz,1991a）。15 岁的安娜是罗伯特·桑伯格（Thornberg & Charmaz,2012,见第 6 章,p.143）的一位受访者,曾被同学欺凌,注意下面她的这段陈述:

> 是的,你知道,这些年你都不敢维护自己的权利,你只是被动接受,甚至认为自己一文不值。你已经失去了太多时间……这些时间你本可以做更多有趣的事情。相反,你却优柔寡断无所作为,觉得自己不配活着。（p.47）

安娜讲述了她在受欺凌之前、之中和之后对自己的不同看法。她过去认为自己是个开朗合群的小女孩,而后来却变成一个招致持续性谩骂的形象。想一想,长期受欺凌的经历是如何改变安娜自我概念边界的。沉默是安娜面对欺凌所选择的一种方式,但这并没有抵消她所认为的其他孩子投射给她的形象所产生的影响。她将这些形象内化为她自我概念的一部分:"你一文不值,你不配活着。"欺凌她的人所确定的她的身份对安娜的自我意识影响了很长一段时间。幸运的是,后来她重新定义了自己,不再受负面形象的影响（参见 Thornberg,2011）。

埃文·戈夫曼（Erving Goffman,1959,1961,1963）的著作,引起了研究人员对个人社会身份的注意。其他人会根据个人和群体的社会定位（如种族、性别、年龄）、文化意义和群体关系赋予他们社会身份（Hewitt,1992）。一般来说,社会身份对于个人身份的主张（claims to a personal identity）有着深远的影响,正如休伊特（Hewitt,1989）所解释的,这意味着个人定义"与自我相关的位置感、差异感、持续性和方向感"的方式（Charmaz,1994,p.269）。

【269】

符号互动论认为,社会先于个人,我们存在于一个物质的环境中。语言和文化先于我们,虽然我们的行动会改变它们。我们曾经提到,符号互动论是一个动态的理论,它认为在个人、集体和环境之间发生着连续的相互作用过程。这种观点承认不同立场的相对性,并考虑到社会行动者从事实践行动时的主观性。正如帕迪法特（Puddephatt,2009）所说,米德主张"现实存在于有机体和环境之间的实践行动中,个人经验和群体所共享的符号普遍性之间存在着辩证关系"（p.91）。人们通过互动来赋予含义,并使其变成现实——互动可能是和物质环境中的其他人,也可能是其他对象和条件。

虽然符号互动论观点认为,人们有意的和理所当然的互动建构了社会、环境、自我,且他们也承认,他们很少在完全由自己选择的环境下行动。结构存在并持续,但有些人可能会抵抗、规避或忽视这些约束,或为了他们自己的目的而利用它。制度化的价值观和实践先于个人存在,并约束着个人,为可能的行动设定条件,尽管他们回应这些条件的方式可能会改变。在加茨尼(Ghaziani,2004)的研究中,男性受访者在领取艾滋病疾病救济金后试图重返工作,就感受到了因为患有艾滋病而受到的限制。新的药物改善了他们的健康,使得他们有可能回到工作岗位。然而,他们发现,在求职面试或工作场所说出艾滋病患病情况还是有风险。他们想说出自己的艾滋病(HIV/AIDS)患病情况,却不得不保守秘密。注意这两个男人的评论:

> 我看着周围我们互助小组里的这些家伙,他们看起来不错,但他们并不工作。该死的,我也不工作了。并不是我们不想工作,而是我们不想在那种认为"艾滋病是我们肮脏的秘密"的地方工作。该死的,那样我宁愿不工作。(p.287)

> 关于我的艾滋病状况我一直很诚实,后来因为我的诚实我被两次解雇。幸运的是,我赢了官司,但我害怕打官司。我害怕说真话。(p.292)

加茨尼发现,虽然很多人想工作,但是文化矛盾,包括歧视以及内化了的羞愧和耻辱,阻碍他们重新进入就业市场。加茨尼不仅挑战了已有文化信念,即领取疾病救济金意味着无法参与劳动力市场,而且表明,在重返工作的希望和实现这些希望所做的实际努力之间只存在着非常脆弱的联系(p.294)。

【270】

从另一个角度看加茨尼的数据能看出,这些人已经考虑了他们的处境,然后决定了他们如何行动。他们不是被动接受严酷的文化价值;他们试图规避这些价值,尽管他们要付出很多代价。在这个意义上,他们用实例证明了符号互动论关于人的本性的假设。符号互动论认为,人是反思性的、创造性的、积极的和社会的生物。我们与自己以及他人的沟通能力让我们反思、重塑并改变我们的观点和行动。布鲁默(Blumer,1969)强调,人们在使自己的行为适应其他人的行为。如果是这样的话,我们会寻求理解其他人行动的意义并作出应对。随后,我们会从另一个人的角度来想象他的角色,并构建与之相关的我们自己的角色。例如,马尔科·瓦伦塔(Marko Valenta,2009)对挪威的波斯尼亚和伊拉克移民进行了研究,分析他们如何学着去管理挪威人对他们的看法以及和他们的互动方式。他采访的一名伊拉克男性有以下的观察:

> 你不能用自我嘲讽或讽刺的方式,因为你不知道别人会如何反应……如果你和那些不了解你的人说,你的老婆太不听话了,你等会儿要揍她。他们不会理解你是在嘲讽挪威人对穆斯林男人的刻板印象。(p.364)

从这儿你可以看到,这个男人已经学会了观察他和当地人的谈话。他的话揭示了,一个反思性的行动主体,会做出选择去控制其他人对他的印象和对他身份的识别,尽管他同时也约束自己的行为。情境会产生一系列可能的行动。从符号互动论的视角来看,很有可能重新解释我们的情境,并采取其他的行动步骤。

符号互动论的前提

当我们对符号互动论的前提进行考察时,它的立场会变得更加清晰。在赫伯特·布鲁默(Blumer,1969,p.3)看来,符号互动论的观点基于三个前提:

1.人们对事物采取的行为是基于事物对他们的意义。

2.事物的意义来自或产生于个人与其同伴的社会互动。

3.个人在处理他所遇到的事情时,会通过解释来处理和修正事物所具有的意义。

另外三个前提澄清和扩展了布鲁默的立场:

1.意义是通过共享的语言和交流来进行解释的(Charmaz,1980,p.25)。

2.意义在社会互动中的中介作用具有持续生成的过程性特征(Charmaz,1980,p.25)。

【271】　3.当人们的意义和/或行动发生问题或环境发生变化时,解释过程才变得清晰起来(Charmaz,1980;Snow,2002)。

布鲁默(Blumer,1969)阐明了符号互动论的意义观与常见的赋予意义的方式有何不同。符号互动论不认为对象的意义源自这个对象本身,就好像意义是它固有的那样;它认为,意义来自人们对待对象的方式。意义依赖于实践。

对象可以是一种具体的治疗方式,也可以是一个不易捉摸的概念如"健康"。药物治疗,对于这个人可能意味着立即康复的通道;对另一个人则可能意味着收藏起来以后在消遣中分享,而不是现在就用。对于共享行为和目标的团体,我们可能会发现共享的意义。例如,健身组织中的成员可能认为,健康的意义在于它是每个人要努力争取的东西,要监控和测量以确保它不会消失,是需要增强的。相比之下,另一个群体的成员可能把健康定义为没有疾病,健康是理所当然的,直到他们出现令人不安的症状。两种定义都把健康放在个人身上,放在他们的活动或不活动上。对个人的关注会减少对健康不良的社会原因以及维护健康相关政策的关注。

布鲁默的第一个前提认为,意义的形成先于行动,这过分简化了符号互动论的基本假设。人们通过行动构建新的含义——或者再次确认过去的含义。有问题的行动和事件会中断理所当然的经验之流,随后导致意义的重新评估。布鲁默还暗示,社会行动者在和他们的环境斗争时,会不断与自己对话。然而,大部分社会生活都是常规性的。人们有着密切关系,在社会世界行动,在组织里工作,接受集体身份,认同某些集体的价值观和行动,尽管这些价值观和行动可能并不需要个人对其进行持续审查。所有这些关系都发生在一个相互关联的网络中(a web of affiliations)中。通过关系网络,人们学习——和接受——日常的意义和实践。随着生活变得日常化,解释过程就压缩了,人们就越来越少地在公开的内部对话中思考他们所在情境。他们也不太可能改变他们的实践方式或意义,除非他们所在的情境出现问题,并且他们的习惯反应不再发挥作用(Charmaz,1980;Snow,2002),或出现了新的意外的情况或机会。[①]

　　情境出现问题有以下几种情况:1)人们发现自己在相互冲突的欲望、需求或方向之间难以抉择;2)他们的当前行为不能应对当前情境;3)问题发生在他们现有规范框架以外(Shibutani,1986 p.268)。比如,如果你的同事暗示你干了太多简单的任务,而把困难的任务留给了其他人,从而质疑你的意图和行动,那么随后你可能就会想方设法来突出你在困难任务上的贡献。

【272】

定义情境、命名及认知

　　符号互动论认为,人们看待自己以及更大社群所在情境的方式,以及他们命名事物的方式,都会影响他们知道什么、如何知道以及如何行动。指导很多符号互动论研究的一个关键概念,是托马斯(Thomas,1923,pp.42-43;Thomas & Thomas,1928,p.572)关于定义情境的原理:"如果人们把情境定义为真实的,那么情境在他们的结果中就是真实的。"

　　　　总体情境总是含有或多或少的主观因素,行为反应只有和上下语境发生联系时才能进行研究,即情境是一个可证实的、客观的术语,因为它似乎是相对于利害关系人而存在的。(Thomas & Thomas,1928,p.572)

　　这样,我们根据我们对情境的定义来行动,从而影响他人的行为。我们的定义可能是不正确的,比如,某个帮派的成员把一个年轻音乐家(没有帮派关系)误以为是敌对帮派的人,因此谋杀了他(Payne,2011)。

　　定义(defining)、贴标签(labeling)和命名(naming)是我们了解情境的方式。在杜威和宾利(Dewey & Bentley,1949)的基础上,斯特劳斯(Strauss,1959)解决了命名和认知之间的关系。命名包含了认知、分类、定位、评估,及处理对象、事件、个人或群体的方式(Charmaz,2008e;Strauss,1959)。命名本质上涉及边界设定,框定

----

　　① 感谢琳达・利斯卡・贝尔格雷夫提醒我这一点。

建构扎根理论——质性分析实践指南(原书第 2 版)

人与所命名对象之间的关系。命名很少是中性的。相反,对一种现象进行命名,通常会引发或强化对对象的评价。斯特劳斯把这种现象对于个人或群体的意义引入其中,从而涉及了一系列行动。斯特劳斯承认,命名和评估都嵌入在经验和观察之中,对某些事物的重命名意味着人与该事物关系的改变。由多发性硬化症的确诊,而将"笨拙"重新命名为本体感觉缺乏(lack of proprioception),从而重新诠释了它的意义。随后还会涉及行为调整,社会身份预测,以及对未来投下的阴影。

把自己重命名为一个特殊类型的人,标志着自我概念、信仰和行动的深刻变化。下面的例子表明,当前的视角是怎样影响一位女士对她过去自己的重新定义的:

> S:我曾经是一个特别爱抱怨的人,但我从不认为我爱抱怨,从来不是。这就是——当我发现我那么爱抱怨时,我感觉糟透了。但是我恢复过来了,你知道,经历这个阶段很有趣。

> 我:你认为自己哪些方面爱抱怨?

【273】
> S:嗯,我会在一些事情上非常努力,然后就抱怨它。你知道,我不是所有的时候都抱怨,但是会像这样,"哦,上帝,你知道,我每天奔波一百英里,一周工作 40 小时,一周工作七天,我做两份工作,给两头奶牛挤奶,抚养三个孩子,有一个花园,一个训练队和一个 4-H 小组(4-H group),我做了所有这些事情,我加入了 5 个马术俱乐部——就像这样,我回头看的时候,简直就是个白痴。我不得不成为一个女超人,你知道的。现在我不参加俱乐部了,我不喜欢成群结队了,我不再需要做所有这些事情。我不知道,就是因为这是一个学习的过程,就像我 52 岁了,就像,上帝,你知道,所有发生的这些,就像我 40 多岁之前什么都没有学到。那么你想,上帝,如果我能重新再来一次,我会做很多改变。我过去总是认为我很愚蠢,但是现在我发现我真的不是这样,你知道,我真的很聪明。我希望我获得过更多的教育,做一些不同的事情,但我不得不继续做我现在能做的事情。我从来不知道自己是那么富有创造力……别人会说,"我做不出那些东西(艺术品)"。我一直认为,任何人都可以做到,我从来没想过它有什么特别。你知道,但是我想所有这些(意识到她的天赋)总是伴随着良好的自我感觉。(Bryant & Charmaz,2012,p.46)

这位女士重新定义了她的行为和感受的意义,她把自己重新定义为爱抱怨的人。在追求所有这些目标的时候,她是一个单身母亲,相信能够给孩子们提供舒适的生活,希望他们能够体验乡村生活。她曾经被视为成就的东西,如今带有些许羞辱的意味。什么改变了她的看法?她相信,经历过击垮人健康的慢性病、进行过心理健康咨询之后,她以新的方式定义她的过去和现在的自己。她的病禁止她参与太多事务,心理咨询让她有了另一种语言,可以以不同的含义来评估她自己以及她的行为。

拟剧法

布鲁默非常重视解释,因为意义的建构很大程度上依赖于沟通和解释的过程。人们说的话成为进行分析的原料。另一个方法是拟剧法(dramaturgical),它在一定程度上源自符号互动论。拟剧分析法借用剧院的隐喻来研究人类行为。它关注出现在行动中的意义。修辞学家肯尼斯·伯克(Kenneth Burke,1945)发明了这种方法,社会学家艾文·戈夫曼(Goffman,1959)、查尔斯·埃奇利(Edgley,2003)、丹尼斯·布莱希特和查尔斯·埃奇利(Brissett & Edgley,1975)以及马文·斯科特和斯坦福·莱曼(Marvin Scott & Stanford Lyman,1968)进行了发展。根据伯克的说法,拟剧分析始于行动理论而不是知识理论。使用拟剧方法的研究人员会检查个人或群体行为中有问题的特征,并对这些行为进行解释。拟剧论分析者会分析非语言行为,观察研究对象是如何进行表达的。拟剧论分析者不是让个体行动者说出对情境的定义,而是更强调他们观察到的、事件所显示出来的内容,并以此来定义情境。简而言之,拟剧论分析者认为,情境的定义来自行动者被观察到的行为表现。其他研究人员,包括许多符号互动论者,都从个人或群体知识中有问题的特征开始,不是对他们的行动本身进行研究,而只是依赖于人们对于以前行为的说法。

正如查尔斯·埃奇利(Edgley,2003,p.143)指出的那样,拟剧分析研究了人们如何通过行为来实现意义。意义是生成的、变化的,并视情况而定。因此,拟剧论分析者首先观察人们如何完成行动,然后从这些人的行为中推断意义。埃奇利认为,我们可以通过研究人们和他人一起时表达自己的方式,来了解他们行动的意义(p.144)。人们可能会表演他们所表达的内容。不过通常他们在表现他们行为的时候并不知道有观众在观看。在行为方面,比如我们的说话方式,我们的面部表情和身体动作所传达的信息,我们穿的衣服,穿衣服的场合,都会引起拟剧论分析者的兴趣。 【274】

按照伯克(Burke,1945)和戈夫曼(Goffman,1959,1961)的方法,为了分析人们的行为,我们可以通过援引戏剧的隐喻,将行为、动作、场景和目的视为不可分割的,因此有必要对其进行研究。这个比喻使一些现实经验变得可见起来,而这些部分本来可能无法进入人们的视野。除了行为的社会性表演风格(the social staging of action),它还注意到了场景的时间和空间维度。一般来说,拟剧论分析者关注更多的是空间布局(spatial arrangements),而不是符号互动的对象。他们研究空间中的人,空间对人们、现场及行动的影响。戈夫曼有关空间的拟剧论方法越来越影响符号互动论对地点和空间的研究。因此林恩·洛夫兰德(Lyn Lofland,1998)研究了城市空间中的陌生人;梅林达·米利根(Melinda Milligan,2003,2007)致力于研究空间依附(place attachment)的意义;迈克尔·伊恩·博雷尔(Michael Ian Borer,2010)分析了集体怀旧和市区重建;加藤雪(Yuki Kato,2011)研究了青少年是如何将空间作为一个象征边界的。

拟剧论分析者区分了公共(或前台)区域和私人(或后台)区域(见 Goffman,1959)。空间划分不仅标志身份、资源和角色的差异,也常常象征着互动中的等级特权、义务和个人自主权。工作场景中充满了对空间、时间、道具和表演仪式的策略性使用,表演仪式揭示了等级,进行了角色分工,执行了规则,并为任务完成做好现场准备。然而,工作人员可能理所当然地认为,这样的安排只是为了完成任务而已。在这些安排中工作给了这些工作人员意义,反过来这些意义又让他们继续重复这些安排,并继续扮演他们的角色。

有些演员需要新的脚本来提示他们所扮演的角色。盖尔·米勒(Gale Miller,1986)对就业促进项目中的工作人员进行了观察,这个项目的目的是帮助接受失业福利救济的人获得就业机会。工作人员会教他们的客户如何管理给潜在雇主的印象,如何消除过去可能产生的负面印象。一名工作人员展示了雇主是如何通过询问面试问题来寻求关键信息的。这个工作人员指出,申请人应该把对这些问题的回应表达得更积极一些,并这样问客户:

> 工作人员:如果雇主问,"你结婚了吗?"这在求职面试中是常见的,你会说什么?

[275]
> 客户:嗯,我会说,"是的,我结婚了,我有一个小宝贝。很快他就 14 个月了。"

> 工作人员:好了,现在你说得太多了。他(雇主)不想听你谈你的宝宝,他想知道你是否是一个好工人。所以,你必须把一切话题都回到工作上来。听别人谈他的家庭是最无聊的事了。所以你可以说,"是的,我结婚了,我想要这份工作,这样我就可以养活我的家人。"你说的是,你有家庭责任,你会成为一个可靠的工人。(p.486)

对拟剧分析及其概念(比如自我表现、印象管理、前台和后台)来说,演员、角色、表演、观众、场景和背景所有这些都对脚本(script)有贡献。这个脚本为你提供了聚焦视线的思路,而拟剧论概念会告诉你,演员如何表演他们的角色,他们会做什么类型的表演,以及在什么场景中表演。演员如何进行表演,与谁来表演,给谁表演,在哪里表演,何时以及为什么如此表演,都是纠缠在一起的。使用拟剧分析可以使你对一连串冗长的问题变得敏感。谁占据了舞台的中心位置?什么时候?

演员在舞台上和舞台下如何展现自己？场景的展开速度如何影响了演员的表演？配角是谁？舞台管理者是谁？观众是谁？观众参与表演吗？如果参与,什么时候？观众如何评价表演？什么是可见的,什么是不可见的？什么在台上,什么在台下？对于那些病症不可见的慢性疾病患者,可见和不可见的问题不断给他们带来麻烦。他们经常需要让家庭成员和医疗专家真正看到和相信他们的症状,同时又不让他们的雇主看见。

拟剧论分析者强调,演员试图控制他们的情境、互动和自我表现。苏茜·斯科特(Susie Scott,2005)在她对害羞者的研究中发现,他们试图隐藏他们的羞怯,因为他们认为这是一个缺陷。随后他们会形成一些策略来避免那些有压力的会面,比如对一次可预见的会面进行排练并尽量缩短,用肢体语言来避免交谈,把注意力从自我转移开,躲在文化刻板印象的后面。一位老年女士告诉斯科特,她会利用人们对老年人的刻板印象来降低别人对她的期待。她说:

> 把自己全部包裹起来,我会感到更安全。我想穿长袍,戴面纱,但这在今天不太流行,不是吗？我就只能用外套、帽子、手套、眼镜(我不需要,它是我母亲的)和一个我其实并不需要的拐杖来包裹自己。我喜欢被裹起来,有东西拿着。一个朋友建议拿手杖,我发现它非常有用。它看起来比较自然,因为一位七十岁的老太太需要有一个。(p.104)

这位女士使用了戏剧中的道具来创建一个她可以控制的场景。这种表演发生在更大的社会实体中。政府和组织提供并保持着特定的公共形象,并通过舞台场景和表演来陈述目的。R.理查德·里特和乔纳森·H.西尔韦(R. Richard Ritter & Jonathan H. Silver,1986)提供了一个消费者服务局(BCS)的分析案例,消费者服务局是建立在宾夕法尼亚州的一个机构,负责整理和调查消费者关于公用事业的投诉。他们认为潜在组织对手之间的关系产生于一种仪式性"戏剧化交流(dramaturgy of exchange)"(p.25)中,这大大有助于一个创新机构的制度化。

他们的研究发现,BCS 扩展了它的角色,包括发现非正规的服务行为,公开指 【276】出并施加压力使其满足标准,并在针对这些公用事业部门的听证会上作证。里特和西尔韦展示了 BCS 制造神话(myth-building)的方式,采用的就是组织之间戏剧化交流的拟剧法,涉及的组织包括公用事业部门、公共事业委员会、州立法机构和宣传媒体——所有这些主要参与者,除了没有集体声音的消费者。作者认为,组织文化中的神话把事实和构造混合了起来,使组织的起源和目标变得戏剧化(p.27)。这种制造神话的方式有助于认为 BCS 可以提供解决一系列问题的技术方案,并将其合法化和制度化。

然而,里特和西尔韦也表明,该机构在某些领域又在使其角色作用最小化,比如消费者投诉领域,以及不具备处理能力的其他领域。然而通过拟剧法的角色交换,BCS 按照可预测的结果去行动,并把决策和潜在对手之间的关系中立化。里特和西尔韦写道:

> 这种戏剧化交流强调了 BCS 作为从事改革运动机构的角色,强调它能够利用其专业技术正确处理消费者的投诉。因此,在准备好的新闻稿里提到的是"计算机分析",尽管实际使用的程序只是基本的计数法。报纸报道了通过 BCS 的介入,来自"暴利"公用事业公司的费率是如何被"大幅削减"的,尽管削减量不过是百分之一的零头而已。不过尽管公用事业公司被分配的角色很"沉重",但它实际上会受益。分期付款问题在穷人或者经济上开支过度的人那里都存在,公用事业公司必须处理这些问题,无论是否存在 BCS。最后,BCS 公开声明,他们的确提供了帮助,并给出他们的确有所作为的公开证据。巴尔泰斯(Barthes,1972:42)提醒我们,"'承认'一个小的邪恶使其避免了承认更多隐藏的邪恶。"(p.39)

拟剧论分析者关注人们和群体对他们的行为是如何进行解释、证明和辩护的,这挑战了关于人类动机的传统观点(Albas & Albas,2003;Goffman,1959,1967,1969;Kalab,1987;Pestello,1999;Scott & Lyman,1968)。与一般的符号互动论观点一致,拟剧论分析者不接受社会决定论者的观点,即社会力量刺激个人采取行动。相反,他们认为,社会行动者以动机来解释或说明他们过去的行为。埃里克·O.席尔瓦(Eric O. Silva,2007)研究了报纸的编辑部来信是怎样证明"在美国球队使用印第安符号、名字和吉祥物"是合理的,尽管这种做法对印第安人群体是一种冒犯。在信中作者这样抱怨:

> 如果我们使用动物名称,PETA(动物保护协会的人们)会对我们恼火。如果我们使用民族名称,民族团体会对我们恼火。不论我们使用什么,最终总会有些本无意冒犯的群体认为是冒犯,或者被那些希望扩大报纸销量并彰显重要性的媒体认为是冒犯。(Silva,2007,p.255)

【277】 来信作者的辩护提供了这样一种看法,使用符号可能存在问题,但否认那是故意攻击。此外,写信者使用类比把使用印第安人姓名的负面评价进行了中立化。这一类比声称,当那些人反对使用印第安人姓名时,其他团体也会同样感到受冒犯。因此,写信者试图平息和消除这种关于使用印第安人符号的主流观点。正如席尔瓦指出的,写信者提出了一个公开的解释,回应他们可能遇到的挑战。在这种情况下,人们意识到了其他人会反对他们的观点,并要求他们做出解释。

拟剧论分析者也研究毫无争议的日常行动。他们认为,大部分社会生活都是自然发生的,无须说清楚行为的理由。因此,人们可能不会有意识地定义他们的行为,更不用说检查他们的行为。但是,当他们的行为受到挫折或引起质疑时,他们的动机问题就出现了。当行动者意识到他们在做什么时,行动就变得有问题起来,正如席尔瓦研究中读者来信所表示的那样。

因此,只有当理所当然的行动受到挑战或被迫中断时,才会出现对行为的解释。通过解释以前的行为,用明确的动机回答这一行为背后的"为什么"。简而言之,当一种解释被认为必要时,动机就提供了使行为合理化和合法化的方式。布莱希特和埃奇利(Brissett & Edgley,1975,p.7)认为:"人类是在有意识地进行合理化(rationalizing),而不是有意识地保持理性(rational)。"

拟剧论分析者通常从观察者的立场开始研究,谁在扮演可见的角色,人们如何进行角色扮演,而不是对其进行主观思考。用这一方式,观察者不仅观察语言,还观察行动的非语言方面。拟剧论分析者更感兴趣的是,在一次观察到的会面中,研究对象之间彼此说些什么,以及他们的说话方式,而不是他们后来对访谈者所说的。同样,分析者更关注对会面(encounter)的分析,而不是研究其中不同主人公的想法。

许多符号互动论者会把解释学和拟剧论要素都放到他们的分析中。对拟剧论分析和解释学符号互动论进行整合,有助于构建一种反映被研究经验的动态理论。

符号互动论和作为理论方法包的扎根理论

符号互动论为扎根理论研究者提供了一个开放的理论视角,会对扎根理论研究产生积极的影响。研究人员可以通过符号互动论把理论和方法结合为一个连贯统一的整体,而不必把他们的数据和想法强行纳入预先规定好的一组概念中。符号互动论和扎根理论方法能够彼此适应、补充,并相互推进。

符号互动论中理论和方法的整合大多都能实现,在我看来,在质性研究的长期传统中,大部分都把扎根理论作为主导性的分析力量。布鲁默(Blumer,1969)认识到,符号互动论对实证研究具有深远的影响。注意,他著作的全名是《符号互动论:视角和方法》(Symbolic Interactionism:Perspective and Method)。① 不过乔尔·贝斯特(Joel Best,2006)指出,尽管布鲁默下决心要亲自研究顽固的现实(obdurate realities),但他做的研究相对较少。因此,他没有实现他所勇敢倡导的理论所具有的方法论潜力。 【278】

---

① 见第 2 章布鲁默的人文主义研究准则。

建构扎根理论——质性分析实践指南(原书第2版)

　　然而,扎根理论为实现符号互动论在实证调查中的潜力,提供了方法论的动力。斯特劳斯知道,扎根理论阐述的是芝加哥学派质性研究的策略。芝加哥学派依托的是口头指导的传统(an oral tradition of mentoring),并结合了深入实地的调查方法。格拉泽和斯特劳斯(1967)选择了不稳定的、不清晰的、异质性的民族志报道文学形式,并把它转变为严格的、明确的分析。他们通过系统分析现实世界的质性数据,对理论化进行了重新定位。因此,他们把理论从书斋精英主导的工作,转变为普通质性研究人员的工作。此外,他们让这些策略足够好理解,以便没有研究过精英芝加哥学派民族志的研究人员也可以使用。

　　经验丰富的民族志学者林恩·洛夫兰德(Lyn Lofland,2007)认为,扎根理论方法并不是新的,民族志学者一直在做同样的事情。① 民族志学者进行归纳研究,做比较,检验预感,提供概念分析。真的,一些民族志学者的确这么做了。然而,扎根理论方法明确为早期民族志研究所缺乏的严谨性和效率提供了方法。在扎根理论之前,学习民族志研究的传统仍然是不成文的(uncodified)。此外,很少有社会学家有幸与芝加哥学派民族志学者一起进行研究。蒂默曼斯和塔夫瑞(Timmermans & Tavory,2007)也指出,格拉泽和斯特劳斯使质性研究大众化了。在扎根理论之前,很少有民族志学者努力把自己的研究进行理论化。大部分民族志学者做出的研究仍然是描述性的。在研究实践及成果展示中,他们经常混淆概念分析与实地笔记。民族志学者关注人的类型,而不是过程,这种情况并不少见。在我看来,他们削弱了研究的分析潜力(比如,可见于 Davis & Munoz,1968)。

　　在前面的反思中,我认为,一个看不见的、很大程度上还没被承认的作为芝加哥传统的斯特劳斯遗产仍然在给扎根理论带来生机(Charmaz,2008e)。斯特劳斯接受了米德有关行动、过程的观点以及视角的多样性。对我来说,扎根理论的开放性给该方法注入了好奇心、开放,以及对世界的求知欲,这在斯特劳斯那里都有体现,是芝加哥传统的一部分。斯特劳斯生活在芝加哥学派的社会世界,分享着它的世界观,并把它作为一种集体努力来推进,并对这份丰富的遗产做出了贡献。

　　对于阿黛尔·E.克拉克(Adele E. Clarke,2005)来说,扎根理论和符号互动论构成了一个理论—方法包(a theory-method package),其中本体论和认识论是共同的基础,并且是不可取代的。她是对的。扎根理论的建构主义版本与科尔宾和斯特劳斯(2008)的《质性研究基础(修订版)》都适合一个理论—方法包。这难道意味着符号互动论是唯一放到扎根理论桌上的理论视角吗? 当然不是。克拉克也借鉴了福柯。扎根理论应该接受符号互动论吗? 当然。排他会导致偏见。理论整合

【279】

---

　　① 过去几年,林恩·洛夫兰德在与我讨论扎根理论时就坚持这一观点。2007年3月30日,在奥克兰举办了太平洋社会学协会的年会,这期间进行了本书第一版的作家与评论家的见面会,林恩在会上提到了这一观点。

会扩展和丰富你的方法论方向以及理论洞见。不管用什么理论视角,都要看它是如何以及在什么程度上发挥作用的。

一些扎根理论研究者持有这样的观念——或者偏见——其他研究人员会把符号互动论和扎根理论作为一种先入为主的理论—方法包,从而损害他们的研究。相比之下,符号互动论可能不是从一开始就被应用,但这一视角的使用可能会提高而不是降低研究的理论力量和范围。在框 10.1 中,安妮·罗谢尔(Anne Roschelle)——她不是符号互动论学者——讲述了她和她的合著者彼得·考夫曼(Peter Kaufman)在他们 2004 年的文章《适应和反击:无家可归孩子的耻辱管理策略》(Fitting In and Fighting Back:Stigma Management Strategies among Homeless Kids)中是怎样发展符号互动论分析的。

在罗谢尔的案例中,她使用了扎根理论往复迭进的方法(iterative approach)。注意,她认为符号互动论对她的研究有帮助,正是扎根理论原则让她形成了这一认识,而不是因为她同意这个观点。正如罗谢尔指出的,她也有其他理论视角让她对问题更敏感,但她早期的分析却指向了符号互动论。

框 10.1

安妮·罗谢尔关于使用符号互动论的反思

1996 年,我在旧金山开始了为期四年的对无家可归者的民族志研究。在扎根理论精神的指导下,我以开放的心态走进现场,试图避免把先入之见放到研究现场。然而,鉴于我有女性主义、批判种族主义理论背景的认识论和方法论,我并不是以一张白纸进入现场的。因此我进入这个领域的目的是研究种族、阶级和性别是如何被社会实践和社会机构以一种相互加强的形式组织起来的。尽管如此,在实地考察过程中,我都使用了扎根理论的指导原则。这一方法让我不断寻找意想不到的主题和趋势,并在它们之间建立联系。

我注意到,当家庭在为生存苦苦挣扎时,他们也在努力保持自我意识。父母和孩子们会在他们穿过城市里那些对他们有敌意的地区时,有意识地采用污名管理(stigma management)策略。无家可归的孩子们的某些行为会被主流社会视为破坏性的,因而遭到蔑视,但实际上他们的行为只是应对指责的一种理性回应。要不是有扎根理论的指导原则,我可能会忽略这一偶然的发现。

当我进行数据分析,准备写一篇关于无家可归孩子生存策略的文章时,很明显,符号互动论为他们的行为提供了最富洞见性的解释。就在那时,我要求我的同事彼得·考夫曼和我合作完成这篇文章。彼得是符号互动论的专家,对污名管理理论有着精深独到的理解。把我的数据和他的理论专长结合起来,似乎是既尊重扎根理论研究,又真正理解那些从表面看似乎是自我毁灭行为的完

【280】

美方式。像交集理论(intersectionality theory)一样,符号互动论探讨了人际互动与更大社会结构之间的关系。因此,将符号互动论应用在数据中,也让我们可以将种族、阶级和性别不平等的分析纳入我们对旧金山无家可归孩子的污名管理策略研究中。

罗谢尔和考夫曼的最终分析显示了女性主义理论的影响以及跨界的交集(intersectionality)。对这些理论的意识增强了符号互动论在解决结构性问题方面的作月。罗谢尔和考夫曼(2004)写道:

> 在我们的分析中,污名和无家可归都视为结构性定位。污名、无家可归必须被视为结构的一个部分,它们描述的是个人与社会世界的关系。个人可能会发现,如果他们不能积累合法的资源,无法获得肯定的评价,不能遵循被期待的行为规则,那么他们在社会、政治或经济上的合法性就会被取消。这就是无家可归者和其他被污名化人群的现实。在日常生活中,这些人群经常发现自己处于不利地位,因为他们没有渠道参与成功的社会互动。污名,像无家可归一样,都暗中与权力有关,或与缺乏权力有关。(p.25)

通过分析,罗谢尔和考夫曼展示了污名和无力感对孩子们行为的影响。但他们没有把分析停留在个人的行为和身份上,而是进一步揭示了孩子们如何通过行动去应对他们的社会地位。

> 正如多米尼克——一位 16 岁的能说会道的少年所说:"每个人都憎恨我们这样无家可归的人,因为我们代表着社会糟糕的一面。如果这个国家真的如此伟大,就不会有像我们这样的孩子了。"在以下对话中这种政治意识得到了更进一步的表达:
>
> 玛尔塔:我厌倦了那些关于无家可归者的狗屎言论。
>
> 乔治:是的,我也是。他们谈论起我们来好像我们是垃圾一样。
>
> 旺达:我知道,我们穷不是我们的错。
>
> 玛尔塔:是的,我爸爸丢了工作是因为他受伤了,然后我们就被人从公寓里踢了出来,因为他付不起房租。但他并不是那些懒惰的瘾君子。
>
> 乔治:我妈妈做两份工作,但我们还是负担不起一套公寓的租金。
>
> 玛尔塔:是的,但这并不重要。威利·布朗和其他政客,他们就一直说无家可归的人是多么懒惰,我们都是瘾君子和罪犯。这完全不对,你知道这不是真的。
>
> 旺达:说得太对了。(p.30)

【281】 罗谢尔和考夫曼发现,适应(fitting in)和反击(fighting back)代表了孩子们的

两种策略类型,也就是融入策略(strategies of inclusion)和排斥策略(strategies of exclusion)。适应,反映了孩子们希望像其他有家的孩子一样,消弭他们这些无家可归者和其他人之间的身份界限(p.30)。他们试图适应的方式之一是建立友谊。作者描述了西尔维亚试图和一位志愿者建立友谊的过程:

> 西尔维亚谈到她和一个志愿者塔米的友谊,说明建立友谊是污名管理的一种重要方式。
>
> 西尔维亚:每当我感觉非常糟糕的时候,我就给她打电话。她非常好。当我沮丧的时候,她总能让我好起来,她从来不会让我因为自己无家可归而觉得自己像个怪物。
>
> 安妮:这对你很重要吗?
>
> 西尔维亚:是的。大多时候,我都觉得自己的生活糟透了。我的意思是,我妈妈每隔几周就换个新男友,我们住在这个肮脏的小酒店,我觉得每个人都知道我是一个失败者。塔米总是试图让我感觉好起来。她告诉我,我是多么聪明和漂亮。我觉得如果能成为这样一个了不起的大姐姐,感觉应该很好。塔米真的关心我,让我对自己感觉更好。我不知道如果没有她我会做什么。(p.32)

但孩子们也会对他们被污名化的定位进行反击。因此,罗谢尔了解到,有些女孩会炫耀她们的性经历,刚刚十几岁就开始卖淫。男孩打架斗殴,塑造自己作为危险分子的形象。罗谢尔和考夫曼认为:

> ……这些孩子通过呈现自己黑帮分子的典型形象,进行形象管理:他们展现的形象是让人退避三舍的、具有潜在暴力和威胁的暴徒。这种形象管理与那些有家庭的孩子形成了鲜明的对比,那些孩子的自我形象通常模仿的是流行文化的形象。少年儿童常常构建主流意义之外的、他们认为很酷的形象。然而,对于中产阶级和家境富裕的孩子来说,社会对这一意义的解释会不同于无家可归的孩子。安妮观察发现,无家可归的孩子在公开场合进行这些自我表现时,他们会比有特权的同龄人受到更多的毁谤,被描述得更为不堪。(p.39)

罗谢尔和考夫曼的研究表明,符号互动论可以怎样帮助你分析日常经验和实践,扎根理论可以给你提供什么工具,使这些经验和实践具有理论意义。作为理论—方法工具包,符号互动论和扎根理论可以为许多学科以及跨学科提供研究议题(research agenda)。

扎根理论研究中的符号互动论

任何理论—方法工具包的意义都存在于它所解决的问题和产生的作品中。扎根理论在跨越学科和专业。符号互动论也在跨越,尽管更慢一些。符号互动论和扎根理论的理论—方法工具包引发的兴趣越来越超越社会学和微观社会学(microsociology)。

【282】 符号互动分析如何解释结构性问题?在宏观层面进行历史和文献研究为其提供了可能性。广泛的案例分析,比如里特和西尔维等(Ritter & Silver, 1986)对宾夕法尼亚州 BCS 制度化的研究,可以让人们对政治、政策和私人组织各方参与者构成的复杂网络形成理解。然而,一些阐述文化和社会问题的小型研究也会产生不小的影响。

以下三个研究展示了用符号互动论做结构层次分析的方法。个人和集体行动是如何影响社会结构的?旅游研究者卡拉·阿尔梅达·桑托斯和克里斯汀·布钦德(Carla Almeida Santos & Christine Buzinde, 2007)研究了有争议空间位置(contested spatial locations)的意义。他们关注了芝加哥洪堡公园波多黎各街区,这是一个当地少数民族旅游公司的旅游目的地。作者展示了,旅游和即将到来的城中村改造(gentrification)如何促使波多黎各社区成员拒绝搬迁、反对主流话语和刻板印象,塑造他们自己的文化身份形象,并在这个过程中改变旅游、空间、社区及他们自己的形象。他们使用传统符号互动论中的自我、身份、主体和行动等概念(Blumer, 1969; Hewitt, 1994; Mead, 1934),也采用了诺曼·邓津(Norman Denzin, 1992, p.3)对符号互动论的定义,即符号互动论是"关于经验的理论,是关于社会结构的理论"。桑托斯和布钦德认为,社区成员讲述了他们自己的历史,展示了文化符号,确认了他们的身份,通过在特定位置使用文化形象来传递他们的文化身份。例如,他们"把文化记忆铭刻在他们的景观中,来宣称那是他们的物理空间"(p.328)。受访者吉尔伯托说:

> 大多数城市建筑是天主教风格的建筑。虽然在这一建筑风格中也有很多美景,但它是基于恐惧形成的。这是一个要将你拒之门外,而不是邀请你进入的建筑。因此我们在这里要这么做……我们说,"让我们装饰外墙吧。"外墙从来没有改变原来的架构,因为只要你想想,那就是一种犯罪。我们要加入波多黎各建筑的元素,创造出一种吸引人的氛围。所以像壁画一样,所有这些文

化形象会大致形成一个像露天博物馆或户外画廊的环境。我认为这是我们一直在努力做的,创建一个波多黎各的空间。(p.328)

桑托斯和布钦德给我们提供了关于过程和结构之间关系的重要线索。社区成员在行动,他们通过改变物质环境为社区成员提供了抵制城中村改造和空间错位的机会,而不是消除过去。在这个过程中,他们改变了游客对他们社区的印象,他们的形象从偷窥癖(voyeurism)转变成为了参与波多黎各社区文化和历史的代表。此外,社区成员也改变了他们自己,建立了"可实现未来的其他概念(alternative conceptions of realizable futures)",诱导社会转型(p.323)。这样,桑托斯和布钦德把主观经验、共享意义、集体行动与结构变化连接了起来。

服饰与消费者研究者约翰·雅各布和凯瑟琳·切尼(John Jacob and Catherine Cerny,2005)研究了一些男同性恋者,他们虽然公开穿着异性服装,但既不想显得像男性,也不想显得像女性。一位叫野波浩的受访者,身高 6 英尺 2 英寸,重 160 磅,他穿 26 英寸的束身内衣,把他的胸部塞进 52 英寸的胸罩里,使用鲜艳浮夸的演出妆和服饰,以获得弗兰肯斯坦(Frankenstein)新娘的效果①。野波浩说: 【283】

> 我知道我几乎就是在模仿女人所必须经受的事情。我常有这么个说法,"没有痛苦,就没有美。"这是真的。我就是这么做的,它真的来自我做变装皇后所经受的自我折磨中。你知道,我表演要穿上那样的衣服。

> 系上几根束腰带或穿上紧身内衣。几英寸的长睫毛粘在你的眼皮上。你知道。

> 要知道,高跟鞋即使对于女性也是一个扭曲的玩意儿。男人无法想象,整天穿着高跟鞋是一种什么样的感受。(p.130-131)

作者认为,夸张的变装皇后让我们以新的方式理解性别,它颠覆了关于性别的假设。雅各布和切尼指出:

> 夸张的变装皇后形象的本质就是,他们故意表现得既不是男人也不是女人。他们夸张而矫饰的外表是一个谎言,却揭露了实际的真相。他们的外表通过揭去日常性别形象的假面,而讲出了一个真相,他们揭示了一个性别分类的危机,即现有的性别秩序并不适应或证实他们的存在。(p.132)

通过夸张、扭曲和再现形象来管理印象也发生在社会群体之间。在劳拉·里维拉(Laura Rivera,2008)的研究中,在 1991 年脱离南斯拉夫的克罗地亚战争期间发生了大量种族暴力,在这一时期之后,克罗地亚政府对国家的全球声誉进行了管

---

① 译者注:英国作家玛丽·雪莱在 1818 年创作的长篇小说《弗兰肯斯坦——现代普罗米修斯的故事》(也译为《科学怪人》)中的主人公,他用尸体的不同部位拼成了一个怪物并赋予它生命,后常用该词表示失控的创造物。

理。里维拉指出,针对塞尔维亚人的暴行在 1992—1993 年经常发生。双方都对对方平民犯下了实施酷刑、强奸和谋杀等暴行,散布恐惧,强迫永久迁移。1995 年,克罗地亚在东克罗地亚地区故技重施。她认为:

> 引起广泛关注的负面事件,如战争、恐怖主义或动荡都会具有毁灭性的持久影响。因此对过去的管理不仅事关一个国家的凝聚力,而且是一个国际性经济事件……
>
> ……政府不是通过再现,而是通过掩盖和文化重构来管理国家新近出现的"困难",将注意力从战争转移开,并把国家重新恢复为与西欧邻国相似的国家。我把克罗地亚的案例和戈夫曼污名管理的研究放在一起,用来理解,在什么条件下理解纪念声誉受损事件(commemoration of reputation-damaging e-vents)是不可能发生的。这个框架使用了微观层面的互动理论来理解宏观层面的过程,这是近期一些学者倡导的一个研究项目(Collins,2004b;DiMaggio,1997;Fine & Beim,2007),有助于丰富关于支持污名回应(stigma response)的社会文化过程研究(literature on the social and cultural processes)(Lamont,[2009];Link & Phelan,2001;Yang et al.,2007)。(p.614)

里维拉通过使用戈夫曼的污名概念来研究宏观社会结构,以一种创新的方式使用了这一广为接受的理论。她采用了戈夫曼的概念和行动过程框架。她的两个社会过程——掩盖和文化重构,揭示了克罗地亚政府的策略。通过研究旅游业,她获得洞察战后克罗地亚文化和民族认同的重新表述(re-representation)(见里维拉 【284】 2008 年的在线补充)。里维拉混合采用了多种质性方法,如文本分析、访谈和在多个地区进行民族志研究。她访谈了 34 位不同的旅游官员,包括一般性问题,比如"你认为战争以来旅游业有变化吗?""你认为战争以来克罗地亚作为旅游目的地的形象是否已经改变?"以及,"在你看来,你如何定义克罗地亚文化?"里维拉形成了专题代码(topical codes)来分析这些材料,包括艺术/建筑、文化、地理、历史代码,但在她专题代码中她把受访者的描述区分为欧洲的、土耳其/奥斯曼的、本地的以及混合的。这些代码随后生成了她所定义的掩盖和文化重构(covering and cultural framing)的过程。尽管里维拉引用了以前的概念去理解克罗地亚的结构性紧张局势,但她用了一种最富有想象力的方式。

小结

　　虽然符号互动论在社会学中有着深厚的根基,但它在其他许多学科领域也都有着理论前景。本章包含了来自其他领域的重要实证研究案例。里特和西尔弗1986 年的研究,桑托斯和布钦德 2007 年的研究,以及雅各布和切尼 2005 年的研究,这些研究表明,研究者可以超越社会学边界成功使用来自符号互动论和拟剧论分析的主要观点。我们可以在里维拉(Rivera,2008)的研究中看到理论—方法包的强大力量,即使作者没有采用这一理论或方法所提供的所有东西。

　　通过形成一个强大的理论—方法包,符号互动论和扎根理论可以彼此解释和相互推进。符号互动论为扎根理论研究实践提供了一种世界观和语言。此外,这一视角对语言的重视,不仅仅局限于对研究对象语言的关注,它同时还鼓励我们去注意自己的语言,去理解语言是如何影响我们所问、所看、所说的。同样,符号互动论对意义与定义的强调还扩展到了对环境中研究对象情感的研究。但是,我们还需要觉察到我们的情感,觉察到它们是如何影响我们的研究关系以及我们的表达的。简而言之,符号互动论视角推动了建构主义扎根理论研究者所追求的反思性(reflexivity)的发展。

　　扎根理论有可能构建出令人惊奇的新概念,扩大符号互动论的范围和语汇。但符号互动论视角和方法全部潜能的实现仍然等待着你来参与。

第 11 章

撰写草稿

　　扎根理论的旅程贯穿于写作过程。在撰写文章的过程中,每次修改你都会有新的发现,你也会以自己的风格和特色在你的领域里建立声誉。我建议你把草稿的各个部分整合起来,建构一个具有强大说服力的扎根理论观点,再次审视你的类属,并判断它们能否成为文章的核心。在写完扎根理论草稿后,下一步就是完善,并为付诸出版做准备。我会给出一些关于电子时代如何写标题、写摘要的建议,我们会认真讨论一下充满争议的文献综述,以及常常很棘手的理论框架。我为这些学术标准要求和扎根理论化过程之间的紧张关系提供了解决方案,这有助于你进行理论分析,并进行相关的论证。本章最后会介绍一些作家写作的策略和修辞技巧,让你的扎根理论研究更具可读性,也更有意义。

　　扎根理论写作是对分析过程形式和内容的保存和呈现。扎根理论并不强调行动者或作者,而是把观点和分析框架放在了舞台中心。在某种意义上,我们的概念变成了"行动者(actors)",能够对现场的行动进行分析。建构扎根理论分析和我们的写作任务之间是什么样的张力呢? 我们怎样通过分析表述来全面捕捉事件呢? 怎样把扎根理论的分析要求和良好的写作标准结合在一起呢? 写专业报告有哪些要求呢?

　　图 11.1 描绘了写作过程的关键环节。像扎根理论分析工作一样,撰写一篇完整的论文也是一个往复迭进的过程。这意味着要在反思、修改、有时彻底改动和重写之间来来回回多次。但你的分析任务已经进行得很充分,你已经完成了最困难的任务,现在你要转向读者,准备面向他们说话。

　　正如我所提到的,扎根理论的潜在力量存在于它对意义、行动和社会结构的建构方式进行理论化的分析能力。① 分析备忘录抓住了读者的注意力。这些备忘录穿透了我们的理解,打破了我们的先入之见。我们可以把这些备忘录放在一起,进行整合分析,从而对所研究的行动领域进行理论化。

【286】

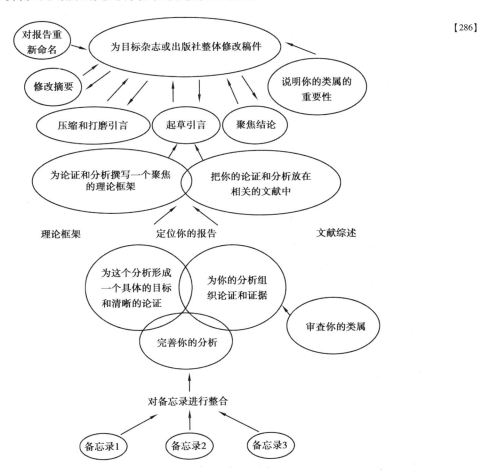

图 11.1　撰写报告

　　扎根理论深入挖掘经验,并建立起符合假设的分析框架。下面的节选会告诉你,在心理学示范项目中我是怎么比较和分析患病和受伤中的"自我失去"和"自我中断"的(Charmaz,2011a),以及如何使用这个项目中的数据的。我在前文中对"自我失去"进行了定义,后面我会继续思考、比较和说明"失去"和"中断"之间的区别。

---

　　① 任何意义的呈现都是解释性呈现。我们不知道人们的头脑中在想什么,但是我们提供了我们对他们说什么和做什么的解释。

【287】

区分"自我失去"与"自我中断"

当我们比较"自我失去"与"自我中断"时,"失去有价值自我"的严重程度就变得很明显了。在这里,自我的连续性被打破了,但不能复原。"自我失去"与"自我中断"有一些共同属性,也有一些重要差异。正如我所做的分析,自我失去和自我中断:1)来自不幸事件;2)产生了明显的痛苦;3)日常生活发生了直接的变化。此外,两者都可能影响当事人的目标感,需要持续的努力,并可能引起对之前行为或判断的质疑。人们是否以及在多大程度上意识到发生在他们身上的事情会影响他们的言行和感受。

当前的"自我中断"可能引起与"自我失去"类似的感受。同样,一个人可能会感到漂泊不定。正如维尔(Ville,2005,p.332)所指出的那样,受伤后,"破碎的身体占据了整个经验领域。"盖尔回忆了体操训练过程中她手肘错位后的感受。"那天晚上当我回到家……我感觉我的生活失去了目的。我觉得自己残疾了,身体真的感到很痛。……很好,有很多女孩(队友)过来看我,但我觉得很糟糕。我很沮丧,也很失望,我还是处在震惊之中。"

"自我中断"的体验伴随的是失望和低落的情绪。然而"自我失去"的情绪会更深入,延伸更远。"自我失去"是重建自我连续统的一端。(图 8.1)"自我中断"的经验大约在连续统的中间,处于"自我失去"和"恢复有价值自我"之间,但它不是中性的。而"不幸事件"会干扰人们的生活,延迟价值目标的实现。……

……"自我失去"意味着至少是相对永久的变化——如果不是永久改变的话。生活不可逆转地发生了改变。"恢复失去的自我"的可能性是不存在的。没有实现目标的可选路径。力度、强度和不确定性是"自我失去"的典型特征,使其区别于"自我中断"的经验。特蕾莎下面的评论不仅表明当人们的终身梦想被打碎时的失落程度,也表明了他们对这一刻及其意义的敏锐意识:

> 我不只是一个能走路、能思考的人,我是一名歌手,"我应该是我的声音,没有我的声音,我一无所有。"这对于一个歌手来说,变化天翻地覆。"嗯……也许我该试试转行。"这是天翻地覆的变化,大得几乎像信仰的改变,甚至更大。因为对于一个完全把自己投入到艺术中的音乐家,即使只是偏离这条道路的想法,哪怕只偏离一小会儿……对一个歌手来说都是非常严重的。只要你听到有音乐学位的人在做完全不同的事……那一定是发生了什么事才让他/她做出那样重大的选择。在我的故事中,那是强加给我的。(Charmaz,2011a,pp.183-184)

在上面的例子中,关于两个类属"自我失去"和"自我中断"的分析性命题与支持性描述及解释混在了一起,并将这些类属视为理论概念。因此它在理论解释和经验证据之间来回移动。"自我失去"与"自我中断"之间的区别很重要。虽然从数据开始分析,但是现在盖尔和特蕾莎的表述要服务于分析要点。我指出了两个概念共同的属性和含义。随后,我描绘了更大程度、更大范围和更强痛苦的损失,并把它放在对特蕾莎痛苦的观察中。

扎根理论著作可以用不同的方式来写作。文章不能千篇一律。你可以把你的扎根理论分析直接展现给你的同事和你所在学科以外的读者。你需要采取哪些步骤? 如何加速完成扎根理论报告? 扎根理论的归纳性特征和内在于学术作品标准模式的演绎逻辑之间的张力如何把握? 什么样的写作策略既有助于论证有力,又有助于叙述生动? 不是每个研究者都以发展理论为目标,应用以下写作理论指导 【288】原则,对提升描述性作品质量也有帮助。

关于写作

找到自己的一席之地

怎样才能做出原创性的东西呢? 新学者需要在自己的学科中找到自己的一席之地。老学者需要证明他们的名望当之无愧。新老学者都希望表明他们名副其实。罗伯特·墨菲(Murphy,1987:81)提出他的"墨菲学术生涯第一法则",其中有两个阶段:"第一阶段,年轻学者会为自己能否被发现而忧虑;第二阶段,已有所建树的学者会担心他们是否会被重视。"

"原创性贡献"是什么呢? 如果你提供了一个对被研究现象更为新鲜或深入的理解,那么你做出的就是原创性贡献。然而,研究者所断言的原创性理论很多时候常常只是一系列陈腐常识的堆砌(也见 Silverman,2000)。他们可能把一段绕口的话放在陈腐的贡献清单开头,试图充满"活力"地解释他们的每个贡献,以及声称为他们的学科提供了新的"理论"。莎莉·索恩和菲利普·邓巴夏尔(Sally Thorne & Philip Darbyshire,2005)提到,扎根理论研究者嗜好使用新词,他们在下面的批评中抱怨研究报告对隐喻的过度使用:"和这一语言罪恶(linguistic felony)相伴而生的是,为了给人留下印象,通过给任何词语添加'ing'来创造新词(比如'languaging'?)。有时,这样的动名词简直是无稽之谈。"(p.1111)

新词增加了不必要的复杂性,降低了写作的有效性。精心挑选动名词会推进你的分析。想一想这些词之间的区别,比如,"寻求结束(seeking closure)"和"结束(closurizing)",哪个词对你有用? 如果索恩和邓巴夏尔的批评适合你,那么你的文章就要进行严格的审查。要避免使用新词。他们所描述的是作者拙劣的写作技巧,而不是原创性。为了评估蹩脚的动名词是否有效,我们可以化用一下巴尼·格拉泽关于现有理论的规则:让蹩脚的动名词进入你最终的报告。你所用的词语让你的原创性贡献更突出了吗? 或者至少表达了你正在谈论的东西? 通常这些词语是适合的,比如"失去有价值的自我"或米歇尔·沃克米尔(2001)的创新概念"意识形态操纵",她用这个词语做出了原创性的贡献(见第 9 章)。其他一些动名词也让人不舒服(grating),比如我早期的概念"病后重新恢复(remobilizing after illness)"(Charmaz,1973)。当作者将动名词膨胀到包罗万象的程度,如"踱来踱去(pacing)""杂耍(juggling)"或"重新康复(remobilizing)"时,动名词就失去了力量,而且很可能失去原创性。一些扎根理论研究者不是在提供原创性贡献,而只是在折磨语言(torture language),他们应该得到芭芭拉·瓦尔拉夫和弗朗辛·普劳斯(Barbara Wallraff & Francine Prose,2001)在《语言法庭:好的语言得到奖励,坏的语言得到惩罚,诗的正义要得到执行》中所作出的严厉判决。

为了让索恩和邓巴夏尔的逻辑更进一步,哪些代表原创性,部分要取决于读者。不足为奇的是,扎根理论博士生和他们的导师会吹嘘博士论文的创新性贡献。但作者直接人际网络之外的学者可能会不同意这样的评价。因此,我们必须问:你是怎么做出原创性贡献的?

【289】　　　作者们通常采用以下策略中的某一种来宣称原创性:1)对一个新领域进行了分析;2)在一个既有的或衰退的领域提供了原创性的论文;3)对现有观点进行了扩展。过去,很多学者通过探究重要的新领域从而名声大振。像遥远海岸的第一个探险家一样,他们宣告拥有这个地盘,而且在以后会被经常引用到。这块新领地可能是诸如情绪社会学(sociology of emotions)这样的新领域,或者是像"实验室科学家的工作"这样有趣的问题(Clark,1998;Latour & Woolgar,1979;Star,1989)。但是随着一个领域的发展,学者能够宣称原创性的区域会越来越小。在许多学科中,作者通过建立一个新领域而异军突起的日子已经一去不返了。与其他形式的质性研究一样,扎根理论研究的原创性最常见于当前观点的扩展中。

扎根理论研究者可以为一个特殊的领域有所贡献,同时也可以跨领域扩展为一般性理论解释。令人信服的理论观点比具体实证问题的解决影响更为深远,正如詹妮弗·洛伊斯(Lois,2010)对时间情感问题的理论化。她关于时间情感的观点为进一步的研究开辟了天地。如果你不能宣告发现了新领地,你还可以挖掘那些被忽视或分析不足的区域。

越来越多的学者在依赖于其他的研究形式或探究方法发展原创性扎根理论。卡罗琳·威纳（Wiener, 2000）把扎根理论带入医院护理责任领域（the field of accountability for hospital care），这个领域是由经济学家和定量研究所主导的。理查德·艾金斯（Richard Ekins, 2010）的扎根理论研究了爵士乐对音乐史的贡献。斯图尔特·格林、高宗真（音译）、格雷姆·拉森（Stuart D. Green, Chung-Chin Kao, & Graeme D. Larsen, 2010）主张使用扎根理论方法研究建筑工程和管理学领域工业和学术界之间的创新合作。环境科学家玛丽-克里斯汀·弗莱沙尔、马修·卡罗尔、帕特里夏·科恩和安妮·娜·杜巴（Marie-Christine Fléchard, Matthew S. Carroll, Patricia J. Cohn, & Áine Ná Dhubhá, 2007）使用扎根理论研究了爱尔兰林业和当地社区之间不断变化的关系。

不论你是投身于一个新领域，还是进入一个既有领域，现在是时候在你的分析中找到原创性想法了。接下来，用这些想法形成一个论点，讲给你的目标读者听。

写出你的发现

扎根理论中的发现过程会延伸到写作和修改阶段。在写作的时候，你会获得更多的洞察力，并对你的数据产生更多的想法。你会看到类属之间更为清晰的联系，并从中获得启示。这样，写作和修改就成为分析过程的关键阶段。写作的要求要多于单纯的报告。通过撰写和修改草稿，你可以提出隐含的论点，介绍它们的背景，与已有文献建立联系，批判检验你的类属，展示你的分析，并提供能够支持分析论点的数据。每一个连贯的草稿都会变得更加理论化，变得更加全面。

同样的原则可以应用到你的草稿写作中，就像进行扎根理论分析本身一样。在你决定如何处理草稿之前，让你自己的想法呈现（emerge）出来。不管你是决定写一个扎根理论的课堂报告还是写一本书，都要先把它写出来。在你有了一份可靠的分析草稿之后，再决定如何处理草稿以及怎样实现。一步一步进行。最后重新评价你的稿件时，你可能会发现，它可以服务于一个更高的目标。扎根理论的课堂报告可能会成为一次令人印象深刻的学生竞赛参赛作品。经过修改，论文章节可以作为期刊投稿。一篇博士论文经过修改会适合一家出版社的专题丛书系列。【290】

扎根理论写作的生成性特点可能会和课堂报告或博士论文的要求有冲突。实证主义主导一切的后遗症仍然影响着我们形成研究报告的形式，有时影响还相当深远。所需的格式常常以传统的逻辑演绎结构为前提。这样，我们就需要重新考虑一下格式的问题，并使其适应我们的需要和目标，而不是把我们的研究硬塞到标准的类属中。重新思考和调整规定的格式，让格式服务于你的想法，而不是让你的分析做出妥协。

修改早期的草稿

告诉你一个"行业秘密":撰写质性研究是一个模棱两可的过程(an ambiguous process)。写出分析过程不仅仅是做报告。我们可能没有意识到我们拥有什么,或者不知道我们去向哪里。我们可能会四处徘徊,不知道什么会成为我们的目标。比起其他很多方法,扎根理论给了我们更多的指导。但是,我们可能仍然觉得自己摇摆不定。也许我们想知道我们的分析是否有价值。在这个阶段,要学会容忍模棱两可,但仍要继续前进。那会让你向着自己的目标进发。你终会发现有所回报。如果不相信自己,就学会去相信写作过程,就像学着去相信扎根理论分析过程一样:写作和分析一样,也是不断生成的。充分投入会让我们马到功成。

与建构扎根理论分析一样,撰写完整报告的过程也充满了含糊性和不确定性。完成的作品充满印象管理,因为作者的声音流露出了确定性和权威性(Charmaz & Mitchell,1996)。论文作者常常表现得好像他们在沿着一条有着清晰目标的单行线前进,从选题到写出结论一直如此。实际上这条道路更可能既不单一,目标也并不那么清晰,而且直至今天你都还可以写出你在路上的坎坷曲折。

化零为整

富有热情的研究者可能会把三个有趣的备忘录放在一起,附加一个简短的介绍和结论。这种做法可能会产生一个才华横溢的课堂报告(presentation),但并不足以成为一个完整的报告或者一篇可以发表的文章。经过仔细分类和选择的备忘录会给你的课堂报告以更具说服力的内容。呈现这些材料的方式非常重要。在做【291】口头报告的时候,你可以通过语言的节奏、情绪的变化和热情、肢体语言以及与听众的目光交流来传达意义。在交谈中,强有力的观点、微妙的意义以及优雅的转折都很明显,但是在书面论文中,这些都会消失。怎么会这样? 在你的书面文本中,口语会黯然失色,会平淡无味。你的分析会为你提供很好的材料,但是它仍然需要加工。你应该做什么呢?

根据你的分类逻辑以及最具说服力的图表或你所做的聚类(clustering),排列你的备忘录,并研究这些备忘录。然后把你的备忘录组合在第一份草稿中,整合并展现它们之间的关系。在你处理这些材料的时候,尽量使分析更为抽象。用分析形成你报告的核心。在处理其他部分前,你要尽可能多地使用它。

观察你的理论并思考下面的问题:

　　·主要类属的定义是完整的吗?

　　·在我的理论中,把主要类属提升为概念了吗?

　　·我在这一稿中是否扩展了分析的范围,加深了分析的深度?

　　·除了数据,我是否在类属之间,在类属和它们的属性之间建立了强有力的理论联系?

　　·我是如何增进对被研究现象的理解的?

　　·我的扎根理论是怎样做出新贡献的?

　　·我的分析与哪些理论性、实质性或实践性问题最接近? 哪些听众可能对它最有兴趣? 我应该把我的研究放到哪里?

　　·我的分析对于理论的范围、深度和广度有何意义? 对于方法有何意义? 对于实质性知识有何意义? 对行动或干预有何意义?

然后开始写导论和结论,把这些问题都考虑进去。这些部分可能会比较粗略,需要不断地去完善它们。你的第一份导论或结论草稿仅仅是草稿而已,你可以而且应该对每个部分反复修改好几次。在早期阶段,没有什么是完美的。① 通过多次修改草稿,你会逐渐把握那些本来含糊的表述和仍然有歧义的句子,写出凝练而具有说服力的命题来。

现在你可以处理整个草稿了。你可能已经有了一个有趣的扎根理论分析,但是目标或论点还不清晰。参与研究的研究者常常认为他们的目标是显而易见的,论点是明确的,但他们也可能是错的。新手作者常常把他们论文最初的目的误认为是为一本书或期刊文章提供一个成熟的论点。这不太可能。你需要把你的分析定位到一个具体的目标上,它会引导你的论证过程从而完成这份草稿。

当我们沉浸在工作中时,我们都会在目标和论点上犯错误。要注意,把初始的目标误以为是贡献,以及认为你的论点不言自明,都是常见的陷阱。

建构论证

【292】

很多学术写作都包括论证(argument)——不管是清晰的还是不清晰的。看似简单明了的数据分析也要依赖于论证,需要借助修辞。我们要说服读者接受新的

---

①　扎根理论研究者的研究常常会修订很多个版本,每个版本都不一样,有成就的资深学者经常修改他们的稿件很多次。阿黛尔·克拉克注意到,修改 10 到 10 次以上是很平常的(私人交流,2004 年 12 月 22 日)。一个写作老师告诉我,她直到修改了 4 遍草稿之后才会拿未完成的作品和非正式的听众分享。

理论或新的解释。我们要让研究者相信,我们有可靠的数据和合理的分析。有力的论证会让读者接受作者的观点。想一想,为什么一个读者要关注你的想法,甚至于要接受你的想法。

你认为你有论点。这些材料吸引了你,所以你认为任何人都想去读它。但是读者为什么要关心它呢? 即使关心,那又如何?

作者必须解决"那又如何"的问题。强有力的论证会回答"那又如何"的问题,因为你清晰地阐明了为什么你的扎根理论做出了重要的贡献。但是,对这个问题的回答会导致困惑,因为论点可能是难懂的或是陈旧的。那意味着发现你的论点,并使它具有原创性而且具有意义。

你非常可能在初稿中埋没了论点。努力找到它。找到它会很有帮助。你最后的论点很可能和最初设定的论点很不相同。那很好,这说明你成长了。如果必需的话,从昨天或去年的目标开始,但是研究和整理你的备忘录可能会带你进入更复杂的争论。现在你能够得出一个更具启发性的论点,继续前进,并围绕这个论点修改和重新组织你的草稿。一点一点地,一步一步地,把你的论证放进每一部分。我们的论证并不像停着的汽车静止不动,只等我们去发现它们。我们很少是从一个独占鳌头的论点(overriding argument)开始的。如果真是这样的话,那要恭喜你的好运气了。如果不是这样,不要停下来干等着它从天而降,然后把分析的各个部分给你自动组装起来。

相反,你需要对它进行加工,这样你的论点才会出现。它会随着你思考的发展而出现。论点是与资料"斗争"的结果(grappling with the material)。对你生成的论点做简短而连续的备忘录会有助于你进行聚焦。一些研究者会从大声谈论他们的想法中受益颇多。自言自语也会产生许多模糊的论证形式。检查你的稿件并写出下面内容:

- 我在此处的论点是_____。
- 我的论证是_____。
- 支持这个论点的材料有_____。

在写作过程中,和其他人交谈要比通过书面形式自言自语冒险。他们可能会鼓动你说出你已经知道的,或者你可能会专注于他们想知道的,而不是你剩余的分析工作。我的建议是,如果你必须和其他人交谈,就向他们解释你的分析逻辑,并进行录音。你可能会在谈话过程中抓住论证的本质以及它在谈话中的顺序,而这些可能是你在草稿中没有说明或仍然不清晰的。当你离你的材料太近时,支持性写作小组可以帮助你找到你的论点及对其的关键论证。

你会从嵌在分析中的要点中产生你的论点。概括出论文每一段的要点,有助

于你发现微妙的论点。有时从一个尝试性的初始命题开始会有帮助,你需要不断
完善它;看它是怎样发挥作用的。但是要到确定它能解释你最重要的想法之后再
选择它。你可以放弃最初的论点,没关系。通过对这些想法的深思熟虑,你会获得
更加有见地的论点。

以下是有助于你发现论点的一些问题:

　　·你希望读者怎样理解这个分析过程?

　　·为什么它是有意义的(即使有经验的作者也常常一开始就假定他们的
工作很有意义,而不是明确地说明它有什么意义)?

　　·告诉读者你想做的是什么? 为什么你要告诉他们这些?

　　·你的主要观点集中在哪些句子或段落?

最后一个问题是至关重要的。寻找那些能让你的观点连贯起来的最具说服力
的句子或段落。那儿就是你的论点所在。

作者在他们的分析中可能感觉不到什么是重要的。你可能已经阐明了论点,
但是没有意识到。还有一些隐藏的句子等着你去挖掘。把它们拉出来,说明它们
之间的关系——以及你对这些关系的看法。你的论点可能隐藏在你最不怀疑的地
方——埋藏在结论中。你的论点在最后一分钟才表达出来。现在要把它放在一开
始,放在引言里,并在整篇论文中去构建它。然后你就有了论点,以及在文献中定
位你的分析的方法。

如果你不能找到这些句子,就采取另一种策略。你会发现最有说服力的句子
就散落在你的稿件中。回去找那些符合你分析逻辑的句子——用荧光笔把它们标
识出来。最好是把它概括出来。然后把它们组合在一起,说服一个持怀疑态度的
读者。现在你创造了一个有待论证的论点。你的次论点是什么? 它们和你主论点
的关系是否紧密? 它们对于这个主论点是不可分割的吗? 如果次论点和你的主论
点联系松散,你会毫不犹豫地删掉它吗? 如果真的没关系,就删掉吧,在另一个研
究中再使用它们。如果有关系,就澄清并加强次论点和主论点之间的联系。

为了证实你的论点,你要提供生动的描述、例子、证据来表明你的观点,而不是
告诉读者你的观点是什么。纯粹的论断会使读者厌烦,这并不能使他们信服。在
具体的经验实例中要做分析性陈述,注意二者的平衡。

为了让你的分析站到学术前沿,在确立论点并获得证据之后,你要为读者及专
业标准而写作。写作连续的草稿。在每一篇草稿中,使用更简洁、更直接的词语,
更严谨的措辞和逻辑。

最终,你会提高分析的精确度和清晰度,提高文章的流畅性。

框 11.1 和 11.2 是我从一篇论文早期版本的导言中摘取的前几段——这篇论文

【294】 后来形成了一篇文章(Charmaz,2002c),后又扩充为书的一章(Charmaz 2009c)。①

框 11.1

草 稿

故事和沉默:慢性病中的病情告知与自我

对于经历了"生活中断"的人们,故事和沉默同时都构成了他们的意义,并提供了随后质性研究的很多内容。社会科学的叙事转向(the narrative turn),通过重新关注研究对象的故事以及研究者对故事的再现和解释,支撑了这一研究。对于研究者如何呈现他们研究对象的故事,如何将读者带入到书面叙事中,已经引起了相当多的关注。

叙事转向既拓宽了报告文学体裁的范围,也拓宽了研究对象的具体呈现类型。波尔金霍恩(Polkinghorne,1997)认为,叙事应作为传统研究报告的一种代替形式。尽管如此,社会科学家从其研究文本中采用的故事,和困境中人们的故事之间,界限还是比较模糊的。非专业人士和学者都同样重视故事和故事讲述者。

然而,并不是所有的经历都具有故事性,也不是所有的经历都储存起来以备随时回忆。沉默也有意义。沉默意味着语言或可感知情感的缺席。然而,缺席的声音有时会反映积极的信号——意义、边界和规则。沉默的原因是什么?意义和意识在这里同时发挥作用。当然沉默源于人们忘记或不知道,不理解,或不考虑。其他沉默发生在人们搜肠刮肚想说一些处于意识边缘模糊不清、无法言说的东西的时候(Devault,1990)。一些沉默源于人们对于其处境的意识和行为。这样的沉默或者是有意的,或者是被迫的:有些人被迫沉默了。

故事和沉默是自然出现的,但很少是完全特殊的,它们出现在社会语境中。任何对故事或沉默的思考都需要考虑这些情境。人们何时以及为什么讲故事或保持沉默,不仅反映了他们所关注的直接内容,而且也反映了他们是怎样嵌入在历史、社会、文化和交互性的语境中的。在一种语境下会激发出故事的因素,在另一种情境中却可能使人沉默。

---

① 新学者要注意:你的章节只有经过编辑这最后一关才能出版。这篇文章发表于 2002 年,我提交本书最后扩展章节给编辑是 2003 年;这本书 2009 年的参考文献列表与 2001 年计划开始时非常不同。如果我为了终身教职评审,可能不得不认真地解释为什么在我的作品目录上"即将出版"会年复一年地出现,毕竟这看上去好像试图夸大自己的成果一样。

框 11.2

最后的稿件

故事和沉默：慢性病中的病情告知与自我

对于经历了"生活中断"的人们，故事和沉默同时影响和构成了他们的意义，并提供了随后质性研究的很多内容。社会科学的叙事转向，通过重新关注研究对象的故事以及研究者对故事的再现和解释，支撑了这一研究（Brody，1987；Bury，1982，2001；Charmaz，1999a，1999b；Frank，1995，1998，2001；Hyden，1997；Kleinman，1988；Maines，1993；Richardson，1990；Riessman，1993；Robinson，1990）。对于研究者如何呈现他们研究对象的故事，并将读者带入到书面叙事中，要进行相当多的审查（参见，例如，Clough，1992；Denzin，1997，2000；Fine et al.，2000；Lincoln，1997；Tedlock，2000）。但是故事包含所有经验吗？我们如何解释沉默？

叙事转向大大扩展了我们的研究报告。波尔金霍恩（Polkinghorne，1997）认为，叙事应作为传统研究报告的一种替代形式，因为它保留了时间性，并使事件和共同的目标联系起来。他指出，我们的研究者选择事件来讲故事，往往把事件按照我们强加于它们的秩序进行组合，具有比实际更高层次的秩序。威廉·G.蒂尔尼（William G. Tierney，1997）进一步观察，"事件和故事并不总是按顺序展开"（p.30）。像波尔金霍恩和蒂尔尼这样的学者提高了我们对于在研究中讲故事的地位及逻辑的认识。

然而，在研究中，故事本身的意义基本上是毋庸置疑的（可见 Frank，1997）。严重慢性病为社会科学家研究主观故事——以及沉默——中的"揭示病情（disclosure）"提供了引人深思的案例。将叙事框架加在研究对象的经验上可能会掩盖而不是阐明它的含义，尤其是那些痛苦的经验。从研究对象的角度来看，痛苦的原始经验可能既不符合叙事逻辑，也不符合故事内容的可理解性。一些研究对象只有在某种痛苦经历过去很久之后才能讲出这个故事。进一步讲，当故事是研究数据的时候，故事对于研究对象和研究者的含义可能不同。它到底会成为谁的故事，可能会发生变化。我们从研究文本中选取的故事和痛苦中的人们的故事，两者之间界限模糊。他们的故事或我们的故事是否反映或重述了他们所经历的现实，这又产生了其他的问题。尽管如此，非专业人士和学者都同样重视故事和故事讲述者。

然而，并不是所有的经历都具有故事性，也不是所有的经历都储存起来以备随时回忆。沉默也有意义。在这个案例中，沉默常常反映出慢性病患者的意

[296]

> 义以及揭示病情的感受。沉默意味着语言或可感知的情感的缺席。沉默的原因包括没有意识到,没有能力或不愿意表达思想和情感,试图控制消息,有时是心照不宣的消息。缺席的声音有时会反映积极的信号——意义、边界和规则。因此,沉默就成为说出口的语言的另一面。
>
> 到目前为止,对慢性病患者的研究注重的都是他们如何理解他们的生活(参见,例如,Karp,1996;Maines,1991)。通过理解故事和沉默,以及它们二者之间的关系,以及它们何时、为什么以及如何出现,社会科学家对他们的研究对象、他们自己如何建构自我和主观存在意义的方式,进行了细致入微的、循序渐进的分析。研究慢性病患者的故事和沉默让我们能够看到他们存在的关键性特征是如何出现的。我认为,研究对象最根本的——虽然经常是有限的——关注点,是他们疾病故事和有意沉默的基础,并导致它们之间的紧张关系。这些关注点包括遭受痛苦的地方……

我早期的草稿在具体目标和论点上常常不够清晰,但是我在 2000 年写第一稿《故事和沉默》时心里已经有了明确的目标。我想纠正质性研究对故事的过分强调 并唤起对沉默的关注。在框 11.1 的引言草稿中,目标得到了说明;但是还没有支撑它的论据。在框 11.2 的第二个版本中,论点更明确,并得到了进一步发展。注意第一段最后两个问题所预示的论点,"但是故事包含所有经验吗? 我们如何解释沉默?"第一段和第二段包含了关键的观点和作者对本论文的定位。我承认之前叙述工作的重要性,然后把我的论点放在第三段和第四段:1)故事在研究中的意义需要质疑;2)故事是选择性的但又是受限制的;3)严重慢性病可以作为案例来研究揭示病情和沉默的故事;4)沉默有意义;5)对故事和沉默的理解能够推动对自我和意义的分析。我也建立了我的次论点:痛苦可能并不符合叙事逻辑和故事内容。与许多学术期刊的格式相似,这一引言把论点、意义、文献综述融为一体进行了表述。

审查类属

再次检查你的类属,看它们是怎样构成这个草稿的。审查这些类属的力度、目的和模式。然后对它们进行整理,使它们干净利落(clear and crisp)。令人信服的类属能够让你对材料有全新把握。在使用类属时要审慎,不要滥用类属,也不要虐待读者。扎根理论的一个隐患就是让你的作品充满太多整脚的行话。消除和修改那样的类属,把最重要的类属变成你自己这篇文章的概念。

你已经对类属进行多次分析审查。每份连续的备忘录,都让你的想法变得越来越有力和连贯。这样,你的大部分工作都有了一定的节奏和流程。扎根理论方法作为分析过程的内在部分,会推动类属内部和类属之间建立联系。这样,你的句子已经连在一起,形成了文章的一个部分。

现在检验一下类属的功能、目的和模式。考虑放弃那些缺乏说服力的类属。问问自己:它们在这儿服务于什么样的目的? 如果你并不需要它们服务于这个分析、论点或读者,就放弃它们吧。框 11.3 是早期备忘录的一段摘录,我的类属看起 【297】来像一个清单,听起来像个演讲。但是,它们揭示了我是怎样安排和整合叙述中的想法的。

框 11.3

早期的一个有关揭示病情的备忘录的摘录

1.讲述的形式(forms of telling)

讲述意味着要付之于想法、行动或感情,意味着要说清楚这些东西。在这里,讲述常常包括宣告和叙述专业人士对病情和症状的说明……

2.揭示病情(disclosing)

揭示病情代表了一种主观的讲述形式,会把一个人的经验、情感带到台前。揭示病情暴露了与自我相关的关键事实和情感。在美国中产阶级生活中,关于自我的私人观点和个人顾虑很少公之于众,而在这里都可能出现。揭示病情的过程是一种冒险……

我在数据中发现了揭示病情的两种类型:自我保护型(protective disclosures)和心血来潮型(spontaneous disclosures)……

3.告知(informing)

相反,在告知病情时,病人会采取一种客观的立场,就好像他们的身体和处境与他们自己是分开的一样……告知会降低情感风险。和揭示病情相比,告知允许对情绪、其他人的反应以及可能的消极标签有更多的控制。

4.策略性的宣告(strategic announcing)

通过进行策略性宣告,病人把他们的控制扩展到信息、自我和其他人的反应。他们会设计他们要说的内容、告知的对象以及什么时候说。策略性的宣告会保护自我、控制互动关系并保存力量……

5.对病情的张扬(flaunting illness)

进行策略性宣告的扩展就是对病情的张扬。在张扬病情的时候,人们把进一步的控制扩展到其他人的反应,并会极力从他们的听众那里获得一个具体的反应,常常是震惊或内疚感……

框 11.3 的类属是直接的,它们的顺序是有意义的。它们所处理的经验能够激

发读者进行比较。每个人都不得不采用某种类型的告知形式。评价一下你的读者对同类经验的熟悉程度,以及对类属的理解情况,然后决定是否删除相关类属的标题及相关内容。框 11.4 是已发表的版本,我把子类属折叠到了主标题"'说出病情'的形式"的下面。

框 11.4

已发表的版本:关于揭示病情的备忘录

"说出病情"的形式

"说出病情"意味着要使想法、行动或情感能够清晰地传达,以便别人能够理解。"说出病情"通常包括宣告病情以及列举专业人士对病情和症状的说明。因为揭示病情代表了一种主观的讲述形式,会把一个人的经验、情感带到台前。在美国中产阶级生活中,关于自我的私人观点和个人顾虑很少公之于众,而在这里可能都会出现……

我发现了两种揭示病情的类型:自我保护型和心血来潮型(Charmaz,1991a,pp.109-119)。

把类属作为构造语境的工具。要使每个子类属都适合你的主标题。然后考虑把你的子类属作为标题包括进来。精心设计的扎根理论类属会很好地发挥路标的作用。其中一个写作技巧是,让你的标题和副标题发挥更大的作用。

想一想"重新获得有价值自我"的条件是如何成为我分析的子类属的(图8.1)。随后,我通过把这些子类属作为最后论文的副标题来进行强调:"放弃过去的自我""依赖过去的经验""发现一个听得到的声音""学会接受不确定性"和"意识到梦想被改变"。动名词讲出的是行动。子类属显示的是,"重新获得有价值自我"的过程,以及分析的方向。同时,它们也为读者提供了路标。

社会科学和专业期刊的文章会包括很多这样的路标。而散文即使包含这样的标题,数量也要少很多。审稿编辑可能会在快速阅读后删除所有的次级标题。随着路标的消失,叙述风格也会发生变化。一种直接的科学风格消退了,更加文学化的风格会发展起来。要保证,不管你用什么样的类属作为路标,都要让它们融入叙述中。

类属如果过于一般或太过明显,效果就不会很好。为什么一定要把它们包括进来呢?到这个时候,你要把任何脱离你文章目标的类属删除掉。少而新颖的类属会让你的文章充满力量,并让读者能够记住。

子类属如果能够解释新观点,就可以考虑将其作为文章的标题。保留这些观点,但要使它们服从于主标题或目标。在这一点上,要考虑一下,引入图表是否能使你的分析和论点更为清晰,便于读者理解。当我们从分析性写作转向和读者的交流时,作为作者和分析者,我们为自己做的和为我们的读者做的,应该有所不同。你可以削减一些子类属,压缩一些描述,并省略一些过于明显的陈述,但要增加一个图表来说明概念关系,因为尽管它们对于你是非常清晰的,但对于读者却不是这样。

当我们把所有的子类属都包括进来时,我们的声音会变得沉闷乏味,写作会变得僵硬呆板。是的,我们可以用一个又一个的子类属来阐释我们的研究。但是做研究和为读者写作是不同的。想想看,读着一份每一个轴心代码都被仔细说明了的分析会是什么样子。　　　　　　　　　　　　　　　　　　　　　　　　　　　　　【299】

我在这里提个醒:把子类属变成清晰的次级标题,在不熟悉的领域中是有用的。非传统的想法和抽象的概念构架需要有更多路标。比如,对时间的体验,我们还没有很成熟的语言去谈论。基于此,我拒绝审稿编辑把我的次级标题删掉(而且主任编辑是同意的)。下面的次级标题不仅可以作为路标,还可以表明病人与时间关系的长期性。这些次级标题可以作为概念类属,并把分析植根于语境和行动中。

作为时间标志的疾病

很多人用疾病来标识时间,来划分他们的生命阶段(Roth,1963)。他们把特定的时间点作为一个积极的变化来庆祝和纪念。时间点也被作为衡量疾病、健康和自我的参照点……

产生一个时间表

病人指出了他们生命阶段中的时间是怎样和自我直接发生关系的。他们的疾病时间表使他们的经验更加易于理解。他们用时间表来帮助他们解释发生了什么,为什么情况越来越糟或越来越好,以及疾病对于他们意味着什么……

建立时间标志

什么是时间的基准?为什么一些事件会永远那么突出,而另一些却在时间流逝中模糊?……(Charmaz,1991a,pp.198-206)

把主要类属作为各部分的标题。在形成一个完整报告的过程中,扎根理论会给你明确的帮助。你的类属会让读者扎根于你的问题中,并引导他们理解你的分析。它们预告了相关内容,强调了这部分内容的逻辑。行动类属(Action categories)要比"发现"或"对数据的分析"更能引人入胜。

如果你必须接受一种传统的定量研究格式,那么就把几个标准部分早早放在报告中:"导论""文献综述""理论框架"和"方法与数据"。当你在这个领域完成了令人钦佩的工作之后,你就为自己的分析建立了稳固的基础,而且获得了某些自由的空间。要充分利用这一机会。用你的类属展示分析部分,使其成为报告中最引人注目的——也是最长的——部分。

准备发表

完成分析是你最重要的任务。现在你准备设计分析框架,并使其符合特定读者或出版物的要求。我会介绍一些修改稿件不同部分的技巧,对于这些技巧,很多扎根理论研究者往往没有给予足够的重视。即使你不打算发表你的作品,下面的内容也会帮助你完成一个论证更加有力的报告或论文。我会按照操作顺序来处理这些内容。事实上,我建议最后写摘要,并不断修改标题使其最适合你最终的分析和读者。

【300】

计划发表

许多作者都会考虑自己的作品在哪里发表最受欢迎,会受到谁的欢迎。这有助于我们评估作品可能发表的途径。第一个需要考虑的是,相关研究出现在什么地方。接下来要评估这些期刊和出版商。他们的出版规范可以帮助你判断这些渠道是否适合你的作品。这些出版规范出现在期刊的指南以及开头的编辑语中。然后你可以权衡一下你的研究是否适合期刊当前的方向。加里·艾伦·费恩(2007)致《社会心理学季刊》(Social Psychology Quarterly)读者的信是编辑声明的一个例子,它概述了杂志的方向,以及编者的意图:

> 编辑是会进行选择的。编辑只需等待文章,发表那些评价最好的。这种策略似乎是显而易见的,不是吗?这种编辑风格产生了作者型期刊(journal for authors)。什么文章会获得比较高的评价呢?它们通常是在得到确认的、形成共识的研究领域——也就是托马斯·库恩说的常规科学——里那些形式完备(glossy competence)的作品。有争议的文章经常会遇到充满异议的评论。我的目标是发表那些同事希望阅读——需要阅读——的文章。争议对于学术发展来说是必要的。读者型期刊(journal for readers)和作者型期刊不会完全不同,我们缺少许多自由度,编辑不应该轻易拒绝一篇所有评论者都尊重的文章。然而,如果在一篇有着巨大潜在影响的文章和一篇范围狭窄的文章之间,或者在一篇针对广大微观社会学家的文章和一篇只吸引少数人的文章之间进行选择,我将选择前者而不是后者。对于那些愤愤不平的作者,建议很简单:请深吸一口气,三年后我就不在这儿了。编辑轮换对他们是一个福音。有一

天——也许不久的将来，我们将不受带宽限制，把我们想要的文章进行数字出版。（p.1）

出版社常常会在他们的网站上公布这些内容。这有助于你研究相关的文章或书籍，从而确定他们的选题、分析风格和水平、研究方法以及读者。在了解完出版规范和方向，并评价了作者们的作品之后，你可以为自己的研究作品选择几个潜在的发表途径。要注意，在你的目标期刊或出版社中，作者们是怎样做文献综述和写理论框架的。研究一下最优秀作者的写作风格，但还要形成你自己的风格。

最好的作者可能并不是最知名的学者。一旦一名学者有了声望，即使写作不那么出色，编辑也会接受他/她的作品。一些资深学者写作风格非常清晰、优雅。他们不会像初级作者那样说拐弯抹角的行话，用很绕口的句子（Derricourt, 1996）。这些作者值得密切关注，不仅由于他们的思想，也由于他们的写作风格，因为写作水平在过去 40 年里不断提升，不同程度地影响了一代又一代新作者。要认真地选择你的写作榜样。

当你计划把作品交给外部审阅时，要使用目标期刊或目标出版社能够接受的写作惯例和作品风格。对于不同学科的出版作品，作者们在处理选题和组织叙述时都会有所不同。有的学科可能会规定要涵盖以前的所有文献；另一个学科可能重视简练而有限的评述。一个出版商可能要求你专辟一章评论相关的作品；而另一个出版商则可能希望你在最后进行说明。很多学术期刊的文章包含引文，却大多未进行讨论。有些期刊则禁用尾注，但允许作者有大量引文。 【301】

很多扎根理论作品发表所在的期刊都需要同行评审，专业发展要依靠他们。以下问题会告诉你怎么选择期刊：

· 如何让你的稿件适合这个期刊？要考虑期刊的内容、方向和读者以及它的声誉、评审制度、弃稿率、影响因子（对一篇文章或杂志在相关领域影响力的评估），可能的发表费用和在线可访问性。

· 如何让你的论点和论据适合这个期刊现在的取向？说明为什么读者需要知道你的论点和分析，你的作品是否补充了该期刊和本领域的某些方面，或与其形成了针锋相对的对话。要向这些读者进行明确合理的解释，并用强有力的论证和证据支持你的论点。

· 如何比较你的稿件和这个期刊已发表的文章？在写作风格、格式、长度、全面性和深度上是否适合？如果作者能够承认对手论点的长处，并尽可能遵循期刊的传统，一篇批判的或有争议的论文通常会获得更多人的阅读。如果你的文章能够反映这一期刊的形式、方法、类型和内容深度，那么它就很难被拒绝。

·对于这个期刊的读者来说,你的结论重要吗？ 在结论部分你要描述,对期刊读者特别感兴趣的领域,如理论、政策或实践等,你的分析具有什么意义。

回答这些问题后,就可以针对目标期刊修改完善你的稿件了。

拟好标题

标题会说话。标题比一篇论文或一本书更能说明问题。标题可以揭示作者的观点、政治立场,和不同专业的联系,以及目前的学科趋势。一个标题可能会表达或显示一个特定论点或问题,比如安东尼·布莱恩特(Antony Bryant,2003)的批评《对格拉泽的建设性回应》(A Constructive/ist Response to Glaser),或艾迪娜·纳克(Adina Nack,2008)在其著作中的女性主义分析《受损之善？ 患有无法治愈性病的女性》(Damaged Goods？ Women Living with Incurable Sexually Transmitted Diseases)。

标题是如何发挥作用的？ 如果标题明确具体,那么就会反映当代存在的问题,回应很多人的诉求。想一想标题放在哪里用,并对谁发挥作用。对于学术会议和一般读者,要让标题比你在保守学术期刊发表时,更加鲜明生动,更加引人入胜。

【302】 跨界图书(a cross-over book)①的标题如果能够反映读者所共同面临的问题,那么效果就特别好。艾迪娜·纳克的标题就很出色,作品的畅销程度就是个证明。纳克的研究提出了让患有无法治愈性病的女性饱受困扰的问题,从而获得了那些深受其害的女性的共鸣,也获得了她们的伴侣及卫生保健工作者的共鸣。

带有讽刺意味的标题可以吸引读者的注意力。阿黛尔·克拉克(Clarke,1998)将其标题命名为《生殖的规训:现代化、美国生命科学和性的问题》(Disciplining Reproduction:Modernity, American Life Sciences, and the Problems of Sex),给出了三个信息:(1)本研究分析了关于生殖科学的学科是如何出现的;(2)那个时代的生命科学家认为,性和女性的生殖生物学既是道德问题,也是科学问题;因此(3)人类生殖需要规训。我这本书的标题《建构扎根理论》,在两个意义上使用了"建构"一词:首先,表明这本书是关于创建扎根理论的;其次,暗指其具体方法,建构主义的扎根理论。

标题反映了趋势。如果应用得当,趋势可以帮助作者在标题和整个叙述中定位其研究。罗兹·迪克森(Roz Dixon,2007)的标题《排斥:群体欺凌的众多原因之一？》(Ostracism:One of the Many Causes of Bullying in Groups？)把她的作品放在欺凌研究不断发展的趋势中,暗示排斥值得给予更多的关注。然而,图书或文章如果

---

① 跨界图书是指,出版商所定位的读者群体除了作者所在学科的研究者,还包括受过教育的一般读者。有趣的话题、扎实的研究、定位准确的论点和良好的表达都会让跨界图书脱颖而出。这些图书,以及它们的作者,经常会得到来自出版社和市场工作人员更多的特别关注,也会获得比其他图书更多的公众关注度。在著名的学术出版社出版一本跨界图书对你的工作非常重要。当然,一些图书是出版后成为跨界图书的,但很多从一开始就选择成为跨界图书的。

试图成为时尚,并紧跟潮流,那么也会随时尚潮起潮落。一开始作为创新方向出现,后来却会成为便捷而又无聊的挂钩,很多作者会在上面悬挂他们的作品。

小标题可以阐明文章的内容,并在各自的标题下承担各自的分析任务。关键词、小标题在电子搜索和影响因子中已经变得越来越重要了。作者、期刊编辑和出版商赋予影响因子相当大的意义,学术事业是否成功很大程度上依赖于在高影响因子的期刊上发表文章。期刊的影响力可能部分取决于它是否收录在访问便利的大型数据库中,而这些数据库机构为此签了协议。

出版社的市场部主任有时会添加一个解释性的副标题,或修改标题使其适应市场需求。然而市场所关注的可能和良好写作的要求不一致。研究人员可以选择一个抓人眼球的标题,暗指作品的目的,或他们关于该话题的立场。然而,出版商的目标是市场的最大化,因此可能就会使用一个一般化的、易辨认和世俗的标题。这样的标题能够识别出主题,但却使内容很平淡。一个抓人眼球的标题,如艾迪娜·纳克的标题,可能会有更好的效果,这取决于目标受众。作者被建议为其文章、书籍及其读者选用合适的小标题,并争取使用他们所偏爱的标题。

大部分资深学者的出版作品目录上都会包含一些错误的、不当的标题,其原因或者是有意设计,或者是由于疏忽。说一个错误标题,我在研究生院时研究了工薪阶层家庭对临终老人的照顾。一位教授把这个过程和论文命名为"背负重担(shouldering a burden)",尽管对此我存有疑虑。因为几乎没有多少材料是反映这一观点的,即研究对象把护理责任当作是一种负担。论文发表在关于死亡和临终问题的期刊上,而这本杂志专家是不读的,也没有解释性的副标题。因此,尽管十年后护理研究文献在激增,这篇文章却没有被相关文献综述所引用。 【303】

摘要与关键词

既然研究工作本身是最主要的,那我们为什么要在摘要和关键词上小题大做呢,不是期刊才用到它们吗? 显然,答案在出版物的目标读者那儿。文章标题、摘要和关键词可以扩大或缩小依赖电子检索的期刊读者群体。另一个不太明显的答案是关于摘要的作用,特别是在学术出版中的作用。审稿人对你手稿的第一印象来自稿件标题和摘要的力度和清晰度。期刊编辑要处理大量的投稿,他们主要依赖评审人员的意见来最后决定是否使用你的稿件。反过来,一个领域高影响因子的期刊会召集同一个圈子里的资深学者来作评审专家,对其进行彻底讨论。读完你的摘要后,这些评审专家会决定是建议弃之不用,还是提出一些建设性的修改意见。

　　研究者在写章节摘要和图书摘要时也不能掉以轻心。一套论文集的出版建议书能否获得通过,可能也要依靠各章摘要的整体力量。此外,有效的图书建议书也依赖于写摘要这样的技能。未来的图书作者应该能够在与编辑及出版社领导的简短交谈中,做出关于稿件的简短说明。简短、有说服力的表述就构成了一个精彩的摘要。

　　什么是有效的摘要? 如何构建有效的摘要? 一些专业科学期刊,如《国际护理研究杂志》(*International Journal of Nursing Studies*),告诉作者要包含明确的副标题(例如"背景、目标、设计、研究对象、方法、结果、结论")。其他期刊也希望你用有限的字数写出一个好的摘要。让你的摘要适合期刊及你所在领域的要求。例如,假设你打算给另一份护理研究杂志投稿,它要求你把摘要字数控制在150字以内。你就可以用上面的副标题来评估,浓缩的摘要里要包含哪些内容。

　　思考以下两个摘要的例子。(两本期刊都没要求用关键词。)莎莉·伯福德(Sally Burford,2011)用下面的摘要向《美国信息科学和技术协会杂志》(*Journal of the American Society for Information Science and Technology*)的读者介绍了她的文章《网站信息架构的复杂性和实践》(Complexity and the Practice of Web Information Architecture):

> 本文对大型组织的网站信息架构(IA)实践进行了研究,并描述了研究发现。本研究使用扎根理论方法对七个大型组织进行了调查,并对新兴的主题和概念进行了数据分析。研究发现,网站IA在实践中的特点是不可预测的、多视角的,需要积极响应、反应敏捷并重视协商。本文认为网站IA在一个复杂的环境中出现,并具有自发、自组织的特性。将其实践作为一个复杂的自适应系统进行研究是有价值的。只将其作为一个"能够为网站提供有据可查的、持续信息设计的、预先确定的、结构化的方法",显然是不够的,信息组织中占主导地位的传统思维和实践受到了挑战。(p.2024)

【304】　　我的第二个例子是米歇尔·沃克米尔(Wolkomir,2001)的文章,发表在《符号互动论》(*Symbolic Interaction*)上,《意义天使的斗争:基督教同性恋者和前同性恋者的意识形态修正》(见第9章的讨论)。她用下面的摘要解释了她的研究:

> 意识形态的改变是一项艰巨而复杂的工作,特别是对于那些缺乏权力和权威而又想挑战主流思想的边缘群体。本研究分析了组织成员是如何完成意识形态修正的,以及在何种条件下这种修正才可能发生。更具体地说,本研究对两个男性群体进行了民族志研究——同性恋基督徒和前同性恋基督徒——我描述了意识形态操纵的过程,他们能够通过这个过程回避主流意识形态,修正传统的基督教意识形态,使其适应自己的性取向。在这样做的过程中,这些

人能够建构道德身份,减轻心理上的痛苦。从更广泛的层面来看,对这一过程的考察揭示了意识形态修正是怎样受到不平等制约并再生产不平等的。我们还将看到,这个过程如何有助于创造新的象征资源,并以此来进一步扩展文化。(p.407)

这两篇摘要都以清晰、简明的方式阐述了各自的研究内容,并适合各自期刊及其读者。伯福德的摘要概括了她的研究,同时展示了研究结果。伯福德告诉读者,她进行了一项扎根理论研究,涉及 7 个大型组织,指出了这一研究的类型,并表明她的论点是建立在坚实的数据基础上的。她展示了网站信息架构实践的性质,并声称她的分析挑战了既定思想和实践。因此,她的摘要吸引了这个领域那些需要挑战性观点的读者。

沃克米尔简洁的摘要是其逻辑与论证的优雅陈述。她向读者(或听众)介绍了一个重要的民族志研究贡献,描述了她所定义和概念化的过程"意识形态操纵"。由于几乎没有赘言,这个摘要可以直接作为一本书的封底。在这个摘要中,沃克米尔提到了她研究了什么,研究了谁,但她没有说研究了多少研究对象,没有说研究了多长时间,也没有说她是怎么建构概念的。这些细节是必要的吗?当时没有这些细节是因为那不适合当时这篇文章所在期刊的读者。然而,在今天,为了让电子搜索涵盖不同的领域和学科,添加更多的细节和关键词会很有帮助。

有几个建议可以帮助你提高摘要水平:

· 这篇论文是关于什么的? 只要你的学科传统允许,陈述你的目的和论点。

· 这篇论文有什么新的内容? 阐明这一作品的原创性。

· 为什么要读这篇论文? 展示这篇论文的意义所在,比如,探索了一个新的领域,挑战了现有的观点,提供了新的数据,从一个新的角度检验了老的问题,或以一种具体的方式拓展了现有知识。

· 你是怎么做这项研究的? 描述一下你的方法,并介绍一下研究对象。

· 你的研究结果是什么? 包括你的类属和概念,以及它们是如何组合在一起的。

· 你从这项研究得出了什么结论? 它的理论意义是什么? 研究过程或研究现象得出的成果是什么? 对政策、实践或进一步研究有什么影响?

· 每份稿件的摘要你都修改了吗? 看看读者是否对你的立场、论点和逻辑有了清晰的认识。减少行话,你的作品会吸引到同事之外的更多听众。

[305] 回到图书馆：文献综述和理论框架

当你返回图书馆撰写文献综述和理论框架时,会发生什么呢?有没有这样的客观作者,他/她会在认真分析资料的基础上做出公正的分析?尽管学者可能会披着客观性的外衣,但研究和写作本质上却是意识形态活动。文献综述和理论框架是一个意识形态的场所,你在其中宣称、定位、评价和捍卫你的立场(也见 Holliday,2002)。这两个部分要说明,你接受和拒绝了哪些以前的观点和证据,以及你是怎样做出深思熟虑的结论的。你需要考虑什么?你该怎样处理这两个部分?

文献综述和理论框架包含的内容应该比总结更多。你要表明为什么你赞成某些论点和证据。

不同的文献综述及理论框架写作风格会给你留下无限的选择空间吗?不是。要做和你的扎根理论相关的文献综述和理论框架。它可以指导你批判以前的研究和理论,并和这些材料进行比较。目的是在清晰的陈述中得出你的想法。然后修改这些部分使其适合你的具体任务。在你形成自己的分析之后再为读者和专业标准进行写作。

扎根理论中的连续比较法并不以你数据分析的完成为结束。文献综述和理论框架可以作为比较和分析的来源。通过把你的扎根理论与其他学者的证据和观点进行比较,你可以展现他们的想法在哪里以及怎样启发了你的理论类属,你的理论是怎样扩展、超越或挑战这个领域的主导观念的。

从形成任务的正式要求和非正式传统开始。文献综述和理论框架之间的界线常常是模糊的。是否要在它们之间进行清晰的区分取决于你手头的任务以及它的要求。学生的研究项目在各个水平上都要求既要有文献综述,也要有理论框架。其他任务则可以采用不同的形式。在大部分学科中,著作不同于博士论文。一篇期刊文章可以来自一篇论文的任何章节,但不能简单复制任何一章。如果要作为一个文集中的一章,可能还要采用另外的形式。

学科和文体(genres)也会影响你怎样、在哪里以及何种程度上"评述"文献和"使用"现有理论。学系(department)和指导老师(advisors)在文献涵盖和理论框架要求上也会有所不同。学系可能对论文的每一部分章节都有不同的长度要求,而指导老师可能要求学生把研究文献和理论观点融入分析中去。

具有争议的文献综述

应该在什么时候钻研文献？应当怎样钻研文献？需要涵盖哪些内容？扎根理论研究中何时进行文献综述,长期以来一直受到争论和误解。回忆一下,古典扎根理论研究者(Glaser & Strauss,1967;Glaser,1978)建议要把文献综述延迟到分析完成之后。他们并不希望你通过以前的观点(特别是"已接受的理论")来看你的数据。

格拉泽和斯特劳斯提出了一个尽管有问题但也很有价值的观点。教师常常通过学生引用他们领域重要理论的情况来评价学生,这也并不稀奇。一些研究机构希望学生能够写出展现他们能力的博士论文,这些能力往往就包括对成熟理论和方法的应用。初学者很容易被其他人的观点所迷惑;而资深学者可能会沉迷于自己的观点。无论哪种情况,新老学者都会把他们的数据强行放入已有的类属中。有意延迟文献综述的目的是避免接受先入为主的观点,并把这些观点强加在你的研究中。延迟文献综述有助于阐明你自己的观点。这在原则上是不错的。实际上它可能导致老生常谈,故步自封。

在格拉泽和斯特劳斯努力把新手学者从旧观点的束缚中解放出来的斗争中,他们要么夸大了自己的立场,要么对此意见不一。对于斯特劳斯来说,《扎根理论的发现》的关键之处在于修辞。[①] 斯特劳斯和科尔宾(Strauss & Corbin,1990)这样阐明他们的立场,"我们都为研究带入了相当多的专业和学科背景"(p.48)。格拉泽(Glaser,1992,1998,2012)对于先在知识(prior knowledge)的立场多少有些模糊。他坚持认为扎根理论研究者能够而且应该使自己不受已有观点的影响。

很多学者已经拒绝了格拉泽和斯特劳斯早期的主张,而格拉泽还在继续坚持。比如,布鲁默(Bulmer,1979)、戴伊(Dey,1999)以及莱德尔(Layder,1998)认为,格拉泽,可能也包括斯特劳斯,天真地认为研究者是一块白板。现在的扎根理论研究者们越来越认识到,缺乏对相关文献的熟悉是不太可能的,也是站不住脚的(例如Clarke,2005;Dunne,2011;Goldkuhl & Cronholm,2010;Henwood & Pidgeon,2003;Lempert,2007;Thornberg,2011;Tummers & Karsten,2012;Walls,Parahoo,& Fleming,2010)。研究者通常决定做一个研究课题前就已经具有了相关领域的观点和知识。检查委员会期望研究者具备这样的专门知识,资助机构也这样要求。与其坚持理论上的天真无知(innocent),不如采取凯伦·亨伍德和尼克·皮金(Karen Henwood

---

① 我是在和斯特劳斯进行了多次谈话和访谈的基础上形成这一观点的,他认为,扎根理论研究者在着手进行他们的研究之前都已经有了先在的生活和知识。也见 Charmaz,1983。

ɛnd Nick Pidgeon,2003,p.138)关于"理论不可知论"的批判立场。可以把现有概念
当作是有问题的,然后发现这些概念特征被使用和被理解的程度,而不是一味接受
教科书的说法。

　　罗伯特·森伯格(Robert Thornberg,2011)不仅挑战了推迟文献综述的说法,还
呼吁要做"博闻多识的扎根理论(informed grounded theory)"。像其他许多人一样
(Chalmers,1999;Charmaz,2005;Clarke,2005;Dey,1999;Kelle,2014),他拒绝纯粹
归纳法的理念。森伯格反对摒弃现有理论和研究文献的立场,他认为,对文献的摒
[307]　弃带来的必然是幼稚经验主义(naïve empiricism)。他说:

　　　　如果研究人员不仅拒绝理论强迫(theoretical forcing),也拒绝幼稚经验主
　　义,那么他们就不会摒弃现有理论和研究文献,也不会机械地将其应用到经验
　　案例中。相反,研究者会把文献作为灵感、思想、突发奇想、创意联合、批判反
　　思以及多元视角的可能源泉,这是非常符合溯因推理逻辑的……

　　　　我所谓的"博闻多识的扎根理论"不仅指研究过程本身,也指研究过程的
　　产品。在了解了现有研究文献和理论框架的情况下,研究过程和研究产品都
　　通过 GT(扎根理论)方法完全扎根在数据基础上。……博闻多识的扎根理论
　　研究者与经典的 GT 传统形成对照,但与建构主义 GT 传统一致,他们会看到,
　　在实质领域敏感的、富有创造性的、应用灵活的已有理论和研究成果是对研究
　　有帮助的,而不会把它们看作是障碍和威胁。博闻多识的扎根理论是建立在
　　建构主义扎根理论和溯因推理实用主义理念根基之上的,因此非常符合建构
　　主义扎根理论。然而只要研究者拒绝纯粹归纳以及延迟文献综述的观点,在
　　研究过程中使用溯因推理逻辑,并将其放在历史、意识形态和社会文化语境
　　中,那么关于如何使用文献的敏感性原则……也可以配合格拉泽以及斯特劳
　　斯和科尔宾的扎根理论版本进行使用,因此,数据总是社会建构的,而不完全
　　是现实的反映。(p.7)

　　森伯格的方法认为,要采取一种批判反思的立场。主张推迟文献综述的人通
常假设,研究人员会不加批判地阅读,并且很容易被说服。一个研究项目或资助计
划可能会要求你早在研究开始前就去图书馆查阅文献。它要求你拥有与研究领域
主要研究和主要理论相关的复杂知识。要批判性地、比较地处理这些与你项目相
关的资料。在你形成自己的类属以及这些类属之间的分析关系之前,你要将这些
资料放置一旁。尽管如此,要对早期观点和发现是否、何时以及在多大程度上进入
你的研究保持警惕,一旦发现,就要让其受到严格的审查。

　　要把你的研究工作放在相关文献中进行定位,毫无疑问,相关文献总是处于变
化中。既然你已经开始研究,那么你已经到了一个新的实质领域,并达到了未曾想

象的理论高度。如果需要这样,就通过概括你的研究路径来让你的老师满意,但是首先要专注于写出你自己的扎根理论。关于何时进行文献综述的争论忽视了一个关键点:任何研究者都应该调整文献综述的最终版本,使其适应研究报告的具体目的和论点。研究者可能会对同一个研究形成几个不同的稿件,有着各自不同的目标和论点。每份稿件还需要适合特定期刊或任务的文献综述。

推迟文献综述并不等于文献综述可以浮皮潦草,也不能成为文献综述粗枝大叶的借口。一些扎根理论研究者表现了一种对以前作品漫不经心的态度。某些学者不愿意接受他们同事的竞争性观点——或者任何关键性的观点——这些观点可能破坏他们的立场。还有一些学者引用次要的而不是最重要的内容。懒惰的学者总是不能引用到共识和分歧中最重要的部分。而我们需要给以前的研究以恰当的评价。一个材料充分的、要点突出的文献综述会加强你的论点,以及你的可信度。对于扎根理论研究者来说,写一个论述充分而又聚焦的文献综述常常意味着要跨越几个领域和学科(优秀的例子可见 Baszanger,1998;Casoer,1998;Clarke,1998,2005;Wiener,2000)。扎根理论研究者因为轻视文献综述已经受到了严厉的批评,"重新发明轮子",复制一些常识性的类属(例如 Barbour,2008;Dey,1999,2007;Lofland,2007;Silverman & Marvasti,2008;Strübing,2007)。一些扎根理论研究者甚至忽略早期的扎根理论研究。例如,一些扎根理论研究者提出类属"自我保护"作为原创实质性理论,而没有认识到,也几乎没有讨论扎根理论研究者早些时候是如何分析和发展这一概念的。

【308】

很多研究报告要求遵守某个标准的——严格的——格式。使用文献综述的诀窍在于不能让它抑止你的创造性,扼杀你的理论。文献综述可以成为一个契机,让它为你在随后的部分或章节中要做的事情搭设舞台。你需要分析与你的扎根理论相关的最重要的作品。

从这个角度对文献进行**评价**和**评论**。你的文献综述所能做的不仅仅是罗列、概括以及综合主要的作品。

来自文献和已有理论的主要观点常常出现在文章或报告的导论部分。洛拉·贝克斯·伦珀特(Lora Bex Lempert)在她的文章《帮助的另外一面:受虐妇女寻求帮助过程的消极影响》(The Other Side of Help: The Negative Effects of Help-Seeking Processes of Abused Women)的导论部分,介绍了她对文献进行的重要研究,提出自己的论点,并把它和以前的理论进行比较。下面的摘录解释了她的逻辑:

> 在本文中我对一些重要的社会行动进行了考察,即受虐妇女从非正式网络资源中得到了求助途径,最初还保持着和他们的联系,后来却离开了。"虐待妻子"的集中表述(collective representations)把这种关系简化为暴力行为,认为,妇

女应该通过离开虐待她们的配偶来解决受虐的问题(Loseke,1992)。然而,受虐妇女对配偶以及和配偶的关系有着更为复杂的解释。她们相信配偶是她们爱和情感的主要来源,同时也是她们生活中最危险的人(Walker,1979;Lempert,1995)。要理解何时、为什么以及怎样求助来处理、改变或者离开她们的关系,必须要分析性地把握这一同时性。

解释"家庭暴力"和"妻子受虐"的理论有助于理解整个复杂的动态过程(见Walker,1979,1989 论暴力理论的心理循环;Straus,Gelles & Steinmetz,1980 论暴力理论文化;Pagelow,1984 社会学习理论;Giles-Sims,1983 一般系统理论;Dobash & Dobash,1979,以及 Martin,1976 的冲突理论;Straus 1977 的亲密关系资源理论;Mackinnon,1993 年暴力理论的色情化)。但是没有一个是完整的。

【309】

几乎少有例外(Dobash & Dobash,1981;Ferraro & Johnson,1983;Mills,1985;Loseke,1987;Chang,1989),受虐妻子问题的研究者集中关注的是暴力关系中的妇女在做什么,而不是关注受虐妇女如何解释暴力行为,以及她们所解释的意义如何影响了她们的求助过程。大部分关于受虐妇女求助过程的研究集中于正式的机构,主要是警察局和医学反馈(或者缺乏这方面的资料)以及社区庇护所(Berk et al.,1983,1984;Berk & Loseke,1980/81;Bowker &Maurer,1987;Edwards,1987;Ferraro,1987,1989;Schechter,1982;Stark & Flitcraft,1983,1988;Loseke,1992)。作为基本的关注点,我的分析有受虐关系中(也就是说,在爱和暴力矛盾而又并存的环境中)妇女非正式地寻求帮助的一些建议,还包括了这些建议所产生的意外结果。这一研究将分析关注点直接放在一些善意帮助行为所产生的消极影响上,扩展了以前研究者的报告,强调了寻求帮助的过程和它们未曾预料的结果。它要求进一步关注二元对立的逻辑怎样阻碍了寻求帮助和提供帮助的过程。(1997:290-291)

文献工作不仅仅局限于一篇论文的一小部分或者一部论著的一章。要把对文献的讨论交融在整个研究作品中。你必须有这样一部分或一章节来进行专门讨论,并为其他部分奠定基础。下面的工作,你可以把它作为一个挑战:

· 阐明你的想法;

· 进行具有启发性的比较;

· 请读者参与一场理论探讨;

· 展示你的研究是怎样以及在哪里契合或扩展了相关的文献。

最后,你要创造一个对话环境,带领读者进入所在研究领域的当前对话中(也见 Silverman,2000)。成为实质领域复杂对话的一部分意味着,你的读者能够把你当成一个严肃的学者。

框 11.5

撰写文献综述

　　文献综述提供了一个空间,让你能够进入你的扎根理论所要解决的问题领域,让你专注于已有的观点和研究。它可以成为评价你对这些领域了解程度的一种方式。文献综述给你机会完成下面的目标:

- ·展示你对相关研究工作的了解情况;
- ·展现你在这些研究工作中识别和讨论最重要观点和最重要发现的技能;
- ·让你能够在自己的研究和以前的研究之间建立清晰而有说服力的联系;
- ·让你从自己的扎根理论那里得出自己的观点。

　　使用文献综述来分析与你的具体研究问题以及已形成的扎根理论相关的作品。用文献综述来做下面的工作:

- ·列出那些建构、整合和评估文献的概念性论点;
- ·评价早期的研究;
- ·具体介绍谁做了什么,他们是何时、为什么以及怎样做的;
- ·揭示已有知识之间的漏洞,指出你的扎根理论是怎样回答这一问题的;
- ·指出你的研究的地位并说明它的贡献。

【310】

　　不是概括,而是要说明,为什么读者必须考察被引用的作品——与你在论证和分析中提到的目的有关。文献综述所需要的详尽程度要依赖于你的研究任务是什么。无论如何,要对主要的文献进行说明,不管它们是否支持你的扎根理论,不仅要展示这些文献的一致性,也要展示它们的分歧。想一想你的研究是怎样在最后的结论中超越具体研究的。你需要起草一个相关而又聚焦的文献综述。一个详尽的文献综述并不意味着摘要的无止境罗列。如果你的老师或学系期望一份详尽的文献综述,你就要聚焦并组织好你的评论。再说一遍,用你的扎根理论来安排文献综述的结构。

　　要超越眼前的实质领域,与其他领域建立联系。要充分利用你的创新性分析贡献。也要借此机会贡献一个新的话题,研究一个新的研究对象群体,或创建新的方法。

　　拉尔斯·塔默斯和尼尔斯·卡斯滕(Lars Tummers & Niels Karsten,2012)试图在公共管理领域为研究者们调和格拉泽与斯特劳斯和科尔宾在文献综述上的分歧。塔默斯和卡斯滕呼吁,要在整个研究过程中对文献综述采取批判的态度,并认为扎根理论可以指导研究者这么去做。他们认为:

·研究报告在以下一些问题上应该明确:文献是如何被使用的,以及在什么程度上被使用,机会和漏洞是如何被处理的,这么做的局限是什么。

·学术出版物同样应该明确,在研究过程中文献是如何被使用的,以及文献使用所具有的局限性。(p.80)

撰写理论框架

一个进行归纳研究的扎根理论研究者怎样撰写必需的理论框架(theoretical framework)呢?这一框架难道不是清晰胜于混乱?也许。这一框架难道不意味着你使用了演绎逻辑?也不尽然。你可能会不得不停下来,然后勉强拼凑出一个理论框架。但是不要去拼凑,要让理论框架为你的读者提供一个指引,展示你的扎根理论是怎样完善、扩展、挑战或超越已有概念的。这样,理论框架就不仅仅是宣告和总结稿件的概念基础。

[311] 扎根理论中的理论框架和传统定量研究的理论框架不同。在收集数据之前,我们并不从理论演绎具体的假设。符号互动论的概念刚好说出了我的世界观。因此,这些概念影响了我能看到什么以及怎么看,就像其他研究者的视角也影响了他们一样。但是,这些概念在与当前的分析问题发生关联之前,会一直仅处在背景中。

你的论点表明你希望读者如何看待你的分析。理论框架会定位你所得出的具体论点。在这里,你如何使用和发展理论框架需要一个新的转变(a new twist):它来自你对它的分析和论证。相反,使用传统定量设计的研究者在进行他们的研究之前,会引用已有理论,并从它那里推导出假设。对于他们来说,在他们的理论框架中所使用的理论是已经存在的。

相反,在扎根理论研究中,你可以把你的敏感性概念和理论代码放在理论框架中发挥作用。这些概念和代码把你的文本放在相关的学科和话语之中。敏感性概念是你的出发点。理论代码有助于解释,你是怎样对主要想法之间的关系进行概念化的。

要写一个可靠的理论框架,让它服务于你的扎根理论,你会怎么做呢?考虑使用理论框架来:

·解释你的概念逻辑和方向;

·关注主要观点;

·介绍之前的理论工作；

·定位和这些理论相关的新的扎根理论；

·解释你的原创概念的重要性；

·使其适合你当时的写作任务和读者。

理论框架并不都是一样的。它们需要适合你的目标读者,满足手头的任务。比如,你为一个期刊写的东西就和为其他目的写的不同。下面是我为《社会学季刊》(*The Sociological Quarterly*)写的一篇文章的理论框架,《社会学季刊》的读者大都受过符号互动论社会心理学的良好训练。这一理论框架考虑了为适应疾病和残疾状况,病人身体、自我和身份之间会形成什么样的关系。

框 11.6

理论框架的例子

这篇文章对身份采取了一种符号互动论的视角(Blumer,1969;Cooley,1902;Lindesmith,Strauss,& Denzin,1988;Mead,1934;and Strauss,1959),并建立在有关身体的文献基础上(DiGiacomo,1972;Frank,1990;1991a;1991b;Frankenberg,1990;Freund,1982;1988;1990;Gadow,1982;Glassner,1988;1989;Kotarba,1994;Olesen,1994;Olesen,Schatzman,Droes,Hatton & Chico,1990;Sanders,1990;Scheper-Hughes & Lock,1987;Zola,1982;1991)。我利用了萨丽·加道(Gadow,1982)关于身体和自我关系的解释,以及我早期对于慢性病中的自我的研究(Charmaz,1991[a])和对生病损伤给身份带来的影响的研究(Charmaz,1987)。 【312】

用符号互动论来说,个人身份意味着一个人定义、定位自我并区别自我与他人的方式(见 Hewitt,1992)。彼得·伯克(Burke,1980)认为,身份的概念内在地包含了人们希望怎样定义他们自己的方式。希望不仅建立在思想的基础上,也建立在情感的基础上。如果可能,病人通常试图把他们的希望变成意图、目标和行动。这样,他们就被激励去实现未来的身份,有时也被迫去接受现在的身份。然而,他们也在暗暗形成自己的身份目标。这里,我把身份目标定义为人们所假定的、想要的、希望的或打算获得的最喜欢的身份(Charmaz,1987)。身份目标的概念认为,人们在解释他们在世界中的经验和互动时,有目的地产生着意义和行动。一些人的身份目标是隐含的、未曾表述的和需要去理解的;其他人则有着清晰的最喜欢的身份。有些慢性病患者相信他们会实现自己最喜欢的身份;另一些人则在体验现在时,对未来的自我和正在产生的身份保持谨慎的态度(也可见 Radley & Green,1987)。

加道(Gadow,1982)假定,人们的存在本质上意味着体现(embodiment),自我是和身体不可分割的。我非常同意这个观点。心智和意识依赖于身体中的存在(being in a body)。反过来,身体感觉影响着心智和意识。但是,正如加道指出的,身体和自我尽管是不可分割的,但也不是同一的。身体和自我的关系对于那些认识到他们已经在遭受着持续的身体损伤(bodily loss)的慢性病患者来说,变得特别成问题……

加道认为,疾病和年老会导致身体和自我原有统一的丧失,并在新的水平上提供恢复统一的方式。她认为,原有的统一存在过,而且暗示"统一的失去"和"重新获得"是个单一的过程。但是,统一的意义只能主观定义。有些人也许本不该把他们自己定义为疾病前所体验到的这种统一,即使只是部分体验到的统一。因为慢性病患者经常会有新的始料未及的身体损伤,他们会不断经历到以前所定义或接受的身体与自我之间统一的丧失。这样,在每个这样的时刻,当他们遭受和定义损失时,身份问题和身份变化就会出现或再现。在本文中,我要解决的就是这样的问题,身体-自我统一性的丧失以及通过认可身体体验,让自己对寻求身体和自我之间的和谐保持一种开放的态度。

为了理解身体-自我的统一是怎样失去,以及怎样恢复的,我们必须理解病人赋予他们身体经验的意义以及他们所在的社会情境的意义(Fabrega & Manning,1972;Gerhardt,1979;Radley & Green,1987;Zola,1991)。这样的意义产生于和他们个人历史有关的辩证关系中(Bury,1982;1988;1991;Corbin & Strauss,1987;1988;Dingwall,1976;Gerhardt,1989;Radley & Green,1987;Willams,1984),并通过解释他们现在的经验进行协调。用符号互动论社会心理学来说,有病之身和自我的现有意义都是由过去的意义话语和现在的社会认同发展而来的,但又不由它们决定(Blumer,1969;Goffman,1963;Mead,1934)。

当慢性病限制了他们的生活时,他们知道,它不仅破坏了他们的健康,也破坏了他们习以为常的最喜欢的身份。进一步而言,他们可能发现,可见的疾病和身体的损伤会给他们留下一个极为屈辱的身份。由于身体损伤,他们要重新评价他们是谁以及他们能成为谁。最后,他们在努力重建正常生活时,形成了自己的身份目标(Charmaz,1987;1991[a])。慢性病患者最初会规划和期待重新开始他们未被疾病所影响的生活,甚至超越他们之前的身份目标。当病人考察他们的身体和自我时,需要在某些时候进行身份交易,甚至系统地降低他们的身份目标,使其和他们削弱的能力相匹配。在其他一些时候,当获得成功时,他们可能会不断地产生希望,并继续提高他们的身份目标。因此,提高的或降低的身份目标都会形成一个内在的身份等级,也就是病人在适应身体疾病和变化时所产生的不同身份系列(Charmaz,1987)。(Charmaz,1995a:659-660)

　　注意我直接引用了萨丽·加道（Gadow，1982）的论点。它们是我接下来论证和分析的中心。加道的哲学论点为理解我在文章中所要做的事情提供了来源；符号互动论社会心理学提供了另外一个来源。因为《社会学季刊》的读者理解关于自我的符号互动理论，因此我提到了这些重要作品，但并不需要去解释它们。萨丽·加道的观点在我想出关于"适应身体损伤（adapting to impairment）"的观点时变得非常重要。加道和我都把身体经验作为真实的而且是与自我紧密联系的。我通过强调个人意义、不断失去和获得身体-自我的统一以及在内在身份等级中的身份重建，扩展了加道的观点。

　　如果我现在写这个理论框架，会做一些修改，比如通过下面这两段让论文的定位更鲜明：

　　　　与符号互动论一致，个人身份意味着个人定义、定位、区分自我与他人的方式（见 Hewitt，1992）。个人身份对于慢性病患者来说就变成了一个问题。他们想去实现未来的身份，有时又被迫接受现在的身份。他们的立场反映了彼得·伯克（Peter Burke，1980）的观点，身份的概念隐含着人们希望定义自己的方式。愿望建立在情感和想法的基础上。如果可能的话，病人通常试图将他们的愿望转变成意图、目的和行动。

　　　　不论如何，慢性病患者形成了身份目标，特别是发病后，或严重发作、或伴有并发症的情况下。在这里，我把身份目标定义为人们设想、想要、希望或计划的首选身份（Charmaz，1987）。身份目标的概念这样假设，当人们解释自己的经验并在现实中互动时，会创造意义，并有目的地行动。

　　措辞、重点及段落结构中的细微改变会使你对论文的定位发生改变。新观点"身份目标"来到前台，而不再埋藏在段落中间。上面我对彼得·伯克的处理更加准确，因为我这篇论文的论点补充了他的观点，而不是跟随着他的观点，我已经到达了这个位置（Charmaz，1973）。现在我通过把下面的句子放在段落的开始，进一步突出了和加道观点的不同："因为有了每一个新的、常常是未知的身体损伤，慢性病患者不断体验着身体和自我之间统一性的丧失，而这曾经是他们以前定义或接受自己的根据。因此，在他们遭受损伤和定义损伤的每个时刻，身份问题和身份变化都会出现或再现。"【314】

　　你在发表文章中用来做解释的篇幅和深度取决于期刊的读者。课程作业或毕业论文又是另一回事——你不是写给一个和你有着同样知识背景的读者，你必须证明你可以解释、批判并使用现有的理论。

　　考虑在一个具体的作品中——而不是在你的整个研究计划中——使用理论框架来说明具体的论点。你可能有几篇论点不同的论文。在这种情况下，你可以建构从同一数据开始的几个扎根理论。

写作的表现力

    写作反映了作者的选择。扎根理论研究者的写作风格主要采用的是传统的报告形式。研究者记录他们的扎根理论,叙述支持理论的"事实"。但是,你可以通过关注写作过程来扩展各种可能性,以及发表的途径。正如劳雷尔·理查德森（Laurel Richardson,1990)所说,写作至关重要(writing matters)。[①] 你可以利用那些修辞技巧和写作策略来反映你是如何建构扎根理论的。使用这些技巧有助于发展你的扎根理论,增强你的写作能力。下面一些策略和实例可能会有所帮助。

    超越对行动和事实的分析。想一想在你分析的背景中,哪些是相关的而又是潜在的? 文化背景? 历史前辈? 组织气氛? 情绪状态? 看看文本中的表达方式是否影响了你的写作,而且让你的分析超越了报告。在我的研究中,强烈的情感盖过了场景和陈述。这样,我要通过写作的表现力(rendering)来激发经验性情感——作为分析和证据的一部分。这一策略包括把读者带到故事中,通过语言风格和叙述说明来传递它的情绪。这样的方法让你的写作在没有变成小说、戏剧或诗歌的情况下,和典型的科学风格区分开来。现在回忆一下第 7 章我所修订的备忘录摘录,其中谈到的是文章最后一个版本中关于失去自我的经验。

    "没有我的声音,我什么都不是。"我由此开始了对特蕾莎故事的分析。11 年前当她还是一个 19 岁的大学生时,她经历了一次毁灭性的事件。特蕾莎作为歌剧演员的惊人才华已经使她远远超越了其他学声乐的学生,她注定会成为明星。但是悲剧降临了。特蕾莎脖子上快速增长的肿块被证明是可致命的癌症,需要进行手术切除。想一想特蕾莎是怎样解释发生在她身上的故事的:

> 手术负责将一些东西摘除,所以从那时起,一切都变了。这是个很艰难的过程……治愈身体上的疾病,学着去接受事实,未来从此之后会大不相同……以后我甚至再也不是我自己了。我的声音没了,所以我也不存在了,没有我的声音,我什么都不是。（初稿中的重点)

○ 格拉泽(2001:80)提醒读者,"扎根理论是在概念性观点的基础上被人们所了解和记住的。没人会记得它是怎么写的。"作为一个曾经的编辑,我认为格拉泽第一点是对的,第二点是错的。最好的——以及最差的——作者和作品都会成为学科知识的一部分,即使像索恩和邓巴夏尔(2005)这样的作者也只是间接提到他们而没有提到他们的全名。海伦·索德(Helen Sword,2012)对学术写作进行了精辟的批判,用她的新词"行话(jargonitis)"来挑战整个学科(pp.112-121)。

特蕾莎再次回到 11 年前，那时她经历了失去声音、失去自我、失去生活的巨变。她描述这个转折点，好像那是昨天发生的一样。它的意义强烈地冲击着她的自我意识，把她撕成了两半。"我的声音没了。"声音与自我合而为一，与自我不可分割，那是她所有的自我。

声音是自我的一个隐喻。声音使身体和自我统一了起来。声音传达了自我，表达了它的激情。……当特蕾莎返回到那个关键事件时，也许时间会崩塌。也许我们会看到那一瞬间，这个 30 岁的女人再次成为 19 岁的那个女孩，那一刻她失去了她所知道的和所珍视的唯一的自我。（pp.176-177）

在两个描述性的句子后，我想突出那些能够再现经验节奏和情绪的语言。通过分析我的写作方式，我强调要把声音和自我结合起来。我认为声音是自我的一个隐喻，这预示着在整篇论文中都把声音作为我分析的一个隐喻。特蕾莎在第一个句子中袒露，"没有我的声音，我什么都不是"，定下了基调和方向，然后重复"我的声音没了"凸显了它的后果。声音也成为巨大损失的一个隐喻。对于一个献身于歌唱的年轻歌手来说，还有比这更具灾难性的吗？把声音作为一个隐喻，将其编织在整篇论文中，使其能够整合分析性叙述。

分析性语句紧跟在特蕾莎重复性语句后，"我的声音没了"。声音和自我合而为一，与自我不可分割，那是她所有的自我。把这些分析性语句放在她的陈述性语句后面，就把分析和主观表述结合在了一起。每一个片段都强调了前面的句子或片段，并推断出后面的句子。片段的平行结构传递了文字的力量。最后部分敲响了最强音。句子排列形成的语言气势，回荡在接下来的段落中。在第一个序列中我的句子从长到短，但是在第二个序列中，我反了过来："声音是自我的一个隐喻。声音使身体和自我统一了起来。声音传达了自我，表达了它的激情。"重复"声音"这个词增加了它对于特蕾莎的故事以及我的分析的意义。同时两个连续的句子都以"也许"开始，重复也让这段文字更有节奏。分析是对特蕾莎表述的回应。语言的节奏再现了经验的形式和情感。下面的例子也唤起了写作分析性文字时的经验。

持续的危机。看不到解决的迹象。问题不断产生，疾病持续恶化。混乱……南希·斯文森……有时觉得快活不下去了。而且，她觉得要被其他日常的问题压垮了。随着她妈妈大小便失禁，情绪反复无常，家里的条件进一步恶化。南希的病情再次发作时，她说，"我只是过一天是一天。"当我问她，那对她来说是怎么回事的时候，她解释说：

混乱不堪。现在情况太混乱了——房子里一片狼藉——没有一个地方我可以让自己的心安定下来……食品救济局说他们多付了我工资，让我现在必须还他们。综合服务中心的人问我,因为有我妈妈,我得到了些什么帮助,然后他们就不让我住这里了。如果你家里没有孩子的话,福利机构对你是不会感兴趣的……在艰难的日子里,活一天是一天是唯一拯救我的方式。(p.188)

【316】 在这段关于"混乱"的摘录中,片段和短句子的处理类似于"声音和自我"那部分的处理。这两部分摘录的措辞都让读者对故事感同身受。然而,我希望每个摘录都让读者感觉到不同的重点和意义。关于"声音和自我"的句子片段,断断续续,再现了特蕾莎的痛苦,随着她突然意识到她的遭遇而不断发展。同时随着声音、自我、身体和激情之间的关系进入视野,读者的意识也在发展。相比之下,在"混乱"摘录的片段,再现的不幸感出现太快以至于来不及理解,更不用说控制了。这些语言再现了被压垮、无能为力的经验。读者看到了,当生活被混乱主宰,希望消失时,是怎样一种情形。

这两段摘录都包含了我想要读者理解的描述。在每种情况下,我从描述中提炼出足够的细节,为分析提供相关背景信息。

类比和比喻可以解释包含在一个类属中的默认意义和情感(也可见 Charmaz & Mitchell,1996;Richardson,1994)。为支持"失去和重获有价值的自我"中建立声音、损失和自我之间的连接,我扩大了对隐喻的使用,使其包括了其他音乐术语。因此我把如"同步""节奏""声音"和"歌曲"等词语放在分析的要点里。下面的句子采用了音乐术语,将传记中的损失和转折点连接了起来。

· 创伤打乱了过去的节奏。(p.177)
· 在几秒钟之内,谈话的节奏加快了,标志着危机和损失惨重。(p.180)
· 严重的疾病让他们不能与生活的节奏同步。(p.180)

下列句子对歌曲和声音使用了隐喻。第一句传达了声音在特蕾莎生活中的中心地位。后面的句子传达出了损失的大小。

· 通过声音,特蕾莎的灵魂可以唱歌。她可以让最真实的自我被听到——成为现实。(p.182)
· 悲伤的声音与让人震惊的沉默交替出现。(p.181)
· 运动队让盖尔去恢复手臂,但手术却让特蕾莎的声音沉默了。(p.185)
· 他们不必费力去倾听他们的身体。他们的身体自己会说话,但不能唱歌。(p.180)
· "声音的观众"变成了"视觉的观众",也变成了"被解雇的观众"。(p.189)

简练的语言和直接的观点会使理论具有可读性。你对作家技巧的使用程度取决于你的写作任务和读者。博士项目的老师希望你写成著作,而不是一篇论文,采用这些策略会加快你的工作。对于一篇备用的理论文章,要尽量少使用这些技巧。理论是嵌入叙述中还是用简要的语言凸显出来,要看你的任务是什么,以及如何表达你的任务。当理论交织在叙述中时,会更容易被接受,但也更难于被识别。

其他一些策略也会使你的写作更具可读性。抓住经验的节奏和速度,你会把这些节奏和速度再现在写作中:

· 习惯的语言是沉默。(Charmaz,2002 b,p.31)

· 扎根理论处在"质性革命"的前沿(Denzin & Lincoln,1994,p. ix)。(Charmaz,2000,p.2000)

问句有助于把主要的观点联结在一起,或者引导读者。反问会加快节奏,并让 【317】 人关注之后的要点。你可以以新颖的方式使用问句。你也可以站在读者或研究对象的角色或立场上,像他们那样提问。

· "失去自我"是什么? 它是如何与"中断的自我"和"改变的自我"联系起来的? 哪些经验导致"失去自我"? 遭受"失去自我"的人如何恢复"有价值的自我"?

· 此刻特蕾莎的痛苦变得沉默了吗,被这令人生畏的事件压抑了吗? 语言可以表达她的感受吗? 她能表达她的悲伤吗? 意识到真相的那一刻是怎样影响她后面的行为的?

· 特蕾莎放弃了对声音的拥有,那曾经使她独一无二的声音。在这一刻她生命中最重要的问题改变了。没有了歌唱,生活能是什么样? 没有了歌唱,生活会是什么样?

努力去平衡表述的逻辑(the logic of exposition)和理论化经验的逻辑。作者可以使用线性逻辑去组织他们的分析,使经验能够被理解。然而,经验不一定是线性的,也并不总是以清晰的界线来划分。比如,对疾病的体验,更不用说其螺旋式结果,并不总是完全适合一个线性的发展过程。

考虑一下文章的节奏和语调。想一想你什么时候需要改变文章的节奏和语调,以及怎样去改变。当你带着读者进入一个主题时,你要确定一个基调。提供既适合你的观点也适合你的语调的证据。下面的摘录来自我对"疾病故事与沉默"的分析。

马庭林(Mattingly,1998)认为,故事是社会设定的(socially enacted),并通过相互设定(mutual enactment)而展开。然而,叙事的断裂可能会在每个转弯处刺穿共同意义的表象。不同的行动者可能会有不同的叙事起点。一位认为自己患有间歇性严重身体障碍的女性，和她丈夫相比，采取了完全不同的叙事起点。她丈夫认为她身体状况良好，只是偶尔被疾病折磨。不同的行动者可能会为故事演绎带来不同的事实、情感和利害关系，因为他们可能会构造不同的故事。即使是同一个故事，对于这个人可能构成了叙事的情节，对于另一个人可能只是转瞬即逝的片段。一个女人认为她全身哪里都不舒服，但对于她上大学的儿子来说，这些都是看不到的。她看不见的身体不适是和她的魅力混在一起的，这让他们忽略了她每天的挣扎。她说，"他们只有在我起不了床的时候，才认为我生病了。"（Charmaz，2009c，p.243）

对于扎根理论研究者来说，一个故事并不只是故事本身。相反，我们要用故事服务于我们的分析。一篇文章的力量依赖于分析的范围、深刻性和有用性。

沉默可能是被强加的：有些人是被迫沉默。一旦沉默是被强加的，病人就可能会选择它，而不是冒险去自取其辱。例如，一个女人因为乳腺癌相继进行了乳房切除。化疗和放疗使她病倒了。尽管她体重骤减、秃顶、精力衰减，朋友和家人仍然没把她的病当回事。她说，"对于我父亲和他的妻子来说，克服它就行了，玛莎，这就像我牙痛或者耳朵疼一样，克服它就行了。我的意思是，他们根本没有给予支持。"这样的经历迫使患有严重疾病的人沉默了。同样，如果持续的痛苦没有得到医疗确诊，那么被贬低的道德地位也会导致沉默。（Charmaz，2009c，pp.245-246）

【318】

现在考虑一下作者的声音。我在前面的章节提到，扎根理论的分析性强调会产生沉默的权威，会充满这样的假定——表述是中立的、客观的，以及作者不在场（Charmaz & Mitchell，1996）。但是，完整的扎根理论没必要是无声的、客观化的记录。我们可以把我们的观点交织在文本中，描绘一种奇观、意象和戏剧的感觉（portray a sense of wonder，imagery，and drama）。

上面的例子表明，即使是扎根理论研究者也没必要像技术员那样干巴巴（disembodied）地去写作。我们可以把激发想象的写作融入叙述中去。上面的摘录中，我的声音遍及整个过程并说服着读者，虽然我作为场景和故事的解释者，是处在背景中的（也见于 Charmaz & Mitchell，1996）。作者通过选择语言、语调和节奏，使得经验的呈现成为他们自己的呈现。作者的声音反映了研究者对被研究现象的参与，它并没有再生产这些现象。但是通过仔细再现研究对象的经验，我们发现了主观性的集体性（collective）。

小结

　　写作是一个社会过程。可以发挥朋友和同事的作用,但是首先要为你自己和你的扎根理论写作。你现在不是专家,理论是你的。在撰写文章时,让老师和以前研究者的声音减弱下来。一旦形成自己的核心观点了,再把这些声音拉回来。向你的导师和关系密切的同事征求建设性批评。无论是论文还是文章,在你提交稿件接受评议之前,寻求他们的帮助。然后,要对他们的评论进行批判性评价,并愿意重新思考、修改和加工。那意味着不仅仅是装饰性的修补,还可能是重新设计核心观点。比如,导师可能提出某个严肃的批评,而你对此并不同意。那么你不仅要考虑批评的内容,还要考虑是什么导致这一批评。很有可能是表述含糊、概括笼统或者逻辑有漏洞削弱了你的论证,从而使你的导师亮起了警示灯。你可以修复这些问题,避免延误以及以后后悔,特别是在交付发表阶段。数据可靠和想法有趣的研究遭到拒绝的一个共同原因就是:太早把作品拿去发表。

　　认真对待早期的批评,并不断修改草稿,你会提交一件经过打磨的作品,那会使你的扎根理论光彩夺目。每一次修改都会让你的稿件更有力、更清晰、更有说服力。在你完善草稿时,下一章中的"扎根理论研究的标准"会帮助你提升稿件水平,并预测评论者的关注点。同时,让你享受在这个过程中的发现。

第 12 章

反思研究过程

【319】　　　在旅程的最后,让我们回顾一下我们所走过的每一步,展望一下扎根理论所能产生的影响。可能这样一些问题仍然存在,什么才是扎根理论,什么时候它是一种不断发展的方法,而什么时候它又是别的东西。从本书的第一版出版以来,建构扎根理论已经成为一种广为人知的方法,并产生了很多研究。最近的两项新发展值得一提,因为它们提供了扎根理论的新路径:混合方法研究和社会正义研究。在到达目的地之前,我们停下来思考一下扎根理论给我们带来了什么。我们即使不认可特定的知识理论或现实观点,也可以采用这些方法论工具和策略。然而,这些工具和策略的意义以及它们的相对有用性,对于全世界的扎根理论研究者来说可能有所不同。于是,我和国际研究人员开始了一场关于扎根理论的对话,讨论他们在使用和讲授扎根理论中的经验。在本书最后,我再次呼吁,要建立方法的实用主义基础,在未来的研究旅程中继续实现我们的探究使命。

在本章,我们将结束穿越研究过程的旅程了。在这个过程中,我们收集数据,通过编码对它们进行分类;接着,通过撰写备忘录,我们开辟新的分析路径;通过理论抽样,我们拓宽研究道路;通过分类和整合类属,我们确定发展扎根理论的方向;最后,通过写作,我们探究了呈现成果的方式。如何理解这一旅程? 怎样评价已经完成的扎根理论? 扎根理论方法会把我们带到哪里? 我们之间的路径和目的地有何不同? 为了更好地理解这些问题,我们需要通过前面的章节回顾一下我们的旅程。

扎根理论的核心：有争议的版本及修订

当你反思关于扎根理论的观点时，想一想是什么构成了扎根理论。每个人都"知道"扎根理论是关于什么的，然而，它们是否有着共同定义和基本假设呢？扎根理论这一术语从 1967 年产生以来，就充满了多义性，同时充斥着大量的误解，也被许多相互矛盾的版本搞得更加复杂。许多关于扎根理论的论述模糊了"作为过程的方法"和"作为产品的理论"之间的区别。那么什么是扎根理论呢？我们怎样将已完成的作品定义为一个扎根理论？哪些属性、目标和策略构成了该方法的核心？哪些是不断发展的扎根理论方法，以及什么在不可避免地改变着它？

扎根理论方法的生成性建构和作为生成性建构的扎根理论

当我们思考如何定义扎根理论方法时，可能会考虑采取一种具体的哲学立场，一种探究的具体逻辑，一套程序或者灵活的指导原则。所有这些观点都意味着，扎根理论的定义属性存在于研究者和研究过程之外。但是，已完成的扎根理论是生成性的（emergent），扎根理论方法自身是开放的，并依赖于生成的过程，而且研究者对概念的不断生成性建构（emerging constructions）既形成了过程，也形成了产品。

我在本书中的观点是，扎根理论方法的力量存在于它们的灵活性中，一个人必须通过使用这个方法来使这种灵活性变成现实。研究者不必把扎根理论作为有关数据收集、分析、理论偏好以及认识论立场的僵硬规定，反而可以充分利用这一方法的灵活性。批判现实主义作为一种与扎根理论相结合的方法，证明了这一方法具有多功能性。

我们可以把扎根理论看作是通过互动出现的生成过程的产物。研究者从互动的结构中建构了他们各自的作品，包括看到的和实际经历的。下面的几点概括了我的建构主义立场：

- 扎根理论研究过程是流动的、互动的和开放的。
- 研究问题会影响最初数据收集方法的选择。
- 研究者是他们所研究内容的一部分，和他们所研究的内容不可分割。
- 扎根理论分析塑造了概念内容和研究方向。
- 生成的分析可能会引导你采用多种数据收集方法，并在多个地点进行探究。

　　·通过比较分析进行连续抽象,构成了扎根理论分析的核心。

　　·分析方向来自研究者与比较(comparisons)和生成性分析(emerging analyses)的互动,以及对它们的解释,而不是来自外部规定。

【321】

扎根理论中比较方法与互动的统一

　　扎根理论方法依赖于连续比较法以及你的参与。这两者构成了这一方法的核心。在数据、代码和类属之间进行比较会推动你的概念性理解,因为是你定义了你的类属的分析属性,然后对这些属性进行了严格的审视。当你问"这些数据会成为哪些理论类属的例子"时,你的分析就变得更加具有理论性了。随着探究你的类属和人们生存的基本方面(如社会关系的本质,选择和限制,个人和制度,行动和结构之间的关系),你的研究工作也变得更加理论化了。

　　比较方法给了你基本的工具,不过是在不同水平上、以多种形式发生的无数互动形成了你扎根理论的内容。最后,生成的内容决定了你使用这些工具的方法。你的扎根理论旅程依赖于互动——来自你的世界观、立场和处境,产生于研究现场,在你和你的数据之间发展,随着你的观点的生成,返回现场或选择新的现场,并继续和你的学科以及实质领域进行对话。为了进行互动,我们要理解我们的环境,评价在这些环境中发生了什么,借助语言和文化来产生意义和形成行动。简而言之,互动是解释性的。

　　的确,长期以来,对于质性研究中数据收集的解释性特征,一些研究者一直心存担心。定量研究者已经对质性数据的可靠性提出了疑问,因为这些质性数据是建立在直接互动的基础上,最后又是由独立的可能有所偏颇的质性研究者记录下来的。试图解决这些问题的质性研究者极力和他们的研究保持一定的距离。这种担忧引发了关于解释在后续分析中占什么地位的争论。但是,质性研究者越来越多地把整个研究过程看作是解释性的,并对其采取反思的立场。

　　客观性的外衣掩盖了过去的扎根理论,使得人们看不到扎根理论互动的力量。在当代更具反思性的模式中使用扎根理论,会让你和你的数据以及生成的理论之间发生互动。这是通过推动抽象解释来实现的。从在初始编码和备忘录中进行的尝试性解释,到已经完成的项目,扎根理论方法能够抓住你转瞬即逝的想法和即时性问题,让你在分析性写作中赋予你的想法以具体的形式。

　　当然我们可以看到这些力量与格拉泽和斯特劳斯(Glaser & Strauss,1967)关于扎根理论逻辑的最初陈述之间存在着连续性。他们的论点和广大的读者是有共鸣的,其中包括了各种各样的研究者,既有社会建构主义的支持者,也有客观主义的支持者。我对建构主义的重视使扎根理论从客观主义基础中解放了出来,把扎根理论带入到研究情境和探究过程中。我们是站在研究过程之中的,而不是研究过程之上、之前或之外。

如何定义扎根理论？ 【322】

当我们想确定扎根理论的定义属性(defining property)时,就进入了一个含糊的领地。扎根理论的分析目标和关注点在什么程度上构成了它的定义属性？从建构主义的视角来看,研究者可能用扎根理论方法来追求不同的生成性分析目标和焦点,而不是追求预先确定的目标和焦点,比如一个单一的基本社会过程。

建构主义方法能够激发扎根理论方法产生多种分析和多种实质性问题。当格拉泽(Glaser,2005)认为扎根理论是"解决一个主要问题的理论",可以通过多种方法进行理论编码时,他提供了对扎根理论的一个极好应用,但并不是唯一应用。就这点而言,什么构成主要问题取决于个人观点。建构主义非常重要。谁来定义这个主要问题呢？用什么标准？谁的定义会被坚持？要注意,解决这些问题要把主要问题作为待定的,而不是作为确定的,要把权力和控制带到分析中去。扎根理论为我们提供了工具,能够对某个特定情境进行不同的建构,或提出不同的定义——这些定义是在行动中显示出来的,而不仅仅是在重构的表述中得到说明。

扎根理论必须把经验现实抽象到一般水平吗？不是。通过仔细的对比,我认为,把扎根理论定位于(situating)社会的、历史的、当地的以及互动的背景中会强化理论。这样的定位允许在研究之间进行细微的对比。最后,这些比较能够产生更为抽象的——而且吊诡(paradoxically)的是,更为普遍的——理论。这里的普遍性来自对大量特殊性的详细审查,而且在形成实质理论之后,普遍性还可能包括对多个研究结果的分析和概念化,从而建构一个形式理论。

普遍性来自分析过程,而不是把普遍性作为一个确定的目标。当你定位你的研究,并让普遍性来自分析时,你就克制了把数据强行放到你最喜欢的分析类属中的倾向。正如我在前面所指出的,把扎根理论研究放在具体环境中也会减少引入先入之见的可能性,比如关于人们的意图、行动和意义的假设,并尽量减少未经审查的民族、性别、阶级或种族偏见渗透进分析中来。

分析的形式能够把进行"真正的"扎根理论的研究者和那些只是宣称使用了

这一方法的人区分开来吗？并不尽然。一个完整的扎根理论一定是变量分析吗？不。它是模式关系的概念分析吗？是的。它会忽略模式以外的关系吗？不。这些关系提供了了解过程或类属中的变化以及其他解释的途径。此外,这些关系可以将扎根理论与更大的结构联系起来。具有讽刺意味的是,传统扎根理论会让研究者将那些不适合生成性类属的数据和细节的重要性降至最低,随后把数据强行放入其类属中。

对扎根理论研究为数不多的批判性反思谈到了这一点。卡罗琳·埃利斯(Carolyn Ellis,1986)认为,她的扎根理论焦点使她把民族志的细节强行放到她的生成性类属中,结果是,她的类属具有了解释的价值,但"呈现的生活相比实际日常经验更加绝对(categorically)了"(p.91)。你可能认为,这个问题可以通过使用修订标准来得到解决。但是会这样吗？研究者多久以后才会进行后续研究,去改变一个类属,或形成不同的理解？埃利斯在她的研究之前和研究过程中,对这个社区参观过很多次。在作品发表3年后,她重访了这个社区,却遇到很多问题,是后来的反思激发了她新的见解。研究者在他们各自的领域里所进行的参与是有限的,他们认识不到自己类属的有限性。如果没有这样的认识,研究者就不会遵循可修改性标准(the criterion of modifiability)。同时,理论的有用性会降低,或者更糟糕,会产生出根本没用的公共政策或专业政策。

【323】

扎根理论要对数据进行比较,向上建构抽象理论,同时向下把这些抽象理论和数据联系起来。它意味着要了解具体和一般——而且要看到其中新的东西——然后考察与更大问题的关系,或者产生更大的未曾发现的总体性问题。一个具有想象力的解释会激发新的观点,并把其他学者引向新的视野。扎根理论方法能够提供深入研究的途径,并提供具有想象力的解释路径。

扎根理论与方法论最新发展

关于混合方法研究

混合方法通常结合了质性方法和定量方法,包括各自的视角、分析和推理形式,以获得理解的广度和深度,并确证每种方法的发现(Johnson, Onwuegbuzie, & Turner,2007)。尽管如此,莎林·海塞-比伯(Sharlene Hesse-Biber,2010a,2010b,

2010c)、贾尼斯·莫尔斯和琳达·尼豪斯(Janice M. Morse & Linda Niehaus,2009)建议,混合质性方法应被视为不断发展的混合方法趋势的一部分。他们的观点和扎根理论方法是完全一致的。一个生成的扎根理论需要的不只是一种类型的数据,它可以将多种类型的分析吸纳进来。我在这里强调的是,质性—定量方法存在的区别,源自它提出的问题。质性—质性和质性—量化方法的主要目标,对于那些发展和推进混合方法的人来说是相同的。他们的目标是展示方法的整合,并创建一个完成的作品,以表明整体的方法比只使用单一方法更好(Barbour,1999;Bryman,2007)。

　　然而,在实践中混合方法代表什么,往往是不清楚的。许多研究使用多个方法,但既不能整合方法,也不能整合结果。研究者常常把混合方法的质性部分当作是另一种数据收集形式,而不考虑数据分析的形式。罗莎琳·巴伯(Rosaline Barbour,2008)指出,一个方法项目的质性部分通常包括,为了公共关系目的而在调查中添加一些开放性的问题,而不是为了严肃的分析。贾尼斯·莫尔斯(Morse,2011,p.1020)注意到:

　　　　大多数的混合方法设计是定量方法驱动的,附加几个访谈或焦点群体作为质性研究补充部分。我一直惊讶于这些项目定量研究部分的复杂和质性研究部分的薄弱。

　　巴伯和莫尔斯对过去和现在的混合方法实践进行了恰当的评价。然而,随着【324】这种方法发展成为方法论场景中的主要力量,预示着混合方法研究将变得更加复杂。扎根理论有很大潜力对方法论和实践做出重大贡献。正如 R.伯克·约翰逊、玛丽莲·W.麦高文、丽莎·A.特纳(R. Burke Johnson,Marilyn W. McGowan, & Lisa A. Turner,2010)指出,扎根理论特别适合混合方法研究。

　　扎根理论的归纳、迭进过程可以补充方法之间的移动,以及结果的混合。质性扎根理论研究中的归纳、迭进过程可以引导研究人员寻求定量数据。在形成一个分析后,扎根理论研究者可以让生成的理论框架服从于定量检测(Hesse-Biber,2010b,2010c)。定量研究人员可以采用扎根理论来帮助他们完善调查工具。当扎根理论研究者对那些有趣的但不成熟的定量反应(quantitative responses)进行质性研究时,混合方法研究会很受益。混合方法设计如果在某种程度上能够适应理论抽样,那么项目结果将会更有力。

　　在混合方法的项目中整合扎根理论研究会出现一些问题。扎根理论的生成逻辑可能意味着在研究过程中添加或放弃一个方法。实际的操作流程可能使这些改变变得更加困难,尤其是在对每个项目都要进行好几层评审的大型机构。值得注意的是,先入为主的调查所产生的问题会持续,因为在大型资助项目中进行混合方法研究时,研究人员经常需要让每个研究工具提前获得批准。

混合方法可能会分裂、碰撞,或凝聚在一起。当然,相当常见的是,增加了一个方法但没有混合使用。研究者是否可以整合所发现的结果,在生成性质性研究中是不能被预测的。扎根理论的具体案例在混合方法研究中也会产生有趣的认识论问题(参见 Hesse-Biber,2010b),而且如约翰逊等人(Johnson et al.,2010)所强调的那样,必须予以考虑。在我看来,相比建构主义扎根理论,客观主义扎根理论与定量方法的认识论有着共同的假设,在混合方法中出现的问题会更少。这一点并不会减少建构主义扎根理论对丰富混合方法的实质贡献和潜在贡献。

约翰逊等人(Johnson et al.,2010)表明,许多混合方法研究的质性成分依赖于建构主义假设。在对扎根理论与混合方法匹配情况的分析中,他们根据主要方法是质性的、定量的,还是二者平等使用的,对混合方法项目进行了分类。他们认为,建构主义是质性混合方法项目的基础,而后实证主义哲学则推动了定量混合方法研究。

这些作者接触到了问题的根源,因为他们认为,混合认识论是有问题的。从他们的分析看,争议是围绕平等地位混合方法研究(equal-status mixed methods research)进行的。约翰逊等人(Johnson et al.,2010)发现,要进行平等地位混合方法的研究,有必要进行大量的培训,因为它要求对质性和定量两个方法都有全面的了解。这会将扎根理论从混合方法中分离出来吗? 根本不会。扎根理论可以为各种形式的混合方法研究做出贡献。正如约翰逊等人建议,它意味着,研究者必须清楚【325】他们的假设、研究目标、专业知识及方法论决策。对于这些作者,扎根理论能够连接理论生成与理论检验,整合理论和实践,并把经验的解释性理解(interpretive understandings)与普遍化(generalizations)和说明(explanations)结合起来(Johnson et al.,2010,p.65)。

在我看来,无论是混合还是组合——是有着定量成分的质性驱动,还是有着质性成分的定量驱动,或所有这些成分之间的排列组合——有效混合方法研究的标准,取决于研究产品在分析上的一致性、整合的调查结果以及对研究问题的启发性。这些标准是否意味着,研究人员在开始之前就必须保证混合方法的有效结果? 不,他们不能。扎根理论的生成性逻辑排除了这样的保证,偶然的定量发现可能会取代预期的成果。不同的发现,特别是解释性理解和可测量的反应之间的不同发现,是非常重要的,当然值得进一步探究。

建构主义扎根理论特别适合分析解释性理解,因为它从尽可能采取内部人的视角开始。然而,并不是所有的扎根理论研究者和所有的质性研究人员都打算从内部人的视角出发,并以解释性理解为目标。这一点在混合质性研究和定量研究中都可能造成困境。当研究人员使用与他们分析方法相反的数据收集方法时,就可能出现伦理问题。琳达·麦克马伦(引自 Wertz et al .,2011,p.395)指出,当研究人员带着同情进行访谈,并以理解为目的,但分析访谈时使用的方法并不能呈现这些经验时,就会产生伦理问题。

向混合方法的转向,促使重新关注数据收集和数据分析的传统方法。我们收集哪些数据,如何收集,我们需要什么样的分析方法,这些都在我们的范围内。早些时候的混合方法讨论把质性研究作为单一的实体(即主题分析式的访谈)正屈服于更微妙的考虑。未来十年技术上的进步,可能会产生进行混合方法研究的新方法。奈杰尔·菲尔丁和扎根理论研究者塞萨尔·西斯内罗斯-普埃布拉(Nigel Fielding & César Cisneros-Puebla,2010)已经将计算机辅助质性数据分析软件和地理信息系统方法整合在了一个创新的混合方法中。最终,什么样的数据收集方法不仅能够推动研究人员具体目标的实现,也能够推进混合方法研究的发展,都将取决于研究实践的开展。

转向社会正义研究

质性研究人员越来越多地采用扎根理论方法研究社会正义问题(social justice issues)(例如,Dixon,2007;Karabanow,2008;Keane 2011a,2011b,2012;Perhamus,2009;Timonen,Conlon,Scharf,& Carney,2013;Thornberg & Elvstrand,2012;Veale & Stavrou,2007;Wasserman & Clair,2010,2011),社会正义研究转向不断得到主要质性研究者的支持(见 Birks & Mills,2011;Denzin & Lincoln,2005,2011;Gilgun,2010;Hesse-Biber,2012a,2012b;Madison,2011;Padgett,2009)。正义和非正义不仅是人们为具体目的定义的抽象概念,还反映了通过一次又一次行动而实现的既定过程(enacted processes)。 【326】

通过采用扎根理论方法研究关于社会正义的实质性问题,推动了扎根理论的发展,也推动了社会正义的研究。社会正义研究的批判立场与扎根理论的分析重点结合了起来,拓展和细化了探究范围。这些努力将主观经验和集体经验定位在更大的社会结构中,提高了对这些结构如何运作的理解。这样,引入批判性立场可以纠正扎根理论研究的狭窄性和有限性。狭窄的关注点和有限的经验材料都不是方法本身的一部分。我们不能把早期研究人员使用方法的方式和方法本身混为一谈。

扎根理论可以提供分析工具,使社会正义研究既超越描述层面,同时又锚定(anchored)在各自的经验世界。因此,对于不公正形式或公正形式的发展、变化或继续的条件,扎根理论研究者可以提供整合的理论陈述。

扎根理论方法和社会正义研究都符合实用主义者对于过程、变化和可能结果的重视。实用主义承认,现在的真实性来自过去,但又不同于过去(Strauss,1964)。新经验会产生新的解释和行动。这种生成性观点可以使社会正义研究人员以新的方式研究变革,扎根理论方法可以为他们研究变革提供工具。显然,社会正义领域的许多研究都是客观主义的,都来自标准的实证主义方法。建构主义扎根理论提供了另一种选择:一种系统的社会正义研究方法,它促进了主观经验与社会条件的整合,正如越来越多的研究所证明的那样(见 Bainbridge,Whiteside & McCalman,2013;Choi & Holyrod,2007;Daub,2010;Furlong & McGilloway,2012;Jacobs & Taylor,2012;Mishna,Saini,& Solomon,2009;Shiao & Tuan,2008;Veale & Stavrou,2007)。

对社会正义的兴趣意味着会对这些主题感兴趣:公平、公正、平等、民主进程、地位和等级、个人和集体权利和义务。它意味着思考作为人类、创造良好社会和更好世界,以及国家和世界公民意味着什么。它涉及探索共谋和共识、选择和限制、冷漠和同情、包容和排斥、贫困和特权、障碍和机会之间的张力。这也意味着要对行为、组织和社会制度采取批判的立场。社会正义研究需要关注现实和理想。因此,有争议的"应该"和"应当"的含义就开始起作用。与过去的实证主义不同,这些研究人员公开把他们的"应该"和"应当"带入到话语研究中。

为了更有说服力,社会正义研究需要不同受众能够同意那些代表经验世界的数据,而且研究人员对这些数据进行了公平的评价。我并不是说我们要使数据具体化、客观化、一般化。相反,我们必须从收集充分的实证材料开始研究,因为社会正义研究可能引发争议,出现有争议的结论。因此,我们需要对数据确定清晰的界限和范围。定位数据可以为理论洞见加强基础,为评价论点提供证据。评论家可以根据其本身的优缺点评价作者的观点。他们看到证据和观点之间的直接联系越多,他们就越会被说服。实证主义挥之不去的霸权仍然让有争议的研究受到怀疑。强有力的经验基础对于社会正义研究者和扎根理论研究者来说都是获得可信度的第一步。因此,严格的混合方法研究在社会公正研究中会特别有用。

【327】 在社会公正研究中采用扎根理论策略意味着,我们不能引入一组诸如霸权、统治这样的概念,并将其生硬运用到这一领域的现实中。相反,我们可以把它们作为敏感性概念,开始调查和评估是否、何时、如何、什么程度、在哪些条件下这些概念与研究相关。我们需要把概念当作是有问题的,找到它们实际的、可被理解的特点,而不是教科书中给出的那样。

扎根理论研究可以显示不平等是如何在互动中和组织中发挥作用的。诚然,种族、阶级和性别——以及年龄和残疾——无处不在。然而它们是有争议的社会结构,以不同的方式被唤起和重构;它们不是静态变量(Olesen,2005,2011)。它的成员如何对其进行定义? 它们如何以及何时影响场景中的行动? 同样,研究人员必须定义研究对象如何、何时,以及在多大程度上构建和实施权力、特权和不平等(见 Pru,1996)。采用给定的这些概念的含义,会破坏扎根理论的使用,影响其形成新的见解和想法。

社会正义问题可以让我们以新的方式观察大的集体经验(large collectivities)和个人经验(individual experience)。几个重点很突出:资源、等级、意识形态以及政策和实践。

第一,现有的、部分的或缺少的资源——无论是经济的、社会的还是个人的——都会影响互动和结果。因此,信息和权力就是至关重要的资源。玛莎·努斯鲍姆(Martha Nussbaum,1999)认为,人们对资源的需求各不相同,在不同的时间需求也会不同,能力不同需求也会不同。有残疾的老人比别人需要更多的资源,比他们自己早些年也需要更多。在我们所研究的经验世界,什么是资源? 谁定义了它们? 对于场景中的行动者,它们意味着什么? 哪些资源(如果有的话)是理所当然的? 谁认为理所当然? 谁控制了资源? 谁需要它们? 根据哪个标准? 正如在环境中所观察到的,控制资源和处理这些资源的意义何在?

第二,任何社会实体都有等级——通常有好几个。它们是哪些? 它们是如何发展演化的? 对于行动者有哪些利弊? 这些等级声称服务于什么目的,实际服务于什么目的? 谁从中受益? 在哪些条件下可以受益? 等级是如何与权力和压迫发生关系的? 如果存在的话,对种族、阶级、性别和年龄的定义,在具体等级中和/或在特定层级中是如何聚集(cluster)的? 哪些道德理由支持观察到的等级结构和个人生活?

第三,意识形态在每个群体中都大量存在,都分别服务于特定利益,而不是其他利益,尽管内在于意识形态的道德合法性可能仍然是毋庸置疑的。人们定义为真实的东西表达了他们的意识形态信念,并暗示了他们的行动。这些信念是什么呢? 一个组织的成员是否认同不同的意识形态? 例如,护士、社会工作者和理疗师的专业意识形态,可能会引发有关病人护理的冲突。意识形态如何改变,何时会改变? 【328】

第四,社会政策和实践的后果是在集体和个人生活中实现的。结构和过程是一致的(converge)。规则是什么——不言而喻的规则与显性的规则各是什么呢? 是谁设计或执行的? 是如何设计和执行的? 规则反映了谁的利益? 是从谁的观点来说的? 规则和日常实践是否对特定群体的个人产生了负面影响? 如果是这样,他们意识到这些了吗？他们意识到和没有意识到，又意味着什么？不同的参与者在多大程度上以及在什么时候支持这些规则以及由此产生的政策和实践？什么时候他们会有争议？什么时候他们会遇到阻力？谁会抗拒，抗拒可能产生什么风险？

通过提出这些问题，我的目的是激发思考，并建议采用不同的方式，批判性探究和扎根理论研究也可以加入其中。符号互动论者在推进这种努力中已经有所作为，他们指出了展示结构性不平等微观后果的方法（Anderson & Snow，2000；Marvasti & McKinney，2011；Morris，2012；Schwalbe et al.，2000；Wolkomir，2001，2006）。让批判性探究和扎根理论结合起来，进一步推动这些努力。

全球视野中的扎根理论

扎根理论已影响到了世界各地。正如本书所强调的，世界各地不同的学科和专业的研究人员已经都在采用这种方法进行质性研究。和佩蒂·阿拉苏塔瑞（Pertti Alasuutari，2004）对英美主导质性方法形成的批评（也见，Gobo，2011）相一致，扎根理论具有北美研究逻辑和调查方法的鲜明标签。格拉泽和斯特劳斯（Glaser & Strauss，1967）形成扎根理论的历史时刻，发生在 20 世纪 60 年代末社会骚乱的前几年。在资本主义时代，在美国，种族、阶级和性别中的等级被认为是理所当然的，政治和经济的优势地位超越了其边界，正是在这种背景下这一方法出现了。

与其他研究方法一样，扎根理论在输出具体策略的同时，也输出与被研究者的生活相关的文化、世界观、看问题的视角。方法的框架构成了研究过程发展的立场。这个框架所产生的具体内容是从框架中分离出来的，并具体化为真理。也许具有讽刺意味的是，研究人员使用扎根理论去识别社会之间以及社会内部的文化差异（Shakespeare-Finch & Copping，2006），但是它自己的文化根基却一直不是很清晰。

【329】国际研究人员可能有着不同于扎根理论起源的国家和文化背景。① 这些研究者在使用扎根理论时经历了什么？他们的研究背景和学科关注点是如何与他们的文化传统和国家发展趋势相结合的？

为了说明这些问题，我引用了一些在国际环境中使用扎根理论的书面方法论和

① 稍后会分享对这个问题的讨论，诺曼·邓津（Norman Denzin，2007，2010）提到了知识的政治基础，琳达·图赫瓦·史密斯（Linda Tuhiwai Smith，1999）在发展反殖民主义方法的开创性工作中有具体的表现。

自传性陈述,特别强调了来自使用和讲授扎根理论的国际同事的简短评论。① 他们的评论包括个人关于文化和背景是否以及如何影响他们对扎根理论使用的反思。

后殖民主义的影响

一个社会的社会条件构成了开展研究的沉默框架(a silent frame)。一个社会的社会结构和历史条件,影响着关于某个主题研究人员可以研究什么、潜在的研究对象是否以及如何参与其中,会出现什么样的研究环境。后殖民主义的阴影仍然存在于社会中,因为更强大国家的统治地位仍在影响着日常生活。殖民主义的过去影响着扎根理论的现在,在多大程度上仍然影响未来尚不清楚。塞萨尔·西斯内罗斯-普埃布拉认为,从属地位仍在继续。他写道:

> 在不同意义上,墨西哥在经济、政治、文化、科学和技术上一直处于从属地位。墨西哥永远是一个被殖民的国家。即使从后殖民和批判的角度来看,也可以说,这样的从属角色对我国社会科学研究的开展和实践也产生了至关重要的影响。

在后殖民国家,扎根理论研究者的边缘化程度甚至会影响着他们是否将边缘化定义为研究实践的制约因素。如果研究者不认为自己或他们的国家被边缘化,他们的观点就会与西斯内罗斯-普埃布拉的观点形成对比。伊莱恩·基恩把爱尔兰定义为一个后殖民国家,但并不认为它的后殖民身份限制了扎根理论方法。她认为:

> 我发现,很难看出爱尔兰文化对理解或使用扎根理论方法有什么特别的影响。考虑到和爱尔兰文化的"契合",有人会说,作为一个后殖民国家,爱尔兰文化可能对古典方法的客观主义本体论深恶痛绝,而更符合建构主义方法的情境理论。然而,对这种本体论的拒绝和对建构主义方法的拥抱,肯定不是爱尔兰文化所独有的!

也许共享同一种语言缓冲了后殖民主义对研究的影响,并提供了一个理所当然的框架。基恩还提供了在调查实践层面上影响扎根理论探究的其他重要线索。她根据自己的偏好和项目需要调整了这一方法。因此,她的目的影响了她对扎根理论的使用,影响了她对研究环境的建构。

---

① 我对扎根理论写作和教学的参与阻碍了对这一课题的研究。因此,我介绍了一些国际学者关于他们使用和讲授扎根理论方面的经验。这些学者代表了不同的国家和从博士生到高级学者不同的职业发展阶段。对他们中的大多数人来说,英语是第二或第三语言。

【330】 　　　我不会说,我已经将扎根理论方法改造得更适应爱尔兰文化传统。然而,我认为有必要使这些方法更好地适应:a)我在研究方法哲学基础方面的信念,b)我研究主题的社会正义取向。两者……都需要拒绝经典方法中明确的客观主义本体论,并深度参与建构主义改良形式。此外,由于我的研究具有社会正义取向,我在理论抽样阶段让研究对象参与了进来,我希望在我的研究中他们能够尽可能多地参与其中。

　　　基恩的言论表明,采用这种方法来自她明确的目标,但是也通过参与经验世界来体现。

数据收集与文化背景

　　　复杂的研究关系影响扎根理论研究者的数据收集策略,特别是当移民越来越多地采取全球视野,社会变得越来越文化多元的情况下。随后,多元而相互冲突的文化规则、信仰和价值观能够进入到前景中来。收集数据的研究者都有自己的规则和价值观,这可能和研究对象的规则和价值观发生冲突。

　　　进入世界其他地方的西方研究者,可能只是简单地看到历史对他们所研究群体在塑造意义和行为上的长期影响,但却不能理解(见 Glesne,2007)。安妮·瑞恩(Anne Ryen,2011)提供了一个不同于西方复杂性的清单,指出了把握经验现实的复杂,比如长期存在的内部冲突,多民族人口,以及在这些人口中的多元文化群体和阶层分化,错综复杂的同时还包括双重政治结构(即当地政府和部族管理并行)不熟悉的性别、年龄和家庭传统。然而,数据收集策略必须适合特定的文化和具体的研究对象。因此,研究角色可以使本土学者与他们的研究对象保持一定距离(Roulston,2010b)。

　　　同样,那些不懂研究对象语言的研究人员可能会发现,使用翻译是个糟糕的主意。意义可能在翻译过程中被模糊或丢失,正如维拉·谢里丹和凯瑟琳·斯托奇(Vera Sheridan & Katharina Storch,2009)所指出的,翻译员在这个过程中也获得了私人信息,而这可能会让研究对象觉得丢脸。在一个特定的文化社群里,访谈可能不会被接受,或者即使接受,在访谈的时候录音或记笔记也是不可能的。西斯内罗斯-普埃布拉认为访谈与墨西哥文化不一致:“访谈者—访谈对象经常是一种不平等的关系。”西斯内罗斯-普埃布拉还认为:

　　　　　如果扎根理论方法分析的数据是从访谈中建构的,那么必然要面对一次大讨论。这里的问题是,什么是访谈数据可以创建的有效性……访谈在我们的文化中并不是一个常规关系(regular relationship)。在某些方面,访谈及其构成部分（比如被采访者签署知情同意书）就是由多种不信任所形成的。

　　跨文化和跨社会使用扎根理论会改变研究关系。可以根据是否会受到被研究社群欢迎和接受来预测能否进入研究现场。谢里丹和斯托奇（Sheridan & Storch，2009，第 8 段）表示："深入研究爱尔兰的越南移民，意味着要长期深入其中：作为一名被知晓最终被信任的成员，长期进行记录，能够为这种关系的延续提供基础，并为在半公共领域中接触到个人提供机会。"这些作者还指出，提出"越南人社群"这样的术语是危险的，因为这意味着阶级、文化、宗教和政治单一性（第 12 段）。【331】

语言的中心地位

　　语言是中心。特定语言的特征非常重要，与文化传统和规范的重要性一样。马西米里亚诺·塔罗齐（Massimiliano Tarozzi）是《扎根理论的发现》的意大利语译者，他和其他几个评论家一样，也同意我的说法。

　　　我认为，语言比"文化"更能影响社会科学方法，在开展研究时不能将其认为是理所当然的。当我们只是把复杂的概念简化为命题内容时，翻译问题应该更认真地进行研究，以确保我们以为是同样事情的内容能够传递确切的意思，特别是关于"扎根理论"。看看哪个国家用当地语言翻译了"扎根理论"，以及为什么翻译"扎根理论"，是非常有趣的事情。在意大利我们决定不翻译它，是因为两个原因，一是因为原本的术语已经为学者和研究人员所接受，二是因为对于意义丰富的术语"扎根（grounded）"，完美翻译是不可能的，很难传递其中所有的细微差别和语义差异。

　　然而，无论如何，语言都会悄悄进入到数据收集和数据分析中。像大多数其他质性研究人员一样，扎根理论研究者很少关注特定语言的结构和内容对研究的影响。有一个引人注目的例外，塔罗齐（Tarozzi，2011）描述了语言在使用扎根理论策略时所产生的影响。他在反思对《扎根理论的发现》一书的翻译时，比较了意大利语和英语。塔罗齐说道：

　　　意大利语特别适合使用细致、丰富和精练的描述。出于这个原因，我认为意大利语比英语更适合用于第一阶段的研究和备忘录。这可能是为什么英语被称为"孤立的（isolating）（或分析的）语言"，而意大利语更"曲折变化（inflectional）"的原因（Comrie，1989）。

　　　……英语是比意大利语更概念化的语言，而且有更强的命题力量（greater propositional power）。因此，它似乎更适合用综合命名法（synthetic nomenclature)来进行命题陈述、概念绑定,表达复杂和棘手的类属。正因为如此,我更喜欢用英语做更高级的编码,因为高级编码需要概念标签。而在早期分析阶段(开放和初始编码阶段),意大利语尤为合适,因为它更接近原始数据。分析过程越是进入精选编码(selective coding)和理论编码,英语就越适合进行分类和概念化。(2011,p.171)

用研究者母语编码和用英语编码之间存在张力。我 2006 年在维也纳大学讲课时,学生们公开表示,用英文编码限制了他们捕捉德语编码所保留的微妙之处。【332】最近我请哥德堡大学的博士生参与编码练习,他们比较了最初用英语进行的编码和随后用母语进行的编码。后来,安妮卡·海德曼有了以下观察:

> 语言确实会产生影响——我觉得,相比用瑞典语编码,用英文编码有点受限制,英语不能触及那些语言的细微差别。
>
> 我的英语代码往往比瑞典语代码更长,[因为]没有找到合适的概括性词语。有时我必须用更多的词语来描述那些行动。

对语言的熟悉程度很重要,就像研究者的目的一样重要。当然,当英语是第二或第三语言时,用英语编码会更慢。西斯内罗斯-普埃布拉注意到,"逐行编码是一大挑战,因为谈论任何事情时使用的都是西班牙语。"即使对于英语是母语的许多研究者来说,寻找简洁的词汇,斟酌语言,也不那么容易。然而,对于代码,他们可能会经历更少的不安。英语是第二语言的编码人员可能会失去自发性,但他们会获得对代码的批判性态度。

哥德堡大学学生在进行编码练习时,琳达·安斯特罗姆讲述了她在博士论文研究中是如何在英语和瑞典语之间切换的:

> 访谈和数据用的都是瑞典语,尽管我更愿意立即开始用英语思考。对我来说,似乎这样能够更好地坚持事实,我会更精密和准确,我在英语中的想象力没有我在母语中那么明显。另外,我知道我要发布研究结果,但没有期刊接受瑞典语写作的论文。对我来说,直接用英语开始思考出现在英语中的理论,感觉更容易一些。这可能与我在一个说英语的国家生活了许多年有关系。

注意,安斯特罗姆提出了一个有趣的观点:对她来说,用英语思考有助于形成理论。思想的语言和理论化行动之间的相对兼容性,可能会对国际学者采用扎根理论产生重大的影响。

与国际学生合作的学者可能会遇到语言的问题。在澳大利亚讲授国际贸易的乔安娜·克罗斯曼(Joanna Crossman)认为:

> 语言在共享跨文化研究语境时也是有问题的。无论如何,这方面的挑战

对 GT 也不例外,但研究作为一个共同合作的活动,允许我们深入到决策和解释中,始终就意义和理解提出问题。我注意到这点是在与野茂博子博士合作研究澳大利亚的日本跨国公司中的"忠诚"[一个复杂的概念,有着多层含义。表示一个人所具有的公开、诚实、天真、坦率等品质,同时这个概念意味着驯良、服从、愿意适应(Crossman & Nomo,2012)]这一概念时。关于她的研究对象如何构建自己的表述,以及理解别人的行为所具有的意义和影响,我们进行了很长时间的谈话,如果"忠诚"只是被作为日本人能理解而西方人不理解的概念,就不可能发生这样的讨论。当她的导师要求她质问自己的文化理解时,我还对"忠诚"一无所知;如果我也是日本人,这也可能不会发生。对这个概念的研究不仅仅是一个词的翻译,它还需要剥开个人文化的层层假设,以便不熟悉研究语境的其他人能够理解跨文化的影响。 【333】

文化融合的观点

评论家经常发现在他们的环境和扎根理论之间存在不同方式的融合点(points of convergence)。在民族文化、学科文化与扎根理论之间的融合互补是明显的。国际交流领域专家福田贵代子(Kiyoko Suedo)和家市嘉佳(Hisako Kakai)对日本使用扎根理论情况进行了反思:

> 我们不确切记得是从哪里听到这些信息的,但在日本往往是归纳学习者比演绎学习者更多。的确,扎根理论在日本有一些优势。除此之外,我们不认为日本人有任何文化特性使得他们更容易使用扎根理论。"文化"可能在解释数据时发挥一些作用。

克里斯托弗·卡内基把他的评论放在波兰的社会和文化、他的学科以及波兰的社会科学研究文化中。具体来说,卡内基把他的扎根理论方法看作是嵌入到人文社会学和符号互动论中的。反过来,这个基础来源于他对前辈的致敬以及深度共享的文化价值观。

> 社会学的人文视野在波兰始终存在。因此解释学/建构主义扎根理论在波兰被广泛接受。我们仍然生活在弗洛里安·兹纳涅茨基(Florian Znaniecki)和他作品的光环中,我们相信,他对社会学芝加哥学派和后来符号互动论的发展有很大的影响:主要是方法的创新力和偶发性(serendipity)(见 Konecki,2008)。它适合我们的文化,因为相比验证其他人所创立的现有假设,我们通常更喜欢在不可预测的环境中工作,并发现新的事物(个人主义和冒险精神)。

与其他国家主要学者的联系也产生了其他的融合点。斯蒂芬妮·贝特曼(Stephanie Bethmann)和黛博拉·尼尔曼(Deborah Niermann)指出,安塞尔姆·斯特劳斯对于扎根理论在德国的发展发挥了重要作用。他们还认为扎根理论编码与早期的研究实践相一致。他们指出:

> 在德国扎根理论很受重视,因为它一方面提供了一个完整的方法论程序,另一方面,它又是灵活的,并鼓励非正统的研究实践。……德国最常见方法的另一个特点是极为强调对文本和转录数据的微观分析。在这一语境中,扎根理论编码通常是建立在充分的逐行分析基础上。此外,由于扎根理论在德国质性研究方法论中具有非常重要的地位,它的基础特别是美国实用主义是经过深入描述和激烈讨论的(Strubing,2005)。这是不可避免的,因为在德国,一项研究的质量通常是通过是否遵循逻辑的一致性来衡量的。因此,研究过程的每一个决定都是被认识论前提所引导的,必须从认识论前提进行推论。最终,可以说,我们把很灵活的,甚至是反基础主义(anti-foundationalist)的项目变成了一个更加基础主义(foundationalist)的项目。

【334】
扎根理论使用中存在的问题

文化是多元的、变化的和动态的,并且越来越混合。使用扎根理论意味着这些文化开始发挥作用,不管研究者是否明确地意识到它们。对一些人来说,质性研究总的来说仍有争议,扎根理论的逻辑被归入研究者国内外更大的学科斗争中。由于该方法面临多重挑战,扎根理论使用中存在的潜在问题会变得更为模糊。

全球各地的扎根理论研究者都在反映类似的问题,他们的同事关于扎根理论的认识要么已经过时,要么认知有限,这种现象当然也出现在美国和英国(Charmaz,2005,2008d)。一些评论家提到,一些同事是多么缺乏对扎根理论最新发展的认识。塔罗齐认为:

> 有时在我们国家扎根理论方法被认为是非常严格或过于结构化的方法,特别是通过质性数据分析软件(NVivo 或 Atlas-ti)进行使用时。这与这一方法的客观主义起源有关。意大利研究人员并不总能意识到这一方法的演进,特别是他们没有吸收扎根理论方法的第二代转向,尤其是"建构主义转向"。

罗伯特·森伯格对与质性研究、学科专业文化相关的国家文化和学术文化进行了回应。因此,森伯格揭示了国家和学科的偏好和趋势是如何影响方法及其应用的:

尽管 GT 是质性社会科学最常见的方法之一,它在瑞典教育研究领域(例如,与医疗保健和护理领域的研究相比)仍然未充分使用。在瑞典一些开展质性研究的教育研究人员中,仍然有一种对 GT 的怀疑或批判态度。(因为他们把 GT 看作是一种天真现实主义的项目[a naïve realistic project],而没有认识到它的实用主义基础,以及后来像建构主义 GT 和情境分析之类的新发展。)此外,瑞典的教育研究人员把自己定位在教育哲学和理论政治科学中,对一般的经验研究或多或少会采取怀疑的态度。最后,在教育的定量研究领域,有些人会低估或忽视一般的质性研究。因此,对于特定的教育研究群体来说,考虑 GT 的合法性问题还是存在一些挑战的。此外,最近提供研究资助的瑞典"管理部门"(在教育、心理学、社会工作和护理等领域内)非常重视实证(evidence-based)的研究,这的确是对 GT 和其他质性研究方法的一个挑战。

森伯格的表述说明了当地的情况是如何限制方法的发展和传播的。然而,只能靠个人去处理相关后果了。森伯格(见 Thornberg, 2012)解释了他是如何处理上面的挑战的:

> 如果你做 GT 研究,你就必须接受它"天真现实主义"的定位,因为这是 GT 在瑞典研究人员中被广泛接受的印象,你要变得"非理论化(a-theoretical)"(和不加批判),并延迟文献综述。要解决这一问题,我的做法是要从建构主义立场和实用主义认识论角度为使用文献提供论证,同时要对数据保持敏感性。 【335】

不管是从内部还是从外部来说,扎根理论一直是一个有争议的方法。塔罗齐的观察和森伯格对瑞典教育研究的评估都注意到了其他国际研究人员的主要批评。森伯格不仅提出了解决外部批评的方案,还提到了解决内部争论的方法。

从全球视角来思考文化的影响,乔安娜·克罗斯曼把扎根理论中的争论和培训下一代国际学者联系了起来。她写道:

> 在我看来,GT 这种方法的主要缺点根本与文化无关,除非它是关于 GT 文化自身(她的重点)。它是我认为构成"好的"GT 非常"珍贵"的部分。我喜欢"第二代"(The Second Generation)版本,因为它最后似乎是 GT 研究人员彼此之间在倾听和谈论。GT 争论加剧了新研究人员的混乱(也许在国际学者那里更是如此),他们非常担心是否在"做正确的事",觉得应该在自己头上贴个标签并反映在工作中,(声明)他们是"格拉泽派(Glaserian)"或"斯特劳斯派(Straussian)"或"建构主义扎根理论研究者",好像这些是来自陌生星球生物的名字。"古典"的 GT 这一术语也困扰着我。它似乎表明它是和古典芭蕾或

/ 358

建构扎根理论——质性分析实践指南(原书第2版)

古典音乐类似的东西,好像早期的 GT 观点比后来的演进或进一步发展的概念化更纯、更严格或更真实似的。

克罗斯曼在她与国际学生合作的研究中显示了很强的文化敏感性。她这样形容自己的方法:

> 我鼓励国际学者从不同的角度做出选择,并带着这些视角去阅读和熟悉他们自己,但似乎后来又花了很多时间去盘问他们,以便让他们可以有信心和勇气,真正投入到自己的文化语境中,并允许这些语境驱动理性做出决策。我所描述的这些标签建议我们要保持纯粹(purist)。我认为这是对 GT 卓越灵活性的一个威胁。珍贵(preciousness)意味着,存在规则和绝对,而当你处于泥浆之中(in the middle of the mud)时,就不存在了。你不得不深思熟虑(有时想蒙混过关),在一个特定的(文化)语境中,"规则"并不总是有用,所以我们要确保新的国际研究人员完成博士学位研究时能够独立思考,并对他们未来所要工作其中的文化背景保持敏感,或者"回家",或者获得的外籍研究人员职位——这种情况出现得越来越多。关于"GT 不是什么"的论文和文章,或大师们关于"GT 是什么"的论断,在短期内可能对困惑的研究者有所安慰,但最终它们会浇灭我们的激情之火,并让研究者不敢承担一些合理的冒险。

在扎根理论实践中,需要承认和鼓励合理的冒险。然而克罗斯曼发现,研究人员通过"给自己头上贴标签"来"解决"使用这一方法中存在的问题。标签可能会在研究人员回避棘手问题时获得认可感和归属感。克罗斯曼的评论提出了这样一个问题,一项研究什么时候才是扎根理论研究。这很重要吗? 是的,扎根理论研究者把界线画在哪里很重要,但是不需要那么严格和死板。

[336] 把问题转变成可能性,扎根理论可以选择什么新方向呢? 卡内基通过视觉社会学(visual sociology)为扎根理论设想了一个新的未来:

> 可视化数据为扎根理论发展提供了新的可能性。实体视觉过程(substantive visual processes)理论的发展有助于社会问题可视化、组织政治可视化、身份可视化等形式理论的建构。最雄心勃勃的目标日益出现在理论的视野中:建构行动可视化(the visualization of action)形式理论。扎根理论的未来将不可避免地与再建构关于可视化现实在社会、文化和心理层面的理论联系在一起,不仅因为我们的社会最近正在发生"视觉转向(visual turn)",也因为越来越多的研究在专注我们社会世界的视像(visuality)。(Konecki,2011,p.152)

卡内基提出了一个符合全球当代生活的创新方向。然而在创新方向上前进意味着要把本土实践整合到全球视角中。尊重本土的认识论、认知方式,新知识才能

出现,西斯内罗斯-普埃布拉认为:

> 作为我们国家的研究人员,在研究实践中采用GT方法意味着要使其适应我们认知方式的具体条件。从认识论角度来说,在创造归纳性知识的过程中,出现了一种新的认识形式,这是适应任何理论构建形式的真正价值所在。我认为,GT方法是构建理论的一个实用主义方法。

西斯内罗斯-普埃布拉(Cisneros-Puebla,2013)关注殖民主义对研究的连锁反应,以及英美在质性研究中的主导地位。他认为,把理论和方法放在历史中会迫使社会科学家意识到,"在遭遇其他文化和知识时,我们所确信和认为理所当然的信念是如何受到质疑的"(p.400)。西斯内罗斯-普埃布拉承认,方法论起源和应用之间存在着文化差距和鸿沟,从而敦促本土学者创造性地调整方法。

读到国际同事的言论让人有一种谦卑感。他们已经开始讨论在全球范围内使用扎根理论意味着什么,这样的对话需要继续。他们的发言和质性研究的发展提醒我们,遵循格拉泽和斯特劳斯早期的观点时,要不断适应扎根理论方法的发展。这样,我们都可以关注我们研究的具体条件,包括影响研究过程的环境。

评价扎根理论

当评价我们所到之处以及有何斩获的时候,我们需要回顾旅程,并想象终点风景怎样呈现在读者或评论者面前。带领我们穿越旅程的方法和我们在这个旅程中的收获是两码事。我们对这一旅程的理解是以已完成作品的形式出现的。我们所描绘的终点对我们是有意义的,因为我们一直处在这个过程中。然而对于读者,过程和结果之间的界线变得很模糊。其他学者有可能把扎根理论过程作为这一结果不可分割的一部分。我在本书中一直主张,扎根理论方法包含了未曾使用的多种功能和潜能。我们需要考虑读者,不论他们是教师还是同行。他们通过最后产品的质量来判断我们的方法是否有用。【337】

评价研究的标准取决于谁形成了这些标准以及他或她做评价的目的是什么。格拉泽(Glaser,1978:4-5)关于适合性(fit)、功能性(work)、相关性(relevance)以及可更改性(modifiability)的标准对于思考你所建构的理论如何呈现这些数据特别有用。

其他重要标准要考虑学科、证据或美学问题。对于你的项目来说每个都很重要。对于研究的开展和证据的可接受性,不同的学科遵循不同的标准(例如,见Baker & Edwards,2012;Conrad,1990;Morse,2012;Thorne,2001)。研究并不充分的领域的标准和那些已赢得尊重的研究领域的标准是不同的。学科或学系对于研究生的要求可能要低于对训练有素的专业人员的要求。尽管对扎根理论研究的期待可能不同，不过下面的标准可能会给你一些启发。

扎根理论研究的标准

可信性

· 你的研究是否已对背景或问题足够熟悉？

· 数据是否足以说明你的判断？想一想观察数据的范围、数量和深度。

· 你是否在观察与观察之间、类属与类属之间进行了系统比较？

· 类属是否涵盖了广泛的经验观察领域？

· 在所收集的数据和你的论点及分析之间是否有很强的逻辑联系？

· 你的研究是否为你的观点提供了足够的证据，让读者能够形成独立的评价，并同意你的论点？

原创性

· 你的类属是否有新意？它们是否提供了新的见解？

· 你的分析是否为数据提供了新的概念表达？

· 这项研究工作的社会意义和理论意义是什么？

· 你的扎根理论是否挑战、扩展或完善了现有的观点、概念和实践？

共鸣

· 这些类属是否充分描述了被研究经验？

· 你是否揭示了交叉的（liminal）、不稳定的习以为常的意义？

【338】 · 你是否在更大的集体或制度层面与个体生活建立了关联，当数据有相关显示的时候？

· 对于你的研究对象或那些和他们具有同样背景的人来说，你的扎根理论是否有意义？你的分析是否能让他们对自己的生活和世界有更深刻的见解？

有用性

· 你的分析是否提供了人们可以在日常生活中使用的解释？

· 你的分析类属是否展示了一些一般的过程？

· 如果展示了一些一般的过程，你是否检验了这些一般过程所默认的含义？

· 分析是否激发了其他实质领域的进一步研究？

· 你的研究对于知识是否有贡献？它是否有助于创造一个更好的世界？

原创性和可信性的有力结合增加了共鸣、有用性和接下来贡献的价值。要做出学术贡献，需要认真研究相关文献，包括那些跨学科的文献，需要对你的扎根理论进行清晰的定位。这些标准提到了被研究现象的内在行动和意义，有助于分析研究现象是如何建构的。上面的标准说明了经验研究和理论发展，但几乎没有谈到研究者是怎样表述的，或者如何使表达更具说服力。其他的标准还应谈到写作的美学因素。我们的书面作品除了来自理论陈述和科学原则之外，还来自美学原则和修辞技巧。写作行为是直觉性的、创造性的和解释性的，不仅仅是对行为和事实的报告，对于扎根理论来说，写作就是原因、条件、类属和结果，或者是对过程的勾勒，这些过程描述了一个主要问题的解决经过。

如果一个扎根理论经过理性反思和严格证明，并对一个实质领域有意义的内容进行了概念化和解释，那么它就能够做出有价值的贡献。如果再增加一些美学因素和分析力度，那么它的影响就会扩展到更多的读者。

扎根理论的过去、现在和未来

扎根理论起源的建构性回归

我的扎根理论版本回顾了它的过去，探究了现在，并转向了未来。扎根理论在20 世纪中期的实证主义和芝加哥社会学学派的双重起源，以及它的实用主义哲学基础，已经使扎根理论具有了精确性（rigor），并使其依赖于生成性（emergence）。

在前面的章节中,我试图把扎根理论的芝加哥学派前辈们放到前台,并展现他们是怎样丰富当前的扎根理论讨论的。

【339】 我们穿越扎根理论过程的旅程考虑到了它的实用主义前辈。现在我号召新老学者回顾一下扎根理论的实用主义遗产,在使用 21 世纪建构主义敏感性的时候,要建立在这些前辈的基础上。建构主义扎根理论保留了实用主义的流动性和开放性特征,正如斯特劳斯的作品以及受他影响的其他人的作品所表明的那样(比如,Baszanger,1998;Bowker & Star,1999;Clarke,1998,2005;Corbin & Strauss,1988;Strauss,1959,1978a,1978b,1993,1995)。在典型的扎根理论实践中,当你发现数据给出的线索,且建构主义扎根理论让你进一步探究时,你可以追随这些线索。建构主义方法不仅有助于你清楚了解所建构的理论的前因后果,还有助于其他研究者和政策制定者认识你扎根理论的局限性,而且确定如何以及从哪里去修改它。

实用主义基础有助于你保持对扎根理论中语言、意义和行动的重视。最后你要避免把扎根理论研究降低为只有表面价值的对外在行为或访谈陈述的研究。如果你具有建构主义敏感性,你可以在不断认识到数据和分析的互动性及生成性本质时,理解和解释意义以及行动的细微差异。简言之,回到实用主义基础鼓励我们建构对所研究世界的**解释性呈现**,而不是对事件和陈述的一种外部报告。

尽管建构主义扎根理论提供了更新和复兴古典扎根理论实用主义基础的方法论路线,不过建构主义扎根理论也可以服务于来自其他传统的研究者。这样,建构主义敏感性与其他的方法比如女性主义理论、叙事分析、文化研究、批判现实主义以及批判性探究都是相适宜的。

你可以看到你的研究和芝加哥学派之间的联系,这可能是你以前没有意识到的。如果你很早就熟悉芝加哥学派了,你可能希望了解这一传统是怎样揭示新视野的,怎样把你带到新的高度的。芝加哥学派传统的实用主义基础促进了对世界的开放,以及对世界的好奇心,同时鼓励对研究对象的意义、行动和世界进行同情性理解。

知识转化

既然你已经完成了扎根理论研究,那么就考虑一下它所服务的目标吧。你最初的目标可能是很直接的:在实践中运用扎根理论方法完成面前的工作。当项目紧迫,专注于研究过程时,你的注意力会受限制时,其他目标就可能始终没有浮出水面。从更大意义上说,你的扎根理论服务于什么目标?

把这个问题放到更加广泛的层面,知识应该服务的目标是什么? 罗伯特·林德(Lynd,1939)几十年前在他的《知识是为了什么?》(*Knowledge for What?*)一书中提出了这个问题,知识是为了什么? 这个问题仍然存在,答案仍然充满争议。但是如果我们对它的逻辑外延采用建构主义的立场,这个问题就会变得更加具体,答案也会更加清晰。知识应该改变实践和社会过程吗? 是的。扎根理论研究能够对一 【340】个更好的世界有所贡献吗? 是的。这些问题是否会影响我们的研究对象和我们的研究方法? 是的。

谈到研究者的行为,扎根理论研究文献是否反映了将知识、社会过程,以及扎根理论转化为实践的努力呢? 在护理领域和教育领域,扎根理论研究者已经有了很多发展,一些社会学家也在取得进展。与致力于某一学科领域或具体目标的知识转化相比,职业发展可能会催生更多的扎根理论研究。研究者一定程度上依赖价值中立的主张,因而他们的明确目标以及潜在目标可能仍然是含糊的。价值中立的要求可能会掩盖我们所产生的知识的意义,不管意义是举足轻重,还是微不足道。知识不是中立的,我们也不能把它从它的生产过程或这个世界中分离出来。

研究旅程本身可以是目的,而不是建立学术职业的手段。我们能够用扎根理论方法来为职业生涯加分。通过使用扎根理论,你可以实现激动人心的目标。

扎根理论方法为你的知识转化提供了可能性。那些激发你热情的问题会引导你开展研究,让你不仅仅满足学术要求和积累学分的目标。你会满腔热忱地进入被研究现象之中,让自己敞开心扉,追随它的指引。这条道路会带给你不可避免的含糊,使你陷入混乱的迷惑。但当你带着热情、好奇、开放和认真进行研究时,新的经验就会应运而生,你的观点会水到渠成。当你从分析数据进入到研究报告写作时,扎根理论旅程也让你在潜移默化中胜于往日。

术语表

溯因推理（Abduction） 一种推理类型，开始于检验归纳性数据，并发现那些奇怪或异常的、不能用传统理论进行解释的现象时。经过对这些数据的详细审查，考虑关于数据的所有可能解释，然后形成假设，对其进行测试，以确定或驳斥某种解释，直到研究者得出最可靠的相关解释。因此，溯因推理开始于归纳，但并不以归纳为结束。相反，寻找理论解释的过程涉及一次富有想象力的飞跃，以获得一个看似合理的理论解释。在这一点上，研究者可能创造一个新的理论，或者把现有理论以新颖的方式结合起来。因此，溯因推理将创造性带入到研究中，并将扎根理论的往复迭进过程进一步推进到理论建构中。

轴心编码（Axial coding） 一种编码类型，把一个类属作为一个轴心，分析者围绕这个类属描述关系，使这个类属的维度具体化。轴心编码的主要目标是，研究者在逐行编码使数据支离破碎之后，把数据再次聚拢为一个连贯的整体。轴心编码是一个应用于数据的程序，而不是来自数据的程序。

类属化（Categorizing） 扎根理论中的分析步骤，选择某些代码作为最有意义的代码，或者从一些代码中提炼共同的主题和模式作为分析性概念。当研究者进行类属化的时候，从描述到更加抽象、更加理论化的水平，都要不断提升分析的概念水平。然后研究者要努力定义类属的属性、它发生作用的条件、发生变化的条件以及和其他类属的关系。扎根理论研究者要把最重要的理论类属纳入他们的理论概念中。

芝加哥社会学学派（Chicago school sociology） 一个社会学传统，在20世纪最初几十年兴起于芝加哥大学。实用主义哲学、生活史分析和实地研究分别形成了这个传统的知识基础和方法论原则。芝加哥学派的社会学家并不像教科书所描述的那样是一个同质的整体，并不是那个时期芝加哥大学社会学系的所有成员都与芝加哥学派有密切联系，然而，"学派"的称号还是被保留了下来，它的追随者催生了一个丰富的传统，符号互动论社会心理学、民族志和质性研究。芝加哥社会学学派假设，解释和行动之间是一种动态交互的关系。社会生活是互动的、生成的，而且有些不确定。芝加哥学派民族志促进了对世界的开放和好奇，而符号互动论培养了对研究对象及其世界的同情性理解。

代码（Code） 这个短标签是扎根理论研究者构建出来描述数据中所发生的事情的。代码对数据进行排序、综合，最重要的是进行分析。代码将原始数据与扎根理论研究者对它们的概念化联系起来。最好的代码是简短的、简单的、精确的和分析性的。这些代码用理论的、可理解的术语来解释这些数据。代码的抽象程度各不相同，这取决于数据、研究人员的理论敏感性以及所在研究阶段。对早期代码进行重新编码可能会产生更抽象的分析性代码。 【342】

编码（Coding） 对数据进行剖析、定义、贴标签的过程。和定量研究者把预先设定的类属或代码应用到数据上不同，扎根理论研究者通过定义他们在数据中所看到的内容来产生质性代码。这样，代码就是生成的——研究者在研究数据，并与数据互动中，发展这些代码。编码过程可能会把研究者带到意想不到的领域和研究问题中。扎根理论的支持者追随这样的线索；他们不会追随那些预先设计的指向确定结果的研究问题。

概念（Concepts） 分析的概念化，是成熟扎根理论的组成部分。概念是可以解释数据的抽象观点，并具有具体的属性和边界。扎根理论研究者从归纳数据中构建新的概念，并通过溯因推理来检验和发展它们。对客观主义扎根理论研究者来说，概念是时间、地点和人物的抽象变量。对于建构主义研究者来说，概念提供了对被研究现象的抽象理解，并将其置于它所形成的具体条件中，包括时间、地点、人物以及研究所在环境。尽管大多数学者认为理论是概念之间的关系，但许多扎根理论研究者更关注发展一个概念（developing one concept）。

概念导向模型（Concept-indicator model） 一种理论建构的方法，研究者根据经验数据中所定义的关系来构建概念，每个概念都依赖于经验指标。这样，概念是"扎根"于数据的。

条件/结果矩阵（Conditional /consequential matrix） 由斯特劳斯和科尔宾（Strauss & Corbin，1990，1998）创造的一种编码技术，用来显示微观和宏观条件/结果对行为的影响，并阐明它们之间的联系。矩阵应用于数据而不是从数据中产生。

连续比较法（Constant comparative method） 一种分析方法，通过比较数据与代码、代码与代码、代码与类属、类属与类属、类属与概念的归纳过程，不断地产生更加抽象的概念和理论。在分析的最后阶段,研究者将他们的主要类属与相关学术文献进行比较。比较构成了分析发展的各个阶段。扎根理论研究者用这种方法来揭示生成类属的性质和范围,并提高其分析的抽象水平。

建构主义(Constructivism)　一种社会科学的视角,研究现实是如何形成的。这一视角带来了主观观点,并假设:人们——包括研究者,建构了他们所参与的现实。建构主义的探究从经验出发,询问其成员是如何建构他们的经验的。建构主义者会尽最大努力进入现象,获得对现象的多元观点,并在联系与约束的网络中定位它。建构主义者承认,他们对被研究现象的解释本身就是一种建构。

建构主义扎根理论(Constructivist grounded theory)　扎根理论的当代版本,它采用了诸如编码、备忘录和理论抽样等原有方法论策略,但是转变了它的认识论基础,并将过去50年里质性研究的方法论发展考虑在内。因此,建构主义扎根理论研究者关注数据的生产、质量和使用,研究关系、环境,以及研究者的主观性和社会地位等。建构主义扎根理论研究者的目的是对被研究生活进行抽象理解,并把他们的分析看作是发生在具体时间、地点和研究环境中的分析。

演绎(Deduction)　一种推理类型,从普遍的或抽象的概念开始,向具体的事实进行推理。

【343】　**聚焦编码(Focused coding)**　在初始编码的后续处理过程中,研究人员将注意力集中在初始编码中最频繁出现和最重要的代码上,并对这些代码进行大量的数据测试。然后,研究人员可以用这些代码展示其分析能力,并将其提升为尝试性的类属。当研究者的初始代码非常具体时,研究者可以通过追问"这些代码指出了什么样的分析性故事"来对它们进行编码,从而得出一组聚焦代码。

形式理论(Formal theory)　一类普遍性问题或过程的理论呈现,通常会跨越几个实质性研究领域。形式理论中的概念是抽象的和一般的,理论详细说明了这些概念之间的联系。诸如身份的形成和丧失、文化的建构或者意识形态的形成等理论,有助于我们了解诸如青少年帮派、专业人员的社会化以及移民的经验等多元领域的行为。

扎根理论(Grounded theory)　一种严谨的研究方法,研究者通过从数据中建立归纳理论分析,随后检验其理论解释,从而构建概念框架或理论。因此,研究者的分析类属直接"扎根于"数据。该方法具有以下特点:1)喜欢分析胜过描述;2)喜欢新鲜的类属胜过预先设定的观念和已有理论;3)喜欢系统聚焦的连续数据收集胜过大量的原始样本。这种方法需要研究者在收集数据的同时进行数据分析。数据分析和数据收集在往复迭进中相互影响和塑造。该方法与其他方法不同,因为在收集数据的时候就将研究者放入其中了——我们用这种数据分析方法来指引和形成进一步的数据收集。因此,传统研究中泾渭分明的数据收集阶段和分析阶段,在扎根理论研究中就被故意模糊了。

意识形态(Ideology)　意识形态是一套共享的价值观和信念,它们对过去和现在的行动提供辩护,并号召未来的行动。

归纳(Induction)　一种推理类型,从研究一系列个别案例开始,从中推断出模型,并形成概念类属。

初始编码(Initial Coding)　处理和定义数据的早期过程。初始编码建立了收集数据和发展形成性理论之间的联系,以理解和解释这些数据。通过编码,你可以定义数据中发生的事情,并开始尽力理解它的含义。

原话代码(*In vivo* Codes)　研究人员直接从数据中获取的代码,例如他们在访谈、文件中发现的具有表现力的语句,以及研究现场所使用的日常语言。

逐行编码(Line-by-line Coding)　一种初始编码的形式,研究人员在此过程中,对每一行数据所发生的事情以及所提出的理论观点进行评估。逐行编码是一种启发式的技术,它鼓励研究人员对数据进行分析性思考,并产生新的想法。这种类型的编码鼓励积极处理数据,并使研究人员能够以新的立场看待他们的数据。研究人员一直进行逐行编码直到他们产生一些可以进一步使用的代码。逐行代码也为分析和写作障碍提供了很好的解决方案。

备忘录撰写(Memo-writing)　数据收集和论文草稿写作之间一个关键性中间步骤。扎根理论研究者在写备忘录的时候会停下来,分析他们关于代码以及生成性类属的想法(也见 Glasser, 1998)。备忘录撰写是扎根理论的一个重要方法,因为它推动研究者在研究过程的早期就对数据进行分析，并把代码发展为类属。不断写备忘录会使研究者深入到分析中，并帮助他们提高想法的抽象水平。

客观主义扎根理论（Objective grounded theory） 一种扎根理论方法，研究者在其中充当中立的观察者角色，与研究对象保持距离，并以外部专家的身份来分析研究对象的世界，追求理论建构。尽管该理论的个别追随者可能会审查他们的数据收集实践，但目前的主要支持者更关注的是生成的理论建构，而不理会来自数据收集指导原则、研究文献和早期理论的先入之见。大多数人都坚持格拉泽的主导原则，"一切都是数据（All is data）"（2001, p.145）和"对生成的信任（trust in emergence）"（2011, p.1）。客观主义扎根理论研究者在对具体研究项目和方法论的讨论中很少涉及以下问题：研究情境、研究关系、研究对象的代表性、研究者的立场和主观性。客观主义扎根理论是实证主义质性研究的一种形式，因而支持实证主义传统的大部分逻辑，以及它的核心原则：经验主义、一般性、普遍性、抽象性和简约性。

【344】

实证主义（Positivism） 一种认识论，支持一元论科学方法，主张在外部世界进行客观的系统的观察和实验。实证主义依赖经验主义，将其作为归纳的来源。实证主义探究的目标是发现和建立可以解释被研究现象的普遍规则，并据此做出预测。最后，实验和预测可以实现对被研究现象的科学控制。

后现代主义（Postmodernism） 一种理论转向，对启蒙运动的基本假设提出了挑战，即挑战启蒙运动所信仰的人类理性、科学和科学进步。后现代主义者范围广泛，包括那些希望承认认知的直觉形式的人，也包括那些呼吁虚无主义、拒绝现代存在方式和认知方式以及启蒙价值观基础的人。

实用主义（Pragmatism） 一种美国哲学传统，认为现实的特征是非决定性的和流动的，是可作多元解释的。实用主义认为，人们是积极的和具有创造性的。在实用主义哲学中，意义是通过解决问题的实践行动而产生的，是通过行动来认识世界的。实用主义者认为事实和价值是相互联系的，而不是分开的，真理是相对的和临时的。

过程（Process） 一个过程由展开的时间序列组成，其中，单个事件被链接成一个更大整体的一部分。因此，时间序列被链接在一个过程中，并引发变化。一个过程可能在开端和结尾有明确的标记,或者在两者之间有基准,或者可能更分散,更不可见,但是当随着时间的推移进行比较时会变得明显起来。

属性(Properties) 一个类属或概念的定义特征或性质,由研究者从数据和代码的研究和分析中所确定。

反思性(Reflexivity) 研究者对自身的研究经验、决定和解释所进行的详细审查,由此把研究者放到了研究过程之中。反思性包括审查研究者的兴趣、立场以及假设是如何对其研究产生影响的。反思的立场会表明,研究者是怎样进行研究的,如何和研究对象发生联系,以及如何在书面报告中体现这些内容。

社会建构主义(Social constructionism) 一种理论视角,它假设,人们通过个体的和集体的行动产生了社会现实。建构主义者不是把世界看作是给定的,而是要追问,世界是怎样形成的。社会建构主义不是假设一个外部世界中的现实,包括全球结构和地方文化,而是研究在特定的时间地点人们认为什么是真实的,他们是怎样建构他们的观点和行动的,当不同的建构出现时,谁的建构会成为权威,以及那个过程是如何出现的。符号互动论是一种建构主义的视角,因为它假设,意义和客观现实是集体过程的结果。

实质理论(Substantive theory) 对某一特殊领域特定问题的理论解释或说明,比如家庭关系、正式组织或教育。

符号互动论(Symbolic interactionism) 一种来自实用主义的理论视角,假设人们通过互动建构了自我、社会和现实。因为这一视角关注的是意义和行动之间的动态关系,它解决的是人们产生和传递意义的积极过程。意义产生于行动,反过来又影响行动。这一视角假设,个体是积极的、具有创造性和反思性的,社会生活是由过程组成的。 【345】

理论不可知论(Theoretical agnosticism) 凯伦·亨伍德和尼克·皮金(Karen Henwood & Nick Pidgeon,2003,p.138)对早期理论持批评立场时的术语,这一观点主张,如果没有经过严格审查,就既不否认也不接受研究者研究中的潜在关联。这一立场与要求已有概念在扎根理论分析中取得地位的立场一致。

理论代码(Theoretical codes)　　是研究人员从先前理论或分析方案中借鉴而来的代码,用来整合他们的分析性类属。格拉泽(Glaser,2005)提供了一个组织松散的"代码家族"系列,研究人员可以用它们来阐明类属、代码和数据之间的关系。

理论抽样(Theoretical sampling)　　一种扎根理论抽样形式,研究者的目的是形成自己的类属或理论的属性,而不是对挑选的人群进行随机抽样,也不是在特定的人口中按照代表性来分配抽样。为了进行理论抽样,研究者必须已经从数据中发展出一个尝试性理论类属。在进行理论抽样的时候,研究者要寻找人、事件或信息来解释和定义这些类属的性质、边界和相关性。因为理论抽样的目的是通过抽样来发展理论类属,所以,理论抽样可以使研究者超越实质领域。

理论饱和(Theoretical saturation)　　指这样一个时点,当收集更多关于理论类属的数据,已不能揭示新的属性,也不能对生成扎根理论产生进一步的理论洞见时。

索引[1]

带有表格或图表的页码以粗体显示。脚注,由页码后跟"n"和注释标号表示。

---

[1] 索引中的页码为英文原书页码,即本书编码。

【384】

【385】

参考文献

Abbott, A. (1999) *Department and discipline: Chicago sociology at one hundred*. Chicago: University of Chicago Press.

Abend, G. (2008) The meaning of 'theory'. *Sociological Theory, 26*(2): 173–199.

Adams, R. N. and Preiss, J. J. (Eds) (1960) *Human organization research*. Homewood, IL: Dorsey Press.

Addams, J. (1912) *Twenty years at Hull-House, with autobiographical notes*. New York: Macmillan.

Adler, C. T. (2007) *Fighting, self-reliance and being the bigger man: Native Hawaiian and Samoan girls' experiences and perceptions of peer violence*. Unpublished dissertation, University of Hawaii.

Ager, D. (2011) The emotional impact and behavioral consequences of post-M&A integration: An ethnographic case study in the software industry. *Journal of Contemporary Ethnography, 40* (2): 199–230.

Alasuutari, P. (1992) *Desire and craving: A cultural theory of alcoholism*. New York: State University of New York Press.

——. (1995) *Researching culture: Qualitative method and cultural studies*. London: Sage.

——. (1996) Theorizing in qualitative research: A cultural studies perspective. *Qualitative Inquiry, 2*(4): 371–384.

——. (2004) The globalization of qualitative research. In C. Seale, G. Gobo, J. F. Gubrium, and D. Silverman (Eds) *Qualitative research practice* (pp. 595–608) London: Sage.

——. (2010) The nominalist turn in theorizing power. *European Journal of Cultural Studies, 13*(4): 403–417.

Albas, C. A. and Albas, D. C. (1988) Emotion work and emotion rules: The case of exams. *Qualitative Sociology, 11*(4): 259–274.

——. (2003) Motives. In L. T. Reynolds and N. J. Herman-Kinney (Eds) *The handbook of symbolic interactionism* (pp. 349–366) Walnut Creek, CA: Alta Mira.

Albas, D. C. and Albas, C. A. (1988) Aces and bombers: The post-exam impression management strategies of students. *Symbolic Interaction, 11*(2): 289–302.

——. (1993) Disclaimer mannerisms of students: How to avoid being labelled as cheaters. *Canadian Review of Sociology and Anthropology, 30*(4): 451–467.

Allan, M. (2011) Violence and voice: Using a feminist constructivist grounded theory to explore women's resistance to abuse. *Qualitative Research, 11*(1): 23–45.

Anderson, E. (1976) *A place on the corner*. Chicago: University of Chicago Press.

——. (2003) Jelly's place: An ethnographic memoir. *Symbolic Interaction, 26*(2): 217–237.

Alvesson, M. (2011) *Interpreting Interviews*. London: Sage.

Anderson, L. and Snow, D. A. (2000) Inequality and the self: Exploring connections from an interactionist perspective. *Symbolic Interaction, 24*(4): 395–406.

Andrade, A. D. (2009) Interpretive research aiming at theory building: Adopting and adapting the case study design. *The Qualitative Report, 14*(1): 42–60.

Aneas, M. A. and Sandín, M. P. (2009) Intercultural and cross-cultural communication research: Some reflections about culture and qualitative methods. *Forum Qualitative Sozialforschung/*

Forum: Qualitative Social Research, 10(1): Art. 51. Retrieved from: http://nbn-resolving.de/urn:nbn:de:0114-fqs0901519.

Arendell, T. (1997) Reflections on the researcher-researched relationship: A woman interviewing men. *Qualitative Sociology, 20*(3): 341-368.

Ashworth, P. D. (1995) The meaning of 'participation' in participant observation. *Qualitative Health Research, 5*(3): 366-387.

Athens, L. (2007) Radical interactionism: Going beyond Mead. *Journal for the Theory of Social Behaviour, 37*(2): 137-165.

——. (2009) The roots of 'radical interactionism'. *Journal for the Theory of Social Behaviour, 39*(4): 387-414.

Atkinson, P. (1990) *The ethnographic imagination: Textual constructions of reality.* London: Routledge.

Atkinson, P., Coffey, A. and Delamont, S. (2003) *Key themes in qualitative research: Continuities and changes.* New York: Rowan and Littlefield.

Atkinson, P. and Silverman, D. (1997) Kundera's immortality: The interview society and the invention of the self. *Qualitative Inquiry, 3*(3): 304-325.

Babchuk, W. A. (2011) Grounded theory as a 'Family of methods': A genealogical analysis to guide research, *US-China Education Review, 8*(9): 383-388.

Bainbridge, R., Whiteside, M. and McCalman, J. (2013) Being, knowing and doing: A Phronetic approach to constructing grounded theory with aboriginal Australian partners. *Qualitative Health Research, 23*(2): 275-288.

Baker, C., Wuest, J. and Stern, P. (1992) Methods slurring: The grounded theory, phenomenology example. *Journal of Advanced Nursing, 17*(11): 1355-1360.

Baker, S. E. and Edwards, R. (2012) *How many qualitative interviews is enough.* Unpublished discussion paper. National Centre for Research Methods Review Papers. Retrieved from: http://eprints.ncrm.ac.uk/2273/.

Baldwin, J. (2011) Institutional obstacles to beaver re-colonization and potential climate change adaptation in Oregon, USA. Unpublished Ms., Department of Geography, Sonoma State University, Rohnert Park, CA.

Ball, M. M., Perkins, M. M., Whittington, F. J. and King, S. V. (2009) Pathways to assisted living: The influence of race and class. *Journal of Applied Gerontology, 28*(1): 81-108.

Barbour, R. S. (1998) Mixing qualitative methods: Quality assurance or qualitative quagmire? *Qualitative Health Research, 8*(3): 352-361.

——. (1999) The case for combining qualitative and quantitative approaches in health services research. *Journal of Health Services Research and Policy, 4*(1): 39-43.

——. (2001) Checklists for improving rigour in qualitative research: A case of the tail wagging the dog? *British Medical Journal, 322*(7294): 1115-1117.

——. (2008) *Introducing qualitative research: A student guide to the craft of doing qualitative research.* London: Sage.

Barnes, D. and Murphy, S. (2009) Reproductive decisions for women with HIV: Motherhood's role in envisioning a future. *Qualitative Health Research, 19*(4): 481-491.

Barthes, R. (1972) *Mythologies.* New York: Hill and Wang.

Baszanger, I. (1998) *Inventing pain medicine: From the laboratory to the clinic.* New Brunswick, NJ: Rutgers University Press.

Becker, H. S. (1967/1970) Whose side are we on? In H. S. Becker, *Sociological work: Method and substance* (pp. 123-134) New Brunswick, NJ: Transaction Books.

——. (2003) The politics of presentation: Goffman and total institutions. *Symbolic Interaction, 26*(4): 659-669.

——. (1998) *Tricks of the trade: How to learn about your research while you're doing it.* Chicago: University of Chicago Press.

Becker, P. H. (1993) Pearls, pith, and provocations: Common pitfalls in grounded theory research. *Qualitative Health Research, 3*(2): 254-260.

Bendassolli, P. F. (2013) Theory building in qualitative research: Reconsidering the problem of induction. *Forum Qualitative Sozialforschung/Forum: Qualitative Social Research*, *14*(1): Art. 25. Retrieved from: http://nbn-resolving.de/urn:nbn:de:0114- fqs1301258.

Benford, R. D. and Hunt, S. A. (1992) Dramaturgy and social movements: The social construction and communication of power. *Sociological Inquiry*, *62*(1): 36–55.

Benford, R. D. and Snow, D. A. (2000) Framing processes and social movements: An overview and assessment. *Annual Review of Sociology*, *26*: 611–639.

Bergson, H. (1903/1961) *An introduction to metaphysics*. New York: Philosophical Library.

———. (1910/2008) *Time and free will: An essay on the immediate data of consciousness*. New York: Cosimo, Inc.

Berk, R. A., Berk, S. F., Loseke, D. R. and Rauma, D. (1983) Mutual combat and other family violence myths. In D. Finkelhor, R. J. Gelles, G. T. Hotaling, and M. A. Straus (Eds): *The dark side of families* (pp. 197–212) Beverly Hills, CA: Sage.

Berk, R. A., Berk, S. F., Newton, J. and Loseke, D. R. (1984) Cops on call: Summoning the police to the scene of spousal violence. *Law & Society Review*, *18*(3): 480–498.

Berk, S. F. and Loseke, D. R. (1980–1981) Handling family violence: Situational determinants of police arrest in domestic disturbances. *Law & Society Review*, *15*(2): 317–346.

Best, J. (2006) Blumer's dilemma: The critic as a tragic figure. *American Sociologist*, *37*(3): 5–14.

Biernacki, P. (1986) *Pathways from heroin addiction: Recovery without treatment*. Philadelphia: Temple University Press.

Bigus, O. E., Hadden, S. C. and Glaser, B. G. (1994) The study of basic social processes. In B. G. Glaser (Ed.): *More grounded theory methodology: A reader* (pp. 38–64) Mill Valley, CA: Sociology Press.

Birks, M., Chapman, Y. and Francis, K. (2008) Memoing in qualitative research: Probing data and processes. *Journal of Research in Nursing*, *13*(1): 68–75.

Birks, M. and Mills, J. (2011) *Grounded theory: A practical guide*. London: Sage.

Blumer, H. (1969) *Symbolic interactionism: Perspective and method*. Englewood Cliffs, NJ: Prentice Hall.

———. (1979) Comments on 'George Herbert Mead and the Chicago tradition of sociology'. *Symbolic Interaction*, *2*(2): 21–22.

Boero, N. (2007) All the news that's fat to print: The American 'obesity epidemic' and the media. *Qualitative Sociology*, *30*(1): 41–60.

Bogard, C. (2001) Claimsmakers and contexts in early constructions of homelessness: A comparison of New York City and Washington, D. C. *Symbolic Interaction*, *24*(4): 425–454.

Bong, S. A. (2007) Debunking myths in CAQDAS use and coding in qualitative data analysis: Experiences with and reflections on grounded theory methodology. *Historical Social Research*, *32*(Supplement No. 19): 258–275.

Borer, M. I. (2010) From collective memory to collective imagination: Time, place, and urban redevelopment. *Symbolic Interaction*, *33*(1): 96–114.

Bowen, G. A. (2006) Grounded theory and sensitizing concepts. *International Journal of Qualitative Methods*, *5*(3): 12–23.

———. (2008) Naturalistic inquiry and the saturation concept: A research note. *Qualitative Research*, *9*(1): 137–152.

Bowker, G. and Star, S. L. (1999) *Sorting things out: Classification and its consequences*. Cambridge, MA: MIT Press.

Bowker, L. H. and Mauer, L. (1987) The medical treatment of battered wives. *Women & Health*, *12*(1): 25–45.

Brent, E. and Slusarz, P. (2003) 'Feeling the beat': Intelligent coding advice from metaknowledge in qualitative research. *Social Science Computer Review*, *21*(3): 281–303.

Briggs, C. (1986) *Learning how to ask: A sociolinguistic appraisal of the role of the interview in social science research*. Cambridge: Cambridge University Press.

——. (2001) Interviewing, power/knowledge, and social inequality. In J. Gubrium and J. A. Holstein (Eds) *The SAGE Handbook of interview research: Context and method* (pp. 911–922) Thousand Oaks, CA and London: Sage.

——. (2007) Anthropology, interviewing, and communicability in contemporary society. *Current Anthropology, 48*(4): 551–80.

Brissett, D. and Edgley, C. (1975) The dramaturgical perspective. In D. Brissett and C. Edgley (Eds): *Life as theater: A dramaturgical sourcebook* (pp. 1–46) Chicago: Aldine.

Brannen, J. (1988) The study of sensitive subjects. *Sociological Review, 36*(3): 552–563.

Broom, A., Hand, K. and Tovey, P. (2009) The role of gender, environment and individual biography in shaping qualitative interview data. *International Journal of Social Research Methodology, 12*(1): 51–65.

Bryant, A. (2002) Re-grounding grounded theory. *Journal of Information Technology Theory and Application, 4*(1): 25–42.

——. (2003) A constructive/ist response to Glaser. *FQS: Forum for Qualitative Social Research, 4*(1) Art. 15. Retrieved from: http://nbn-resolving.de/urn:nbn:de:0114-fqs03011555.

Bryant, A. and Charmaz, K. (2007a) Grounded theory in historical perspective: An epistemological account. In A. Bryant and K. Charmaz (Eds) *The SAGE handbook of grounded theory* (pp. 31–57) London: Sage.

——. (2007b) Introduction: Grounded theory research: Methods and practices. In A. Bryant and K. Charmaz (Eds): *The SAGE handbook of grounded theory* (pp. 1–28) London: Sage.

——. (2011) Grounded theory. In P. Vogt and M. Williams (Eds): *The SAGE handbook of methodological innovations in the social sciences* (pp. 205–227) Los Angeles and London: Sage.

——. (2012) Grounded theory and psychological research. In H. Cooper (Ed.): *APA Handbook of research methods in psychology Vol. 2* (pp. 39–56) Washington, DC: APA Books.

Bryman, A. (2007) Barriers to integrating quantitative and qualitative research. *Journal of Mixed Methods Research, 1*(1): 8–22.

——. (2012a) Contribution to S. E. Baker and R. Edwards, *How many qualitative interviews is enough? Expert voices and early career reflections on sampling and cases in qualitative research.* (pp. 18–20) National Centre for Research Methods Review Papers. Retrieved from http://eprints.ncrm.ac.uk/2273/ (April 10, 2012).

——. (2012b) *Social research methods* (4th edn) Oxford: Oxford University Press.

Bulmer, M. (1984) *The Chicago school of sociology: Institutionalization, diversity, and the rise of sociology.* Chicago: University of Chicago Press.

Burawoy, M. (1982) *Manufacturing Consent.* Chicago: University of Chicago Press.

——. (1991) The extended case method. In M., Burawoy, A. Burton, A. A. Ferguson, K. Fox, J. Gamson, N. Gartrell, L. Hurst, C. Kurzman, L. Salzinger, J. Schiffman, and S. Ui, *Ethnography unbound: Power and resistance in the modern metropolis* (pp. 271–290) Berkeley: University of California Press.

——. (2000) Grounding globalization. In M. Burawoy, J. A. Blum, S. George, G. Sheba, Z. Gille, T. Gowan, L. Haney, M. Klawiter, S. A. Lopez, S. O'Riain, and M. Thayer, *Global ethnography: Forces, connections, and imaginations in a postmodern world* (pp. 337–373) Berkeley: University of California Press.

Burford, S. (2011) Complexity and the practice of web information architecture. *Journal of the American Society for Information Science and Technology, 62*(10): 2024–2037.

Burke, K. (1945) *A grammar of motives.* Berkeley: University of California Press.

Burke, P. J. (1980) The self: Measurements from an interactionist perspective. *Social Psychology Quarterly, 43*(1): 18–29.

Bury, M. (1982) Chronic illness as biographical disruption. *Sociology of Health & Illness, 4*(2): 167–182.

——. (1988) Meanings at risk: The experience of arthritis. In R. Anderson and M. Bury (Eds): *Living with chronic illness* (pp. 89–116) London: Unwin Hyman.

——: (1991) The sociology of chronic illness: A review of research and prospects. *Sociology of Health & Illness, 13*(4): 452–468.

Buscatto, M. (2008) Who allowed you to observe? A reflexive overt organizational ethnography. *Qualitative Sociology Review, 4*(3): 29–48.

Byrne, K., Orange, J. B. and Ward-Griffin, C. (2011) Care transition experiences of spousal caregivers: From geriatric rehabilitation unit to home. *Qualitative Health Research, 21*(10): 1371–1387.

Cain, C.L. (2012) Integrating dark humor and compassion: Identities and presentation of self in the front and back regions of hospice. *Journal of Contemporary Ethnography, 41*(6): 668–694.

Calkins, K. (1970) Time: Perspectives, marking and styles of usage. *Social Problems, 17*(4): 487–501.

Cameron, R. (2009) A sequential mixed model research design: Design, analytical and display issues. *International Journal of Multiple Research Approaches, 3*(2): 140–152.

Carter, J. (2004) Research note: Reflections on interviewing across the ethnic divide. *International Journal of Social Research Methodology, 7*(4): 345–353.

Casper, M. J. (1997) Feminist politics and fetal surgery: Adventures of a research cowgirl on the reproductive frontier. *Feminist Studies, 23*(2): 232–262.

——: (1998) *The making of the unborn patient: A social anatomy of fetal surgery.* New Brunswick, NJ: Rutgers University Press.

——: (2007) Fetal surgery then and now. *Conscience, 28*(3): 24–28.

Chalmers, A. F. (1999) *What is this thing called science?* (3rd edn) Maidenhead: Open University Press.

Chambliss, D. F. (1996) *Beyond caring: Hospitals, nurses, and the social organization of ethics.* Chicago: University of Chicago Press.

Chang, D. B. K. (1989) An abused spouse's self-saving process: A theory of identity transformation. *Sociological Perspectives, 32*(4): 535–550.

Chang, J. H. Y. (2000) Symbolic interaction and transformation of class structure: The case of China. *Symbolic Interaction, 23*(3): 223–251.

——: (2004) Mead's theory of emergence as a framework for multilevel sociological inquiry. *Symbolic Interaction, 27*(3): 405–427.

Charmaz, K. (1973) *Time and identity: The shaping of selves of the chronically ill.* PhD dissertation, University of California, San Francisco.

——: (1980) *The social reality of death* Reading, MA: Addison-Wesley.

——: (1983a) The grounded theory method: An explication and interpretation. In R. M. Emerson (Ed.): *Contemporary field research* (pp. 109–126) Boston: Little Brown.

——: (1983b) Loss of self: A fundamental form of suffering in the chronically ill. *Sociology of Health & Illness, 5*(2): 168–195.

——: (1987) Struggling for a self: Identity levels of the chronically ill. In J. A. Roth and P. Conrad (Eds): *Research in the sociology of health care: The experience and management of chronic illness* (Vol. 6, pp. 283–321) Greenwich, CT: JAI Press.

——: (1990) Discovering chronic illness: Using grounded theory. *Social Science and Medicine, 30*(11): 1161–1172.

——: (1991a) *Good days, bad days: The self in chronic illness and time.* New Brunswick, NJ: Rutgers University Press.

——: (1991b) Translating graduate qualitative methods into undergraduate teaching: Intensive interviewing as a case example. *Teaching Sociology, 19*(3): 384–395.

——: (1994) Identity dilemmas of chronically ill men. *Sociological Quarterly, 35*(2): 269–288.

——: (1995a) The body, identity, and self: Adapting to impairment. *Sociological Quarterly, 36*(4): 657–680.

——: (1995b) Grounded theory. In J. A. Smith, R. Harré, and L. Van Langenhove (Eds): *Rethinking methods in psychology* (pp. 27–49) London: Sage.

——. (1995c) Between positivism and postmodernism: Implications for methods. In N. K. Denzin (Ed.): *Studies in symbolic interaction* (vol. 17, pp. 43–72) Greenwich, CT: JAI Press.

——. (1999) Stories of suffering: Subjective tales and research narratives. *Qualitative Health Research, 9*(3): 362–382.

——. (2000a) Constructivist and objectivist grounded theory. In N. K. Denzin and Y. Lincoln (Eds): *Handbook of qualitative research* (2nd edn, pp. 509–535) Thousand Oaks, CA: Sage.

——. (2000b) Teachings of Anselm Strauss: Remembrances and reflections. *Sociological Perspectives, 43*(4, Supplementary Issue): S163–S174.

——. (2001) Qualitative interviewing and grounded theory analysis. In J. F. Gubrium and J. A. Holstein (Eds): *Handbook of interview research* (pp. 675–694) Thousand Oaks, CA: Sage.

——. (2002a) Grounded theory: Methodology and theory construction. In N. J. Smelser and P. B. Baltes (Eds): *International encyclopedia of the social and behavioral sciences* (pp. 6396–6399) Amsterdam: Pergamon.

——. (2002b) The self as habit: The reconstruction of self in chronic illness. *Occupational Therapy Journal of Research, 22*(Supplement 1): 31s–42s.

——. (2002c) Stories and silences: Disclosures and self in chronic illness. *Qualitative Inquiry, 8*(3): 302–328.

——. (2003) Grounded theory. In J. A. Smith (Ed.): *Qualitative psychology: A practical guide to research methods* (pp. 81–110) London: Sage.

——. (2004) Premises, principles, and practices in qualitative research: Revisiting the foundation. *Qualitative Health Research, 14*(7): 976–993.

——. (2005) Grounded theory in the 21st century: A qualitative method for advancing social justice research. In N. Denzin and Y. Lincoln (Eds): *Handbook of qualitative research* (3rd edn, pp. 507–535) Thousand Oaks, CA: Sage.

——. (2006) Grounded theory. In G. Ritzer (Ed.): *Encyclopaedia of sociology*. Cambridge, MA: Blackwell.

——. (2008a) Constructionism and grounded theory. In J. A. Holstein and J. F. Gubrium (Eds): *Handbook of constructionist research* (pp. 319–412) New York: Guilford.

——. (2008b) A future for symbolic interactionism. In N. K. Denzin (Ed.): *Studies in symbolic interaction, 32* (vol. 32, pp. 51–59) Bingley, W. Yorks: Emerald.

——. (2008c) Grounded theory. In J. A. Smith (Ed.): *Qualitative psychology: A practical guide to research methods* (2nd edn, pp. 81–110) London: Sage. (Revised and updated version of the 2003 chapter).

——(2008d) Grounded theory as an emergent method. In S. N. Hesse-Biber and P. Leavy (Eds) *The handbook of emergent methods* (pp. 155–170) New York: Guilford.

——. (2008e) The legacy of Anselm Strauss for constructivist grounded theory. In N. K. Denzin (Ed.): *Studies in symbolic interaction, 32* (vol. 32, pp. 127–141) Bingley, W. Yorks.: Emerald.

——. (2008f) Reconstructing grounded theory. In L. Bickman, P. Alasuutari, and J. Brannen (Eds): *The SAGE handbook of social research* (pp. 461–478) London: Sage.

——. (2008g) Views from the margins: Voices, silences, and suffering. *Qualitative Research in Psychology, 5*(1): 7–18.

——. (2009a) Recollecting good and bad days. In A. J. Puddephatt, W. Shaffir, and S. W. Kleinknecht (Eds): *Ethnographies revisited: Constructing theory in the field* (pp. 48–62) New York: Routledge.

——. (2009b) Shifting the grounds: Constructivist grounded theory methods for the twenty-first century. In J. Morse, P. Stern, J. Corbin, B. Bowers, K. Charmaz, and A. Clarke, *Developing grounded theory: The second generation* (pp. 127–154) Walnut Creek, CA: Left Coast Press.

——. (2009c) Stories, silences, and self: Dilemmas in disclosing chronic illness. In D. E. Brashers and D. J. Goldstein (Eds): *Communicating to manage health and illness* (pp. 240–270) New York: Routledge.

———. (2010a) Studying the experience of chronic illness through grounded theory. In G. Scambler and S. Scambler (Eds): *Assaults on the lifeworld: New directions in the sociology of chronic and disabling conditions* (pp. 8–36) London: Palgrave.

———. (2010b) Disclosing illness and disability in the workplace. *Journal of International Education in Business, 3*(1/2): 6–19.

———. (2011a) A constructivist grounded theory analysis of losing and regaining a valued self. In F. J. Wertz, K. Charmaz, L. J. McMullen, R. Josselson, R. Anderson, and E. McSpadden, *Five ways of doing qualitative analysis: Phenomenological psychology, grounded theory, discourse analysis, narrative research, and intuitive inquiry* (pp. 165–204) New York: Guilford.

———. (2011b) Grounded theory methods in social justice research. In N. K. Denzin and Y. E. Lincoln (Eds): *Handbook of qualitative research* (4th edn, pp. 359–380) Thousand Oaks, CA: Sage.

———. (2011c) Lessons for a lifetime: Learning grounded theory from Barney Glaser. In V. Martin and A. Gynnild (Eds): *Grounded theory: Philosophy, method, and the work of Barney Glaser* (pp. 177–185) Boca Raton, FL: Brown-Walker Press.

———. (2012a) Plenary address: The power and potential of grounded theory. *MedSo Online, 6*(3): 2–15.

———. (2012b) Writing feminist research. In S. Hesse-Biber (Ed.): *Handbook of feminist research methods* (2nd edn, pp. 475–494) Thousand Oaks, CA: Sage.

Charmaz, K. and Belgrave, L. (2012) Qualitative interviewing and grounded theory analysis. In J. F. Gubrium, J. A. Holstein, A. Marvasti, and K. M. Marvasti (Eds): *Handbook of interview research* (2nd edn, pp. 347–365) Thousand Oaks, CA: Sage.

Charmaz, K. and Bryant, A. (2011) Grounded theory and credibility. In D. Silverman (Ed.): *Qualitative research: Issues of theory, method and practice* (3rd edn, pp. 291–309) London: Sage.

Charmaz, K. and Henwood, K. (2008) Grounded theory in psychology. In C. Willig and W. Stainton-Rogers (Eds): *Handbook of qualitative research in psychology* (pp. 240–259) London: Sage.

Charmaz, K. and Mitchell, R. G. (1996) The myth of silent authorship: Self, substance, and style in ethnographic writing. *Symbolic Interaction, 19*(4): 285–302.

———. (2001) An invitation to grounded theory in ethnography. In P. Atkinson, A. Coffey, S. Delamonte, J. Lofland, and L. H. Lofland (Eds): *Handbook of ethnography* (pp. 160–174) London: Sage.

Charmaz, K. and Olesen, V. (1997) Ethnographic research in medical sociology. *Sociological Methods and Research, 25*(4): 452–494.

Chen, F. and Ogden, L. (2012) A working relationship model that reduces homelessness among people with mental illness. *Qualitative Health Research, 22*(3): 373–383.

Chen, J. (2011) Studying up harm reduction policy: The office as an assemblage. *International Journal of Drug Policy, 22*(4): 471–477.

Chenitz, W. C. and Swanson, J. M. (Eds) (1986) *From practice to grounded theory: qualitative research in nursing.* Reading, MA: Addison-Wesley.

Choi, S. Y. P. and Holroyd, E. (2007) The influence of power, poverty and agency in the negotiation of condom use for female sex workers in mainland China. *Culture, Health and Sexuality, 9*(5): 489–503.

Christ, T. W. (2009) Designing, teaching, and evaluating two complementary mixed methods research courses. *Journal of Mixed Methods Research, 3*(4): 292–325.

Ciambrone, D. (2007) Illness and other assaults on self: The relative impact of HIV/AIDS on women's lives. *Sociology of Health & Illness, 23*(4): 517–540.

Cicourel, A. V. (1964) *Method and measurement in sociology.* New York: Free Press.

———. (1979) Field research: The need for stronger theory and more control over the data base. In W. E. Snizek, E. R. Fuhrman, and M. K. Miller (Eds): *Contemporary issues in theory and research: A metasociological perspective* (pp. 47–79) London: Aldwych.

Cisneros-Puebla, C. A. (2013) The onward journey. In D. M. Mertens, F. Cram, and B. Chilisa (Eds): *Indigenous researchers' journeys: Pathways into social science research* (pp. 395–402) Walnut Creek, CA: Left Coast Press.

Cisneros-Puebla, C. A., Faux, R., Moran-Ellis, J., García-Álvarez, E. and López-Sintas, J. (2009) Introduction: Fostering the cultural aspects of doing research. *Forum Qualitative Sozialforschung /Forum: Qualitative Social Research, 10*(2): Art.19. Retrieved from: http://nbnresolving.de/urn:nbn:de:0114-fqs0902192.

Clark, C. (1997) *Misery and company: Sympathy in everyday life.* Chicago: University of Chicago Press.

Clarke, A. E. (1991) Social worlds/arenas theory as organizational theory. In D. R. Maines (Ed.): *Social organization and social process: Essays in honor of Anselm Strauss* (pp. 119–158) New York: Aldine de Gruyter.

——. (1998) *Disciplining reproduction: Modernity, American life sciences, and the problems of sex.* Berkeley: University of California Press.

——. (2003) Situational analyses: Grounded theory mapping after the postmodern turn. *Symbolic Interaction, 26*(4): 553–576.

——. (2005) *Situational analysis: Grounded theory after the postmodern turn.* Thousand Oaks, CA: Sage.

——. (2006) Feminisms, grounded theory, and situational analysis. In S. Hess-Biber and D. Leckenby (Eds): *Handbook of feminist research methods* (pp. 345–370) Thousand Oaks, CA: Sage.

——.(2007) Grounded theory: Conflicts, debates and situational analysis. In W. Outhwaite and S. P. Turner (Eds): *Handbook of social science methodology* (pp. 838–885) Thousand Oaks, CA: Sage.

——. (2012) Feminisms, grounded theory, and situational analysis revisited. In S. N. Hess-Biber (Ed.): *Handbook of feminist research methods* (2nd edn, pp. 388–412) Thousand Oaks, CA: Sage.

Clarke, A. and Friese, C. (2007) Grounded theory using situational analysis. In A. Bryant and K. Charmaz (Eds): *Handbook of grounded theory* (pp. 363–391) London: Sage.

Clarke, A. and Montini, T. (1993) The many faces of RU486: Tales of Situated knowledges and technological contestations. *Science, Technology & Human Values, 18*(1): 42–78.

Clarke, A. and Star, S. L. (2008) The social worlds framework: A theory/methods package. In E. Hackett, O. Amsterdamska, M. Lynch, and J. Wajcman (Eds): *The handbook of science and technology studies* (3rd edn, pp. 113–137) Cambridge, MA: MIT Press.

Coffey, A. (2014) Analysing documents. In U. Flick (Ed.): *Handbook of Qualitative Data Analysis* (pp. 367–379) London, Sage.

Coffey, A. and Atkinson, P. (1996) *Making sense of qualitative data: Complementary research strategies.* Thousand Oaks, CA: Sage.

Coffey, A., Holbrook, P. and Atkinson, P. (1996) Qualitative data analysis: Technologies and representations. Sociological Research On-line, 1(1) <http://www.socresonline.org.uk/1/1/4.html>.

Cohn, S., Dyson, C., Wessley, S. (2008) Early accounts of Gulf War illness and the construction of narratives in UK service personnel. *Social Science & Medicine, 67*(11): 1641–1649.

Collins, P. H. (1986) Learning from the outsider within: The sociological significance of Black feminist thought. *Social Problems, 33*(6): S14–S32.

——. (1990) *Black feminist thought: Knowledge, consciousness, and the politics of empowerment.* Boston: Unwin Hyman.

Collins, R. (2004a) Interaction ritual chains. Alpha Kappa Delta Distinguished Lecture presented at the American Sociological Association, San Francisco, August 14.

——. (2004b) *Interaction ritual chains.* Princeton, NJ: Princeton University Press.

Comrie, B. (1989) *Language universals and linguistic typology* (2nd edn) Oxford: Blackwell. (Original work published 1983.)

Conlon, C. (2006) *Concealed pregnancy: A case-study approach from an Irish setting.* Report No. 15, Crisis Pregnancy Agency, Dublin. http://www.crisispregnancy.ie/pub/conceal.pdf. Accessed November 2, 2011.

Conlon, C., Carney, G., Timonen, V. and Scharf, T. (2013) 'Emergent reconstruction' in grounded theory: Learning from team-based interview research. *Qualitative Research.* On-line access: http://qrj.Sagepub.com/content/early/2013/07/24/1468794113495038. Accessed September 17, 2013.

Conrad, P. (1990) Qualitative research on chronic illness: A commentary on method and conceptual development. *Social Science & Medicine, 30*(11): 1257–1263.

Conway, D. (2008) Masculinities and narrating the past: Experiences of researching white men who refused to serve in the apartheid army. *Qualitative Research,* 8(3): 347–354.

Cooley, C. H. (1902) *Human nature and social order.* New York: Charles Scribner's Sons.

Corbin, J. M. (1998) Alternative interpretations: Valid or not? *Theory & Psychology, 8*(1): 121–128.

——. (2009) Taking an analytic journey. In J. M. Morse, P. N. Stern, J. Corbin, B. Bowers, K. Charmaz, and A. E. Clarke, *Developing grounded theory: The second generation* (pp. 35–53) Walnut Creek, CA: Left Coast Press.

Corbin, J. and Morse, J. M. (2003) The unstructured interactive interview: Issues of reciprocity and risks when dealing with sensitive topics. *Qualitative Inquiry 9*(3): 335–354.

Corbin, J. and Strauss, A. L. (1987) Accompaniments of chronic illness: Changes in body, self, biography, and biographical time. In J. A. Roth and P. Conrad (Eds): *Research in the sociology of health care: Vol. 6. The experience and management of chronic illness* (pp. 249–281) Greenwich, CT: JAI Press.

——. (1988) *Unending work and care: Managing chronic illness at home.* San Francisco: Jossey-Bass.

——. (1990) Grounded theory research: Procedures, canons, and evaluative criteria. *Qualitative Sociology, 13*(1): 3–21.

——. (2008) *Basics of qualitative research* (3rd edn) Los Angeles: Sage.

Counselman, F., Schafermeyer, R. W., Garcia, R. and Perina, D. G. (2000) A survey of academic departments of emergency medicine regarding operation and clinical practice. *Annals of Emergency Medicine, 36*(5): 446–450.

Creswell, J. (1998) *Qualitative inquiry and research design: Choosing among five traditions.* Thousand Oaks, CA: Sage.

——. (2003) *Research design: Qualitative, quantitative, and mixed methods design* (2nd edn) Thousand Oaks, CA: Sage.

Creswell, J. W. and Plano Clark, V. L. (2007) *Designing and conducting mixed methods research.* Thousand Oaks, CA: Sage.

Creswell, J. W., Shope, R., Plano Clark, V. L. and Green, D. O. (2006) How interpretive qualitative research extends mixed methods research. *Research in the Schools, 13*(1): 1–11.

Dahlberg, C. C. and Jaffe, J. (1977) *Stroke: A doctor's personal story of his recovery.* New York: Norton.

Dalton, M. (1959) *Men who manage.* New York: Wiley.

Daly, K. (2002) Time, gender, and the negotiation of family schedules. *Symbolic Interaction, 25*(3): 323–342.

Daub, S. J. (2010) Negotiating sustainability: Climate change framing in the communications, energy and paperworkers union. *Symbolic Interaction, 33*(1): 115–140.

Davis, F. (1963) *Passage through crisis: Polio victims and their families.* Indianapolis: Bobbs-Merrill.

Davis, F. and Munoz, L. (1968) Heads and freaks: Patterns and meanings of drug use among hippies. *Journal of Health and Social Behavior, 9*(2): 156–164.

Davis, M. S. (1971) 'That's interesting!' Towards a phenomenology of sociology and a sociology of phenomenology. *Philosophy of the Social Sciences, 1*(2): 309–344.

Dean, J. J. (2014) *Straights: Heterosexuality in post-closeted culture*. New York: New York University Press.

Deegan, M. J. (1988) *Jane Addams and the men of the Chicago school, 1892–1918*. New Brunswick, NJ: Transaction Books.

Deely, J. N. (1990) *Basics of semiotics*. Bloomington: Indiana University Press.

Denzin, N. K. (1970) *The research act: A theoretical introduction to sociological methods*. Chicago: Aldine.

——. (1984) *On understanding emotion*. San Francisco: Jossey-Bass.

——. (1992) *Symbolic interactionism and cultural studies: The politics of interpretation*. Cambridge, MA: Blackwell.

——. (1994) The art and politics of interpretation. In N. K. Denzin and Y. S. Lincoln (Eds): *Handbook of qualitative research* (pp. 500–515) Thousand Oaks, CA: Sage.

——. (2007) Grounded theory and the politics of interpretation. In A. Bryant and K. Charmaz (Eds): *Handbook of grounded theory* (pp. 454–471) London: Sage.

——. (2010) Grounded and indigenous theories and the politics of pragmatism. *Sociological Inquiry, 80*(2): 296–312.

Denzin, N. K. and Lincoln, Y. S. (1994) Preface. In N. K. Denzin and Y. S. Lincoln (Eds): *Handbook of qualitative research* (pp. ix–xii) Thousand Oaks, CA: Sage.

——(Eds) (2005) *Handbook of qualitative research* (3rd edn) Thousand Oaks, CA: Sage.

——(Eds) (2011) *Handbook of qualitative research* (4th edn) Thousand Oaks, CA: Sage.

Derricourt, R. (1996) *An author's guide to scholarly publishing*. Princeton, NJ: Princeton University.

Dewey, J. (1919/1948) *Reconstruction in philosophy*. Boston: Beacon Press.

——. (1925/1958) *Experience and nature*. New York: Dover Publications.

——. (1929/1960) *The quest for certainty: A study of the relation of knowledge and action*. New York: Putnam.

——. (1925/1981) The development of American pragmatism: Twentieth century philosophy, living school of thought. In J. Dewey and J. Boydston, *The later works of John Dewey*, Vol. 17, No. 2 (pp. 1–32) Boston: Beacon Press.

Dewey, J. and Bentley, A. (1949) *Knowing and the known*. Boston: Beacon Press.

Dey, I. (1999) *Grounding grounded theory*. San Diego, CA: Academic Press.

——. (2004) Grounded theory. In C. Seale, G. Gobo, J. F. Gubrium, and D. Silverman (Eds): *Qualitative research practice* (pp. 80–93) London: Sage.

——. (2007) Grounding categories. In A. Bryant and K. Charmaz (Eds): *Handbook of grounded theory* (pp. 167–190) London: Sage.

Diamond, T. (1992) *Making gray gold*. Chicago: University of Chicago Press.

Dick, B. (2007) What can grounded theorists and action researchers learn from one another? In A. Bryant and K. Charmaz (Eds): *Handbook of grounded theory* (pp. 398–416) London: Sage.

Dickson-Swift, V., James, E. L., Kippen, S. and Liamputtong, P. (2009) Researching sensitive topics: Qualitative research as emotion work. *Qualitative Research, 9*(1): 61–79.

DiGiacomo, S. M. (1992) Metaphor as illness: Postmodern dilemmas in the representation of body, mind and disorder. *Medical Anthropology, 14*(1): 109–137.

Dilley, P. (2000) Conducting successful interviews: Tips for intrepid research. *Theory into Practice, 39*(3): 131–137.

Dingwall, R. (1976) *Aspects of illness*. Oxford: Martin Robertson.

——. (1997) Accounts, interviews, and observations. In G. Miller and R. Dingwall (Eds): *Context and method in qualitative research*. London: Sage.

Dixon, R. (2007) Ostracism: One of the many causes of bullying in groups? *Journal of School Violence, 6*(3): 3–26.

Dobash, R. E. and Dobash, R. P. (1979) *Violence against wives*. New York: Free Press.

———. (1981) Community response to violence against wives: Charivari, abstract justice and patri-archy. *Social Problems, 28*(5): 563–581.

Doig, J. L., McLennan, J. D. and Urichuk, L. (2009) 'Jumping through hoops': Parents' experiences with seeking respite care for children with special needs. *Child: Care, Health and Development, 34*(2): 234–243.

Draucker, C. B., Martsolf, D. S., Ross, R. and Rusk, T. B. (2007) Theoretical sampling and category development in grounded theory. *Qualitative Health Research, 17*(8): 1137–1148.

Duemer, L. S. and Zebidi, A. (2009) The pragmatic paradigm: An epistemological framework for mixed methods research. *Journal of Philosophy and History of Education, 59*: 164–168.

Dumit, Joseph. (2006) Illnesses you have to fight to get: Facts as forces in uncertain, emergent illnesses. *Social Science & Medicine, 62*(3): 577–590.

Dunn, J. L. (2009) The path taken; Opportunity, flexibility, and reflexivity. In A. Puddephatt, W. Shaffir, and S. W. Kleinknecht (Eds): *Ethnographies revisited: Constructing theory in the field* (pp. 277–288) New York: Routledge.

Dunne, C. (2011) The place of the literature review in grounded theory research. *International Journal of Social Research Methodology, 14*(2): 111–124.

Durkheim, E. (1951) *Suicide.* Glencoe, IL: Free Press.

———. (1925/1961) *Moral education: A study in the theory and application of the sociology of education.* New York: Free Press.

———. (1902/1960) *The division of labor in society.* Glencoe, IL: Free Press.

———. (1915/1965) *Elementary forms of religious life.* New York: Free Press.

Eastman, J. (2010) Authenticating identity work: Accounts of underground country musicians. *Studies in symbolic interaction,* (vol. 35, pp. 189–219) Bingley, W. Yorks.: Emerald.

———. (2012) Rebel manhood: The hegemonic masculinity of the Southern rock music revival. *Journal of Contemporary Ethnography, 41*(2): 189–219.

Eaton, J. B. and Sanders, C. (2012) A little help from our friends: Informal third parties and inter-personal conflict. *Personal Relationships, 19*(4): 623–643.

Ede, L. (1995) *Work in progress: A guide to writing and revising* (3rd edn) New York: St Martins.

———. (2011) *The academic writer: A brief guide.* New York: Bedford/St. Martins.

Edgley, C. (2003) The dramaturgical genre. In L. T. Reynolds and N. J. Hermans (Eds): *Handbook of symbolic interactionism* (pp. 141–172) Walnut Creek, CA: Alta Mira.

Edwards, S. (1987) Provoking her own demise: From common assault to homicide. In J. Hanmer and M. Maynard (Eds): *Women, violence and social control* (pp. 152–168) Atlantic Highlands, NJ: Humanities Press International.

———. (2011) *The academic writer: A brief guide.* New York: Bedford/St Martins.

Enwohner, R. L. and Spencer, J. W. (2005) That's how we do things here: Local culture and the construction of sweatshops and anti-sweatshop activism in two campus communities. *Sociology Inquiry, 75*(2): 248–272.

Eisenstadt, K. M. (1989) Building theory from case study research. *Academy of Management Review, 14*(4): 532–550.

Ekins, R. (2010) Traditional jazz and the mainstreaming of authenticity: The case of British traddy pop (1959–1963) – a grounded theory approach. *Popular Music History, 5*(2): 125–150.

Elbow, P. (1981) *Writing with power.* New York: Oxford University Press.

Ells, C. (1986) *Fisher folk: Two communities on Chesapeake Bay.* Lexington: University Press of Kentucky.

———. (1995) Emotional and ethical quagmires of returning to the field. *Journal of Contemporary Ethnography, 24*(1): 68–98.

Emerson, R. M. (1983) Introduction to Part II: Theory and evidence and representation. In R. M. Emerson (Ed.): *Contemporary field research: A collection of readings* (pp. 93–107) Boston: Little Brown.

——. (2001) Introduction to Part III: Producing ethnographies: Theory, evidence and representation. In R. M. Emerson (Ed.): *Contemporary field research: Perspectives and formulations* (2nd edn, pp. 281–316) Prospect Heights, IL: Waveland Press.

——. (2004) Working with 'key incidents.' In C. Seale, G. Gobo, J. F. Gubrium, and D. Silverman (Eds): *Qualitative research practice* (pp. 457–472) London: Sage.

Enosh, G. and Buchbinder, E. (2005) The interactive construction of narrative styles in sensitive interviews: The case of domestic violence research. *Qualitative Inquiry, 11*(4): 588–617.

Ezzy, D. (2010) Qualitative interviewing as an embodied emotional performance. *Qualitative Inquiry, 16*(3): 163–170.

Fabrega, H. Jr. and Manning, P. K. (1972) Disease, illness and deviant careers. In R. A. Scott and J. D. Douglas (Eds): *Theoretical perspectives on deviance* (pp. 93–116) New York: Basic Books.

Fann, K. T. (1970) *Peirce's theory of abduction.* The Hague: Martinus Nijhoff.

Fendt, J. and Sachs, W. (2008) Grounded theory method in management research: Users' perspectives. *Organizational Research Methods, 11*(3): 430–455.

Ferraro, K. J. (1987) Negotiating trouble in a battered women's shelter. In M. J. Deegan and M. R. Hill (Eds): *Women and symbolic interaction* (pp. 379–394) Boston: Allen & Unwin.

——. (1989) Policing woman battering. *Social Problems, 30*(3): 61–74.

Ferraro, K. J. and Johnson, J. M. (1983) How women experience battering: The process of victimization. *Social Problems, 30*(3): 325–339.

Fielding, N. and Cisneros-Puebla, C. (2010) CAQDAS-GIS convergence: Toward a new integrated mixed method research practice. *Journal of Mixed Methods Research, 3*(4): 349–370.

Fielding, N. G. and Lee, R. M. (1998) *Computer analysis and qualitative data.* London: Sage.

——. (2002) New patterns in the adoption and use of qualitative software. *Field Methods, 14*(2): 197–216.

Finch, J. and Mason, J. (1990) Decision taking in the fieldwork process: Theoretical sampling and collaborative working. In R. G. Burgess (Ed.): *Studies in qualitative methodology: Reflections on field experience* (pp. 25–50) Greenwich, CT: JAI Press.

Fine, G. A. (1986) *With the boys: Little league baseball and preadolescent culture.* Chicago: University of Chicago Press.

——. (1993) Ten lies of ethnography: Moral dilemmas of field research. *Journal of Contemporary Ethnography, 22*(3): 267–294.

——. (1998) *Morel tales: The culture of mushrooming.* Cambridge, MA: Harvard University Press.

——. (2007) The last editor's note. *Social Psychology Quarterly, 70*(1): p. 1–4.

——. (2010) *Authors of the storm: Meteorology and the culture of prediction.* Chicago: University of Chicago Press.

Fisher, B. M. and Strauss, A. L. (1979a) George Herbert Mead and the Chicago tradition of sociology (Part 1) *Symbolic Interaction, 2*(1): 9–25.

——. (1979b) George Herbert Mead and the Chicago tradition of sociology (Part 2) *Symbolic Interaction, 2*(2): 9–20.

Fléchard, M., Carroll, M. S., Cohn, P. J. and Dhubháin, Á. N. (2007) The changing relationships between forestry and the local community in rural northwestern Ireland. *Canadian Journal of Forest Research, 37*(10): 1999–2009.

Flick, U. (1998) *An introduction to qualitative research.* Thousand Oaks, CA: Sage.

Flower, L. (2003) *Problem-solving strategies for writing* (5th edn) Fort Worth, TX: Harcourt Brace Jovanovich.

Foote-Ardah, C. E. (2003) The meaning of complementary and alternative medicine practices among people with HIV in the United States: Strategies for managing everyday life. *Sociology of Health & Illness, 25*(5): 481–500.

Francis, J., Johnston, M., Robertson, C., Glidewell, L., Entwistle, V., Eccles, M. P. and Grimshaw, J. M. (2010) What is an adequate sample size? Operationalising data saturation for theory-based interview studies. *Psychology and Health, 25*(10): 1229–1245.

Frank, A. W. (1990) Bringing bodies back in: A decade review. *Theory, Culture & Society*, *7*(1): 131–162.

——. (1991a) *At the will of the body*. Boston: Houghton Mifflin.

——. (1991b) For a sociology of the body: An analytical review. In M. Featherstone, M. Hepworth, and B. S. Turner (Eds): *The body: Social process and cultural theory* (pp. 36–102) London: Sage.

Frankenberg, R. (1990) Disease, literature and the body in the era of AIDS − A preliminary exploration. *Sociology of Health & Illness*, *12*(3): 351–360.

Freire, P. (1970) *The pedagogy of the oppressed*. New York: Herder and Herder.

Freund, P. E. S. (1982) *The civilized body: Social domination, control, and health*. Philadelphia: Temple University Press.

——. (1988) Bringing society into the body: Understanding socialized human nature. *Theory and Society*, *17*(6): 839–864.

——. (1990) The expressive body: A common ground for the sociology of emotions and health and illness. *Sociology of Health & Illness*, *12*(4): 452–477.

Frohmann, L. (1991) Discrediting victims' allegations of sexual assault: Prosecutorial accounts of case rejections. *Social Problems*, *38*(2): 213–226.

——. (1998) Constituting power in sexual assault cases: Prosecutorial strategies for victim management. *Social Problems*, *45*(3): 393–407.

Fujimura, J. (1992) Crafting science: Standardized packages, boundary objects and 'translation.' In A. Pickering (Ed.): *Science as practice and culture* (pp. 168–214) Chicago: University of Chicago Press.

Furlong, M. and McGilloway, S. (2012) The *Incredible Years Parents Program* in Ireland: A qualitative analysis of the experience of disadvantaged parents. *Clinical Child Psychology and Psychiatry*, *17*(4): 616–630.

Gadow, S. (1982) Body and self: A dialectic. In V. Kestenbaum (Ed.): *The humanity of the ill: Phenomenological perspectives* (pp. 86–100) Knoxville: University of Tennessee Press.

Gagné, P. (1996) Identity, strategy and feminist politics: Clemency for women who kill. *Social Problems*, *43*(1): 77–93.

Gailey, J. A. and Prohaska, A. (2011) Power and gender negotiations during interviews with men about sex and sexually degrading practices. *Qualitative Research*, *11*(4): 365–380.

Galvin, R. D. (2005) Researching the disabled identity: Contextualising the identity transformations which accompany the onset of impairment. *Sociology of Health & Illness*, *27*(3): 393–413.

Garot, R. (2009) Reconsidering retaliation: Structural inhibitions, emotive dissonance, and the acceptance of ambivalence among inner-city young men. *Ethnography*, *10*(1): 63–90.

Garrett-Peters, R. (2009) "If I don't have to work anymore, who am I?: Job-loss and collaborative self-concept repair. *Journal of Contemporary Ethnography* *38*(5): 547–583.

Gecas, V. (1982) The self-concept. *Annual Review of Sociology*, *8*: 1–32.

Geertz, C. (1973) *The interpretation of cultures*. New York: Basic Books.

Gerhardt, U. (1979) Coping and social action: Theoretical reconstruction of the life-event approach. *Sociology of Health & Illness*, *1*(2): 195–225.

——. 1989. *Ideas about illness: An intellectual and political history of medical sociology*. New York: New York University Press.

Ghaziani, A. (2004) Anticipatory and actualized identities: A cultural analysis of the transition from aids disability to work. *The Sociological Quarterly*, *45*(2): 273–301.

Giles-Sims, J. (1983) *Wife battering: A systems theory approach*. New York: Guilford Press.

Gilgun, J. F. (2010) Methods for enhancing theory and knowledge about problems, policies, and practice. In K. Briar, J. Orme, R. Ruckdeschel, and I. Shaw, *The Sage handbook of social work research* (pp. 281–297) Thousand Oaks, CA: Sage.

Gipson, J. and Hindin, M. J. (2008) 'Having another child would be a life or death situation for her': Understanding pregnancy termination among couples in rural Bangladesh. *American Journal of Public Health*, *98*(10): 1827–1832.

Glaser, B. G. (1964a) Comparative failure in science. *Science, 143*(3610):1012–1014.

——. (1964b) *Organizational scientists: Their professional careers.* Indianapolis: Bobbs- Merrill.

——. (1978) *Theoretical sensitivity.* Mill Valley, CA: Sociology Press.

——. (1992) *Basics of grounded theory analysis.* Mill Valley, CA: Sociology Press.

——. (Ed.) (1994) *More grounded theory.* Mill Valley, CA: Sociology Press.

——. (1998) *Doing grounded theory: Issues and discussions.* Mill Valley, CA: Sociology Press.

——. (2001) *The grounded theory perspective: Conceptualization contrasted with description.* Mill Valley, CA: Sociology Press.

——. (2002) Constructivist grounded theory? *Forum qualitative Sozialforschung/Forum: Qualitative Social Research, 3.* Available at: http: //www. qualitative-research. net/fqs-texte/3–02/3–02glaser-e-htm.

——. (2003) *The grounded theory perspective II: Description's remodeling of grounded theory methodology.* Mill Valley, CA: Sociology Press.

——. (2005) *The grounded theory perspective III: Theoretical coding.* Mill Valley, CA: Sociology Press.

——. (2006) *Doing formal grounded theory: A proposal.* Mill Valley, CA: Sociology Press.

——. (2008) *Doing quantitative grounded theory.* Mill Valley, CA: Sociology Press.

——. (2009) *Jargonizing: Using the grounded theory vocabulary.* Mill Valley, CA: Sociology Press.

——. (2011) *Getting out of the data.* Mill Valley, CA: Sociology Press.

——. (2012) No preconceptions: The dictum. *Grounded Theory Review, 11*(2): 1–6.

Glaser, B. G. and Strauss, A. L. (1965) *Awareness of dying.* Chicago: Aldine.

——. (1967) *The discovery of grounded theory.* Chicago: Aldine.

——. (1968) *Time for dying.* Chicago: Aldine.

——. (1971) *Status passage.* Chicago: Aldine.

Glassner, B. (1988) *Bodies.* New York: Putnam.

——. (1989) Fitness and the postmodern self. *Journal of Health and Social Behavior, 30*(2): 180–191.

Glesne, C. (2007) Research as solidarity. In N. K. Denzin and M. D. Giardina (Eds): *Ethical futures in qualitative research: Decolonizing the politics of knowledge* (pp. 169–178) Walnut Creek, CA: Left Coast Press.

Gobo, G. (2011) Glocalizing methodology. The encounter between local methodologies, *International Journal of Social Research Methodology, 14*(6): 417–437.

Goffman, E. (1959) *The presentation of self in everyday life.* Garden City, NY: Doubleday Anchor Books.

——. (1961) *Asylums.* Garden City, NY: Doubleday Anchor Books.

——. (1963) *Stigma.* Englewood Cliffs, NJ: Prentice Hall.

——. (1967) *Interaction ritual.* Garden City, NY: Doubleday Anchor Books.

——. (1969) *Strategic interaction.* Philadelphia: University of Pennsylvania Press.

——. (1989) On fieldwork. *Journal of Contemporary Ethnography, 18*(2): 123–132.

Goldkuhl, G. and Cronholm, S. (2010) Adding theoretical grounding to grounded theory: Toward multi-grounded theory. *International Journal of Qualitative Methods, 9*(2): 187–205.

Gongaware, T. (2010) Collective memory anchors: Collective identity and continuity in social movements. *Sociological Focus, 43*(3): 214–239.

——. (2012) Subcultural identity work in social movements: Barriers to collective identity changes and overcoming them. *Symbolic Interaction, 35*(1): 6–23.

Goodrum, S. and Keys, J. L. (2007) Reflections on two studies of emotionally sensitive topics: Bereavement from murder and abortion. *International Journal of Social Research Methodology, 10*(4): 249–258.

Gorden, R. (1998) *Basic interviewing skills.* Long Grove, IL: Waveland Press.

Goulding, C. (2002) *Grounded theory: A practical guide for management, business, and market researchers.* London: Sage.

Greckhamer, T. and Koro-Ljungber, M. (2005) The erosion of a method: Examples from grounded theory. *International Journal of Qualitative Studies in Education, 18*(6): 729–750.

Green, S. D., Kao, C. and Larsen, G. D. (2010) Contextualist research: Iterating between methods while following an empirically grounded approach. *Journal of Construction Engineering & Management, 136*(1): 117-126.

Greene, J. C. (2006) Toward a methodology of mixed methods social inquiry. *Research in the Schools, 13*(1): 94-99.

Grimmer, K., Falco, J. and Moss, J. (2004) Becoming a carer for an elderly person after discharge from an acute hospital admission. *Internet Journal of Allied Health Science & Practice 2*(4).

Guba, E. G. and Lincoln, Y. S. (1994) Competing paradigms in qualitative research. In N. K. Denzin and Y. S. Lincoln (Eds): *Handbook of qualitative research* (pp. 105-118) Thousand Oaks, CA: Sage.

Gubrium, E. and Koro-Ljungberg, M. (2005) Contending with border making in the social constructionist interview. *Qualitative Inquiry, 11*(5): 689-715.

Gubrium, J. F. (1993) *Speaking of life: Horizons of meaning for nursing home residents.* Hawthorne, NY: Aldine de Gruyter.

Gubrium, J. F. and Holstein, J. A. (1997) *The new language of qualitative research.* New York: Oxford University Press.

Gubrium, J. F. and Holstein, J. A. (Eds) (2001a) *Handbook of interview research: Context and method.* Thousand Oaks, CA: Sage.

Gubrium, J. F. and Holstein, J. A. (2001b) From the individual interview to the interview society. In J. A. Holstein and J. F. Gubrium (Eds) *Handbook of interview research: Context and method* (pp. 3-32) Thousand Oaks, CA: Sage.

Gubrium, J. F., Holstein, J. A., Marvasti, A. B. and McKinney, K. D. (Eds) (2012) *Handbook of interview research: The complexity of the craft.* Thousand Oaks, CA: Sage.

Guest, G., Bunce, A. and Johnson, L. (2006) How many interviews are enough? An experiment with data saturation and variability. *Field Methods, 18*(1): 59-82.

Gunter, V. J. (2005) News media and technological risks: The case of pesticides after *Silent Spring. Sociological Quarterly, 46*(4): 671-698.

Haig, B. D. (1995) Grounded theory as scientific method. In *Philosophy of Education Yearbook 1995: Current issues* (pp. 281-290) Urbana: University of Illinois Press.

Hall, P. M. (1987) Interactionism and the study of social organization. *Sociological Quarterly, 28*(1): 1-22.

Hall, W. A. and Callery, P. (2001) Enhancing the rigor of grounded theory: Incorporating reflexivity and relationality. *Qualitative Health Research, 11*(2): 257-272.

Hallberg, L. R. M. (2006) The 'core category' of grounded theory: Making constant comparisons. *International Journal of Qualitative Studies on Health and Well-being, 1*(3): 141-148.

Hallberg, L. R. M. and Strandmark, M. K. (2006) Health consequences of workplace bullying: Experiences from the perspective of employees in the public service sector. *International Journal of Qualitative Studies on Health and Well-being, 1*(2): 109-119.

Hammersley, M. (2007) The issue of quality in qualitative research. *International Journal of Research and Method in Education, 30*(3): 287-306.

Haraway, D. (1991) Situated knowledges: The science question and feminism and the privilege of partial perspectives. In *Simians, cyborgs, and women: The reinvention of nature* (pp. 183-202) New York: Routledge.

Hardman, H. (2012) *Gorbachev's export of perestroika to Eastern Europe: Democratisation reconsidered.* Series: Perspectives on democratic practice. Manchester: Manchester University Press.

Hardman, H. (2013) The validity of a grounded theory approach to research on democratization. *Qualitative Research, 13*(6): 635-649. Accessed online at http://qrj.Sage pub.com/content/ear ly/2012/06/15/1468794112445526. June 30, 2012.

Harington, B. (2002) Obtrusiveness as strategy in ethnographic research. *Qualitative Sociology, 25*(1): 49-61.

Harris, S. R. (2001) What can interactionism contribute to the study of inequality? The case of marriage and beyond. *Symbolic Interaction, 24*(4): 455–480.

Harris, S. (2006a) *The meanings of marital equality.* Albany: State University of New York Press.

——. (2006b) Social constructionism and social inequality: An introduction to a special issue of JCE. *Journal of Contemporary Ethnography, 35*(3): 223–235.

Harry, B., Sturges, K. M. and Klingner, J. K. (2005) Mapping the process: An exemplar of process and challenge in grounded theory analysis. *Educational Researcher, 34*(2): 3–13.

Hartsock, N. C. M. (1998) *The feminist standpoint revisited and other essays.* Boulder, CO: Westview.

Harvey, W. S. (2011) Strategies for conducting elite interviews. *Qualitative Research 11*(4): 431–441.

Haworth-Hoeppner, S. and Maines, D. (2005) A sociological account of the persistence of invalidated anorexic identities. *Symbolic Interaction, 28*(1): 1–23.

Hellström, I., Nolan, M. and Lundh, U. (2005) Awareness context theory and the dynamics of dementia: Improving understanding using emergent fit. *Dementia, 4*(2): 269–295.

Henwood, K. and Pidgeon, N. (2003) Grounded theory in psychological research. In P. M. Camic, J. E. Rhodes, and L. Yardley (Eds): *Qualitative research in psychology: Expanding perspectives in methodology and design* (pp. 131–155) Washington, DC: American Psychological Association.

Hermes, J. (1995) *Reading women's magazines.* Cambridge: Polity Press.

Heritage, J. and Robinson, J. D. (2011) 'Some' vs. 'any' medical issues: Encouraging patients to reveal their unmet concerns. In C. Antaki (Ed.): *Applied conversation analysis: Changing institutional practices* (15–31) Basingstoke: Palgrave Macmillan.

Hertz, R. (2003) Paying forward and paying back. *Symbolic Interaction, 26*(3): 473–486.

Hesse-Biber, S. (2007) Teaching grounded theory. In A. Bryant and K. Charmaz (Eds): *Handbook of grounded theory* (pp. 311–338) London: Sage.

——. (2010a) Emerging methodologies and methods practices in the field of mixed methods research. *Qualitative Inquiry, 16*(6): 415–428.

——. (2010b) *Mixed methods research: Merging theory with practice.* New York: Guilford.

——. (2010c) Qualitative approaches to mixed methods research. *Qualitative Inquiry, 16*(6): 455–68.

——(Ed.) (2012a) *Feminist Research: A Primer* (2nd edn) Thousand Oaks, CA: Sage Publications.

——. (2012b) *Handbook of Feminist Research: Theory and Praxis* (2nd edn) Thousand Oaks, CA: Sage Publications.

Hewitt, J. P. (1989) *Dilemmas of the American self.* Philadelphia: Temple University Press.

——. (1992) *Self and society* (5th edn) New York: Simon and Schuster.

——. (1994) *Self and society symbolic interactionist social psychology* (6th Edn.) Needham Heights, MA: Simon & Schuster.

Higginbottom, G. A. (2004) Sampling issues in qualitative research. *Nurse Researcher, 12*(1): 7–20.

Hildenbrand, B. (2007) Mediating structure and interaction in grounded theory. In A. Bryant and K. Charmaz (Eds): *Handbook of grounded theory* (pp. 539–564) London: Sage.

Hiller, H. H. and DiLuzio, L. (2004) The interviewee and the research interview: Analysing a neglected dimension. *Canadian Review of Sociology & Anthropology, 41*(1): 1–26.

Hochschild, A. (1979) Emotion work, feeling rules, and social structure. *American Journal of Sociology, 85*(3): 551–575.

Hogan, N., Morse, J. M. and Tasón, M. C. (1996) Toward an experiential theory of bereavement. *Omega, 33*(1): 43–65.

Holliday, A. (2002) *Doing and writing qualitative research.* London: Sage.

Holstein, J. A. and Gubrium, J. F. (1995) *The active interview.* Thousand Oaks, CA: Sage.

Holt, N. L. and Tamminen, K. A. (2010) Moving forward with grounded theory in sport and exercise psychology. *Psychology of Sport and Exercise, 11*(6): 419–422.

Holton, J. (2007) The coding process and its challenges. In A. Bryant and K. Charmaz (Eds): *Handbook of grounded theory* (pp. 265–289) London: Sage.

Hood, J. (2007) Orthodoxy versus power: The defining traits of grounded theory. In A. Bryant and K. Charmaz (Eds): *Handbook of grounded theory* (pp. 151–164) London: Sage.

Hyde, J. and Kammerer, N. (2009) Adolescents' perspectives on placement moves and congregate settings: Complex and cumulative instabilities in out-of-home care. *Children and Youth Services Review, 31*(2): 265–273.

Jackson-Jacobs, C. (2004) Hard drugs in a soft context: Managing trouble and crack use on a college campus. *Sociological Quarterly, 45*(4): 835–856.

Jacob, J. and Cerny, C. (2005) Radical drag appearances and identity: The embodiment of male femininity and social critique. *Clothing and Textiles Research Journal, 22*(3): 122–134.

Jacobs, M. R. and Taylor, T. (2012) Challenges of multiracial antiracist activism: Racial consciousness and Chief Wahoo. *Critical Sociology, 38*(5): 687–706.

Jacobson, N. (2009) Dignity violation in health care. *Qualitative Health Research, 19*(11): 1536–1547.

James, W. (1906) What pragmatism means. In *A New Name for Some Old Ways of Thinking* (Lecture II) Retrieved from http://www.marxists.org/reference/subject/philosophy/works/us/james.htm.

Jankowski, M. S. (1991) *Islands in the street: Gangs and American urban society.* Berkeley: University of California Press.

Jiménez, T. R. (2008) Mexican immigrant replenishment and the continuing significance of ethnicity and race. *American Journal of Sociology, 113*(6): 1527–1567.

Joas, H. (1985) *G. H. Mead: A contemporary re-examination of his thought.* Cambridge, MA: MIT Press.

——: (1993) *Pragmatism and social theory.* Chicago: University of Chicago Press.

Johnson, R. B., McGowan, M. W. and Turner, L. A. (2010) Grounded theory in practice: Is it inherently a mixed method? *Research in the Schools, 17*(2): 65–78.

Johnson, R. B., Onwuegbuzie, A. J. and Turner, L. A. (2007) Toward a definition of mixed methods research. *Journal of Mixed Methods Research, 1*(2): 122–133.

Johnston, L. (2006) Software and method: Reflections on teaching and using QSR NVivo in doctoral research. *International Journal of Social Research Methodology, 9*(5): 379–391.

Josselson, R. (2013) *Interviewing for qualitative inquiry: A relational approach.* New York: Guilford.

Junker, B. H. (1960) *Field work: An introduction to the social sciences.* Chicago: University of Chicago Press.

Kahn, R. L. and Cannell, C. F. (1957) *The dynamics of interviewing.* New York: Wiley.

Kalab, K. (1987) Student vocabularies of motives: Accounts for absence. *Symbolic Interaction, 10*(1): 71–83.

Karabanow, J. (2008) Getting off the street: Exploring the processes of young people's street exits. *American Behavioral Scientist, 51*(6): 772–788.

Karp, D. A. (1996) *Speaking of sadness: Depression, disconnection, and the meanings of illness.* New York: Oxford University Press.

——: (2001) *The burden of sympathy: How families cope with mental illness.* New York: Oxford University Press.

——: (2006) *Is it me or my meds? Living with anti-depressants.* Cambridge, MA: Harvard University Press.

——: (2009) Learning how to speak of sadness. In A. J. Puddephatt, W. Shaffir, and S. W. Kleinknecht (Eds): *Ethnographies revisited: Constructing theory in the field* (pp. 37–47) New York: Routledge.

Kato, Y. (2011) Coming of age in the bubble: Suburban adolescents' use of a spatial metaphor as a symbolic boundary. *Symbolic Interaction, 34*(2): 244–264.

Katz, J. (2002) "From how to why: On luminous description and causal inference in ethnography (Part 2):" *Ethnography*, *3*(1): 63–90.

Keane, E. (2009) *'Widening participation' and 'traditional entry' students at an Irish university: Strategising to 'make the most' of higher education*. PhD dissertation, School of Education, National University of Ireland, Galway.

——. (2011a) Dependence-deconstruction: Widening participation and traditional-entry students transitioning from school to higher education in Ireland. *Teaching in Higher Education*, *16*(6): 707–718.

——. (2011b) Distancing to self-protect: The perpetuation of inequality in higher education through socio-relational dis/engagement. *British Journal of Sociology of Education*, *32*(3): 449–466.

——. (2012) Differential prioritising: Orientations to higher education and widening participation. *International Journal of Educational Research*, *53*(1): 150–159.

Kearney, M. H. (1998) Ready to wear: Discovering grounded formal theory. *Research in Nursing & Health*, *21*(2): 179–186.

——. (2007) From the sublime to the meticulous: The continuing evolution of formal grounded theory. In A. Bryant and K. Charmaz (Eds): *Handbook of grounded theory* (pp. 127–150) London: Sage.

Kelle, U. (2004) Computer-assisted qualitative data analysis. In C. Seale, G. Gobo, J. F. Gubrium, and D. Silverman (Eds): *Qualitative research practice* (pp. 473–489) London: Sage.

——. (2005) Emergence vs. forcing of empirical data? A crucial problem of 'grounded theory' reconsidered. *Forum Qualitative Sozialforschung/Forum: Qualitative Social Research*, 6(2): Art. 27. Available at http//www.qualitative-research.net/fqs-texte/2-05/05-2-27-e.htm (accessed May 30, 2005).

——. (2007) The development of categories: Different approaches in grounded theory. In A. Bryant and K. Charmaz (Eds): *Handbook of grounded theory* (pp. 191–213) London: Sage.

——. (2014) Theorization from data. In U. Flick (Ed.): *Handbook of Qualitative Data Analysis* (pp. 554–568) London: Sage.

Kendall, J. (1999) Axial coding and the grounded theory controversy. *Western Journal of Nursing Research*, *21*(6): 743–757.

Khiat, H. (2010) A grounded theory approach: Conceptions of understanding in engineering mathematics learning. *The Qualitative Report*, *15*(6): 1459–1488.

King, N. and Horrocks, C. (2010) *Interviews in qualitative research*. London: Sage.

Kleinman, A., Brodwin, D., Good, B. J. and Good, M. D. (1991) Introduction. In M. D. Good, P. E. Brodwin, B. J. Good, and A. Kleinman (Eds): *Pain as human experience: An anthropological perspective* (pp. 1–28) Berkeley: University of California Press.

Kneeshaw, M. F., Considine, R. M. and Jennings, J. (1999) Mutuality and preparedness of family caregivers for elderly women after bypass surgery. *Applied Nursing Research*, *12*(1): 128–135.

Knowles, C. (2006) Handling your baggage in the field: Reflections on research relationships. *International Journal of Social Research Methodology*, *9*(5): 393–404.

Kolb, K. H. (2011) Claiming competence: Biographical work among victim-advocates and counselors. *Symbolic Interaction*, *34*(1): 86–107.

Konecki, K. T. (2008a) Grounded theory and serendipity. Natural history of a research. *Qualitative Sociology Review*, *4*(1): 171–188.

——. (2008b) Triangulation and dealing with the realness of qualitative research. *Qualitative Sociology Review*, *4*(3): 7–28.

——. (2009) Teaching visual grounded theory. *Qualitative Sociology Review*, *5*(3): 64–92.

——. (2011) Visual grounded theory: A methodological outline and examples from empirical work. *Revija za sociologiju*, *41*(2): 131–160.

Konopásek, Z. (2008) Making thinking visible with Atlas.ti: Computer assisted qualitative analysis as textual practices. *Forum Qualitative Sozialforschung/Forum: Qualitative Social Research*, *9*(2): Art. 12. http://nbn-resolving.de/urn:nbn:de:0114-fqs0802124. (Accessed January 18, 2010).

Kotarba, J. A. (1994) Thoughts on the body: Past, present, and future. *Symbolic Interaction*, *17*(2): 225–230.

Kotter, J. P. (2010) *Matsushita leadership*. New York: Free Press.

Kuhn, T. S. (1970) *The structure of scientific revolutions* (2nd edn). Chicago: University of Chicago Press.

Kurtz, L. R. (1984) *Evaluating Chicago school sociology*. Chicago: University of Chicago Press.

Kusow, A. (2003) Beyond indigenous authenticity: Reflections on the insider/outsider debate in immigration research. *Symbolic Interaction*, *26*(4): 591–599.

Kvale, S. and Brinkmann, S. (2009) *InterViews: Learning the craft of qualitative research interviewing*. London: Sage.

Lal, B. B. (1990) *The romance of culture in an urban civilization: Robert E. Park on race and ethnic relations in cities*. New York: Routledge.

Lamont, M. (2009) Destigmatization strategies and inclusion as dimensions of successful societies. In P. Hall and M. Lamont (Eds): *Successful societies* (pp. 151–168) Cambridge: Cambridge University Press.

Latour, B. and Woolgar, S. (1986) *Laboratory life: The social construction of scientific facts* (2nd edn) Princeton, NJ: Princeton University Press.

Layder, D. (1998) *Sociological practice: Linking theory and social research*. London: Sage.

Lazarsfeld, P. and Rosenberg, M. (Eds) (1955) *The language of social research: A reader in the methodology of social research*. Glencoe, IL: Free Press.

Leisenring, A. (2006) Confronting 'victim' discourses: The identity work of battered women. *Symbolic Interaction* *29*(3): 307–330.

Lempert, L. B. (1996) The line in the sand: Definitional dialogues in abusive relationships. In N. K. Denzin (Ed.): *Studies in symbolic interaction, 18* (vol. 18, pp. 171–195) Greenwich, CT: JAI Press.

——. (1997) The other side of help: The negative effects of help-seeking processes of abused women. *Qualitative Research*, *20*(2): 289–309.

——. (2007) Asking questions of the data: Memowriting in the grounded theory tradition. In A. Bryant and K. Charmaz (Eds) *Handbook of grounded theory* (pp. 245–264) London: Sage.

Lewis, K. (1985) *Successful living with chronic illness*. Wayne, NJ: Avery.

Lillrank, A. (2002) The tension between overt talk and covert emotions in illness narratives. *Culture, Medicine and Psychiatry*, *26*(1): 111–127.

——. (2012) Managing the interviewer self. In J. F. Gubrium, J. A. Holstein, A. Marvasti, and K. M. Marvasti (Eds): *Handbook of interview research* (2nd edn, pp. 281–294) Thousand Oaks, CA: Sage.

Lindesmith, A., Strauss, A. L. and Denzin, N. K. (1988) *Social psychology*. Englewood Cliffs, NJ: Prentice Hall.

Link, B. G. and Phelan J. (2001) Conceptualizing stigma. *Annual Review of Sociology*, *27*: 363–385.

Locke, K. (2001) *Grounded theory in management research*. Thousand Oaks, CA: Sage.

——. (2007) Rational control and irrational free-play: Dual thinking modes as necessary tension in grounded theorizing. In A. Bryant and K. Charmaz (Eds): *Handbook of grounded theory* (pp. 565–579) London: Sage.

Locke, K. and Golden-Biddle, K. (2008) Making doubt generative: Rethinking the role of doubt in the research process. *Organization Science*, *19*(6): 907–918.

Lofland, J. (1970) Interactionist imagery and analytic interruptus. In T. Shibutani (Ed.): *Human nature and collective behavior*. Englewood Cliffs, NJ: Prentice Hall.

Lofland, L. H. (1998) *The public realm: Exploring the city's quintessential social territory*. New York: Aldine de Gruyter.

——. (2007, March) Panelist, 'Author Meets Critics' session on *Constructing Grounded Theory: A Practical Guide Through Qualitative Analysis*. Annual Meetings of the Pacific Sociological Association, Oakland, CA.

Lofland, J. and Lofland, L. H. (1984) *Analyzing social settings* (2nd edn) Belmont, CA: Wadsworth.
——. (1995) *Analyzing social settings* (3rd edn) Belmont, CA: Wadsworth.
Lofland, J., Snow, D., Anderson L., and Lofland, L. H. (2005) *Analyzing social settings* (4th edn) Belmont, CA: Cengage Learning.
Lois, J. (2010) The temporal emotion work of motherhood: Homeschoolers' strategies for managing time shortage. *Gender & Society, 24*(4): 421–446.
Loseke, D. R. (1987) Lived realities and the construction of social problems: The case of wife abuse. *Symbolic Interaction, 10*(2): 229–243.
——. (1992) *The battered woman and shelters: The social construction of wife abuse.* Albany: State University of New York Press.
Luker, K. (2008) *Salsa dancing into the social sciences: Research in an age of info-glut.* Cambridge, MA: Harvard University Press.
Lutgen-Sandvik, P. (2008) Intensive remedial identity work: Responses to workplace bullying trauma and stigmatization. *Organization, 15*(1): 97–119.
Lynd, R. S. (1939) *Knowledge for what? The place of social science in American culture.* Princeton, NJ: Princeton University Press.
MacDonald, L. (1988) The experience of stigma: Living with rectal cancer. In R. Anderson and M. Bury (Eds): *Living with chronic illness* (pp. 177–202) London: Unwin Hyman.
MacKinnon, C. A. (1993) Feminism, Marxism, method and the state: Toward a feminist jurisprudence. In P. B. Bart and E. G. Moran (Eds): *Violence against women* (pp. 201–208) Newbury Park, CA: Sage.
Macomber, K. (2011) A precious few men truly get it: Women advocates construct the male ally identity. Paper presented at the annual meetings of the Society for the Study of Interaction, Las Vegas, NV, August 18–21.
Madison, D. S. (2011) *Critical ethnography: Method, ethics, and performance* (2nd edn) Thousand Oaks, CA: Sage.
Maines, D.R. (1987) The significance of temporality for the development of sociological theory. *Sociological Quarterly, 28*(3): 303–311.
——. (2001) *The faultline of consciousness: A view of interactionism in sociology.* New York: Aldine de Gruyter.
Maines, D., Sugrue, N. and Katovich, M. (1983) The sociological import of G. H. Mead's theory of the past. *American Sociological Review, 48*(2): 161–173.
Markovsky, B. (2004) Theory construction. In G. Ritzer (Ed.): *Encyclopedia of social theory, Volume II* (pp. 830–834) Thousand Oaks, CA: Sage.
Martin, D. (1976) *Battered wives.* New York: Pocket Books.
Martin, D. D. (2010) Identity management of the dead: Contests in the construction of murdered children. *Symbolic Interaction, 33*(1): 18–40.
Martin, E. (2007) *Bipolar expeditions: Mania and depression in American culture.* Princeton, NJ: Princeton University Press.
Martin, V.B. (2006) The postmodern turn: Shall classic grounded theory take that detour? A review essay. *Grounded Theory Review 5*(2/3): 119–129.
——. (2008) Attending the news: A grounded theory about a daily regimen. *Journalism, 9*(1): 76–94.
Martin, V. and Gynnild, A. (Eds) (2011) *Grounded theory: Philosophy, method, and the work of Barney Glaser.* Boca Raton, FL: Brown-Walker Press.
Martindale, D. (1979) Ideologies, paradigms and theories. In W. E. Snizek, E. R. Fuhrman, and M. K. Miller (Eds): *Contemporary issues in theory and research: A metasociological perspective.* London: Aldwych.
Marvasti, A. B. and McKinney, K. D. (2011) Does diversity mean assimilation? *Critical Sociology, 37*(5): 631–650.

Mason, M. (2010) Sample size and saturation in PhD studies using qualitative interviews. *Forum: Qualitative Social Research*, *11*(3): Article 8. Retrieved from http://www.qualitative-research. net/index.php/fqs/article/view/1428/3027.

May, K. (1996) Diffusion, dilution or distillation? The case of grounded theory method. *Qualitative Health Research*, *6*(3): 309–311.

McCreaddie, M. and Payne, S. (2010) Evolving grounded theory methodology: Towards a discursive approach. *International Journals of Nursing Studies*, *47*(6): 781–793.

McDermott, K. A. (2007) 'Expanding the moral community' or 'blaming the victim?' *American Education Research Association Journal*, *44*(1): 77–111.

McGrath, R. (2012) Managing ambiguity: A grounded theory study exploring Australian local government provision of community recreation opportunities for people with impairments. PhD thesis, University of South Australia, Adelaide. http://ura.unisa.edu.au/webclient/ StreamGate?folder_id=0&dvs=1374044525836˜98 (accessed July 17, 2013)

McPhail, B. A. and DiNitto, D. M. (2005) Prosecutorial perspectives on gender-bias hate crimes. *Violence Against Women*, *11*(9): 1162–1185.

Mead, G. H. (1932) *Philosophy of the present*. LaSalle, IL: Open Court Press.

——. (1934) *Mind, self and society*. Chicago: University of Chicago Press.

Medjedovi, I. (2011) Secondary analysis of qualitative interview data: Objections and experiences. Results of a German feasibility study. *Forum Qualitative Sozialforschung/Forum: Qualitative Social Research*, *12*(3): Art. 10. http://nbn-resolving.de/urn:nbn:de:0114-fqs1103104.

Melia, K. M. (1987) *Learning and working: The occupational socialization of nurses*. London: Tavistock.

——. (1996) Rediscovering Glaser. *Qualitative Health Research*, *6*(3): 368–378.

Mertens, D. M. (2007) Transformative paradigm: Mixed methods and social justice. *Journal of Mixed Methods Research*, *1*(3): 212–235.

——. (2010) *Research and evaluation in education and psychology: Integrating diversity with quantitative, qualitative, and mixed methods*. Thousand Oaks, CA: Sage.

Merton, R. K. (1957) *Social theory and social structure*. Glencoe, IL: Free Press.

Mevorach, M. (2008) Do preschool teachers perceive young children from immigrant families differently? *Journal of Early Childhood Teacher Education*, *29*(2): 146–156.

Michel, A. (2007) A distributed cognition perspective on newcomers' change processes: The management of cognitive uncertainty in two investment banks. *Administrative Science Quarterly*, *52*(4): 507–557.

Miczo, N. (2003) Beyond the 'fetishism of words': Considerations on the use of the interview to gather chronic illness narratives. *Qualitative Health Research*, *13*(4): 469–490.

Miller, D. E. (2000) Mathematical dimensions of qualitative research. *Symbolic Interaction*, *23*(4): 399–402.

Miller, G. (1986) Unemployment as a dramaturgical problem: Teaching impression management in a work incentive program. *Sociological Quarterly*, *27*(4): 479–493.

——. (1997) Contextualizing texts: Studying organizational texts. In G. Miller and R. Dingwall (Eds): *Context and method in qualitative research* (pp. 77–91) London: Sage.

Miller, J. and Glassner, B. (2011) The 'inside' and the 'outside': Finding realities in interviews. In D. Silverman (Ed.): *Qualitative research: Issues of theory, method and practice* (3rd edn, pp. 291–309) London: Sage.

Miller, S. (1996) Questioning, resisting, acquiescing, balancing: New mothers' career reentry strategies. *Health Care for Women International*, *17*(2): 109–131.

Milligan, M. J. (2003) Displacement and identity discontinuity: The role of nostalgia in establishing new identity categories. *Symbolic Interaction*, *26*(3): 381–403.

——. (2007) Buildings as history: The place of collective memory in the study of historic preservation. *Symbolic Interaction*, *30*(1): 105–123.

Mills, J., Bonner, A. and Francis, K. (2006) The development of constructivist grounded theory. *International Journal of Qualitative Methods*, *5*(1): 25–35.

Mills, T. (1985) The assault on the self: Stages in coping with battering husbands. *Qualitative Sociology, 8*(2): 103–123.

Mishna, F., Saini, M. and Solomon, S. (2009) Ongoing and online: Children and youth's perceptions of cyber bullying. *Children and Youth Services Review, 31*(12), 1222–1228.

Mitakidou, S., Tressou, E. and Karagianni, P. (2008) Students' reflections on social exclusion. *International Journal of Diversity in Organisations, Communities and Nations, 8*(5): 191–198.

Mitchell, R. C. and McCusker, S. (2008) Theorising the UN convention on the rights of the child within Canadian post-secondary education: A grounded theory approach. *International Journal of Children's Rights, 16*(2): 159–176.

Mitchell, R. G. (2002) *Dancing to Armageddon: Survivalism and chaos in modern times.* Chicago: University of Chicago Press.

Mjøset, L. (2005) Can grounded theory solve the problems of its critics? *Sosiologisk Tidsskrift', 13*(4): 379–408.

Monaghan, L. F. (2002) Vocabularies of motive for illicit steroid use among bodybuilders. *Social Science & Medicine, 55*(3): 695–708.

Moreno, M. (2008) Lessons of belonging and citizenship among *hijas/os de inmigrantes Mexicanos. Social Justice, 35*(1): 50–75.

Morrill, C. (1995) *The executive way: Conflict management in corporations.* Chicago: University of Chicago Press.

Morrione, T. J. (2004) Editor's introduction. In B. Herbert (Ed.): *George Herbert Mead and human conduct* (pp. 1–11) Walnut Creek, CA: Altamira.

Morris, E. W. (2012) Repelling the "rutter": Social differentiation among rural teenagers. *Symbolic Interaction, 35*(3): 301–320.

Morrow, S. L. and Smith, M. L. (1995) Constructions of survival and coping by women who have survived childhood sexual abuse. *Journal of Counseling Psychology, 42*(1): 24–33.

Morse, J. M. (1991) Approaches to qualitative-quantitative methodological triangulation. *Nursing Research, 40*(2): 120–123.

——. (1995) The significance of saturation. *Qualitative Health Research, 5*(2): 147–149.

——. (2002) A comment on comments. *Qualitative Health Research, 12*(1): 3–4.

——. (2007) Sampling in grounded theory. In A. Bryant and K. Charmaz (Eds): *Handbook of grounded theory* (pp. 229–254) London: Sage.

——. (2008a) 'What's your favorite color?' Reporting irrelevant demographics in qualitative research. *Qualitative Health Research, 18*(3): 299–300.

——. (2008b) Deceptive simplicity. *Qualitative Health Research, 18*(10): 1311.

——.(2009) Mixing qualitative methods. *Qualitative Health Research, 19*(11): 1523–1524.

——. (2011) Molding qualitative health research. *Qualitative Health Research, 21*(8): 1019–1021.

——.(2012) *Qualitative health research: Creating a new discipline.* Walnut Creek, CA: Left Coast Press.

Morse, J. M. and Niehaus, L. (2009) *Mixed method design: Principles and procedures.* Walnut Creek, CA: Left Coast Press.

Morse, J. M., Stern, P., Corbin, J., Bowers, B., Charmaz, K. and Clarke, A. (2009) *Developing grounded theory: The second generation.* Walnut Creek, CA: Left Coast Press.

Mruck, K. and Mey, G. (2007) Grounded theory and reflexivity. In A. Bryant and K. Charmaz (Eds): *Handbook of grounded theory* (pp. 515–538) London: Sage.

Mulcahy, A. (1995) Claims-making and the construction of legitimacy: Press coverage of the 1981 Northern Irish hunger strike. *Social Problems, 42*(4): 449–467.

Murphy, E. and Dingwall, R. (2003) *Qualitative methods and health policy research.* New York: Aldine de Gruyter.

Murphy, R. F. (1987) *The body silent.* New York: Henry Holt.

Musolf, G. (2003) The Chicago school. In L. T. Reynolds and N. J. Herman-Kinney (Eds): *The handbook of symbolic interactionism* (pp. 91–117) Walnut Creek, CA: Alta Mira.

Nack, A. (2008) *Damaged goods? Women living with incurable sexually transmitted diseases*. Philadelphia: Temple University Press.

Neill, S. J. (2006) Grounded theory sampling: The contribution of reflexivity. *Journal of Research in Nursing*, *11*(3): 253–260.

Nepal, V. P. (2010) On mixing qualitative methods. *Qualitative Health Research*, *20*(2): 281.

Nepstad, S. E. (2007) Oppositional consciousness among the privileged: Remaking religion in the Central America solidarity movement. *Critical Sociology*, *33*(4): 661– 688.

Nugus, P. (2008) The interactionist self and grounded research: Reflexivity in a study of emergency department clinicians. *Qualitative Sociology Review*, *4*(1) Retrieved June 17, 2009, from http://www.qualitativesociologyreview.org/ENG/archive_eng.php

Nussbaum, M. C. (1999) *Sex and social justice*. New York: Oxford University Press.

——. (2000) Women's capabilities and social justice. *Journal of Human Development*, *1*(2): 219–247.

O'Connor, M. K., Netting, F. E. and Thomas, M. L. (2008) Grounded theory: Managing the challenge for those facing institutional review board oversight. *Qualitative Inquiry*, *14*(1): 28–45.

O'Connor, G. C., Rice, M. P., Peters, L. and Veryzer, R. W. (2003) Managing interdisciplinary, longitudinal research teams: Extending grounded theory-building methodologies. *Organization Science*, *14*(4): 353–373.

Oktay, J.S. (2012) *Grounded theory*. New York: Oxford University Press.

Olesen, V. (1994) Problematic bodies: Past, present, and future. *Symbolic Interaction*, *17*(2): 231–237.

——. (2005) Early millennial feminist qualitative research: Challenges and contours. In N. K. Denzin and Y. S. Lincoln (Eds): *Handbook of qualitative research 3rd. edn*, (pp. 235–278) Thousand Oaks, CA: Sage.

————. (2007) Feminist qualitative research and grounded theory: Complexities, criticisms and opportunities. In A. Bryant and K. Charmaz (Eds): *Handbook of grounded theory* (pp. 417–435) London: Sage.

Olesen, V. L. (2011) Feminist qualitative research in the millennium's first decade. In N. K. Denzin and Y. S. Lincoln (Eds): *Handbook of qualitative research (4th edn*, pp. 129–146) Los Angeles: Sage.

Olesen, V., Schatzman, L., Droes, N., Hatton, D. and Chico, N. (1990) The mundane ailment and the physical self: Analysis of the social psychology of health and illness. *Social Science & Medicine*, *30*(4): 449–455.

Olesen, V. L. and Whittaker, E. W. (1968) *The silent dialogue: A study in the social psychology of professional socialization*. San Francisco: Jossey-Bass.

Olson, K. (2011) *Essentials of qualitative interviewing*. Walnut Creek, CA: Left Coast Press.

O'Neil Green, D., Creswell, J. W., Shope, R. J. and Plano Clark, V. L. (2007) Grounded theory and racial/ethnic diversity. In A. Bryant and K. Charmaz (Eds): *Handbook of grounded theory* (pp. 472–492) London: Sage.

O'Reilly, M. and Parker, N. (2013) 'Unsatisfactory saturation': A critical exploration of the notion of saturated sample sizes in qualitative research. *Qualitative Research*, *13*(2): 190–197.

Ostrander, S. (1993) "Surely you're not in this just to be helpful": Access, rapport and interviews in three studies of elites. *Journal of Contemporary Ethnography*, *22*(1): 7–27.

Owens, E. (2006) Conversational space and participant shame in interviewing. *Qualitative Inquiry*, *12*(6): 1160–1179.

Padavic, I. (2005) Laboring under uncertainty: Identity renegotiation among contingent workers. *Symbolic Interaction*, *28*(1): 111–134.

Padgett, D. K. (2009) Qualitative and mixed methods in social work knowledge development. *Social Work*, *54*(2): 101–105.

Pagelow, M. D. (1984) *Family violence*. New York: Praeger.

Park, R. E. and Burgess, E. W. ([1921] 1967) *The city*. Chicago: University of Chicago Press.

Parsons, T. (1953) *The social system*. Glencoe, IL: Free Press.

Payne, P. (2011) Internal gang rivalry at heart of Santa Rosa murder case. *The Press Democrat*. Retrieved from: http://www.pressdemocrat.com/article/20110714/ARTICLES/110719723?p=1&tc=pg.

Peirce, C. S. (1878/1958) *Collected Papers*. Cambridge, MA: Harvard University Press.

Perhamus, L. M. (2009) In the name of health and wellness: An analysis of how young children, their families and school navigate the moralizing dynamics of health promotion. University of Rochester. *ProQuest Dissertations and Theses,* http://search.proquest.com/docview/30498925 1?accountid=13567.

Pestello, F. (1999) Discounting. *Journal of Contemporary Ethnography, 20*(1): 26–46.

Piantanida, M., Tananis, C. A. and Grubs, R. E. (2004) Generating grounded theory of/for educational practice: The journey of three epistemorphs. *International Journal of Qualitative Studies in Education, 17*(3): 325–346.

Pini, B. (2005) Interviewing men: Gender and the collection and interpretation of qualitative data. *Journal of Sociology, 41*(2): 201–216.

Platt, J. (1996) *A history of sociological research methods in America: 1920–1960*. Cambridge: Cambridge University Press.

Potter, J. and Hepburn, A. (2012) Eight challenges for interview researchers. In J. Gubrium, J. Holstein, A. Marvasti and K. McKinney (Eds): *Handbook of interview research (2nd edn*, pp. 541–570) Los Angeles: Sage.

Plummer, K. (2001) *Documents of life 2: An Invitation to A Critical Humanism*. London: Sage.

Plummer, M. and Young, L. E. (2010) Grounded theory and feminist inquiry: Revitalizing links to the past. *Western Journal of Nursing Research, 32*(3): 305–321.

Pollner, M. and Emerson, R. M. (2001) Ethnomethodology and ethnography. In P. Atkinson, A. Coffey, S. Delamont, J. Lofland, and L. H. Lofland (Eds): *Handbook of ethnography* (pp. 118–135) London: Sage.

Poonamallee, L. (2009) Building grounded theory in action research through the interplay of subjective ontology and objective epistemology. *Action Research, 7*(1): 69–83.

Prior, L. (2003) *Using documents in social research*. London: Sage.

——: (2008) Repositioning documents in social research. *Sociology, 42*(5): 821–836.

——: (2011) Editor's introduction. In L. Prior (Ed.): *Using documents and records in social research, Vol. I: The study of content* (pp. xxi–lii) London: Sage.

Priya, K. R. (2010) The research relationship as a facilitator of remoralization and self-growth: Postearthquake suffering and healing. *Qualitative Health Research, 20*(4): 479–495.

Prus, R. C. (1987) Generic social processes: Maximizing conceptual development in ethnographic research. *Journal of Contemporary Ethnography, 16*(3): 250–293.

——: (1996) *Symbolic interaction and ethnographic research: Intersubjectivity and the study of human lived experience*. Albany: State University of New York Press.

Puddephatt, A. (2009) The search for meaning: Revisiting Herbert Blumer's interpretation of G. H. Mead. *The American Sociologist, 40*(1): 89–105.

Qin, D. and Lykes, M. B. (2006) Reweaving a fragmented self: A grounded theory of self-understanding among Chinese women students in the United States of America. *International Journal of Qualitative Studies in Education, 19*(2): 177–200.

Quint, J. C. (1965) Institutionalized practices of informational control. *Psychiatry: Journal for the study of Interpersonal Processes, 28*(2): 119–132.

——: (1967) *The nurse and the dying patient*. New York: Macmillan.

Radley, A. (1989) Style, discourse and constraint in adjustment to chronic illness. *Sociology of Health & Illness, 11*(3): 230–252.

Radley, A. and Green, R. (1987) Illness as adjustment: A methodology and conceptual framework. *Sociology of Health & Illness, 9*(2): 179–206.

Rapley, T. J. (2001) The art(fulness) of open-ended interviewing: some considerations on analysing interviews. *Qualitative Research, 1*(3): 303–323.

Reed, I. A. (2010) Epistemology contextualized: Social-scientific knowledge in a post-positivist era. *Sociological Theory, 28*(1): 21–39.

Reichertz, J. (2007) Abduction: The logic of discovery of grounded theory. In A. Bryant and K. Charmaz (Eds): *Handbook of grounded theory* (pp. 214–228) London: Sage.

Reinharz, S. (1992) *Feminist methods in social research.* New York: Oxford University Press.

Reinharz, S. and Chase, S. E. (2001) Interviewing women. In J. F. Gubrium and J. A. Holstein (Eds): *Handbook of interview research* (pp. 221–238) Thousand Oaks, CA: Sage.

Reynolds. L. T. (2003) Early representatives. In L. T. Reynolds and N. J. Herman-Kinney (Eds): *Handbook of symbolic interaction* (pp. 59–81) Walnut Creek, CA: Alta Mira.

Rice, C. (2009) Imagining the other? Ethical challenges of researching and writing women's embodied lives. *Feminism & Psychology, 19*(2): 245–266.

Richardson, L. (1990) *Writing strategies: Reaching diverse audiences.* Newbury Park, CA: Sage.

Richardson, L. (1993) Interrupting discursive spaces: Consequences for the sociological self In N. K. Denzin (Ed.): *Studies in Symbolic Interaction* (vol. 14, pp. 77–84) Greenwich, CT: JAI Press.

——. (1994) Writing: A method of inquiry. In N. K. Denzin and Y. S. Lincoln (Eds): *Handbook of qualitative research* (pp. 516–529) Thousand Oaks, CA: Sage.

Richardson, N. (2010) 'The "buck" stops with me': Reconciling men's lay conceptualisations of responsibility for health with men's health policy. *Health Sociology Review, 19*(4): 419–436.

Richardson, R. and Kramer, E. H. (2006) Abduction as the type of inference that characterizes the development of a grounded theory. *Qualitative Research, 6*(4): 497–513.

Rico, G. L. (1983) *Writing the natural way: Using right-brain techniques to release your expressive powers.* Los Angeles: J. P. Tarcher.

Rier, D. (2007) Internet social support groups as moral agents: The ethical dynamics of HIV+ status disclosure. *Sociology of Health & Illness, 29*(7): 1–16.

Ritter, R. R. and Silver, J. H. (1986) Early processes of institutionalization: The dramaturgy of exchange in interorganizational relations. *Administrative Science Quarterly, 31*(1): 25–42.

Rivera, L. (2008) Managing 'spoiled' national identity: War, tourism, and memory in Croatia. *American Sociological Review, 78*(4): 613–634.

Robrecht, L. C. (1995) Grounded theory: Evolving methods. *Qualitative Health Research, 5*(2): 169–177.

Rock, P. (1979) *The making of symbolic interactionism.* London: Macmillan.

Rogers, C. R. (1951) *Client-centered therapy: Its current practice, implications, and theory.* Boston: Houghton Mifflin.

Roschelle, A. R. and Kaufman, P. (2004) Fitting in and fighting back: Stigma management strategies among homeless kids. *Symbolic Interaction, 27*(1): 23–46.

Rose, L., Mallinson, R. K. and Walton-Moss, B. (2002) A grounded theory of families responding to mental illness. *Western Journal of Nursing Research, 24*(5): 516–536.

Rosenblatt, P. C. (1995) Ethics of qualitative interviewing with grieving families. *Death Studies, 19*(2): 139–155.

Rosenthal, G. (2004) Biographical research. In C. Seale, G. Gobo, J. F. Gubrium, and D. Silverman (Eds): *Qualitative research practice* (pp. 48–64) London: Sage.

Roth, J. (1963) *Timetables.* New York: Bobbs-Merrill.

Roulston, K. (2010a) Considering quality in qualitative interviewing. *Qualitative Research, 10*(2): 199–228.

——. (2010b) *Reflective interviewing: A guide to theory and practice.* London: Sage.

Rubin, H. J. and Rubin, I. S. (2005) *Qualitative interviewing: The art of hearing data* (2nd edn) Thousand Oaks, CA: Sage.

Ryer, A. (2011) Exploring or exporting: Qualitative methods in times of globalisation. *International Journal of Social Research Methodology, 14*(6): 439–453.

Sailee, M. W. and Harris, F. (2011) Gender performances in qualitative studies of masculinities. *Qualitative Research, 11*(4): 409–429.

Sakamoto, I., Chin, M,, Chapra, A. and Ricciar, J. (2009) A 'normative' homeless woman? Marginalisation, emotional injury and social support of transwomen experiencing homelessness. *Gay and Lesbian Issues and Psychology Review*, 5(1): 2–19.

Saldaña, J. (2009) *The coding manual for qualitative researchers.* London: Sage.

Samuels, G. M. (2009) Ambiguous loss of home: The experience of familial (im)permanence among young adults with foster care backgrounds. *Children and Youth Services Review*, 31(12): 1229–1239.

Sanders, C. R. (1990) *Customizing the body.* Philadelphia: Temple University Press.

Sanders, G. (2009) 'Late' capital: Amusement and contradiction in the contemporary funeral industry. *Critical Sociology*, 35(4): 447–470.

Sandstrom, K. L. (1998) Preserving a vital and valued self in the face of AIDS. *Sociological Inquiry*, 68(3): 354–371.

——. (1990) Confronting deadly disease: The drama of identity construction among gay men with AIDS. *Journal of Contemporary Ethnography*, 19(3): 271–294.

Sandelowski, M., Voils, C. I. and Knafl, G. (2009) On quantitizing. *Journal of Mixed Methods Research*, 3(3): 208–222.

Santos, C. A. and Buzinde, C. (2007) Politics of identity and space: Representational dynamics. *Journal of Travel Research*, 45(February): 322–332.

Sarton, M. (1988) *After the stroke: A journal.* New York: W. W. Norton.

Schechter, S. (1982) *Women and male violence.* Boston: South End Press.

Scheibelhofer, E. (2008) Combining narration-based interviews with topical interviews: Methodological reflections on research practices. *International Journal of Social Research Methodology*, 11(5): 403–416.

Scheper-Hughes, N. and Lock, M. M. (1987) The mindful body: A prolegomenon to future work in medical anthropology. *Medical Anthropology Quarterly*, 1(1): 6–41.

Schneider, M. A. (1997) Social dimensions of epistemological disputes: The case of literary theory. *Sociological Perspectives*, 40(2): 243–264.

Schreiber, R. S. and Stern, P. N. (Eds) (2001) *Using grounded theory in nursing.* New York: Springer.

Schrock, D. P. and Padavic, I. (2007) Negotiating hegemonic masculinity in a batterer intervention program. *Gender & Society* 21(5): 625–649.

Schutz, A. (1932/1967) *The phenomenology of the social world.* Evanston, IL: Northwestern University Press.

Schwalbe, M. (1996) *Unlocking the iron cage: The men's movement, gender politics, and American culture.* New York: Oxford University Press.

Schwalbe, M. (2005) Identity stakes, manhood acts, and the dynamics of accountability. In N. K. Denzin (Ed.): *Studies in Symbolic Interaction* (vol. 28, pp. 65–81) Bingley, W. Yorks.: Emerald.

Schwalbe, M. and Wolkomir, M. (2002) Interviewing men. In J. F. Gubrium and J. A. Holstein (Eds): *Handbook of interview research* (pp. 203–219) Thousand Oaks, CA: Sage.

Schwalbe, M. S., Goodwin, S., Holden, D., Schrock, D., Thompson, S. and Wolkomir, M. (2000) Generic processes in the reproduction of inequality: An interactionist analysis. *Social Forces*, 79 (2):419–452.

Schwandt, T. (1994) Constructivist, interpretivist approaches to human inquiry. In N. K. Denzin and Y. S. Lincoln (Eds): *Handbook of qualitative research* (pp. 118–137) Thousand Oaks, CA: Sage.

——. (2006) Opposition redirected. *International Journal of Qualitative Studies in Education*, 19(6): 803–810.

Scott, E. K. (2005) Beyond tokenism: The making of racially diverse feminist organizations. *Social Problems*, 52(2): 232–254.

Scott, E. K., London, A. S. and Gross, G. (2007) 'I try not to depend on anyone but me': Welfare-reliant women's perspectives on self-sufficiency, work, and marriage. *Sociological Inquiry*, 77(4): 601–625.

Scott, M. B. and Lyman, S. M. (1968) Accounts. *American Sociological Review, 33*(1): 46-62.

Scott, S. (2005) The red, shaking fool: Dramaturgical dilemmas in shyness. *Symbolic Interaction, 28*(1): 91-110.

Seale, C. (1999) *The quality of qualitative research.* London: Sage.

Seidman, I. E. (2006) *Interviewing as qualitative research: A guide for researchers in education and the social sciences* (3rd edn) New York: Teachers College Press.

Shade, K., Kools, S., Pinderhughes, H. and Weiss, S. J. (2013) Adolescent fathers in the justice system: Hoping for a boy and making him a man. *Qualitative Health Research, 23*(4): 435-449.

Shakespeare-Finch, J. and Copping, A. (2006) A grounded theory approach to understanding cultural differences in posttraumatic growth. *Journal of Loss and Trauma: International Perspectives on Stress and Coping, 11*(5): 355-371.

Sharp, G. and Kremer, E. (2006) The safety dance: Confronting harassment, intimidation, and violence in the field. *Sociological Methodology, 36*(1): 317-327.

Shaw, C. (1966/1930) *The jackroller: A delinquent boy's own story.* Chicago: University of Chicago Press.

Shelley, N. M. (2001) Building community from 'scratch': Forces at work among urban Vietnamese refugees in Milwaukee. *Sociological Inquiry, 71*(4): 473-492.

Sheridan, V. (2008) With loneliness and satisfaction: Narratives of Vietnamese refugee integration in Irish society. In B. Faragó and M. Sullivan (Eds): *Facing the other: Interdisciplinary studies in race, gender and social justice in Ireland* (pp.108-122) Newcastle upon Tyne: Cambridge Scholars Press.

Sheridan, V. and Storch, K. (2009) Linking the intercultural and grounded theory: Methodological issues in migration research. *Forum Qualitative Sozialforschung/Forum: Qualitative Social Research, 10*(1): Art. 36. Retrieved from http://nbn-resolving.de/urn:nbn:de:0114-fqs0901363.

Shiao, J. L. and Tuan, M. H. (2008) Korean adoptees and the social context of ethnic exploration. *American Journal of Sociology, 113*(4): 1023-1066.

Shibutani, T. (1986) *Social processes.* Berkeley: University of California Press.

Shilling, C. (1993) *The body and social theory.* London: Sage.

Shostak, S. (2004) Environmental justice and genomics: Acting on the futures of environmental health. *Science as Culture, 13*(4): 539-562.

Showalter, A., Burger, S. and Salyer, J. (2000) Patients' and their spouses' needs after total joint arthroplasty: A pilot study. *Orthopaedic Nursing, 19*(1): 49-62.

Shriver, T. E and Waskul, D. D. (2006) Managing the uncertainties of Gulf War illness: The challenges of living with contested illness. *Symbolic Interaction, 29*(4): 465-486.

Silva, E. O. (2007) Public accounts: Defending contested practices. *Symbolic Interaction, 30*(2): 245-265.

Silverman, D. (1993) *Interpreting qualitative data.* London: Sage.

———: (1997a) *Discourses of counselling: HIV counselling as social interaction.* London: Sage.

———: (1997b) *Qualitative research: Theory, method and practice.* London: Sage.

———: (2001) *Interpreting qualitative data: methods for analyzing talk, text, and interaction*, 2nd edn. London: Sage.

———: (2004) *Instances or sequences? Improving the state of the art of qualitative research.* Paper presented at the Qualitative Research Section of the European Sociological Association, Berlin, September.

———: (2006) *Interpreting qualitative data: Methods for analysing talk, text, and interaction* (3rd edn) London: Sage.

———: (2007) *A very short, fairly interesting and reasonably cheap book about qualitative research.* London: Sage.

Silverman, D. and Marvasti, A. (2008) *Doing qualitative research: A comprehensive guide* (3rd edn) London: Sage.

Simmons, O. E. (2011) Why classic grounded theory. In V. Martin and A. Gynnild (Eds): *Grounded theory: The philosophy, method, and work of Barney Glaser* (pp. 15–30) Bacon Raton, FL: Brown Walker.

Sixsmith, J. A. (1999) Working in the hidden economy: The experience of unemployed men in the UK. *Community, Work and Family, 2*(3): 257–277.

Smith, D. E. (1987) *The everyday world as problematic: A feminist sociology.* Boston: Northeastern University Press.

——. (1999) *Writing the social: Critique, theory and investigations.* Toronto: University of Toronto Press.

Smith, K. E. (2006) Problematising power relations in 'elite' interviews. *Geoforum, 37*(4): 643–653.

Smith, L. T. (1999) *Decolonizing methodologies: Research and indigenous peoples.* London: Zed Books.

——. (2005) On tricky ground: Researching the native in the age of uncertainty. In N. Denzin and Y. Lincoln (Eds): *Handbook of qualitative research* (3rd edn, pp. 85–108) Thousand Oaks, CA: Sage.

Snow, D. A. (2002) Extending and broadening Blumer's conceptualization of symbolic interactionism. *Symbolic Interaction, 25*(4): 571–575.

Solomon, A., Breunlin, D., Panattoni, K., Gustafson, M., Ransburg, D., Ryan, C., Hammerman, T. and Terrien, J. (2011) 'Don't lock me out': Life-story interviews of family business owners facing succession. *Family Process, 50*(2): 149–166.

Soulliere, D., Britt, D. W. and Maines, D. R. (2001) Conceptual modeling as a toolbox for grounded theorists. *Sociological Quarterly, 42*(2): 253–269.

Soyini, M. D. (2012) *Critical ethnography: Methods, ethics, and performance.* Los Angeles: Sage.

Speed, S. and Luker, K. A. (2006) Getting a visit: How district nurses and general practitioners 'organise' each other in primary care. *Sociology of Health & Illness, 28*(7): 883–902.

Speedling, E. (1982) *Heart attack: The family response at home and in the hospital.* New York: Tavistock.

Spencer, J. W. and Triche, E. (1994) Media constructions of risk and safety: Differential framings of hazard events. *Sociological Inquiry, 64*(2): 199–213.

Stanfield II, J. H. (2011) *Black reflective sociology: Epistemology, theory, and methodology.* Walnut Creek, CA: Left Coast Press.

Star, S. L. (1989) *Regions of the mind: Brain research and the quest for scientific certainty.* Palo Alto, CA: Stanford University Press.

——. (1999) The ethnography of infrastructure. *American Behavioral Scientist, 43*(3): 377–391.

——. (2007) Living grounded theory: Cognitive and emotional forms of pragmatism. In A. Bryant and K. Charmaz (Eds): *Handbook of grounded theory* (pp. 75–93) London: Sage.

Star, S. and Griesmer, J. (1989) Institutional Ecology, `Translations' and Boundary Objects: Amateurs and Professionals in Berkeley's Museum of Vertebrate Zoology, 1907–39. *Social Studies of Science, 19*(3): 387–420.

Stark, E. and Flitcraft, A. (1983) Social knowledge, social policy, and the abuse of women. In D. Finkelhor, R. J. Gelles, G. T. Hotaling, and M. A. Straus (Eds): *The dark side of families* (pp. 330–348) Beverly Hills, CA: Sage.

——. (1988) Violence among intimates—An epidemiological review. In V. B. Van Hasselt, R. L. Morrison, A. S. Bellack, and M. Hersen (Eds): *Handbook of family violence* (pp. 293–317) New York: Plenum Press.

Stephenson, J. S. (1985) *Death, grief, and mourning: Individual and social realities.* New York: Free Press.

Stern, P. N. (1980) Grounded theory methodology: Its uses and processes. *Image, 12*(1): 20–23.

——. (1994a) Eroding grounded theory. In J. Morse (Ed.): *Critical issues in qualitative research methods* (pp. 212–223) Thousand Oaks, CA: Sage .

——. (1994b) The grounded theory method: Its uses and processes. In B. G. Glaser (Ed.): *More grounded theory: A reader* (pp. 116–126) Mill Valley, CA: Sociology Press.

——. (2007) On solid ground: Essential properties for growing grounded theory. In A. Bryant and K. Charmaz (Eds): *Handbook of grounded theory* (pp. 114–126) London: Sage.

——. (2009) Glaserian grounded theory. In J. Morse, P. Stern, J. Corbin, B. Bowers, K. Charmaz, and A. Clarke, *Developing grounded theory: The second generation* (pp. 55–65) Walnut Creek, CA: Left Coast Press.

Stern, P. N. and Porr, C. J. (2011) *Essentials of accessible grounded theory.* Walnut Creek, CA: Left Coast Press.

Stockl, A. (2007) Complex syndromes, ambivalent diagnosis, and existential uncertainty: The case of systemic lupus erythematosus (SLE) *Social Science and Medicine, 65*(7): 1549–1559.

Straus, M. A. (1977) A sociological perspective on the prevention and treatment of wife-beating. In M. Roy (Ed.): *Battered women* (pp. 194–238) New York: Van Nostrand Reinhold.

Straus, M. A., Gelles, R. J. and Steinmetz, S. (1980) *Behind closed doors.* Garden City, NY: Doubleday.

Strauss, A. L. (1959) *Mirrors and masks.* Mill Valley, CA: Sociology Press.

——. (1961) *Images of the American city.* New York: Free Press.

——(Ed.) (1964) *George Herbert Mead on social psychology 2nd edn.* Chicago: University of Chicago Press.

——. (1978a) A social worlds perspective. In N. Denzin (Ed.): *Studies in Symbolic Interaction* (vol. 1, pp. 119–128). Greenwich, CT: JAI Press.

——. (1978b) *Negotiations: Varieties, contexts, processes and social order.* San Francisco: Jossey-Bass.

——. (1982) Social worlds and legitimation processes. In N. Denzin (Ed.): *Studies in Symbolic Interaction,* (vol. 4, pp. 171–190). Greenwich, CT: JAI Press.

——. (1984) Social worlds and their segmentation processes. In N. Denzin (Ed.): *Studies in Symbolic Interaction* (vol. 5, pp. 123–139). Greenwich, CT: JAI Press.

——. (1987) *Qualitative analysis for social scientists.* New York: Cambridge University Press.

——. (1993) *Continual permutations of action.* New York: Aldine de Gruyter.

——. (1995) Notes on the nature and development of general theories. *Qualitative Inquiry, 1*(1): 7–18.

Strauss, A. and Corbin, J. (1990) *Basics of qualitative research: Grounded theory procedures and techniques.* Newbury Park, CA: Sage.

——. (1994) Grounded theory methodology: An overview. In N. K. Denzin and Y. S. Lincoln (Eds): *Handbook of qualitative research* (pp. 273–285) Thousand Oaks, CA: Sage.

——. (1998) *Basics of qualitative research: Grounded theory procedures and techniques* (2nd edn) Thousand Oaks, CA: Sage.

Strauss, A. L. and Glaser, B. G. (1970) *Anguish.* Mill Valley, CA: Sociology Press.

Strauss, A. L., Schatzman, L., Bucher, R., Ehrlich, D. and Sabshin, M. (1963) The hospital and its negotiated order. In E. Friedson (Ed.): *The hospital in modern society* (pp. 147–168) Glencoe, IL: Free Press.

Strübing, J. (2005) *Pragmatistische Wissenschafts- und Technikforschung. Theorie und Methode.* Frankfurt am Main: Campus.

——. (2007) Research as pragmatic problem-solving: The pragmatist roots of empirically grounded theorizing. In A. Bryant and K. Charmaz (Eds): *Handbook of grounded theory* (pp. 580–599) London: Sage.

Suddaby, R. (2006) From the editors: What grounded theory is not. *Academy of Management Journal, 49*(4): 633–642.

Suddaby, R. and Greenwood, R. (2005) Rhetorical strategies of legitimacy. *Administrative Science Quarterly, 50*(1): 35–67.

Swahnberg, K., Thapar-Björkert, S. and Berterö, C. (2007) Nullified: Women's perceptions of being abused in health care. *Journal of Psychosomatic Obstetrics and Gynecology, 28*(3): 161–167.

Swanson, J. and Chenitz, W. (1993) Regaining a valued self: The process of adaptation to living with genital herpes. *Qualitative Health Research, 3*(3): 270–297.

Swedberg, R. (2012) Theorizing in sociology and social science: Turning to the context of discovery. *Theory & Society, 41*(1): 1–40.

Sword, H. (2012) *Stylish academic writing.* Cambridge, MA: Harvard University Press.

Tan, J. (2010) Grounded theory in practice: Issues and discussion for new qualitative researchers. *Journal of Documentation, 66*(1): 93–112.

Tarozzi, M. (2011) On translating grounded theory: When translating is doing. In V. B. Martin and A. Gynnild (Eds): *Grounded theory: The philosophy, method, and work of Barney Glaser* (pp. 161–174) Boca Raton, FL: Brown Walker.

Tashakkori, A. and Teddlie, C. (2003) The past and future of mixed methods research: From data triangulation to mixed model designs. In A. Tashakkori and C. Teddlie (Eds): *Handbook of mixed methods in social and behavioral research* (pp. 671–701) Thousand Oaks, CA: Sage.

Tavory, I. and Timmermans, S. (2009) Two cases of ethnography: Grounded theory and the extended case method. *Ethnography 10*(3): 243–263.

Teram, E., Schachter, C. L. and Stalker, C. A. (2005) The case for integrating grounded theory and participatory action research: Empowering clients to inform professional practice. *Qualitative Health Research, 15*(8): 1129–1140.

Teti, M., Bowleg, L. and Lloyd, L. (2010) 'Pain on top of pain, hurtness on top of hurtness': Social discrimination, psychological well-being, and sexual risk among women living with HIV/AIDS. *International Journal of Sexual Health, 22*(4): 205–218.

Thomas, G. (2010) Doing case study: Abduction not induction, phronesis not theory. *Qualitative Inquiry, 16*(7): 575–582.

Thomas, G. and James, D. (2006) Reinventing grounded theory: Some questions about theory, ground and discovery. *British Educational Research Journal, 32*(6): 767–795.

Thomas, J. (1993) *Doing critical ethnography.* Newbury Park, CA: Sage.

Thomas, W. I. (1923) *The unadjusted girl.* Boston: Little, Brown.

Thomas, W. I. and Thomas, D. S. (1928) *The Child in America: Behavior problems and programs.* New York: Knopf.

Thomas, W. I. and Znaniecki, F. ([1918–1920]1958) *The Polish peasant in Europe and America.* New York: Dover Publications.

Thornberg, R. (2006) The situated nature of preschool children's conflict strategies. *Educational Psychology, 26*(1): 109–126.

——. (2007) Inconsistencies in everyday patterns of school rules. *Ethnography and Education, 2*(3): 401–416.

——. (2008) School children's reasoning about school rules. *Research Papers in Education, 23*(1): 37–52.

——. (2009) The moral construction of the good pupil embedded in school rules. *Education, Citizenship and Social Justice, 4*(3): 245–261.

——. (2010a) Schoolchildren's social representations on bullying causes. *Psychology in the Schools, 47*(4): 311–327.

——. (2010b) A student in distress: Moral frames and bystander behavior in school. *Elementary School Journal, 110*(4): 585–608.

——. (2012) Informed grounded theory. *Scandinavian Journal of Educational Research, 55*(1): 1–17.

Thornberg, R. and Charmaz, K. (2012) Grounded Theory. In S. Lapan, M. Quartaroli, and F. Riemer (Eds): *Qualitative research: An introduction to methods and designs* (pp. 41–67) San Francisco: Jossey-Bass.

——. (2014) Grounded theory and theoretical coding. In U. Flick (Ed.): *Handbook of qualitative analysis* (pp. 151–169) London: Sage.

Thornberg, R., Halldin, K., Bolmsjö, N. and Petersson, A. (2013) Victimizing of school bullying: A grounded theory. *Research Papers in Education, 28*(3): 309–329.

Thornberg, R. and Elvstrand, H. (2012) Children's experiences of democracy, participation, and trust in school. *International Journal of Educational Research, 53*(1): 44–54.

Thornberg, R., Perhamus, L. and Charmaz, K. (2014) In O. Saracho (Ed.): *Handbook of Research Methods in Early Childhood Education: Research Methodologies* (vol. 1, pp. 405–439) Charlotte, NC: Information Age Publishing.

Thorne, S. (2001) The implications of disciplinary agenda on quality criteria for qualitative research. In J. M. Morse, J. M. Swanson, and A. Kuzel (Eds): *The nature of qualitative evidence* (pp. 141–159) Thousand Oaks, CA: Sage.

Thorne, S. and Darbyshire, P. (2005) Land mines in the field: A modest proposal for improving the craft of qualitative health research. *Qualitative Health Research, 15*(8): 1105–1113.

Thorne, S., Jensen, L., Kearney, M. H., Noblit, G. and Sandelowski, M. (2004) Qualitative metasynthesis: Reflections on methodological orientation and ideological agenda. *Qualitative Health Research, 14*(10): 1342–1365.

Thrasher, F. (1927) *The gang: A study of 1,313 gangs in Chicago.* Chicago: University of Chicago Press.

Thulesius, H., Håkansson, A. and Petersson, K. (2003) Balancing: A basic process in the end-of-life care. *Qualitative Health Research, 13*(10): 1357–1377.

Timmermans, S. (1999) *Sudden death and the myth of CPR.* Philadelphia: Temple University Press.

Timmermans, S. and Tavory, I. (2007) Advancing ethnographic research through grounded theory practice. In A. Bryant and K. Charmaz (Eds): *Handbook of grounded theory* (pp. 493–512) London: Sage.

Timonen, V., Conlon, C., Scharf, T. and Carney, G. (2013) Family, state, class and solidarity: Re-conceptualising intergenerational solidarity through the Grounded Theory approach. *European Journal of Ageing, 10*(3): 171–179.

Tolhurst, E. (2012) Grounded theory method: Sociology's quest for exclusive items of inquiry. *Forum Qualitative Sozialforschung/Forum: Qualitative Social Research, 13*(3): Art. 26.

Trammel, R. and Chenault, S. (2009) 'We have to take these guys out': Motivations for assaulting incarcerated child molesters. *Symbolic Interaction, 32*(4): 334–350.

Tuason, M. T. G. (2008) Those who were born poor: A qualitative study of Philippine poverty. *Journal of Counseling Psychology, 55*(2): 158–171.

Tuckett, A. (2004) Qualitative research sampling: The very real complexities. *Nurse Researcher, 12*(1): 47–61.

Tummers, L. and Karsten, N. (2012) Reflecting on the role of literature in qualitative public administration research: Learning from grounded theory. *Administration & Society, 44*(1): 64–86.

Turner, B. A. (1981) Some practical aspects of qualitative data analysis: One way of organizing the cognitive processes associated with the generation of grounded theory. *Quantity and Quality, 15*(3): 225–47.

Turner, B. S. (1992) *Regulating bodies: Essays in medical sociology.* London: Routledge.

Turner, J. H. (2006) Explaining the social world: historicism versus positivism. *Sociological Quarterly, 47*(3), 451–463.

Turner, R. (1976) The real self: From institution to impulse. *American Journal of Sociology, 81*(5): 989–1016.

Tweed, A. E. and Charmaz, K. (2011) Grounded theory for mental health practitioners. In A. Thompson and D. Harper (Eds): *Qualitative research methods in mental health and psychotherapy: A guide for students and practitioners* (pp. 131–146) Oxford: Wiley-Blackwell.

Tweed, A. E. and Salter, D. P. (2000) A conflict of responsibilities: A grounded theory study of clinical psychologists' experiences of client non-attendance within the British National Health Service. *British Journal of Medical Psychology, 73*(4): 465–481.

Ullman, S. E. and Townsend, S. M. (2008) What is an empowerment approach to working with sexual assault survivors? *Journal of Community Psychology, 36*(3): 299–312.

Urquhart, C. (1997) Exploring analyst-client communication: Using grounded theory techniques to investigate interaction in informal requirements. In A. S. Lee, J. Liebenau, and J. I. DeGross (Eds): *Information systems and qualitative research* (pp. 149–181) London: Chapman & Hall.

——. (2003) Re-grounding grounded theory – or reinforcing old prejudices? A brief response to Bryant. *Journal of Information Technology Theory and Application, 4*(3): 43–54.

——. (2007) The evolving nature of grounded theory method: The case of the information systems discipline. In A. Bryant & K. Charmaz (Eds): *Handbook of grounded theory* (pp. 339–359) London: Sage.

Urquhart, C., Lehmann, H., and Myers, M. (2010) Putting the 'theory' back into grounded theory: Guidelines for grounded theory studies in information systems. *Information Systems Journal, 20*(4): 357–381.

Valadez, J. R. (2008) Shaping the educational decisions of Mexican immigrant high school students. *American Educational Research Journal, 45*(4): 834–860.

Valdez, A. and Flores, R. (2005) A situational analysis of dating violence among Mexican American females associated with street gangs. *Sociological Focus, 38*(2): 95–114.

Valenta, M. (2009) Immigrants' identity negotiations and coping with stigma in different relational frames. *Symbolic Interaction, 32*(4): 351–371.

van den Hoonaard, W. C. (1997) *Working with sensitizing concepts: Analytical field research.* Thousand Oaks, CA: Sage.

Van Maanen, J. (1988) *Tales of the field.* Chicago: University of Chicago Press.

Veale, A. and Stavrou, A. (2007) Former Lord's Resistance Army child soldier abductees: Explorations of identity in reintegration and reconciliation. *Peace and Conflict: Journal of Peace Psychology, 13*(3): 273–292.

Vygotsky, L. (1962) *Thought and language.* Cambridge, MA: MIT Press.

Walker, D. and Myrick, F. (2006) Grounded theory: An exploration of process and procedure. *Qualitative Health Research, 16*(4): 547–559.

Walker, L. E. (1979) *The battered woman.* New York: Harper & Row.

——. (1989) *Terrifying love.* New York: Harper & Row.

Wallraff, B. and Prose, F. (2001) *Word court: Wherein verbal virtue is rewarded, crimes against the language are punished, and poetic justice is done.* New York: Mariner Books.

Walls, P., Parahoo, K. and Fleming, P. (2010) The role and place of knowledge and literature in grounded theory. *Nurse Researcher, 17*(4): 8–17.

Walter, J. G. and Hart, J. (2009) Understanding the complexities of student motivations in mathematics learning. *Journal of Mathematical Behavior, 28*(2/3): 162–170.

Wasserman, J. A. and Clair, J. M. (2010) *At home on the street: People, poverty, and a hidden culture of homelessness.* Boulder, CO: Lynne Rienner.

——. (2011) Housing patterns of homeless people: The ecology of the street in the era of urban renewal. *Journal of Contemporary Ethnography, 40*(1): 71–101.

Weber, M. (1922/1968) *Economy and society.* New York: Bedminster Press.

Wertz, F. J., Charmaz, K., McMullen, L. J., Josselson, R. Anderson, R. and McSpadden, E. (2011) *Five ways of doing qualitative analysis: Phenomenological psychology, grounded theory, discourse analysis, narrative research, and intuitive inquiry.* New York: Guilford.

Weitzman, E. A. (2000) Software and qualitative research. In N. K. Denzin and Y. Lincoln (Eds): *Handbook of qualitative research* (2nd edn, pp. 803–820) London: Sage.

Wiener, C. L. (1981) *The politics of alcoholism: Building an arena around a social problem.* New Brunswick, NJ: Transaction Books.

——. (2000) *The elusive quest: Accountability in hospitals.* New York: Aldine de Gruyter.

——. (2007) Making teams work in conducting grounded theory. In A. Bryant and K. Charmaz (Eds): *Handbook of grounded theory* (pp. 293–310) London: Sage.

建构扎根理论——质性分析实践指南(原书第 2 版)

Williams, G. (1984) The genesis of chronic illness: Narrative reconstruction. *Sociology of Health & Illness*, *6*(2): 175-200.

Williams, S. and Keady, J. (2008) 'A stony road ... a 19 year journey': 'Bridging' through late-stage Parkinson's disease. *Journal of Research in Nursing*, *13*(5): 373-388.

——: (2012) Centre stage diagrams: A new method to develop constructivist grounded theory—late-stage Parkinson's disease as a case exemplar. *Qualitative Health Research*, *12*(2): 218-238.

Williamson, K. (2006) Research in constructivist frameworks using ethnographic techniques. *Library Trends*, *55*(1): 83-101.

Wilson, H. S. and Hutchinson, S. (1991) Triangulation of qualitative methods: Heideggerian hermeneutics and grounded theory. *Qualitative Health Research*, *1*(2): 263-276.

——: (1996) Methodologic mistakes in grounded theory. *Nursing Research*, *4*(2): 122-124.

Wilson, K. and Luker, K. A. (2006) At home in hospital? Interaction and stigma in people affected by cancer. *Social Science & Medicine*, *62*(7): 1616-1627.

Witz, K. G. (2006) The participant as ally and essentialist portraiture. *Qualitative Inquiry*, *12*(2): 246-68.

Wolfinger, N. H. (2002) On writing fieldnotes: Collection strategies and background expectancies. *Qualitative Research*, *2*(1): 85-91.

Wolkomir, M. (2001) Wrestling with the angels of meaning: The revisionist ideological work of gay and ex-gay Christian men. *Symbolic Interaction*, *24*(4): 407-424.

——: (2006) *Be not deceived: The sacred and sexual struggles of gay and ex-gay Christian men.* New Brunswick, NJ: Rutgers University Press.

Wray, N., Markovic, M. and Manderson, L. (2007) 'Researcher saturation': The impact of data triangulation and intensive-research practices on the researcher and qualitative research process. *Qualitative Health Research*, *17*(10): 1392-1402.

Wuest, J. (2000) Negotiating with helping systems: An example of grounded theory evolving through emergent fit. *Qualitative Health Research*, *10*(1): 51-70.

Yang, L. H., Kleinman, A., Link, B. G., Phelan, J., Lee, S. and Good, B. (2007) Culture and stigma: Adding moral experience to stigma theory. *Social Science and Medicine*, *64*(7): 1524-1535.

Yanos, P. K. and Hopper, K. (2008) On 'false, collusive objectification': Becoming attuned to self-censorship, performance and interviewer biases in qualitative interviewing. *International Journal of Social Research Methodology*, *11*(3): 229-237.

Zegahn, L. and Hinchman, K. A. (1999) Liberation or reproduction: Exploring meaning in college students' adult literacy tutoring. *Qualitative Studies in Education*, *12*(1): 85-101.

Zola, I. K. (1982) *Missing pieces: A chronicle of living with a disability.* Philadelphia: Temple University Press.

——: (1991) Bringing our bodies and ourselves back in: Reflections on a past, present, and future 'medical sociology.' *Journal of Health and Social Behavior*, *32*(1): 1-16.